HALLASAN MOUNTAIN HUMANITIES

제주학회
제주학총서 ❺

한라산 인문학

DesignleaderJEJU

책을 내면서

　우리 제주학회에서 제주학총서를 간행한 지 벌써 5년 차에 접어 들었습니다. 이번에는 제주도의 대표상징인 한라산을 주제로 하여 다양한 인문학적 가치를 재조명하는 총서를 기획하게 되었습니다.

　한라산은 단순히 한반도의 남쪽을 지키고 서 있는 산이 아닙니다. 한라산은 오랜 세월 동안 자연과 인간의 이야기를 품고, 한국의 자연사와 문화사를 아우르는 상징적 존재로 자리 잡아 왔습니다.

　그 웅장한 모습은 유네스코(UNESCO) 생물권보전지역(2002) 세계자연유산(2007) 세계지질공원(2010)으로 등재되면서 세계적으로 인정받았습니다. 이들 세 가지 분야에서 한라산은 공통적으로 중요한 핵심지역으로 꼽히며 그 가치를 공고히 하고 있습니다.

　한라산은 그 독특하고 풍부한 자연 자원 덕분에 자연과학 분야에서는 다양한 연구가 축적되어 왔지만, 아이러니하게도 인간과 자연의 관계를 조명하는 인문학적 연구는 상대적으로 빈약한 상황입니다. 한라산을 단순히 자연의 보고로만 바라보는 시각을 넘어 인간과 자연이 빚어낸 문화적, 역사적, 그리고 영적 유산의 관점에서 심도 있는 연구가 필요합니다. 한라산의 인문학적 가치를 발굴하고 이를 통해 한라산이 가진 또 다른 얼굴을 조명하는 것이 이 책이 탄생한 이유입니다.

한라산은 자연 그 자체로도 위대하지만 인간과 자연의 상호작용이 만들어낸 독특한 문화적 공간으로서 더 큰 의미를 가집니다. 예로부터 한라산은 신성한 산으로 여겨져 산신 숭배의 대상이 되었으며, 제주 사람들의 삶과 영성을 형성하는 데 중요한 역할을 해왔습니다. 한라산의 풍부한 용천수와 지형적 특성은 목축, 화전, 수자원 이용 등 제주도민의 생업과 밀접하게 연결되어 있습니다.

이 책은 한라산의 이러한 다층적 가치를 인문학적 관점에서 종합적으로 조망한 결과물입니다. 한라산의 신성성, 전통적인 경관 인식과 재현, 불교와의 연계, 한라산과 여산신의 흔적, 마애석각의 문화사적 의미, 한라산 생업과 수자원의 역사적 활용, 그리고 한라산 문화경관의 보존 방안까지 폭넓은 주제를 담았습니다. 아울러 문화경관의 세계유산적 가치 연구 사례를 통해 한라산이 세계문화유산으로 등재되기 위한 가능성과 방향성도 모색하고자 했습니다.

이 책의 발간은 단순히 학술적 성과에 그치는 것이 아닙니다. 한라산의 이야기를 학문적 관점에서 새롭게 발굴하고, 이를 스토리텔링으로 엮어 대중과 공유하며 한라산의 가치를 재발견하는 기회를 제공하는 데 의의가 있습니다. 이러한 작업은 단순히 과거를 기록하는 데 머물지 않고 미래 세대에게 한라산을 온전히 물려주기 위한 보전과 관리의 밑거름이 될 것입니다.

특히 한라산의 인문학적 가치를 체계적으로 발굴하여 유네스코 세계문화유산 등재를 준비하는 과정에서 중요한 자료로 활용될 수 있을 것입니다. 이와 동시에 제주도민과 국내외 독자들에게 한라산이 단순히 자연의 산을 넘어선 인간과 자연이 공존하며 빚어낸 독특한 유산임을 알리고 공감대를 형성하는 데 기여할 것입니다.

한라산을 사랑하는 이들에게, 그리고 유네스코 세계문화유산 등재라는 목표를 함께 꿈꾸는 모든 이들에게 이 책이 새로운 영감과 통찰을 제공하기를 희망합니다. 한라산의 과거와 현재를 이해하고 그 가치를 미래로 이어 나가는 여정에 여러분과 함께할 수 있기를 바랍니다.

끝으로 이번 총서 발간에 전폭적인 지원을 해준 오리온재단에 깊은 감사를 드립니다. 아울러 바쁘신 와중에도 옥고를 작성해준 집필자 선생님께도 고마운 말씀을 전합니다.

2024년 12월

(사)제주학회 회장 **오 상 학**

차 례

책을 내면서 | 오상학 ·· 03

01. 한라산의 신성성(神聖性) | 임재영 ·· 08
02. 한라산 경관의 전통적인 인식과 재현 | 오상학 ··················· 44
03. 한라산과 제주 불교 | 한금순 ·· 84
04. 제주도 당신앙 속 여산신(女山神)의 흔적과 변주 | 이현정 ··· 116
05. 조선후기 한라산 마애석각 | 백종진 ···································· 148
06. 한라산지 목축공간의 형성과 변화 | 강만익 ······················· 200
07. 제주 오름과 중산간 경관변화에 대한 문화지리학적 탐색 | 진종헌 ········ 236
08. 한라산의 생업 | 진관훈 ·· 280
09. 한라산 지역 수자원 부존 특성과 개발·이용사 | 고기원·고은희 ········ 318
10. 세계유산 한라산의 문화경관적 가치 보존 방안 | 김숙진 ··· 380
11. 지리산 문화경관의 세계유산적 가치 연구사례 | 최원석 ···· 402

01

한라산의
신성성(神聖性)*

임재영
뉴시스 제주본부 본부장

* 본고는 제주도연구 제62집(2024년 8월 발행)에 실린 필자 논문 '한라산의 신성성에 대한 연구'를 일부 수정해서 게재했다.

제1장 들어가며

　제주도는 한반도에서 남쪽으로 90㎞ 떨어진 곳에 위치하며 한라산(해발 1947m)을 중심으로 동북동 방향으로 신장된 타원형의 본섬과 주변 유인도 및 무인도로 이뤄졌다. 화산활동에 의해 만들어진 섬으로 작은 화산체인 오름이 섬 전체에 고루 분포한다. 2만 년 전에 완성된 한라산을 정점으로 가운데가 볼록한 형태를 하고 있으며 동서방향은 완만하고 남북방향은 상대적으로 험준하다.

　섬 중심에 솟아 있는 한라산 백록담은 분화구로서 지름이 575m, 깊이가 100m 정도이다. 한라산은 제주의 생명수인 지하수의 근원이자 공급처이고 천연의 숲을 간직하고 있다. 계절에 따라 다양한 모습을 하는 한라산은 삶의 자원을 얻는 생명의 근원이자 제주도의 상징으로 인식된다.

　오래전부터 한라산은 신앙의 대상이자, 신앙의 장소이다. 이는 신성성(神聖性)을 내포하고 있다는 의미이다. 국립국어원 표준국어대사전은 신성을 '함부로 가까이할 수 없을 만큼 고결하고 거룩함'으로 정의하고 있는데 신적 혹은 초월적인 존재와 연결되어 있는 것을 포함하고 있다고 본다.

그림 1. 제주도 남쪽에서 바라본 모습. 중심에 한라산 정상이 있다. (출처: 저자)

신성성은 그 대상이나 개념이 일상적, 세속적인 것을 넘어서는 특별한 가치나 중요성을 지닌다는 것을 의미한다. 여러 종교에서 자연 경관은 신성한 공간으로 여겨지는데 산, 강, 숲 등은 신들이 거주하거나 신적인 메시지를 전달하는 장소로 인식된다. 신화나 전설, 역사적 사건과 연결되어 신성한 의미를 갖기도 하고 개인적인 신념체계에 영향을 미치기도 한다.

신성성을 담고 있는 산을 지칭하는 용어로 성산(聖山), 영산(靈山)을 혼용해서 쓰고 있는데 명확하게 구분하는 개념정리는 되지 않았다. 성산은 종교적, 문화적 신성함의 의미가 강하고 신념체계나 전통에서 중요한 역할을 하는 산으로 볼 수 있다.

또한 영산은 종교 및 신앙적 의미보다 개인적 영적가치나 경험에 비중을 둔 표현이라고 해석할 수 있지만 개념 정립을 위해서는 보다 세밀하고 공개적인 논의가 필요하다.

산의 신성성이 의미하는 핵심 요소를 정리해보면 '산을 신이나 초월적인 존재로 받아들이거나 신의 거처로 인식하고 있으며, 성스럽고 영험한 공간으로 여겨 다양한 형태의 의례가 이뤄지는 것'으로 볼 수 있다.

또한 산의 신성성은 그 지역의 문화, 신앙, 역사와 깊이 연결되어 있으며 지역의 정체성과 상징성에서 중요한 부분을 차지한다.

영어권에서는 성산을 신성한 산으로 해석한 'Sacred Mountain' 용례가 대부분인데 신이나 초월적 존재에 대해 종교적 의식이나 특별한 행사가 이뤄지는 대상, 장소로 이해되고 있다.

이 연구는 한라산의 신성성을 바탕으로 한 신앙적 측면을 탐구해 문화유산적 가치를 드러내고자한다. 유네스코(UNESCO) 세계문화유산으로 지정된 산을 보면 중국 오대산, 일본 후지산이 있다.

유네스코 세계자연유산으로 지정됐다가 문화유산이 추가되면서 세계복합유산이 된 사례는 뉴질랜드 통가리로, 오스트레일리아 울루루-카타 추타 등이 있다. 중국 태산, 황산도 자연유산과 문화유산 가치를 지닌 세계 복합유산으로 지정돼 있다.

세계문화유산으로 등재된 이들 산을 보면 공통적으로 신성성을 내포한 종교 및 신앙의 가치를 지니고 있다. 등재 기준에 기념물, 건조물, 유적지 등의 유산을 비롯해 신성성 역시 핵심적이고 중요한 판단기준인 것이다.

이 때문에 한라산의 신성성을 규명하는 일은 문화유산적 가치를 밝히는 것이나 다름없다. 한라산의 신성성을 확인하기 위해 산신과 수호신으로서 한라산, 신들의 거처로서 한라산, 신들의 탄생지로서 한라산, 신성하고 영험한 공간으로서 한라산으로 구분해 각각 고찰하고자한다.

그동안 한라산에 대해 "신성하다", "영산이다"고 통상적으로 언급했지만 신성성의 원류와 배경, 근거 등에 대해 구체적이고 논리적인 답변을 내놓지 못했다. 이번 연구는 한라산 신성성에 대해 체계적인 논의를 전개하고 확산하는 기초가 될 것이다.

자료 및 번역 인용과 관련해 중국 고문헌, 삼국사기, 고려사는 한국사데이터베이스(https://db.history.go.kr)를 참고했으며 조선시대 왕조실록과 신증동국여지승람의 내용은 한국고전종합DB(https://db.itkc.or.kr)에서 확인했다.

제2장 고대 한라산 인식

우리나라 사람들이 산을 숭배하고 신앙한 것은 오랜 옛적 이래의 일이었다. 옛 사람들은 높이 솟은 산을 통하여, 인간이 하늘 즉 신(神)의 세계에 보다 가까이 다가갈 수 있다고 생각했다.

말하자면 높은 산을 매개삼아 인간이 신의 세계로 접근할 수가 있으며, 또한 신들이 인간의 세계로 올 때에도 마찬가지로 높은 산을 거칠 것이라고 생각했다.

이 같은 사고 구조는 이미 단군 신화에 잘 나타나 있다. 천제인 환인의 서자 환웅이 태백산 신단수 아래 내려와 웅녀와 결혼하여 단군을 낳았다는 내용이 그것이다. 또 단군은 나중에 다시 아사달의 산신이 되고 있다. 다시 말해 고대인들은 하느님이 산을 통해 이 세상에 강림했다고 믿었으며 강림한 하늘의 신이 곧 산신이라고 믿었던 것이다.

산에 대한 숭배 내지 신앙은 천신이 산으로 내려와 인간과 교통한다는 믿음으로 발현되는가 하면 산 자체를 비와 바람을 관장하거나, 사람과 마을 수호하는 신으로 믿기도 했다. 동시대에 커다란 영향을 준 인물이 산신 또는 신선이 되어 산에 거처한다는 믿음이 있었다. 그래서 고대인들은 단을 쌓거나 사당을 지어서 그 산신을 모셔왔던 것이다.

고대 탐라에서 지배층이나 지배체제의 산 인식이나 숭배의 방식, 표현의 양상에 대한 기록은 문헌상에서 좀처럼 확인이 되지 않는다. 주변국과의 교류나 고고학적 자료를 중심으로 추정이 가능할 뿐이다.

탐라에서 제사를 지냈다는 고고학적 증거는 일부 확인이 되지만 제사로서 모셔진 신의 유형은 드러나지 않았다. 제사의 대상이 한라산인지 또는 자연신인지 불분명할지라도 섬 중앙에 높게 솟아 하늘과 맞닿은 것처럼 보이는 한라산을 신처럼 대했을 것이다.

탐라의 산 숭배는 우선 대외교류를 살펴보면서 배경을 확인해볼 수 있다. 탐라가 1-3세기 낙랑-삼한-왜로 이어지는 교역로에 포함되어 있지 않음에도 불구하고 중국이나 진·변한 계통의 위세품(威勢品)이 출토되는 까닭은 탐라국이 이들 간 교역체계에 능동적으로 동참했기 때문이다.

이런 해외교류에서 중국인에게 탐라의 국제적 위상은 백제, 왜 등과 대등한 것으로 표현됐다. 중국 『신당서』에 이런 상황을 추론할 수 있는 기록이 있다.

태산에서 봉선할 적에 유인궤가 신라·백제·담라(탐라) 및 왜의 추장을 거느리고 모임에 참가하자 천자는 기뻐하며 대사헌에 발탁하였다.

이 기록을 보면 탐라는 신라, 백제와 같이 대등한 대우를 받고 있으며 태산에서 제사를 지내는 행사에 참여했다는 점은 탐라가 당시 제사 의식에 대해 상당한 지식을 축적하고 있음을 시사한다.

특히 중국 『당회요』에서는 탐라가 제사의식을 지냈다는 중요한 문구가 적혔다.

활과 칼 및 방패와 창이 있으나 문기는 없고 오직 귀신을 섬긴다.

여기서 '귀신을 섬긴다'는 내용에 주목할 필요가 있다. 중국 『삼국지』 위서 동이전 한조 마한 기록을 보면 다음과 같다.

해마다 5월이면 씨뿌리기를 마치고 귀신에게 제사를 지낸다. 떼를 지어 모여서 노래와 춤을 즐기며 술 마시고 노는데 밤낮을 가리지 않는다. … 10월

에 농사일을 마치고 나서도 이렇게 한다. 귀신을 믿기 때문에 국읍에 각각 한 사람씩을 세워서 천신의 제사를 주관하게 하는데, 이를 천군이라 부른다. 또 여러 나라에는 각각 별읍이 있으니 그것을 소도라 한다. 큰 나무를 세우고 방울과 북을 매달아 놓고 귀신을 섬긴다.

마한 역시 귀신에게 제사를 지냈는데 '천신의 제사'라고 했다. 탐라의 귀신에 대한 성격을 확정지을 수는 없지만 이런 기록과 탐라의 대외관계를 고려하면 제사를 지낸 것은 분명하다. 제사 행위가 있었다는 것은 대상이 있었다는 사실을 의미한다.

그 대상은 섬의 최고봉인 한라산을 신으로 인식했을 것이다. 물론 귀신이 나무, 숲, 하천 등의 자연신 성격을 갖고 있겠지만, 으뜸인 신은 산신으로 여겨진다. 비와 바람을 관장하는 신격으로 한라산을 상정할 수 있다.

고대에서는 산에 나타나는 구름을 보면서 비를 내려주는 신이라고 여겼다. 비가 많이 올 때면 엄청난 양의 하천물이 굉음을 내면서 쏟아져 내리는 근원지가 한라산이고, 이 때문에 탐라 사람들에게 두려움과 공포, 경외, 숭배의 대상이라는 점은 당연한 추론일 것이다.

산에 대한 숭배를 가장 잘 드러낸 것이 산신 또는 산에 대한 제사이다. 제사란 본래 원시적인 문명 단계에서 귀신에 대한 숭배 행위로부터 출발한 종교적 행위의 하나이다.

문명이 발전하고 국가가 형성됨에 따라 정치권력과 제사행위가 밀접하게 연계되면서 봉건사회 통치 질서의 기반이 되는 관념과 결부된다. 봉건사회의 역대 왕조는 통치 질서를 확립하고 정치권력을 행사함에 있어서 제사를 가장 중요한 것의 하나로 인식하였다.

고대 국가에서 제사를 지내는 대상은 크게 하늘, 산천, 시조 등으로 구분할 수 있다. 이 가운데 산천에 대한 제사는 자연신 자체에서 명산대천의 신에 대한 숭배로 전개된다. 산 또는 명산대천에 대한 제사는 왕을 비롯한 지배층의 제사가운데 가장 핵심적인 부분을 차지했으며 시간이 흐르면서 대상이 임의적인 산천에서 특정 산으로 점차 분화되는 양상을 보인다. 특히 산천에 대한 제사는 당시 농경과도 밀접한 관계가 있다. 농경에 필요한 기상의 변화가 하늘의 조화에 달려있고 산천의 신을 통해 하늘과 통한다고 믿었던 것이다.

고대 국가의 산악숭배 제사는 고문헌을 통해 확인이 가능하다. 먼저 삼국사기 잡지 제사조의 기록이 참조된다.

후한서에 이르기를 고구려는 귀신·사직·영성에 제사지내길 좋아한다. 10월에는 하늘에 제사지내면서 크게 모이니, 그 이름을 동맹이라 한다. 그 나라 동쪽에는 대혈이 있어 수신이라 부르는데, 역시 10월에 맞이하여 제사지낸다고 하였다.

『삼국사기』 권45, 열전 온달(溫達)에서는 다음과 같은 기록이 있다.

고구려에서는 매년 봄 3월 3일마다 낙랑의 언덕에 모여 사냥하였는데, 잡은 돼지와 사슴으로 하늘과 산천에 제사를 지냈다.

중국 『구당서(舊唐書)』 동이열전 신라조에서는 다음과 같은 짤막한 문구가 확인된다.

산신에게 제사하기를 좋아한다.

산천에 제사를 지내던 양상이 통일신라에 들어온 이후 변화를 맞는다.

사전(祀典)의 성립이다. 사전이란 국가의 공식적인 제사 대상을 수렴하여 의례화한 규범으로서, 그 비중에 따라 대사(大祀), 중사(中祀), 소사(小祀)로 등차를 둔 제사체계를 말한다.

신라에서 산에 대한 숭배는 소위 삼사(三祀)라는 제전으로 나타나는데 대사는 삼사 중에서도 가장 으뜸가는 제사로 삼산신(三山神)이라 하는 호국신에 지내는 제사이다.

이 삼산신은 신라 건국시기의 시조 탄강지라고 여겨진다. 중사는 오악(五岳)·사진(四鎭)·사해(四海)·사독(四瀆)과 표제가 없는 산, 성, 진(鎭)에 지내는 제사다. 그 중에서 오악의 숭배가 기본이었다. 소사는 전국의 신령스러운 명산 24개소에 지내는 제사였다.

이처럼 고대 국가에서는 산을 기반으로 한 개국신화, 탄생설화가 내려오고 명산대천에 대한 제사를 중시 여겼다는 점을 알 수 있다. 삼한을 비롯해 신라, 백제와 활발히 교류를 한 탐라와 그 지배층에서도 이 같은 산 숭배 사상과 제사의식이 상당한 영향을 미쳤을 것이다.

탐라에서 제사를 지낸 고고학적 증거는 간헐적이다. 제주 서귀포시 화순리유적의 옹관묘가 위치한 2호 집석유구(集石遺構)에서는 다수의 토기편과 잔자갈, 동물뼈 등이 혼재되어 확인되어 있어 석재의 배치상태와 잔존상태로 보아 대형석재(제단)를 중심으로 의례행위가 이루어진 공간으로 추정되고 있다.

제주시 용담1동 통일신라시대 유적은 탐라시기 제사의 결정적 증거라는 해석이 나온다. 유적 발견지점은 제주향교 서쪽 능선으로 금동제·철제(도끼, 화살촉)·과대(銙帶)·금구(金甌)는 모두 16점이 확인되었다. 유리구슬, 동제숟가락, 방추차 등도 나왔고 청동제 숟가락은 경주 안압지 등에서 출토된 숟가락과 같은 것이다.

용담동유적의 출토 토기는 대체로 8-9세기에 해당하며 역사적으로는 탐라국이 신라와의 실질적인 부용관계가 성립된 이후에 형성된 유적으로 판단된다. 출토된 도기는 모두 제주도산이 아니고 특별한 의식행위와 관련된 것으로 보인다.

제사의례가 지속적으로 이뤄진 점을 지시하고 있지만 숭배의 대상에 대해서는 확증이 힘든 상황이다. 이처럼 탐라에 대한 문헌기록과 유물유적은 상당히 제한적이다. 『고려사』에 적시된 탐라의 기록에서 백제, 신라, 고려와의 대외관계를 확인할 수 있지만 산 숭배와 의식에 대해서는 명확한 내용이 없어서 주변국의 상황을 고려할 수밖에 없다. 탐라의 제사 여부를 확인할 수 있는 기록은 중국 고문헌에 나온 '문기는 없고 오직 귀신을 섬긴다'는 내용에 불과하다.

단편적인 고문헌 기록과 고고학적 유물, 동시대의 국가 교류 등을 바탕으로 탐라의 한라산 인식을 추정한다면 한라산 등을 포함해 자연신을 숭배하는 사상이 있었고, 한라산에 대해서는 하늘과 연결되는 성산으로 인식했을 가능성이 높다. 향후 산 숭배 관련 기록과 유물이 나온다면 추론이 아닌 체계적인 분석과 판단이 이뤄질 것이다.

제3장 한라산 신성성의 전개

제1절 산신, 수호신인 한라산

고려시기에 접어들어 산 숭배는 건국의 이념이자 통치의 기반이었다. 태조 자신이 산신신앙과 같은 전통신앙의 신봉자이기도 하였지만, 한편에 있어 태조는 백성들의 산신신앙을 자신의 통치에 적극 반영함으로써 건국 초의 민심이 자신을 지지하도록 하는 의도를 지니기도 하였다.

고려 태조의 산 숭배는 『고려사』 세가 권2, 훈요 10조에 잘 드러나 있다.

> 나는 삼한 산천의 음우에 힘입어 대업을 이루었다…중략…내가 지극하게 바라는 것은 연등과 팔관에 있으니 연등이란 부처를 섬기는 것이요, 팔관은 천신과 오악·명산·대천·용신을 섬기는 까닭이다. 후세에 간신들이 이 행사를 더하거나 줄일 것을 건의하는 것을 결단코 금지하라.

후삼국 통일이라는 대업은 산천의 도움을 받았다는 뜻을 밝혔다. 즉 산천 숭배에 기초한 것임을 알 수 있으며 이 가운데 오악, 명산 이라는 용례에서 알 수 있듯이 산 숭배를 표현한 산신신앙을 중시 여겼다.

고려의 산 숭배가 탐라로 전이됐다는 것은 팔관회 행사에서 추론이 가능하다. 『고려사』 정종 즉위년(1034년) 기록에 다음과 같이 적고 있다.

> 팔관회를 열었다. 왕은 신봉루에 나아가 여러 관리들에게 주연을 베풀고 저녁에는 법왕사로 갔으며, 이튿날 대회에도 다시 큰 주연을 배설하고 음악을 감상하였다. 이 때 송나라 상인들과 동·서번과 탐라국에서도 토산물을 바

치므로, 그들에게 좌석을 주어 의식에 참가케 하였다. 그 후부터 이것이 상례가 되었다.

탐라의 지배층은 정기적으로 고려의 팔관회에 참가했다. 이를 통해서 고려의 산 숭배와 제사의례, 관련 물품을 받아들였을 것이다. 고려와 탐라와의 관계와 관련해 팔관회와 더불어 산천에 대한 봉작을 내린 사례도 주목이 된다.

고려가 산에 대한 인식을 살펴볼 수 있는 부분이다. 한라산에 직접 봉작을 내린 용례는 확인이 되지 않고 있지만 탐라의 신을 언급한 기록이 있다. 탐라와 연계해서 산천에 대해 봉작을 내린 사례를 『고려사』에서 살펴보면 다음과 같다.

신종 즉위년(1197) 11월 1일 국내의 명산대천과 탐라의 신령들에게 각각 존호를 덧붙여주고, 조상들과 역대 명왕들에게 시호를 높여주도록 하였다.

고려가 여러 명산대천과 더불어 탐라의 신령 즉 한라산신을 같은 반열에 올려놓았다는 것을 알 수 있다. 탐라인들은 당연히 한라산을 산신으로 추앙하고 있었다고 본다.

고려시기에는 산신에 대해 그 능력을 발휘한 보답으로 덕호, 작호, 훈호 등의 봉작이나 관직이 수여되었고 제사를 지냈다. 이것은 산신을 인격신으로 보았기 때문이다. 산신은 강우의 능력, 그리고 지역과 국가를 수호하는 능력이 있다고 믿어졌다.

산신에 대한 봉작은 신라에서 시작되었는데, 고려에 들어와서는 병란에 따른 공헌이나 순행 후, 그리고 국왕의 즉위나 책봉과 같은 국가제례, 재변에 대한 조처로서도 행해졌다.

이런 조처에 따라 "탐라의 신령에게 존호를 덧붙였다"는 기록이 나왔고 존호가 붙여진다고 해서 신으로서의 자격이 떨어지는 것은 아니었다. 고려 시기 한라산신의 아우에게 호를 내리고 제사를 지낸 내용이 『신증동국여지승람』에서 나온다.

광양당, 주 남쪽 한라 호국신사에 있다. 속설에 전하기를, 한라산신의 아우가 나서부터 성스러운 덕이 있었고 죽어서는 신이 되었다. 고려 때에 송 나라 호종단이 와서 이 땅을 제어하고 바다에 떠서 돌아가는데, 신이 화하여 매가 되어서 돛대 머리에 날아올랐다. 조금 있다가 북풍이 크게 불어서 종단의 배를 쳐 부셔 서쪽 지경 비양도 바위 사이에서 죽었다. 조정에서 그 신령스럽고 이상함을 포창하여 식읍을 주고 광양왕을 봉하고 해마다 향과 폐백을 내려 제사하였고, 본조에서는 본읍으로 하여금 제사 지내게 하였다.

한라산에서 난 산신이 지역에 위해를 가하는 자에게 재앙을 내리는 것으로 인식되어 탐라인에게 숭배되고 제례의 대상이었음을 알 수 있다.

이 기록에서 한라산은 산신인 동시에 섬을 지켜주는 수호신 성격을 띠고 있다. 한라산이 산신 자체에서 수호신으로 인식이 확대되는 양상은 『고려사』 지리편 탐라현에서 확인할 수 있다. 탐라 개국신화를 시작으로 신라 조회, 백제 조공 등을 거쳐 삼별초의 난, 원의 목마장 등의 역사를 서술했는데 마지막 부분에 다음과 같은 내용이 나온다.

진산은 한라인데, 고을의 남쪽에 있다. 두무악이라고도 하고, 또한 원산이라고도 하는데, 그 정상에 큰 못이 있다.

진산은 중요한 위치를 차지하는 산을 뜻하는 것으로 『고려사』에서 수도를 지켜주고 보호하는 송악을 특별 관리하는 대목에서 진산의 쓰임을 확인할 수 있다. 지리편 왕경개성부 연혁에 "왕도의 진산은 송악이다"는 기록이 있다.

『고려사』 기록을 더 들여다보면 제신(諸臣)편에 "지리산은 남방의 큰 진산이어서 그 신은 더욱 영험하고 신이합니다"고 적혔다.

이상의 기록을 보면 고려시대에 진산은 왕도를 수호하고 마을을 지켜주는 역할을 수행하기 시작했다. '지리산=신'으로 기록한 점을 보면 진산의 개념은 단순히 중요한 산이라는 뜻을 넘어서 수호신의 의미를 담고 있는 것으로 이해된다. 한라산은 송악산, 무등산, 지리산, 삼각산 등과 더불어 주요 진산의 하나로 위상을 차지했던 것이다.

조선에 접어들어서는 한라산이 제주의 진산이라는 용례가 더욱 빈번하게 나온다. 『신증동국여지승람』 제주목 산천조에 다음과 같이 기록됐다.

한라산은 주 남쪽 20리에 있는 진산이다. 한라라고 말하는 것은 운한을 끌어당길만하기 때문이다. 혹은 두무악이라 하니 봉우리마다 평평하기 때문이요, 혹은 원산이라고 하니 높고 둥글기 때문이다. 그 산꼭대기에 큰 못이 있는데 사람이 떠들면 구름과 안개가 일어나서 지척을 분별할 수가 없다.

『현종실록』 부록 행장에서는 한라산 치제와 함께 진산이라는 기록이 나온다.

제주에 크게 비바람이 휘몰아쳤는데 빗물의 맛이 모두 짜서 들판에 곡식이라곤 아무 것도 없는 까닭이었다. 한라산에 제사를 지내게 하였는데 한라산은 제주 섬 전체의 진산이다.

『고려사』의 탐라현, 『신증동국여지승람』의 산천조에서 나온 진산의 기록이후에는 여러 지지서, 관찬사료 등에서 한라산을 진산으로 기재한 용례가 반복적으로 나올 정도로 조선에 이르러 한라산은 제주의 수호신인 진산으로 정착됐다.

조선시기에 수호신으로서 인식의 표현은 제례에서 나타나다. 조선 초기에는 제사가 제대로 시행이 되다가 이유를 알 수 없지만 드문드문 시차를 두고 거행된 것이다. 그러다 조선 중기를 지나서 한라산에 대한 제사 즉 한라산 산신제가 보다 비중 있게 치러진 것으로 보인다. 이는 한라산이 지역을 진호하는 진산 즉 수호신이라는 신성한 의미가 부여되면서 국가적 관심이 점차 증대된 것과 맥을 같이했다고 볼 수 있다.

한라산에 대한 제사는 상당한 예를 갖추며 전개됐는데 먼저 『태종실록』 태종 18년(1418) 기록이 나온다.

> 예조에서 제주의 문선왕 석전제 의식과 한라산제 의식을 올렸다. 석전제 의식은 각도 계수관의 예에 의하고 한라산제는 나주 금성산의 예에 의하여 여러 사전에 싣고 봄, 가을에 제사지내게 하였다.

이어서 태종 18년(1418)에 또다시 한라산 제사 내용이 실렸다. 예조에서 한라산에도 제산(諸山)의 초제일에 아울러 제사를 지내도록 아뢰자 다음과 같이 하교했다.

> 제산은 이미 모두 제사지냈는데, 홀로 이 산만을 어찌하여 제사지내지 않았는가? 만약 사전에 실려 있지 않다면, 가볍게 거행하는 것도 마땅하지 않다. 이보다 앞서 제주목관이 제사지내지 않았는가? 그대로 두라.

한라산에 대한 제사를 올렸는데 뒤이어 올리는 명산대천 제사에는 빠진 것으로 보인다. 다만 한라산 제사를 가볍게 거행하는 것이 마땅하지 않다는 것은 그만큼 한라산에 대한 중요성을 인식한 것이다. 이는 국가차원의 규범에 따라 행해진 한라산 제사 기록이다.

이와 더불어 조선 조정이 한라산을 어떻게 인식했는지는 『남사록』에 실린 김상헌(1570-1652)의 한라산 제문에서 보다 명확하게 확인할 수 있다.

> 국왕은 성균관전적 김상헌을 보내 한라산 신령께 제사를 드립니다. 삼가 생각건대 궁륭 같은 산이 있어 바다 가운데 자리 잡고 있습니다. 아래로는 수부를 감싸 두르고 위로는 운공에 맞닿아 백령이 머무르니 모든 산악의 으뜸입니다. 탐라의 진산이 되어 남쪽 끝자락 절경을 이루었습니다. 천신의 권능을 빌어 우리 백성을 도우시니 전염병의 재앙이 없고 풍우가 때를 맞추어 곡식과 삼이 두루 자라고 축산이 번성합니다. 제주 고을은 그래서 편안하고, 나라에서는 이들의 도움을 받습니다. 이미 풍족하고 이미 은혜를 받았으니 신령의 덕이 아님이 없습니다…후략.

이 같이 제문을 보면 한라산은 진산이자 수호신이라는 인식이 뿌리를 내리고 있었다. 한라산 산신은 천신의 권능을 빌려 제주 백성들을 지켜 주는 산신이자 하늘의 기운과 풍운뇌우를 조절하는 산신, 전염병의 재앙을 막아주고 비와 바람을 관장하고 있는 산신으로 여기는 의식을 볼 수 있다.

고대 탐라에 하늘과 맞닿은 한라산 꼭대기를 보면서 산신 그자체로 받아들였다는 것은 기록에서 확인되지 않지만 당시 주변국의 제사의례에서 유추해서 확인할 수 있고 조선시대에 넘어오면서 제주를 수호하는 수호신 즉 진산의 의미를 내포하게 됐다.

그렇다고 산신의 신성성이 퇴색되거나 사라지지는 않았다. 제문에서 알 수 있듯이 한라산을 산신으로 경외하면서 지역 수호의 뜻까지 영역을 확장한 것으로 볼 수 있다.

제2절 신들의 거처, 한라산

조선시기에 한라산은 진산의 성격과 함께 '삼신산(三神山)'이라는 인식이 새롭게 등장한다. 중국에서 전설속의 산으로 일컬어지던 삼신산이 우리나라 세 개의 산을 지칭한 것으로 보이는데 한라산을 삼신산의 하나로 인지한 시기가 언제인지 특정하기는 힘들다.

다만 개인문집 등에서 한라산을 삼신산으로 비정한 내용이 유포되면서 조선 조정의 인식에도 영향을 미친 것으로 보인다.

삼신산 내력은 중국 『사기』 봉선서에 적혀있다. 이에 따르면 "중원의 동쪽, 발해 바다 깊숙한 곳에 신선들이 사는 봉래·방장·영주 삼신산이 있다는 소문이 일어났다. 삼신산에는 불사의 약이 있고, 기물과 금수가 모두 백설처럼 희며, 금은보화로 세운 궁궐이 있다"는 이야기가 함께 퍼졌다.

이런 소문은 발해에 접한 제나라와 연나라에서 주로 유행했고, 급기야 두 나라의 여러 왕들이 발해로 탐사대를 파견해 삼신산 찾기에 나선 것이다.

특히 진시황이나 한무제는 많은 방사(方士)들로 하여금 삼신산을 찾게 함으로써 신선을 만나고 불사의 약을 구하려 시도했던 사실을 알 수가 있다. 그러나 불사약을 구해오지 못했는데, 인간이 신적인 존재가 되어 장생불사를 누리고 초인적인 능력을 발휘한다는 신선사상은 여기서 비롯됐다.

삼신산은 바다에 떠있으며, 불사의 약이 있으며, 신선이 사는 신비의 공간으로 인식됐다. 한때 백두산을 삼신산의 하나로 보거나, 부안의 변산을 영주산으로 일컫기도 하다가 어느 시기에 봉래산은 금강산, 방장산은 지리산, 영주산은 한라산으로 굳어졌다.

  금강산, 지리산과는 달리 한라산은 바다에 떠있는 산이었기에 더욱 더 삼신산 전설에 부합하는 산으로 인식이 됐다. 더구나 조선시대에는 쉽게 접근이 어려울 뿐만 아니라 자주 운해에 덮여 신비감을 더하고, 정상에 원추형 꼭대기가 아닌 타원형의 분화구가 있는 외형적인 형상은 차별성을 더해 삼신산의 선계가 오랜 기간 투영된 것이다.

  한라산을 영주산으로 인식한 내용은 『신증동국여지승람』 제주목에서 다음과 같이 찾을 수 있다.

> 고기에 이르기를, 한라산의 일명은 원산이니, 곧 바다 가운데 있다는 원교산이고 그 동쪽은 동무소협인데 신선이 사는 곳이다. 또 그 동북쪽에 영주산이 있으므로 세상에서 탐라를 일컬어 동영주라 한다.

  이 기록은 한라산을 전설속의 산이고, 산의 동쪽 지경을 신선의 거처로 회자되는 내용을 적은 것이다. 동북쪽의 영주산은 한라산이 아니라 당시 정의현 지경의 영주산을 지칭했다.

  조선 왕조에서 한라산을 삼신산의 하나로 인식한 내용은 김상헌의 『남사록』에서 확인 할 수 있다. 안무어사로 1601년 제주에 파견된 김상헌은 왕이 내린 교서에서 다음과 같이 적고 있다.

> 너희들 탐라 백성들은 임금의 명령을 경청하라. 무모한 못된 무리들이 스스로 죽을 길을 취하여 이미 용서할 수 없는 죄를 저질렀다. 나쁜 풍속은 모두 고치고 새롭게 하려는 어진 마음을 보인다. 이에 종신을 보내 인자한 뜻과 은혜의 말을 베푼다. 멀리 떨어져 깊은 바다 사이에 한 점 산이 높이 솟아 남쪽 끝에 서 있으니 해외 삼신 땅이요, 옛적에는 동영이라 불렀다.

이를 보면 조선시대 한라산을 삼신산의 하나로 인지한 것은 분명하다. 선비들의 기록이나 유산기에는 한라산을 신선들의 거처로 인식한 내용이 빈번하게 나오는데 한라산에 신선이 흰 사슴을 타고 노닐었다는 백록담 전설이 결부되면서 신선이 사는 산이라는 특징적 인식을 낳았다.

임제(1549-1587)의 『남명소승』에 기록한 유산기는 한라산을 신선의 산으로 바라본 초기 기록으로 볼 수 있다. 임제는 제주목사로 있는 부친을 만나기 위해 1577년 11월 제주에 들어와서 이듬해 3월까지 머물었는데, 날씨로 인해 한라산을 등산하지 못하는 심정을 "오랫동안 신선이 사는 산을 마주 보고만 있으니 우울하여 즐겁지 않다"고 표현했다.

임제는 오백장군이 있는 영실계곡을 하늘과 통하는 신선의 거처인 동천(洞天)으로 인식했으며 존자암의 스님으로부터 전해들은 이야기를 다음과 같이 적었다.

여름밤이면 사슴들이 시냇가로 내려와 물을 마시곤 합니다. 가까이에 사냥꾼[山尺]이 있어 활을 가지고 시냇가에 숨어 있었습니다. 사슴 무리가 몰려오는 것을 봤는데, 그 수효가 셀 수 없이 많았더랍니다. 그 중에 하얀 색을 띤 장대한 한 마리가 있었는데, 이 사슴의 등 위에 백발 노옹이 타고 있었어요. 사냥꾼은 놀랍고 괴이히 여겨 감히 범하지를 못하고, 뒤에 처진 사슴 한 마리를 쏘아 죽였습니다. 조금 있다가 노옹이 사슴 무리를 점검하는 것 같더니 길게 휘파람을 한 번 불자 홀연히 사라졌더랍니다.

흰 사슴 즉 백록이 신령스런 동물이라는 내용은 삼국사기에서도 확인되며, 흰 사슴을 타고 있는 백발노옹을 신선으로 직접 적시하지는 않았지만 신비스런 내용을 표현한 것으로 이해해도 무리가 없을 것이다.

『남명소승』에 나온 흰 사슴과 노옹의 이야기는 이후 유산기에 자주 등장하면서 백록담 전설로 굳어진다. 1609년 제주판관으로 부임한 김치(1577-1625)는 유산기에서 "흰 사슴이 영주초 먹기를 좋아합니다. 이곳은 실로 신선이 사는 땅입니다"고 전하는 내용과 함께 "신선들이 흰 사슴들을 이곳에서 물을 먹인다하는데, 못이 이름을 얻은 것은 이 때문이다"고 적시했다. 백록담의 어원과 함께 신선이 흰 사슴과 노니는 신비의 모습을 표현한 것이다.

백록담의 신선과 흰 사슴 전설은 문헌과 구전으로 전해지면서 신비감을 더했고 그림 2, 그림 3과 같이 그림지도에도 등장했다. 18세기 제작한 것으로 추정되는 탐라십이경도의 백록담 부분에서는 사냥꾼이 사슴을 쏘는 장면까지 실감나게 그려졌으며 윤제홍의 그림에서는 노옹이 흰 사슴을 타고 있는 장면이 담겼다.

이원조(1792-1871)의 『탐라록』에서는 백록담을 '신선이 마시는 신령스러운 물'로 표현했는가하면 백두산 천지와 차별적으로 한라산 백록담에서만 신선 이야기가 전해진다는 내용이 있다.

그림 2. 18세기 전반 제작한 것으로 추정되는 탐라십이경도의 백록담으로 일부를 캡처 후 확대했다. (출처: 제주대학교 박물관, 2020)

그림 3. 18세기 전반 제작한 것으로 추정되는 탐라십이경도의 백록담으로 일부를 캡처 후 확대했다. (출처: 제주대학교 박물관, 2020)

산 꼭대기에 물이 있다는 것은 천성이 아니다. 지극히 높은 곳에 움푹 패여 있다. 이는 음과 양이 서로 뿌리를 이루는 오묘함이다. 움푹 패여 있으므로 물을 기약하지 않지만 물이 저절로 모이게 된다. 그러므로 백두산의 천지(天池)나 태백산의 황지(潢池)가 모두 이런 부류이다. 유독 이 백록담에서만은 글로 꾸미기를 반드시 신선으로 하였다.

제주에 유배를 당했다가 방면된 최익현(1833-1906)은 1873년 한라산을 오르고 남긴 유산기에서 제주인들의 한라산 인식이 나온다. 한라산을 오르는 이가 적은 것에 대해 제주인들은 최익현에게 답을 했다.

한라산은 4백리에 뻗쳤고, 하늘에 닿을 듯 높이 솟아 있어 5월에도 오히려 눈이 녹지 않습니다. 그 꼭대기는 모든 신선들이 하늘로부터 내려와서 노는 곳으로, 비록 맑은 날이라 할지라도 흰 구름이 끼어 있습니다. 이 곳이 바로 세상에서 일컫는바 영주요, 삼신산의 하나에 들어갑니다. 어찌 보통 사람이 감히 쉽게 유람할 수 있겠습니까.

한라산이 삼신산의 하나라는 인식은 제주에서 나온 것이 아니라 외부의 시선으로 만들어진 특징적 요소이지만 조선후기에 이르러 제주사람에게도 한라산은 신선이 노니는 공간으로 정착된 것을 알 수 있다.

최익현은 백록담에 오르고 나서 '허공에 떠 바람을 다스리고(憑虛御風) 신선이 되어 하늘을 오른다(羽化登仙)'는 소식(蘇軾)의 시 구절이 비단 적벽만이 아니라 한라산과도 비유될 수 있다는 감성을 비쳤다.

신선사상과 연계한 한라산 형상은 영주산 외의 여러 이름에서도 확인할 수 있다. 김상헌은 한라산을 소천태산(小天台山)이라 이름하여, 신선이 사는 산으로 이름났던 중국 천태산에 비유하였다.

그림 4. 한라산 정상인 백록담 분화구에 물이 고인 경관. (출처: 저자)

그림 5. 한라산 영실계곡과 오백장군. (출처: 저자)

또한 한라산은 일찍부터 신선이 사는 원교산(圓嶠山)으로 불리었다. 이는 모두 한라산을 '신선의 산'으로 인식한 증빙이라 할 수 있다.

화산 폭발로 형성된 한라산은 바다 한가운데 우뚝 솟은 형상을 하고 있다. 산 정상에 물이 고이는 백록담 분화구 모습(그림 4)은 육지의 산과는 차별화한 경관이다. 기암괴석이 어우러진 오백장군과 영실계곡(그림 5) 역시 비경으로 인식됐다.

이런 특이한 경관적 요소가 삼신산의 신선사상과 결부되면서 한라산은 신선이 사는 산, 신들의 거처인 산으로 오랜 시간 동안 전해지면서 핵심 특징으로 굳어졌다.

제3절 신들의 탄생지, 한라산

제주도의 무속신앙은 지역의 역사, 문화, 환경, 종교와 깊게 연관되어 있다. 도민들에게는 자연과 조화, 지역사회와 연결, 생활의 의미를 부여하는 중요한 역할을 한다.

제주에서 무속신앙은 고대부터 시작됐으며 조선시대에 사당이 훼철되는 위기를 맞기도 했지만 현재까지 여전히 민초의 생활에 깊숙이 자리 잡고 있다.

고문헌에서도 제주에서 무속을 중시했다는 것을 찾아볼 수 있는데 최부(1454-1504)의 『표해록』 권1 성종 19년(1488)정월에는 다음과 같은 내용이 나온다.

옛날부터 무릇 제주에 가는 이는 모두 광주 무등산의 신사와 나주 금성산의 신사에 제사를 지냈으며, 제주에서 육지로 나오는 이도 또한 모두 광양 차귀 천외 초춘 등의 당에 제사를 지낸 뒤에 항해를 하기에, 신의 도움을 받아 큰 바다를 건넜다. 그런데 지금 이 경차관은 이를 잘못이라고 큰소리만 치면서 올 때 무등산과 금성산의 신사에 제사를 지내지 않았고 떠날 때도 광양 등 여러 당사에 제사를 올리지도 않아 귀신을 업신여겨 공경하지 않아, 귀신도 또한 돌보아주지 않으므로 이 극단에 이르게 된 것이니 누구를 탓하랴? 하니, 군인들이 이에 어울려 모두 신을 탓하였다.

광양 등의 신사는 무속을 행하는 장소로 항해에 앞서 바다의 상황에 결정적 영향을 미치는 바람을 관장하는 신, 즉 천신이나 한라산신에게 제사를 지냈을 가능성이 크다. 이처럼 무속신앙은 공식적이고 공개적인 중요 행사였으며 민간에서도 널리 퍼졌다.

고문헌에서 제주의 무속은 반복적으로 나타난다. 『신증동국여지승람』에 제주 풍속이 음사(淫祀)를 숭상하여 산과 숲, 내와 못, 높고 낮은 언덕, 나무와 돌에 모두 신의 제사를 베푼다고 기록하고 있으며 봄·가을로 남녀가 광양당과 차귀당에 무리로 모여 술과 고기를 갖추어 신에게 제사한다고 했다.

김정(1520-1521)의 『제주풍토록』에서 사귀(祠鬼)를 숭상하고 남자무당이 심히 많아 재화(災禍)로 위협해 재물을 취하고, 명일과 삭망, 칠칠일에 희생을 죽여 음사를 행하는데, 음사는 거의 30여소에 이른다고 했다. 김상헌 역시 『남사록』에서 제주에 음사가 끊이지 않고 남자무당이 많다는 기록을 남겼다.

이 같은 제주의 무속신앙은 무당이 주재하는 굿이라는 행위로 발현되는데, 굿의 서사무가가 본풀이다. 본풀이는 신의 출생에서부터 신으로서의 직능을 차지하여 좌정하게 되기까지의 유래와 내력을 해설하는 이야기이다.

본풀이는 천지·일월·산해·생사·농경·어로·빈부 등 자연현상이나 인문현상을 차지하여 지배하는 일반적인 신들의 내력담인 일반본풀이, 각 마을의 수호신인 당신(堂神)의 내력담인 당신본풀이, 집안 내지 일족의 수호신 내력담인 조상본풀이로 나뉜다.

무속신앙의 근거지인 본향당(그림 6 참조)은 마을의 토지나 주민의 생사화복 등 제반 사항을 수호하는 신을 모신 신당으로 당신을 모시고 당굿을 하는 제의 장소다.

그림 6. 제주시 구좌읍 송당본향당 신과세제 모습. (출처: 저자)

출생에서 사망에 이르기까지 모든 생활을 관장하는 기능을 하는 본향당신이 있고, 그밖에 산육신, 치병신, 해신, 농경신 등 갖가지 기능을 가진 신들이 있다. 이런 본향당신을 중심으로 결속과 관계를 강화하는 마을공동체를 형성하는 것이다.

이들 본향당신 가운데 한라산에서 태어난 후 마을에 좌정한 신들이 상당한 비중을 차지한다. 제주시 구좌읍 세화리 세화본향당신은 천잣도, 백줏도, 금상님인데 이들의 이야기는 다음과 같이 전해진다. 여기서 '할로영산'은 한라산을 의미한다.

천잣도는 할로영산의 백록담에서 저절로 솟아난 신이고, 백줏도는 서울 서대문 바깥에서 솟아난 임정국의 따님아기이다. 천잣도는 백록담에서 부모 없이 저절로 솟아나, 일곱살 때부터 글을 읽기 시작하니 천자문, 소학, 대학 등을 모두 통달했다. 이 신은 하늘에 가면 옥황의 소임을 다하고, 땅에 내려오면 지하의 소임을 맡아 척척 해냈다. 그러다가 옥황상제의 명을 받아 세화리의 손드랑마루라는 곳에 내려와서 당신으로 좌정하게 된 것이다.

기록물이 아니라 무당의 입을 통해 구전되는 당신본풀이는 시대상황에 따라 내용이나 용어가 변하고 있는데 한라산에서 태어난 신이 마을로 내려와 좌정하는 내력의 큰 줄기는 그대로 유지하고 있다. 한라산에서 태어난 신들이 마을에 좌정하는 본풀이 한라산 백록담을 기준으로 해서 북쪽보다는 남쪽지역에서 상대적으로 많이 전해지고 있다.

서귀포시 회수본향신 본풀이를 보면 할로영주삼신산 봉우리 서쪽 어깨에서 아홉형제의 신이 솟아났다고 한다. 그 아홉 형제가 각각 분산하여 내려와 여러 마을을 차지해 당신이 되는데 큰 형은 성산읍 수산리 당신 '울뢰마루하로산'이고, 둘째는 애월읍 수산리 '제석천왕하로산', 셋째는 남원읍 예촌의 '삼시백관또 하로산', 넷째는 서귀포시 호근동 '서천밭 하로산', 다섯째는 서귀포시 중문동 '도래물 하로산', 여섯째는 서귀포시 색달동 '하로산' 일곱째는 서귀포시 예래동 '하로산', 여덟째는 안덕면 감산리 '고나무상태자 하로산', 아홉째는 대정읍 일과리 '제석천왕하로산'이다. 이 형제 신들은 한라산에서 솟아났으므로 그 이름에도 모두 '~하로산'이 붙은 것이다.

서귀포시 호근동 본향당신은 한라산에서 솟아난 '애비국하로산또'라는 이름의 신이고 서귀포시 안덕면 사계리 본향당신인 '큰물당신'은 한라산 서쪽등성에서 저절로 솟아나 수렵을 한 신이다.

서귀포시 남원읍 예촌 본향당신은 할로영산에서 솟아난 '백관님'과 강남천자국에서 솟아난 '도원님', 서귀포 칠오름에서 솟아난 '도병사' 등 3위의 신이고 서귀포시 보목동 본향당신은 할로영산의 백록담에서 솟아난 '브루뭇님'이다.

한라산에서 태어나거나, 내려온 산신계통의 신당은 전체의 24% 정도로 농경신계통의 신당 다음으로 많다. 한라산을 하로영산으로 부르고 있으며 산신을 하로산또라고 한다. 한라산을 뜻하는 하로산에 신의 이름에 붙이는 존칭접미사인 '또'를 붙인 것으로 한라산님, 한라산 신령님을 뜻한다.

조선시대 제주목에서 한라산을 향해, 또는 한라산에서 유교제례를 올렸다면 민간에서는 한라산에서 솟아난 신을 마을에서 모시며 신성시한 것이다. 한라산 정상으로의 접근이 어렵고, 유교제례에 참가가 현실적으로 불가능했던 민간에서는 오랫동안 내려온 무속 전통의 방식에 따라 한라산에서 탄생한 신을 모시며 무병장수를 기원했다.

무속 본풀이에는 '솟아난'이라는 표현이 빈번하게 나오는데, 이는 한라산을 신들의 탄생지이자 신들의 어머니라는 인식이 깔렸다고 해석할 수 있다.

한라산에서 탄생한 본향당신은 육지부의 산신처럼 호랑이를 옆에 끼고 앉은 백발노인과는 다른 산신의 모습이다. 육지부에서는 산신이 사찰 삼성각 등에 있다면 제주인들에게 산신은 한라산에서 태어나 마을 본향당에 좌정해 있는 것이다.

한라산신이 제주를 지켜주고 보살피는 전체적인 맥락이라면 한라산에서 내려와 마을에 좌정한 신들은 마을과 개인의 안녕과 기원을 관장하는 것으로 이해할 수 있다.

제4절 신성하고 영험한 공간, 한라산

한라산은 그 자체로 신이자 신선의 거처, 신들의 탄생지라는 의미에 더해 신성하고 영험한 공간이다. 신성하고 영험한 기운을 갖고 있다는 사고가 이어지면서 한라산은 기도와 수행의 공간이 됐다.

영험한 기운이 있는 곳에서 기도와 수행을 하거나 제사를 지내면 성과를 거둘 것이라는 믿음이 깔려 있는 것이다. 영험한 기운이 있다고 믿는 장소는 한라산 전체가 아니라 특정 지역으로 인식된 듯하다.

신성하고 영험한 기운이 있다고 믿는 장소는 한라산 정상인 백록담과 영실, 아흔아홉골, 물장오리, 어리목계곡 등이 대표적이다.

백록담은 조선시대 특별한 목적으로 제주에 들어온 어사 등이 산신제를 지낸 장소이기도 했지만 기우제를 지내기도 했다. 가뭄이 자주 발생하는 제주의 기상여건에서 기우제는 중요한 행사의 하나였음은 분명하다.

백록담에서 기우제를 지냈다는 문헌자료는 드문드문 보인다. 김상헌의 『남사록』에서 다음 기록은 백록담에서 산신제를 준비하면서 적은 것이다.

백록담 북쪽 모퉁이에 단이 있으니 본주(本州·제주목)에서 늘 기우제를 지

그림 7. 한라산 백록담. 빨간 점선이 북벽으로, 여기서 기우제를 지낸 것으로 추정된다. (출처: 저자)

내던 곳이다.

1694년부터 1696년까지 제주목사를 지낸 이익태(1633-1704)의 『지영록』에도 "백록담 북쪽에 기우단이 있다"는 내용이 나온다.

지상에서 가장 높은 백록담에서 기우제를 지내야 비를 관장하는 산신, 천신에게 가장 가까이에서 소망을 전달할 수 있다는 믿음이 있었기 때문으로 풀이된다. 또한 기우제를 자주 지냈다는 것도 알 수 있다.

백록담이 기우제와 산신제를 지낸 성소라면 영실은 불교와 무속신앙의 성소로 인식됐다. 영실은 한라산 정상인 백록담에서 남서쪽 해발 1300m~1650m일대에 위치한 골짜기로 둘레 2㎞, 깊이 0.35㎞가량이다. 날씨가 맑았다가도 순식간에 한치 앞을 구분하기 힘들 정도의 운무가 덮는 등 기상변화가 심한 곳이다.

한때 일부 향토학자와 승려가 고려대장경 법주기에 '부처님 제자에 16존자가 있었다. 탐몰라주에는 제6 발타라존자가 가고…'라는 문구를 바탕으로 탐몰라주를 탐라국으로 해석하고 영실을 불교발상지로 주장했다. 그러려면 기원전에 제주에 불교가 들어온 것인데 현실적으로 타당성이 낮다.

불교발상지에 대한 논란을 뒤로하고도 영실은 불교문화와 깊은 인연이 있다. 지명인 영실은 부처가 고대 인도에서 설법했던 영산회랑 또는 영취산에서 유래했으며 오백나한 역시 깨달음을 얻은 불제자들을 칭한다. 조선시대 일부 관리는 기암괴석을 '천불봉'으로 표현하기도 했다.

눈여겨볼만한 내용이 존자암 사찰이다. 1498년 무오사화에 연루되어 제주 정의현에 유배되었던 홍유손(1431-1529)의 시문집인 『소총유고』에 수록된 「존자암개구유인문」의 일부 기록인데 다음과 같다.

길일을 택해서 삼읍의 수령의 하나가 목욕재계를 하고 존자암에서 제사를 지냈다. 이를 국성재라고 한다. 지금은 폐지된 지 6, 7년이 되었다.

이 내용을 보면 존자암은 국가적 차원에서 중시되었던 비보사찰이면서 국가적 제사가 행해지던 장소였다는 것이다. 존자암에서 행해졌던 국성재(國聖齋)를 세 고을의 수령 중에서 차출된 사람이 봉행했다는 사실은 국성재가 국가적 차원의 제사로 해석할 수 있다.

제주안핵겸순무어사로 1676년 제주를 다녀간 이증(1628-1686)은 『남사일록』에서 고기(古記)를 인용해 "4월에 길일을 잡아 삼읍의 수령 중 한사람이 목욕재계하여 암자에서 제사를 지냈는데, 국성재라고 한다. 지금은 폐지된 지가 8, 9년이라고 한다"는 내용이 있는 점을 보면 1500년대 초까지 국성재를 지낸 것으로 보인다.

존자암은 한라산에 있다가 대정현 지경으로 옮겨졌으며 악질이 유행한 후 폐쇄됐다고 전해지고 있는데『신증동국여지승람』에서는 "존자암, 한라산 서쪽 고개에 있다. 그 골짜기에 돌이 있는데 마치 중이 도를 닦는 모양 같다. 속설에 전하기를 수행동이라고 한다"고 했다.

이 기록에서 한라산 서쪽 고개는 영실일대를 지목한 것으로 보인다. 존자암은 여러 차례 위치를 옮긴 것으로 추정되고 있다. 현재 영실인근 볼래오름에 위치한 존자암(그림 8)은 1993년부터 1994년까지 발굴조사가 실시됐으며 이 당시 건물지, 부도, 배수시설과 기와편, 분청사기편, 백자편 등이 출토됐으며 2002년 11월 사찰 건물이 일부 복원됐다.

존자암과 함께 등장하는 것이 수행굴이다. 김상헌의 남사록 은 존자암이 9칸인데 지붕과 벽은 모두 기와나 흙 대신에 판자를 썼다는 내용과 함께 "수행굴을 지났는데 굴 속은 20여명이 들어간 만하다. 옛날 고승이 양식을 끊고 지낸 곳이다"는 내용이 담겼다.

이 기록 등을 토대로 한라일보에서 2001년 12월 탐사가 이뤄졌으며 영실분화구 인근 해발 1370m 지경에서 수행굴로 추정되는 장소가 확인됐다. 연구자는 2010년 5월 3일에 이어 2021년 4월 17일 수행굴(그림 9) 답사를 했다.

굴 입구는 성인 1명이 허리를 굽혀서 들어갈 정도인데 막상 안으로 진입해보니 허리를 펴고 서도 천정이 닿지 않았다. 내부는 돔형으로 10여명이 기거하기에 충분한 공간으로 보였다.

굴 입구에서 끝까지는 10여m가량이고 좌우로는 20m가량이다. 바위그늘(제주방언으로 궤)보다 길이가 길고, 동굴이라고 보기에는 다소 짧게 여

그림 8. 한라산 볼래오름 기슭의 존자암.
(출처: 저자)

그림 9. 한라산 수행굴로 추정되는 굴.
(출처: 저자)

겨졌다. 굴 끝부분에 뼈 모양이 선명한 길이 70㎝가량의 동물 사체가 보였고, 누군가 이용한 흔적으로 보이는 양초 2개를 바위틈에서 확인했다.

영실은 제사, 기도, 수행의 장소였지만 1703년 이형상 제주목사 시절 강력한 숭유억불 정책에 따라 사찰이 사라진 것으로 보인다. 한라산에서 200년 동안 단절됐던 불교문화는 1908년 안봉려관이 한라산 능화오름 인근 절터에서 7일 기도를 한 후 제주시 산천단에서 관음사를 창건하면서 다시 이어졌다.

이후 1948년 발발한 제주4·3사건으로 산중 암자는 모두 철거되거나 불에 타는 수난을 겪었으며 관음사는 당시 토벌대와 무장대의 교전장이기도 했다. 영실계곡에 암자가 다시 등장한 것은 1960년대 초반이다.

서귀포시 원○○ 스님(2020년 7월 인터뷰)은 "한라산 등산을 하다가 영험한 영실 기운을 경험하고 난 후 1961년 육지에서 온 스님과 함께 계곡에 움막을 지어 생식을 하면서 부처님을 모셨다. 기도를 잘 들어준다는 이야기가 퍼지면서 신도가 많이 몰렸고 근처에 암자 3개가 더 생겼다"고 증언했다.

영실계곡에 들어섰던 이들 암자는 1970년 국립공원 지정 이후 관리사무소 측과 갈등을 빚다가 1977년 철거됐다. 현재 한라산국립공원지역이나 경계에 들어선 사찰은 제주시 관음사을 비롯해 아흔아홉골에 있는 천왕사와 석굴암, 영실탐방로 입구에 오백나한사 등이 있다.

한라산에 여러 사찰이 들어선 배경에는 영험한 기운이 있는 장소에서의 소원기도, 수행성취 등이 작용한 것으로 보인다. 한라산국립공원 외곽지역에 들어선 사찰도 이런 배경을 안고 있는 것으로 여겨진다.

무속신앙 역시 예외는 아니다. 민간에서 주로 행해지다 보니 언제부터 한라산에서 무속신앙이 전개됐는지 문헌기록 확인이 어렵지만 영실과 아흔아홉골 일대는 무속행위가 자주 이뤄지는 장소로 이용되고 있다. 한라산국립공원 공무원이 매년 단속활동을 벌이고 있으며 현재까지도 무속행위에 쓰인 물품이 확인된다.

종교적인 측면이 아니더라도 한라산은 오래전부터 신성하고 영험한 장소였다. 기상의 변화를 산신이 발휘한 현상으로 받아들였으며 산을 얕보는 일탈적 모습에 대한 경고로 인식하기도 했다. 특히 이방인의 한라산 등산은 산신을 노하게 하는 행위로 여겼다.

1888년 9월 제주도를 방문한 샤를 샤이에롱 미국 공사 겸 총영사에게 제주목사가 "한라산을 등반하려면 100일간의 희생이 선행되어야한다. 또한 적절한 의식을 갖추지 않고 산을 오르려는 사람에게는 한라산 신령이 화를 낼 것"이라고 했는가하면 1901년 백록담 정상에 올라 기압계로 한라산 높이를 최초로 측정한 지그프리드 겐테(1870-1904) 역시 제주목사로부터 "누구든 한라산에 올라 휴식을 방해하면 산신령이 악천후, 폭풍우, 흉작, 유행병으로 섬을 재앙에 빠뜨릴 것이다"는 경고를 받았다.

한라산을 신성하고 영험한 장소로 여기는 의식은 지금까지 이어진다. 1월1일 한라산 백록담에서 해맞이를 한 뒤 분화구를 향해 제사를 지내는 모습이나 산에서 말이나 행동거지를 삼가는 것들은 모두 이런 의식이 잠재해있기 때문으로 보인다.

1908년 일제에 의해 명맥이 끊겼던 한라산신제를 부활한 것은 관음사였다. 안봉려관이 창건한 관음사는 산천단 지경에 1933년 소림당 또는 소림원으로 불리는 소림사를 부속당우처럼 사용하면서 '제주한라산신제단법당'이라는 현판을 내걸었다. 한라산신제를 담당하는 사찰로 활용한 것이다.

한라산신제는 제주 4·3사건* 등을 겪으면서 사라졌다가 제주시 아라동 주민자치위원회에서 2009년 재현하기 시작했는데, 매년 산천단(그림 10)

---

* 제주4·3사건 진상규명 및 희생자 명예회복에 관한 특별법은 제주4·3사건을 '1947년 3월 1일을 기점으로 1948년 4월 3일 발생한 소요사태 및 1954년 9월 21일까지 제주도에서 발생한 무력충돌과 그 진압과정에서 주민들이 희생당한 사건'으로 규정했다.

그림 10. 제주시 산천단 전경. (출처: 저자)

그림 11. 2008년 한라산 관음사에서 영산대재를 지내는 모습. (출처: 제주도 대변인실 제공)

에서 행사를 진행하고 있다. 제주시 산천단은 조선시대에 산신제를 행했던 장소로 추정되고 있으며, 역시 한라산이라는 공간에 속해있다.

2012년 12월에는 '제주특별자치도 한라산신제 봉행위원회 지원 등에 관한 조례'가 제정됐다. 이 조례에서 "도지사는 한라산신제 봉행 사업을 추진하고 사업에 따른 사항을 의결하기 위해 한라산신제봉행위원회를 둔다"고 규정했다. 조선시대 제주목에서 시행한 한라산신제가 1908년에 일제에 의해 강제적으로 중단됐다가 행정기관이 다시 이어받았다는 의미를 담고 있다.

한라산 중턱의 관음사에서는 2000년부터 매년 '한라산 영산대재'(그림 11)를 거행하고 있다. 탐라국 시대부터 전해 내려온 풍운뇌우제와 제주 지역 각지에서 행해졌던 각종 제례를 현대적으로 복원한 것으로 참가한 사람들의 부모, 조상 등의 영가는 물론, 4·3사건 원혼들의 영가를 천도시키고, 기원제 및 공양제를 베푼다고 설명하고 있다. 봉안 위패에는 한라산신을 비롯해 탐라바다 해신, 천신, 설문대할망, 영등할망, 탐라개국 시조신, 4·3사건 희생 영가를 모신다.

제4장 나가며

　탐라시기 문헌 기록과 고고학적 증거가 충분하지 않지만 당시 대외관계를 고려한다면 한라산은 신적 숭배 대상이었고 비, 바람, 구름을 일으키는 존재였으며 가장 숭고하고 두려운 대상이었기에 성대하게 제사를 하면서 경배를 했을 것으로 보인다.
　조선시기에 한라산은 제주를 수호하는 진산 즉 수호신으로 예우를 받았다. 한라산은 그 자체로 산신이면서 지역 수호의 뜻까지 영역을 확장한 것으로 볼 수 있다.
　한라산을 산신으로 받아들이는 정서는 오랜 기간 면면히 이어지고 있으며 비바람을 만들어 농사의 풍요를 관장한다는 관념은 다소 희미해졌을지라도 목재, 용수, 사냥감 등 생활의 자원을 주면서 제주사람을 지킨다는 의식은 여전히 전승되고 있다고 봐야할 것이다.
　화산 폭발로 형성된 한라산은 바다 한가운데 우뚝 솟은 형상, 산 정상에 물이 고이는 분화구 모습은 육지의 산과는 차별화한 경관이다. 기암괴석이 어우러진 오백장군과 영실계곡 역시 쉽게 접하지 못하는 비경으로 인식됐다.
　이런 경관적 요소가 삼신산의 신선사상과 결부되면서 한라산은 신선이 사는 산, 신들의 거처인 산으로 오랜 시간 동안 전해지면서 핵심 특징이 됐다.
　제주의 무속신앙에서 한라산에서 탄생한 신들은 본향당신으로 마을에 좌정했다. 민간에서는 본향당신에게 의지해 마을의 안녕과 풍요를 소망했다.
　한라산은 또한 수행과 기도, 득도를 하는 신성하고 영험한 장소로 인식됐다. 영실에서 불교문화가 번성했고, 도교와 습합한 무속신앙과 제례가 한라산에서 이뤄졌다. 지금도 한라산의 백록담 정상, 영실, 아흔아홉골, 물장오리오름 등지는 영험한 기도처로 이어지고 있다.

한라산은 숭배의 대상이자 신의 거처이고, 생활의 공간이자 득도의 현장이기도 하다. 천-지-인 합일의 자연관이 내재됐다고 여겨진다. 오늘날에도 산에서 좋은 기(氣)를 받으려고 등산을 하고, 산을 '어머니 품속'으로 여기는 정서는 자연과 인간이 유기적 관계에 있다는 점을 보여준다.

현재 지구환경 위기의 한 요인으로 서구의 기계론적 자연관을 거론하는데 과학혁명을 통한 이분법적 사고는 산을 객관화하고 타자화했으며 이는 산을 개발의 대상으로 보는 시각을 정당화했다.

또한 서구적 관점에서는 산을 숭배하는 산신신앙이나 주술적인 제의에 대해 미신이나 샤머니즘으로 해석하기도 했다.

해방이후 서구의 기계론적 자연관이 들어오면서 우리에게도 이분법적 사고가 존재하기도 하지만 산에 신이 깃들어 있다고 믿거나, 산을 신성한 존재로 인식하는 전통은 이어지고 있다.

산을 보호하고 존중하는 것은 곧 자연을 신성하게 여기고 조화롭게 공존하려는 의지를 반영한다. 현재 환경 위기에 대한 해결책을 모색하는 방향으로 자연과 인간이 조화를 바탕으로 한 산 숭배를 조명할 필요가 있다.

이 연구는 한라산의 신성성을 바탕으로 한 문화유산적 가치를 탐구하고자 했다. 신성성의 개념과 문화유산적 측면과의 연계를 보다 분석적으로 이끄는데 미흡하지만 한라산의 신성성을 드러내고, 논의를 전개하기 위한 발판이 됐으면 하는 바람이다.

참고문헌

1. 사료
한국: 『高麗史』, 『南槎錄』, 『南槎日錄』, 『三國史記』, 『篠叢遺稿』, 『新增東國輿地勝覽』, 『朝鮮王朝實錄』, 『知瀛錄』, 『耽羅錄』, 『漂海錄』.

중국: 『唐會要』, 『史記』, 『三國志』, 『新唐書』.

2. 논저
강정화, 2014, 「유산기로 본 조선조 지식인의 지리산과 한라산 인식」, 『남도문화연구』 26, 141-167.
고수미, 2021, 「10-12세기 탐라의 대외교류」, 『동국사학』 70, 43-84.
김갑동, 1991, 「고려시대의 성황신앙과 지방자치」, 『한국사연구』 74, 1-24.
_____, 2008, 「지방의 신앙생활」, 역사문화학회 편저, 『지방사연구입문』, 민속원.
김경주, 2019, 「V. 종합고찰」, 『제주 화순리유적』, 제주문화예술재단.
김성환, 2007, 「삼신산 판타지와 동아시아 고대의 문화교류」, 『중국학보』 56, 443-468.
김철웅, 2007, 『한국중세의 길례와 잡사』, 경인문화사.
데이비드 네메스, 권상철 옮김, 2019, 신비, 성실, 모험의 제주전통경관, 제주학연구센터.
도광순, 1992, 「신선사상과 삼신산」, 『도교학연구』 10(1), 3-32.
문경현, 1991, 「신라인의 산악숭배와 산신」, 『신라문화제학술발표논문집』, 15-40.
문무병, 1993, 「제주도 당신앙연구」, 제주대학교 국어국문학과 박사학위 논문.
박호원, 2013, 『한국마을신앙의 탄생』, 민속원.
변동명, 2020, 「한국 전통시기의 산악신앙·성황신앙과 지역사회: 역사상 인물의 산신 성황신 추앙을 중심으로」, 『호남학』 67, 109-147.
신익철, 2001, 「대사·중사·소사의 실증적연구-천제와 산천제를 중심으로」, 『인문과학』 31, 509-542.
임재영, 2023, 국가의 한라산 인식과 이용·관리에 대한 변천 연구, 제주대학교 박사학위논문.
전국문화원연합회제주도지회, 2001, 옛 제주인의 표해록, 문화인쇄.
제주대학교 박물관, 2020, 『제주도고지도』.
제주대학교 박물관·제주시, 1993, 『제주시용담동유적-제주대학교박물관조사보고서』.
제주도, 1985, 『제주도 전설지』, 경신인쇄사.
제주문화원, 2000, 『옛사람들의 등한라산기』, 나라출판.
_____, 2007, 『역주 제주고기문집』, 경신인쇄사.
_____, 2008, 『남사록 역주(상)』, 선진인쇄사.
제주발전연구원·한국지질자원연구원, 2013, 『제주도 지질여행』.
진성기, 1991, 『제주도 무가본풀이사전』, 민속원.
한금순, 2010, 「안봉려관과 근대 제주불교의 중흥」, 『정토학연구』 14, 247-287.
_____, 2018, 「제주한라산신제단법당과 제주불교」, 『대각사상』 29, 271-299.
현용준·현승환, 1996, 『한국고전문학전집(29) 제주도무가』, 고려대학교 민족문화연구소.

02

한라산 경관의
전통적인 인식과 재현[1]

오상학
제주대학교 지리교육과 교수

제1장 서론

한라산은 한국의 대표적인 명산으로 예로부터 금강산, 지리산과 더불어 삼신산으로 불려왔다. 신선사상과 관련하여 금강산은 봉래산, 지리산은 방장산, 한라산은 영주산으로 인식되었던 것이다. 또한 최근에는 민족의 영산인 북쪽의 백두산과 더불어 남한의 대표적인 산으로 인식되어 '백두에서 한라까지'라는 민족 통일의 상징으로까지 표상되었다.

한라산은 120만 년 전 바다 한가운데에서 솟아오르기 시작한 이후 수많은 화산 활동의 결과로 형성되었다. 이에 따라 제주도 전역이 화산 지형의 특색을 지니고 있다. 따라서 엄밀하게 한라산과 제주도를 구분하는 것은 불가능하다. 한라산이 제주도요, 제주도가 곧 한라산인 것이다.

한라산은 백록담을 정점으로 한 주봉과 그 주변에 360여개의 측화산(오름)으로 구성되어 있다. 그 사이로 60여개의 하천이 이어져 있다. 측화산은 개개의 분화구를 갖고 있는 소화산체로 한라산의 사면 곳곳에 산재하고 있다. 단위 면적당 세계에서 가장 많은 측산화이 분포하고 있다. 측화산은 제주도민의 생활 터전으로 오랜 역사성을 지니고 있고, 육지부와는 다른 독특한 경관을 형성하고 있다.

이러한 지형적 특징과 더불어 한라산은 생태계의 보고라 할 만큼 다양한 식생들이 분포하고 있다. 우리나라에서 자라는 4,000여 종의 식물 가운데 절반 가까운 1,800여 종이 한라산 자락에서 자란다. 특히 아열대 식물부터 한대 식물까지 다양한 식물군이 고도별 지역별로 분포하고 있는데, 이로 인해 한라산은 살아 있는 생태 공원이자 식물원으로도 불린다(강정효, 2003).

---

1. 본고는 필자의 논문 〈조선시대 한라산의 인식과 그 표현〉(국토지리학회지 40-1)을 바탕으로 작성되었다.

이글은 이러한 역사, 문화, 생태적 특징을 지닌 한라산의 경관을 전통적으로 어떻게 인식하고 재현했는가를 파악하려는 데에 목적을 두고 있다. 현대처럼 교통이 발달하지 못했던 조선시대에는 한라산 유람이 빈번하게 행해질 수 없었다. 제주에 관료로 부임했던 사람이나 일부 유람객에 의해 기록으로 전해지면서 한라산에 대한 인식이 형성되었다. 이러한 인식은 《신증동국여지승람》과 같은 관찬 지리지에 수록되어 민간의 지식인들에게도 전파될 수 있었다. 아울러 당시 한라산에 대한 다양한 인식들은 지도나 그림과 같은 시각적 자료에 재현되어 후대에 전해졌다.

　따라서 여기서는 조선시대 한라산과 관련된 다양한 문헌자료를 검토하여 한라산 경관에 대한 전통적인 인식이 어떠했는가를 규명하고 더 나아가 이러한 인식이 지도나 그림에 어떻게 재현되었는가를 파악하고자 한다. 먼저 한라산의 지명과 상징성을 검토한 후 한라산의 자연 경관과 인문 경관으로 구분하여 각각의 경관 인식이 어떻게 재현되는지를 밝혀보고자 한다. 이러한 작업은 한라산의 현재적 의미를 탐색하고 한라산의 정체성을 확립하는 데 일조할 수 있을 것이다.

제2장 한라산의 지명과 상징성

한라산의 지명은 주로 산의 형상에서 비롯된 것이 많다.[2] 한라산 지명이 옛 문헌에 최초로 등장하는 것은《고려사》에서 볼 수 있다. 고려시대 최영 장군이 목호들을 진압하기 위해 제주도에 왔을 때, '한라산(漢拏山)' 아래에 진을 쳤다는 기록이 있다.《고려사》는 1451년 편찬된 것이지만 고려 때의 사실을 기록한 것이기 때문에 고려시대에도 이미 '한라산'으로 불렸을 것으로 보인다.[3]《조선왕조실록》에서는《태조실록》에서 처음으로 한라산 기록을 볼 수 있는데, 권근의 응제시에 '한라산(漢羅山)'으로 표기되어 있다.[4] 한라산의 지명과 관련한 대표적인 기록은 조선전기 관찬 지리지인《신증동국여지승람》에 수록되어 있는데 다음과 같다.

한라산(漢拏山)은 고을의 남쪽 20리에 있는 진산(鎭山)이다. 한라(漢拏)라고 말하는 것은 운한(雲漢 은하수)을 끌어당길 만하기 때문이다. 혹은 두무악(頭無岳)이라 하니 봉우리마다 평평하기 때문이요, 혹은 원산(圓山)이라고 하니 높고 둥글기 때문이다.[5]

---

2. 옛 문헌에 수록된 한라산 관련 지명의 유래는 대부분 뜻을 풀어 설명하고 있다. 한라산 지명이 대부분 훈차방식으로 표기되어 있기 때문인데 최근 한라산 지명을 훈차가 아닌 음차표기에 바탕하고 있음을 보여주는 연구가 이루어지고 있다.(김찬수 박사의 한라일보,〈제주도, 언어의 갈라파고스〉연재 기사). 몽골어에 신성한 의미의 '할르한'이 결합된 산 이름이 후대에 한라산(漢拏山)으로 정착되었다고 보고 있다. 부족 집단의 이주와 관련한 언어의 전파론적 해석은 한라산 지명유래 연구의 폭을 넓히는 새로운 시도로 평가된다.
3. 홍기표, 2021,〈우리나라 옛 문헌 소재 한라산 인식〉,《한국고지도연구》13-2.
4.《태조실록》11권, 태조 6년 3월 8일 辛酉
5.《新增東國輿地勝覽》권38, 濟州牧, 山川

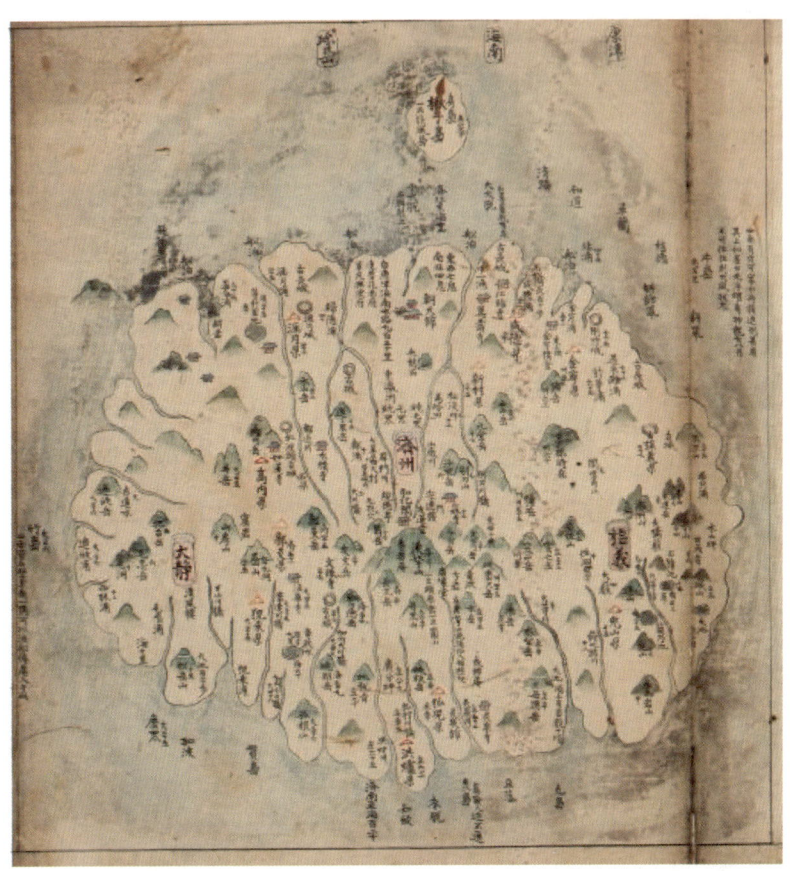

그림 1. 《동여비고》의 제주도 지도

    기록에서 보듯이 한라산은 화산 폭발로 형성된 순상화산이라는 지형적 특색으로 인해 두무악 원산으로도 불렸는데, 이러한 인식은 이후 문헌에서 계속 이어졌다. 이원진의 《탐라지》에서는 이러한 인식과 더불어 '부악(釜岳)'이라는 지명이 추가되어 있다.[6] 한라산의 상봉인 화산체에 백록담이라는 커다란 분화구가 솥과 같은 형상을 하고 있어서 붙여진 것이다. 한

---

6. 李元鎭, 《耽羅志》, 濟州, 山川

라산의 지명과 관련된 이러한 인식은 지도에서 엿볼 수 있는데, 1700년 전후에 제작된 것으로 추정되는《동여비고》의 제주도 지도에서 보인다. 여기에는 한라산이 그려진 옆에 한라산은 제주목에서 20리 떨어져 있는 것으로 표시되어 있으며, 두무악 또는 원산이라 불린다고 쓰여 있다(그림 1).

한라산의 형상과 관련된 지명 이외에도 신선사상과 관련된 한라산 지명이 있다. 이의 대표적인 것은 한라산을 삼신산의 하나인 '영주산'이라 한 것이다. 이형상의《남환박물》이나 이중환의《택리지》에서도 한라산을 영주산이라 하고 있다. 삼신산은 중국의 사서인《사기》에 나오는데, 중국의 동쪽 발해에 있는 신선이 사는 봉래산, 방장산, 영주산을 말한다. 이 삼신산이 우리나라에서는 전통적으로 봉래산은 금강산, 지리산은 방장산, 한라산은 영주산이라 불리워 왔다.

영주산 이외에 신선사상과 관련된 한라산의 지명으로는 '동무소협(東巫小峽)'을 들 수 있다. 이원진의《탐라지》에는 "〈고기〉에 이르기를 한라산의 한 이름은 원산 곧 원교산(圓嶠山)이고 그 동쪽이 곧 동무소협인데, 신선이 사는 곳이다. 그 동북쪽에 영주산이 있으므로 세상에서 탐라를 일컬어 동영주(東瀛洲)라고 한다[7]"고 하여 한라산이 신선 세계와 밀접한 관계를 지니고 있음을 시사하고 있다. 이와 관련하여 근대에 저술된 것이기는 하지만 이은상의《한라산등반기》에도 원산을 오신산(五神山)[8] 설화에 나오는 원교산을 말하는 것이라 했다(제주문화원, 2000, 158).

제주도에 안무어사로 왔던 김상헌은《남사록》에서 신선사상과 관련된 한라산의 지명으로 '소천태산(小天台山)'라는 이름을 제시했다. 이에 따라 한라산에는 숨겨진 경치와 신비스런 곳이 금강산보다 훨씬 많다고 했다. 천태산은 하늘과 땅의 중심에 있는 산으로 천중산이라고도 하는데 중국의

---

7. 李元鎭,《耽羅志》, 濟州, 古跡
8. 《열자(列子)》에 나오는 신선이 사는 산으로 대여산(岱輿山), 원교산(員嶠山), 방곤산(方壺山), 영주산(瀛洲山), 봉래산(蓬萊山)을 말한다.

오악 사상과 관련된 산이다. 무엇보다 신선사상과 관련된 대표적인 지명은 백록담이다. 백록담은 신선들이 하얀 사슴들에게 물을 먹인 못이라 해서 이름 붙여졌다고 한다.

이러한 신선사상과 관련하여 한라산은 노인성을 볼 수 있는 산으로 인식되어 왔다. 김정의 《제주풍토록》에서는, "한라산 정상에서 남극의 노인성을 굽어 본다"라고 했는데 오직 한라산과 중국의 남악인 형산(衡山)에서만 이 별을 볼 수 있다고 했다.[9] 또한 춘분과 추분에 날씨가 활짝 개이면 반쯤 볼 수 있다 하였는데, 절제사 심연원(沈連源)과 토정 이지함(李之菡)이 보았다고 한다.[10]

그러나 실제로 노인성을 보았던 이는 매우 드문 것으로 보인다. 이형상은 자신이 한라산을 등반했을 때 노인성을 볼 수 없었는데 속세의 인연이 남아 있는 탓으로 돌리고 있다.[11] 제주목사였던 부친을 만나기 위해 제주도에 왔던 임제는 존자암의 스님에게 노인성에 대해 물어 보았는데, 스님이 말하기를 "이곳에 20년 가까이 살았지만 아직 보지 못했습니다. 다만 늦가을과 이른 겨울에 노인성이 새벽 밝아 올 무렵 남극 쪽에서 겨우 몇 길쯤 나왔다가 진다고 하는데, 유다른 별이 아니라고 합니다.[12]"라고 말한 것으로 보아 노인성에 대한 전설은 한라산의 신선사상과 결부되어 상징적 차원에서 하나의 믿음으로 굳어진 것으로 보인다.

이러한 신선사상과 관련된 한라산의 상징성은 그림에서 재현되기도 했는데, 《탐라십경도》의 〈백록담〉 그림에 잘 나타나 있다. 그림 2를 보면 백록담 주변의 지형이 상세하게 묘사되어 있고 파도 무늬가 그려진 백록담에는 물을 먹는 사슴과 활을 쏘는 사냥꾼, 그리고 전설에 나오는 흰 사슴을 탄

---

9. 金淨,《濟州風土錄》
10. 金尙憲,《南槎錄》, 卷2, 9월 24일(戊午)
11. 李衡祥,《南宦博物》, 誌地
12. 林悌,《南溟小乘》, 선조11년 2월 12일

노인의 모습이 실감나게 그려져 있다.

한라산에 대한 상징적 의미 부여는 전통적인 풍수사상에 의해서 행해지기도 했다. 풍수에서는 원래 산을 용으로 보기 때문에 물을 만나면 나아가지 못하고 멈춘다고 되어 있다. 남쪽의 명산 한라산에 상징적 의미를 부여하기 위해서는 한라산과 육지의 기맥이 이어진 것으로 해석해야 하는데, 이형상은 원래 기맥이 있던 것이 바람과 파도에 의해 무너지고 뚫어진 것으로 보았다.[13] 벽해가 상전이 되는 이치에 비유한 것이다.

이수광의《지봉유설》에서도 이와 비슷한 풍수적 인식을 볼 수 있다. 그는 유명한 풍수사인 남사고(南師古)의 말을 인용하여 한라산도 백두산에서 뻗어 내린 기맥이 바다 속으로 이어져 솟아난 것으로 인식하였다.[14]

최익현의 〈유한라산기〉에 의하면, "백두산에 시작하여 남으로 달려 4천리에 영암의 월출산이 되고 또 남으로 달려 해남의 달마산이 되고, 달마산이 바다 건너 500리를 건너뛰어 추자도가 되고 또 500리를 건너뛰어 한라산이 되었는데, 이 산은 서쪽 대정에서 일어나 동쪽으로 정의에서 그치고 중앙에 솟아 절정이 되었다."고 하여 백두산의 맥이 한라산까지 이어지고 있음을 강조했다(제주문화원, 2000, 128).

이와 같은 한라산에 대한 풍수적 인식은 전체 한라산의 형상에 대해서도 독특한 해석을 덧붙였다. 이형상의《남환박물》에서는 "산이 높고 정수리가 움푹 들어갔으며 지면이 오목하고 발쪽이(바닷가에 접한 쪽)이 들려졌는데, 이 한라산은 한가운데 우뚝 솟아 있고 여러 오름들이 별처럼 여기저기 벌리어져 있으니, 온 섬을 들어 이름을 붙인다면 연잎 위의 이슬 구슬의 형국이라 할 수 있다"고 기술되어 있다.[15] 또한 전체적으로 볼 때 한라산의 서쪽이 머리가 되고 동쪽이 발이 된다고 보았다.

---

13. 李衡祥,《南宦博物》, 誌地
14. 李睟光,《芝峰類說》卷2, 地理部, 山
15. 李衡祥,《南宦博物》, 誌地

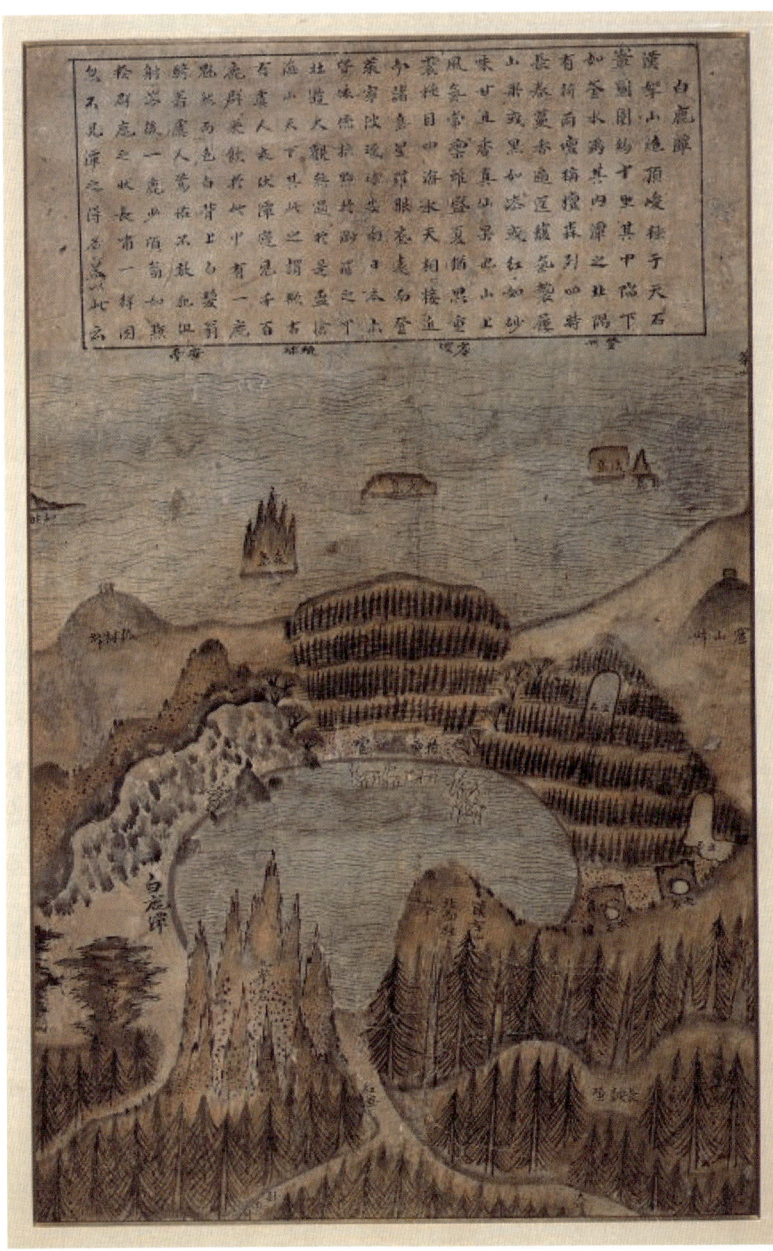

그림 2. 《탐라십경도》의 백록담

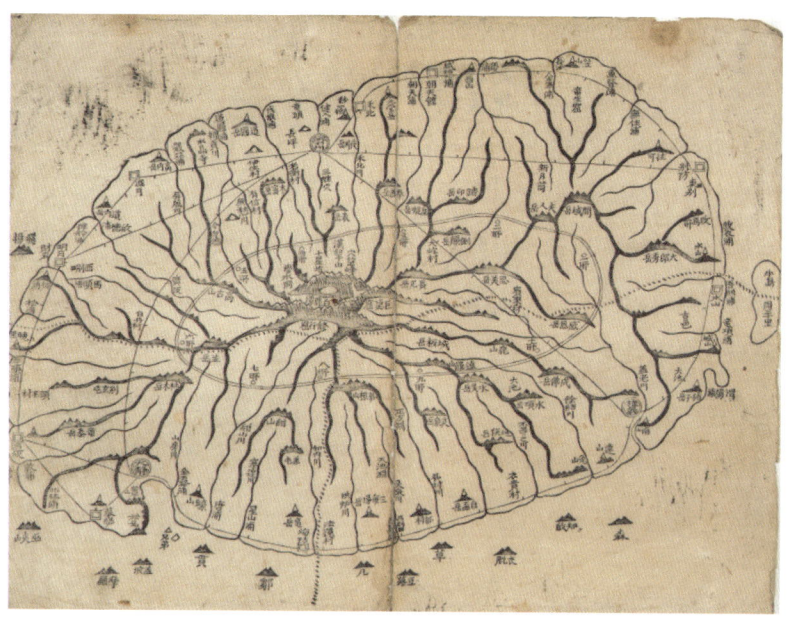

그림 3. 《대동여지도》의 제주도 지도(국립중앙도서관 소장)

최익현의 《유한라산기》에서는 한라산의 형국을 보다 세밀하게 해석하여 다음과 같이 기술하였다.

> 산의 형국이 동은 말, 서는 곡식, 남은 부처, 북은 사람의 형상이라 했다. 이는 명확한 근거가 있는 것은 아니지만 산세가 형세를 따라 마치 달리는 것은 말과 같고, 절벽이 죽 늘어서서 두 손을 마주잡고 읍하는 듯한 것은 부처와 같고, 들판에 흩어지고 널려있는 것은 곡식과 같고, 북쪽을 향해 감싸 안은 것은 사람을 닮았다고 하는데, 이에 따라 말은 동쪽에서 생산되고 불당은 남쪽에 모였고 곡식은 서쪽이 잘 되고 인걸은 북쪽에서 많이 난다고 했다(최익현, 《유한라산기》).

이러한 형국의 해석은 다분히 결과론적인 해석으로 견강부회적인 측면이 없는 것은 아니다. 그러나 한라산을 중심을 동서남북 각 지역의 형상과 이의 해석이 다르다는 것은 한라산으로 인해 지역간의 독특한 풍토적 차이가 생겨난 것으로도 볼 수 있을 것이다.

한라산의 풍수적 인식을 직접 표현한 그림이나 지도는 없지만 김정호의 《대동여지도》에 수록된 제주도 지도(그림 3 참조)는 기존의 제주도 지도와는 다르게 풍수적 사고가 강하게 반영되어 있다. 즉, 《대동여지도》에서는 한라산을 중심으로 산재되어 있는 오름들이 독립적으로 그려지지 않고 서로 기맥이 연결된 것처럼 이어져 있는데, 해안지역까지 제주도 전역에 뻗어 있음을 볼 수 있다.

제3장 자연 경관에 대한 인식과 재현

제1절 지형과 지세

한라산은 순상화산으로서 정상부에서 사면이 완만하게 이어져 섬 전체가 하나의 산으로 보인다. 멀리서 보면 험준하지 않은 온순한 산의 모습으로 다가온다. 그러나 산 안으로 들어오면 험준한 기암절벽과 계곡들을 볼 수 있다. 이러한 산의 형세를 김상헌의 《남사록》에서는 다음과 같이 기술하고 있다.

> 산의 전체는 험준하지 않은 것 같고 바다 가운데의 섬이어서 높게 솟아있지 않은 것 같다. 마치 원야 속에 우뚝하게 선 뫼와 같아서 특별히 험난할 것이 없을 듯하다. 그러나 나아가 기어오르면서 그 속을 다녀본다면 높고 날카로운 바위와 낭떠러지 절벽이 병풍처럼 둘러져 있고 골짜기와 동학은 곤륜산의 둔덕과 판동의 골짜기와 유사하여 세속을 떠난 정결하고 기이한 맛이 많다. ...중략... 산의 능선이 서로 얽혀 달리며 몇 번이나 끊어졌다가 다시 이어지고, 끝내 돌아보며 합쳐진다. 골짜기가 쪼개어진 곳은 바닥이 파여 내려가서 그윽하고 길며 또 좁았다가 넓어진다. 높고 낮은 것이 뒤섞이고 깊고 얕은 것이 아득히 어지럽게 하늘과 해를 가리었으니 사방을 분간할 수 없다.(金尙憲,《南槎錄》, 권2, 9월 25일, 己未)

이러한 전체적인 한라산의 지형에 대한 묘사와 더불어 곳곳에 산재해 있는 오름에 대한 인식도 보인다. 이형상의 《남환박물》에는 오름에 대해, "표면 지세는 완만히 구부러져 있는데 산봉우리는 뾰족함이 없고 정상은 깎이어 고인 못이 많으니 평지가 솟아올라 산이 된 것 같고, 산맥은 사방으로 뻗어서 범이 달리고 거북이가 웅크린 모습처럼 보인다.[16]"고 묘사하였다. 화산 폭발 시 용암의 일부가 산록의 균열을 따라 분출하면서 형성된 작은 화산인 오름들을 예리하게 관찰한 것이 돋보인다. 김정의《풍토록》에 의하면, "비록 구릉이 있되 모두 외따로 떨어져 우뚝하나 머리와 둘러 휩싼 형세는 없고, 오직 거악이 하늘 가운데 우뚝 솟아서 눈에 거리낄 따름이다."고 하여 오름들 사이로 백록담이 솟아 있는 형상을 묘사하고 있다.

한라산의 상봉과 주변의 오름은 대부분의 지도에서 세밀하게 묘사되었다. 그 중에서도 1899년에 작성된《제주군읍지》에 수록된〈제주지도〉(그림 4 참조)에는 한라산 정상에서 뻗어 내리면서 곳곳에 산재한 오름이 잘 묘사되어 있다. 특히 중앙부의 한라산은 풍수지도인 산도(山圖)처럼 맥세를 강렬하게 표현하였다. 백록담을 별처럼 표현하였고, 분화구 상에 있는 동암과 서암도 그려 넣었다.

한라산의 지형 가운데 중앙부의 백록담에 대한 인식은 여러 문헌에서 다양하게 나타나고 있다. 임제의《남명소승》에는 한라산 정상부의 봉우리 형세가 절벽과 같이 서 있어서 보기에 용출한 것처럼 보인다고 하여 화산 폭발로 형성된 순상화산의 이미지를 잘 묘사하고 있다. 또한 백록담의 구체적인 형상을 기술하였는데, "구덩이 같이 함몰되어 못이 되었고, 둘레는 7, 8리 가량 된다. 물은 유리와 같고 깊이는 측정할 수 없다. 못 가에는 하얀 모래와 풀들이 있다. 그 높고 큰 형상과 돌이 쌓인 모양이 마치 무등산과 같다."고 했다.(林悌,《南溟小乘》, 선조11년 2월 15일)

---

16. 李衡祥,《南宦博物》, 誌地

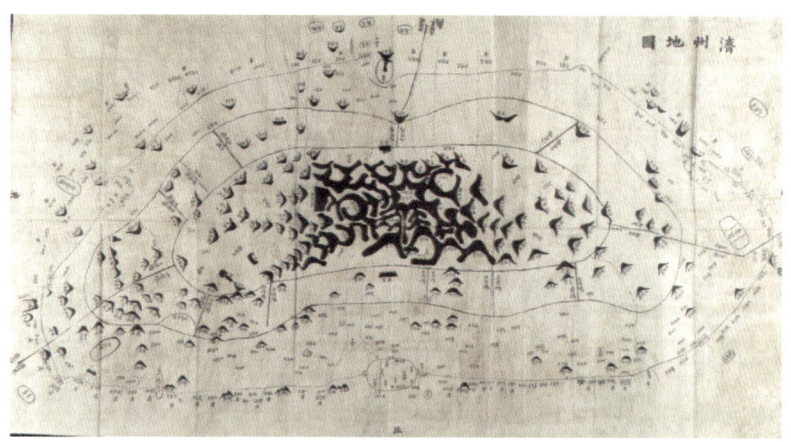
그림 4. 《제주군읍지》의 〈제주지도〉(서울대 규장각한국학연구원 소장)

백록담에 대한 보다 세밀한 묘사는 이형상의 《남환박물》에 보이는데 다음과 같이 서술되어 있다.

상봉은 하나의 가마솥과 같다. 큰 바다 속에 높이 버티어 솟았다. 사방은 봉만(峰巒)으로 둘러싸여 솥 같기도 하고 성곽 같기도 하다. 둘레는 10여리나 되고 깊이는 8백척이 되는데 아래에 백록담이 있다. 직경은 400보이고 수심은 수 길에 불과하다. 물이 불어도 항상 차지 아니하는데, 원천(源泉)이 없는 물이 고여 못이 된 것이다. 비가 많아서 양이 지나치면 북변 절벽으로 스며들어 새어나가는 듯하다. 고기도 없고 풀도 없으며 못가에는 모두 깨끗한 모래뿐이다. 다만 못 곁에 조개껍질이 있는데 괴이하다. 공조(貢鳥)가 물어다 놓은 것이 아닐까 한다.(李衡祥,《南宦博物》, 誌地)

이처럼 《남환박물》에서는 백록담 분화구의 형체에 대해 구체적인 수치까지 제시하면서 상세하게 묘사하고 있다. 분화구 전체의 둘레, 분화구의 깊이, 백록담이란 못의 직경과 수심 등에 대한 수치가 세밀한 관찰에 의해 얻어진 것으로 보인다. 또한 그는 다른 사람과 달리 못 주변에 조개껍질이 있음을 발견하고 이에 대한 원인을 궁구해 보았지만 공조(貢鳥)라는 상상속의 새가 한 것으로 결론짓고 있다. 당시 과학의 수준으로는 해저 지형에서 화산 폭발로 섬이 형성된 것을 이해하기는 매우 어려웠던 것으로 보인다.

《남환박물》에서는 한라산 산정부를 상봉(上峰)이라 하고 상봉 중에서 가장 높은 봉우리를 혈망봉이라 했다. 봉우리에 하나의 구멍이 있어서 이를 통해 볼 수 있기 때문에 붙여진 이름이라 한다. 그림 2의 《탐라십경도》의 〈백록담〉을 보면 백록담 주변에 구멍이 난 혈석이 표시되어 있는데, 이를 혈망봉과 관련지어 볼 수 있지만 위치로 보아 혈망봉을 표현한 것은 아니다.

그림 5. 지금의 영실 모습(임재영 촬영)

혈망봉과 더불어 한라산 정상부에 있는 또 하나의 경관으로는 방암(方巖)을 들 수 있다. 이원진의 《탐라지》에 의하면, "한라산 꼭대기에 있는데, 그 형상이 네모반듯하여 사람이 다듬어 만든 것 같으며, 바위 아래에 향부자가 군락을 이루어 향기가 온 산에 가득하고 관현악을 듣는 것같이 황홀하여 세속에서 전하기를 신선이 항상 노는 곳이라 한다."고 쓰여 있다.[17] 한라산 분화구 정상에 있는 평평한 바위를 일컫는 것으로 보인다.

백록담과 더불어 한라산의 중요한 자연경관으로 인식되었던 것은 빼어난 경치를 지닌 영실이다. 갖가지 기묘한 형상의 기암절벽이 둘러싸여 있어서 한라산을 오르는 많은 사람들이 찾았던 곳이다. 이곳의 기암절벽은 그 형상 때문에 오백장군, 오백나한, 천불봉 등으로 불렸다.

---

17. 李元鎭, 《耽羅志》, 旌義縣, 山川

그림 6. 《탐라십경도》의 영곡

임제는 영실을 오백장군동이라 했는데, 층을 이룬 바위들이 옥과 같은 병풍을 만들고 그 사이로 세 갈래의 폭포가 쏟아져 섬 중에서 제일의 동천으로 평했다.[18] 김상헌은 영실의 기암절벽은 부처들이 마치 손을 마주 잡고 있는 것과 같다고 해서 천불봉이라 했는데, 오백장군이라 말은 임제가 가장 먼저 붙인 것으로 추정했다. 또한 그는 한쪽면에 있는 설산을 금강산의 중향성(衆香城)에 비유했다.[19]

　　영실에 대한 보다 세밀한 묘사는 《탐라십경도》의〈영곡(靈谷)〉에서 볼 수 있다(그림 6). 그림 상단의 기록에는, "기암괴석이 나열되어 있는데 장군이 칼을 찬 것, 미녀가 쪽을 진 것, 중이 절을 하는 것, 신선이 춤을 추는 것, 호랑이가 걸터앉은 것, 봉황이 날아오르는 것 등 각종 모양으로 되어 있어서 오백장군골, 천불봉, 또는 행도골이라 한다. 한라산이 석산이므로 산기슭도 장엄하지만, 유독 이 한쪽면의 영봉은 옥을 배열한 듯 마치 풍악의 모양을 닮았고, 또한 성벽과도 같아 이채롭다."고 기술되어 있다.[20] 영실 기암절벽의 수려함이 마치 금강산을 연상케 한다는 것이다.

　　〈영곡〉을 보면 상단의 기록처럼 영실 기암의 모습이 독특하게 갖가지 형상으로 표현되어 있다. 절벽에서 떨어지는 세 갈래의 폭포수가 시원하게 묘사되어 있으며, 그 옆에는 운생굴의 모습이 그려져 있다. 영실기암의 서편에는 존자암도 표시되어 있다. 그 아래의 절리를 이루고 있는 암벽에는 어린벽(漁鱗壁)이라 표기되어 있는데, 모양이 생선비늘 같아서 붙여진 이름이다. 한라산 최고의 경관답게 신비감이 감돌게 표현되어 있다.

　　이처럼 백록담, 영실을 비롯한 한라산의 지형과 지세를 모식적으로 표현한 것으로는 민화풍의 판화지도인《제주도(濟州圖)》를 들 수 있다. 그림 7

---

18. 林悌,《南溟小乘》, 선조11년 2월 11일
19. 金尙憲,《南槎錄》, 권2, 9월 24일(戊午)
20. 이 기술은 이익태의《지영록》에도 동일하게 수록되어 있다.(李益泰,《知瀛錄》, 耽羅十景圖序)

의 《제주도》를 보면 여러 봉우리를 중첩하여 한라산을 표현하였는데 이전의 지도와는 다른 모습을 띠고 있다.

　하늘에는 구름무늬까지 그려 넣어 회화적인 풍취를 한껏 느끼게 한다. 한라산 정상에는 백록담을 그려 넣었고 해안으로 이어지는 하천이 거기서 발원하는 모양으로 그려져 있다. 한라산 북쪽 사면 백록담으로 이어지는 계곡에 있는 기암절벽들은 음각으로 표현하였다. 한라산 서쪽 사면에는 영실의 기암 절벽으로 보이는 곳에 존자석(尊者石)이라 표기되어 있고, 바위들을 흡사 나무 막대기와 같이 표현하였다. 지도의 상단에는 한라산에 대한 간단한 기록이 있는데, 《신증동국여지승람》의 기록을 그대로 인용한 것이다.

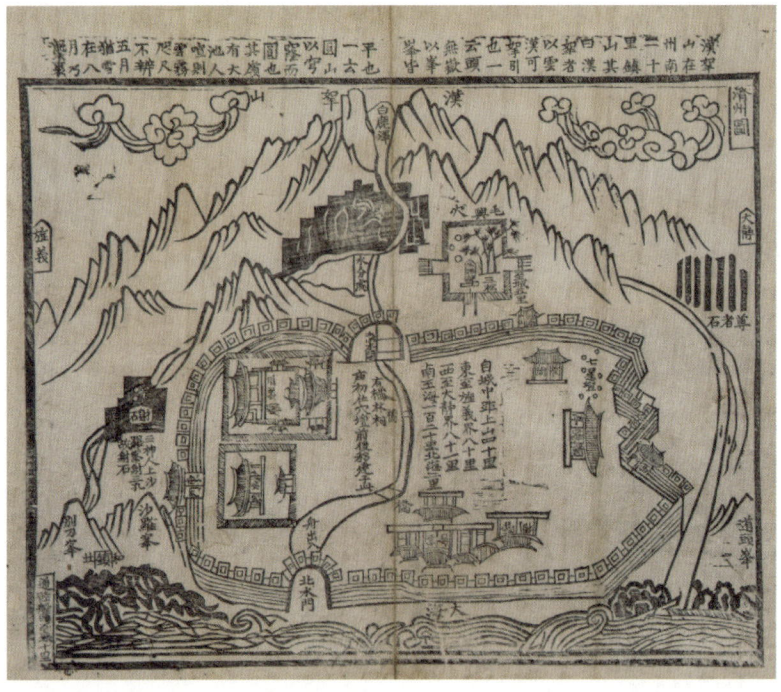

그림 7. 제주도(濟州圖)(국립제주박물관 소장)

제2절 식생

한라산에는 식생이 다양하게 분포되어 있다. 고도와 지역에 따라 식생의 차이가 많이 나타난다. 특히 한라산 중앙부에서 중산간 지대의 동서 사면으로 길게 울창한 숲이 형성되어 있는데, 제주도 방언으로는 '곶자왈'이라 부른다. 제주어 사전에서는 곶자왈을 '나무와 덩굴 따위가 마구 헝클어져 수풀같이 어수선하게 된 곳'으로 정의하고 있는데, 지질적으로 정의하면 점성이 큰 아아용암류가 흐르면서 만들어낸 암괴상 용암들이 널려 있는 지대에 형성된 숲을 말한다(제민일보곶자왈특별취재반, 2004, 8). 이러한 곶자왈 지대는 농경에 적합하지 않아 중산간의 초원지대와 뚜렷하게 구분된다.

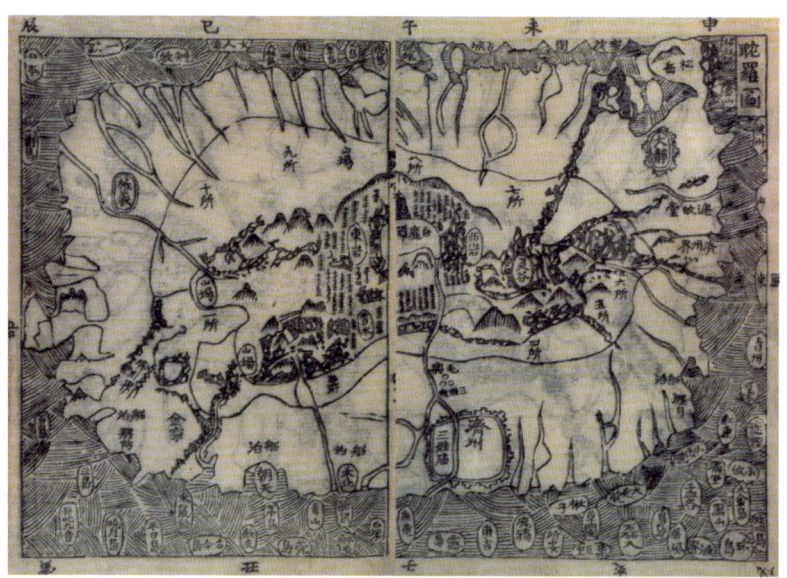

그림 8. 《환영지》에 수록된 탐라도(국립중앙도서관 소장)

곶자왈에 대한 인식은 이형상의《남환박물》에서 볼 수 있다. 그는 한라산의 지역에 따른 식생의 분포를 세밀하게 관찰하였는데, 곶자왈에 대해서도 "큰 것은 50, 60리이고 작아도 10여리 이상이다. 교목이 하늘 높이 솟아서 햇빛을 가리고 바람을 막으며 넝쿨과 등과 칡들이 감기고 얽히어 널리 퍼져 있다"고 했다.[21] 이러한 인식은 지도에도 잘 표현되어 있는데, 대표적인 것은 위백규의《환영지》에 수록된〈탐라도〉를 들 수 있다.

그림 8의〈탐라도〉는 18세기의 상황을 반영하고 있는 지도로 대축척의 제주도 지도와 달리 육지부 민간의 학자에 의해 제작된 점이 특징적이다. 따라서 민간의 지식인이 한라산을 어떻게 인식하고 재현하였는지를 잘 보여주는 지도라 할 수 있다. 지도를 보면 다른 지도에 비해 한라산의 표현이 상대적으로 강렬하다는 느낌을 준다. 백록담 주변의 지형뿐만 아니라 당시에 형성되어 있던 곶자왈 지대의 숲이 잘 표현되어 있다. 백록담 북쪽 사면에 있는 구상나무밭은 '향목(香木)'이라고 표기되어 있고 나무의 모습도 독특하게 형상화시켜 표현하였다.

아울러《남환박물》에는 한라산의 숲에서 생육하고 있는 다양한 식생들이 다음과 같이 기술되어 있다.

4월 15일에 한라산 밑에 가니 영산홍이 펼쳐져 붉은 꽃이 만발하였다. 가는 길에 소나무와 대숲이 우거져 있고, 계곡에는 푸른 풀더미와 잡목이 하늘을 가렸다. 이들은 동춘백, 산유자, 이년목, 영릉향, 녹각, 소나무, 비자, 측백, 황백, 적률, 가시율, 용목, 가죽나무, 뽕나무, 단풍나무, 칠나무, 후박나무 등이다. 가끔 인적이 미치지 못한 언덕에는 반송과 가는 잔디가 산뜻하다. 간간이 나무가 서있는데 5, 6길이 되는 향나무이고 땅에 깔리어 있는 것은 한

---

21. 李衡祥,《南宦博物》, 誌地.

자 정도 되는 면죽(綿竹)이다. 장대와 같은 전나무도 너 댓 아름이나 된다. 혹 만향과 철쭉이 바위틈에 둘리어 이어져 있는데 맑고 깨끗하여 반분에 심은 것과 같다.(李衡祥,《南宦博物》,誌地)

김상헌의《남사록》에는, "가는 대(조릿대)들이 빽빽하고 무성하여 흙땅을 한치라도 볼 수 없는데 이들은 길어야 한자 정도 된다고 했다. 존자암에서 산정부로 가는 길에는 소나무와 이깔나무, 박달나무가 그늘을 이루어 무성하다. 중봉(中峰) 이상에는 소나무가 없고 오직 단향(檀香)과 철쭉 밑에 눈과 같은 흰 모래를 볼 수 있을 뿐이다.[22]"고 하여 고도별 식생의 분포를 세밀한 관찰 결과 제시하고 있다. 즉, 해발 1,700m에 이르는 교목삼림지대와 해발 1,700m 이상 관목림이 형성된 고산지대로 구분하여 기술하고 있다.

이원조의《탐라록》에는 "점차 수풀 사이로 들어가자 옥구슬같이 아름다운 꽃과 열매들이 있었다. 겨우살이, 금령, 소리쟁이, 광나무 열매들은 모두 육지에서 희귀한 것들이다. 숲이 끝나자 온 땅에 고죽(苦竹, 조릿대)이 가득 차 있었다. 땅을 덮고 있는 넝쿨에는 영주실이라는 검은 열매가 있었다. 서남쪽 대정현 경계로 내려오는데 깍아지른 절벽에는 향나무들이 덮여 있었다. 굵은 아름드리 밑둥 줄기들이 한쪽으로 쏠리어 굽어져 있었다. 위는 말라 있었고 아래로는 푸른 색깔이었다. 겨울과 봄에 눈에 짓눌리어서 생기가 퍼져 있지 않았다. 그 사이로 철쭉들이 많았는데, 키가 1척이 안되고 가지가 많아 땅을 덮고 있으므로 마치 방전(方氈)과 같았다.[23]"고 기술되어 당시 한라산의 식생에 대한 구체적인 모습을 파악할 수 있게 한다.

---

22. 金尙憲,《南槎錄》, 9월 24일(戊午)
23. 李源祚,《耽羅錄》上, 辛丑 7월, 遊漢拏山記

김성구의 《남천록》에는 "총죽이 있고 자단 향목과 뒤섞이어 절벽 아래까지 뻗어 있다. 진귀한 나무로는 영릉향, 산다, 산유, 노가리, 송목, 비자, 측백, 황백, 동백, 칠, 적률, 가시율, 도토리, 이년목 등이 있다. 여러 식물이 한데 어우러져 무성하고 가지가 얽혀서 그늘을 이루었는데 사철 푸르고 인적이 통하지 않는다.[24]"고 하여 육지에서는 보기 힘든 식생들을 주로 제시해 놓았다.

일부의 기록에는 한라산 산정부의 식생에 대해 기술하고 있기도 한데, 최익현의 〈유한라산기〉에는 상봉에는 초목이 나지 않고 오직 푸른 이끼와 덩굴만이 바위에 깔려 있다고 되어 있다. 화산쇄설물로 덮여 있는 한라산 정상부의 식생을 묘사한 것이다(제주문화원, 2000, 124).

---

24. 金聲久, 《南遷錄》下, 庚申 3월 20일

제4장 인문 경관에 대한 인식과 재현

제1절 목마장

한라산 지역의 인문 경관으로는 해발고도 200미터 이상의 중산간 지대에 형성된 목마장이 대표적이다. 제주도에서는 고대 이래로 끊임없는 농지 개척, 특히 화전에 의한 농업 방식으로 인해 제주도 지역 전체적으로 많은 식생이 제거되었으며 이로 인해 광범한 목초지가 형성되었다. 이러한 중산간의 목초지에 고려 말 원나라에 의해 최초로 목장이 설치되었던 것이다.

조선시대에 들어와서도 이러한 제주도 지역의 자연적 특성으로 인해 지역민들에 의한 마소의 방목이 성행했다. 그러나 본격적인 국영 목장으로서 개척되는 것은 세종대 이루어졌다. 1429년(세종 11) 제주 출신 상호군(上護軍) 고득종(高得宗) 등이 한라산 주위 사면 약 4식(息) 쯤 되는 면적의 땅에 목장을 축조하여 공사의 말을 그 안에 들여보내 방목하게 하고, 목장 지역 안에 살고 있는 백성 60여호는 모두 목장 밖의 땅으로 옮기게 하여, 그들이 원하는 바에 따라 땅을 떼어 주도록 청하였다(남도영, 1996, 393). 그리하여 이듬해 한라산의 목장을 개축하였는데, 주위가 165리였고 이때 옮긴 민호(民戶)는 344호였다.[25]

이후 성종대에 이르러 한라산 주위에 10개의 소장이 형성되면서 국립목장으로 체계를 갖추게 되었다. 국립목장의 기초가 되는 10소장의 아래로는 천지현황(天地玄黃)과 같은 천자문의 글자를 배정한 자둔장(字屯場)으

---

[25] 《세종실록》 권47, 세종 12년, 2월 9일(경진)
[26] 이렇게 배정된 각 屯의 말들을 서로 구별하기 위해 屯의 이름을 따서 낙인하는 제도가 1451년(문종 1)에 생겼다(《문종실록》 권6, 문종 1년 2월 3일 임신)

로 편성하여[26] 각 소(所)에 마감(馬監) 1명, 각 자둔에 군두(群頭) 1명, 군부(群副) 2명, 목자(牧子) 4명을 배치하였다.[27] 그리고 1둔은 암말 100필, 수말 15필로 구성하는 것을 원칙으로 하였으나 실제로는 지형, 목장의 면적 등에 따라 다소의 차이가 있었다. 인조 때의 기록인 이건(李建)의 〈제주풍토기〉에서도 각 둔의 마필수는 최소 100필 이상이지만 여기에 딸린 목자의 수는 많아야 2, 3인에 불과하다고 지적하고 있듯이[28] 애초의 원칙이 반드시 지켜졌던 것은 아니었다. 자둔장의 경우 시기에 따라 많은 변화를 겪었던 것으로 보이지만 10소장으로 편성된 체제는 조선말기까지 이어졌다.[29] 이러한 긴 역사적 과정을 이어왔던 제주도의 국영목장은 1895년(고종 32) 지나친 공마와 연이은 흉년으로 인해 공마제(貢馬制)를 혁파하고 대전(代錢)으로 상납하도록 하는 조치가 행해짐에 따라[30] 국영목장으로서의 기능을 상실하게 되었다.

　10소장은 제주도 목장의 기초가 된다는 점에서 원목장(元牧場)이라고 할 수 있고 이외에 산장(山場) 별둔장(別屯場) 우목장(牛牧場) 등이 있었다. 산장은 산마목장 또는 산둔으로 일컬어지는데 한라산 중턱 이상에 설치된 산지 목장이며, 별둔장은 별목장이리고도 일컫는 특별목장이고, 우목장은 우둔장이라고도 이르는데 소를 기르는 목장이다.[31] 이같이 구성된 제주도 목장은 명실공히 조선시대 최고의 목장으로 지위를 확보하고 있었고 전체 양마 생산의 큰 비중을 담당했다.

---

27. 李元鎭,《耽羅志》, 牧養.
28. 李建,《葵窓集》,〈濟州風土記〉.
29. 李源祚의《耽羅誌草本》에 제주도의 목장이 과거 20所 60屯이었으나 1704년(숙종 30) 宋廷奎 牧使의 건의에 따라 나쁘고 좋은 것은 취하고, 작은 것들을 합쳐서 10소장으로 통폐합했다는 기록이 있는데 이를 통해 볼 때는 16, 17세기에 다소의 변동이 있었던 것으로 보인다.
30. 金錫翼,《耽羅紀年》, 고종 32년.
31. 南都泳, 1996,《韓國馬政史》, 393쪽.

이러한 각 목장에는 돌담을 쌓아 경계를 정했는데 이를 '잣' 또는 '잣성'이라 한다.[32] 조선 전기 최초 10소장을 설치하면서 아래쪽의 촌락과 인근 경지와의 경계로 쌓은 것이 '하잣'이다. 10소장과 한라산 고산지대 사이에 쌓은 것이 '상잣'인데 말들이 한라산 고지대의 계곡이나 산림으로 흩어져 죽거나 유실되는 것을 막기 위한 것이다. 그리고 각 소장과의 경계로 쌓은 돌담을 '간장(間墻, 간담)'이라 한다. 그리고 '상잣'과 '하잣'에는 인마(人馬)가 통행할 수 있는 문을 설치했는데 이를 '양(梁)'이라 하고 민간에서는 '도'라 부른다.[33]

이렇게 형성된 제주도의 목마장은 대부분의 지도에서 재현되어 있다. 그 가운데 가장 전형적이면서 상세하게 표현된 것은 《탐라지도병서》를 들 수 있다. 그림 9은 《탐라지도병서》를 축소, 모사한 《해동지도》의 〈제주삼현도〉이다(그림 9). 18세기 전반기의 제주도 상황을 반영하고 있는 지도로 10소장과 더불어 별목장, 우목장 등이 '잣성'을 경계로 그려져 있다. 또한 목장의 출입문인 '양'도 세밀하게 표시되어 있다.

---

32. 이러한 돌담인 '잣'은 제주도에서 흔히 볼 수 있는 자연석인 화산암을 그대로 이용하는 경우가 일반적이었다. 한줄도 쌓은 외담이 아니고 두줄로 쌓은 겹담의 형태를 띠고 있으며 폭은 1m 내외이고 높이는 1.5m~2m가 일반적이었다. 그러나 세월이 흐르면서 많이 훼손되고 유실되어 현재의 남아 있는 '잣'은 지역마다 다소의 편차를 보인다.
33. 원래 양(梁)은 하천의 양안에서 돌이 무너져 쌓여 인마가 건너다닐 수 있는 곳을 지칭하였는데 마장에 설치한 문도 '양'이라고 칭했다(《耽羅地圖幷序》序文).

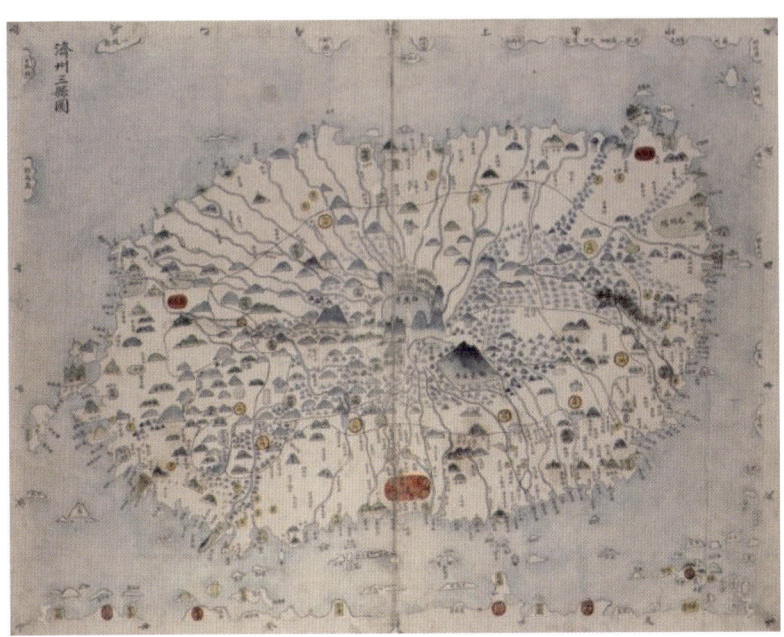

그림 9. 《해동지도》의 〈제주삼현도〉(서울대 규장각한국학연구원 소장)

 목마장의 부대시설로는 병약한 말들을 임시로 외양하는 피우가(避雨家)와 말을 한곳으로 몰아 점마할 때 사용했던 미원장(尾圓場), 사장(蛇場), 두원장(頭圓場) 등을 들 수 있다. 각 목장에서는 피우가를 지어 겨울 석 달 풀이 마를 때는 여기에 풀을 쌓아두고 파리한 우마를 골라 위양(喂養)한 후 이듬해 봄이 되어 수초가 무성하면 목장에 방목했다.[34] 병들고 파리한 말들은 건강한 말과는 달리 겨울철 야초를 찾아다니기가 힘들기 때문에 피우가에서 위양하지 않으면 대부분 굶어 죽는 사례가 빈번했기 때문이다.
 이러한 목마장의 부대시설이 잘 표현된 지도는 18세기 전반기에 제작된 《제주삼읍도총지도》이다(그림 10. 11. 참조). 이 지도에는 중산간에 포진되

---

34. 《濟州邑誌》, 〈大靜縣誌〉, 牧場.

어 있는 10소장과 더불어 천미장, 모동장 등의 우목장도 그려져 있다. 또한 각 소장에는 비를 피하던 곳인 피우가와 물을 먹이던 수처가 그려져 있고 잣성에 있는 출입문도 표시되어 있다. 특히 산마장의 모습이 상세하게 그려져 있는데 구마(驅馬)할 때 사용되었던 원미장, 사장, 두원장 등의 시설이 그려져 있다. 이것은 산마장에서 키운 말을 진공하기 위해 한쪽으로 몰아 점마하던 시설인데, 두원장으로 말을 몰아서 길게 이어진 사장으로 말을 한 마리씩 보내어 말의 등급을 매긴 후 미원장으로 집결시켰던 것이다.

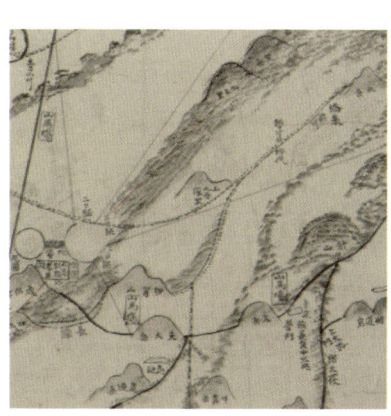

그림 10. 세부도

그림 11. 《제주삼읍도총지도》(제주민속자연사박물관 소장)

제2절 존자암

한라산에 존재했던 역사유적 중에서 문헌에 빈번하게 나오는 것은 존자암(尊者庵)이다. 홍유손의《소총유고》에 실려있는〈존자암개구유인문〉에서는 "존자암이 비보(裨補)의 장소라고 민간에서 불린 것도 오래 되었다." 라고 하여 제주도의 대표적인 비보사찰임을 명시하고 있다. 일반적으로 비보는 풍수지리적 조건을 보완하는 인문적 행태를 일컫는 범주로서, 자연과 문화의 상보적 논리에서 출발한다. 비보는 풍수상 흉지(凶地)일지라도 적절한 비보적 수단과 방책을 통해 길지적 조건으로 바꿀 수 있으며, 여기에서 사람은 자연의 영향을 조정할 수 있는 조정자로서의 위상을 지닌다. 비보의 법식(法式)은 협의의 비보법(裨補法)과 압승법(壓勝法 혹은 禳鎭法)으로 구성된다. 비보는 지리환경의 부족한 조건을 더하고 북돋는 원리이고, 압승은 지리환경의 과한 조건을 빼고 누르는 원리이다.[35]

한국에서 비보관념의 형성은 불교의 발전과 맥을 같이하고 있는데, 7세기경 신라시대부터 체계가 잡히기 시작했다. 신라 하대 이후 풍수가 강력한 공간적 이데올로기로 자리잡으면서 불교는 풍수와 교섭하였으며 이에 따라 불교는 풍수와 결합하여 풍수사탑이라는 비보사탑이 출현하였다. 통일신라시대에는 불교적 진호신앙에 의거한 사탑비보가 왕도인 경주를 중심으로 행해졌으며, 나말려초에는 풍수사상의 성행과 지방호족의 득세로 말미암아 풍수적 동기에 의한 비보사탑이 지방 요처에 설치되었다.

불교의 불력과 풍수의 지력 이데올로기로서 국가의 안녕을 기원하고 정책 운영의 기조로 삼았던 고려시대에는 비보사찰의 건립이 더욱 활발하였다. 태조 왕건이 후삼국을 통일한 후 도선의 비보사탑설을 기초로 국가비

---

35. 최원석, 2000, 영남지방의 비보, 고려대학교 박사학위논문.

보소(國家裨補所)를 개성에 설치하였고, 1197년(신종원년)에는 '산천비보도감(山川裨補都監)'이라는 비보 관청이 설치되어 12년 동안 운영되면서 국토를 관리하기도 했다. 그러나 고려의 비보사탑은 이미 11세기 중반부터 사찰의 과다한 창건으로 인한 재정 악화를 야기시켰고 12세기 말에는 최충헌이 재상들의 원당을 철폐할 것을 건의하며《도선밀기(道詵密記)》에 기록된 사찰 이외에는 사사전(寺社田)과 시지(柴地)를 지급하지 않았다. 그리하여 공민왕대에 이르면 많은 비보사찰이 허물어지고 빈터만 남아 있어서 왕이 중수를 명하기도 했다.[36]

제주도의 경우 존자암과 더불어 법화사와 수정사가 비보사찰로 지정되어 국가의 지원을 받은 사실이 기록에 전한다.《조선왕조실록》의 기록에서 이들 사찰이 조선초기 많은 노비를 소유하고 있었고, 조선중기까지 명맥이 유지되는 것으로 볼 때 고려시대 이미 대찰이었던 것은 분명하다. 조선시대에는 비보사찰이 계속적으로 축소되고 훼철되는 상황이었기 때문에 조선시기에 비보사찰로 지정되었다고 보기는 힘들다. 따라서 고려의 어느 시기에 비보사찰로 지정되어 국가적 지원을 받으며 조선초기까지 이어져 왔다고 보는 것이 타당하다. 비보사찰과 관련하여 다음의 호종단 설화는 하나의 시사점을 제공한다.

> 속설에 전하기를, 한라산신의 아우가 나서부터 성스러운 덕이 있었고, 죽어서는 신이 되었다. 고려 때에 송나라 호종단(胡宗旦)이 와서 이 땅을 압양(壓禳)하고 바다에 떠서 돌아가는데, 신이 화하여 매가 되어서 돛대 머리에 날아올랐다. 조금 있다가 북풍이 크게 불어서 종단의 배를 쳐부수자, 종단은 서쪽 지경 비양도 바위 사이에서 죽었다.《新增東國輿地勝覽》, 濟州牧, 祠廟)

---

36. 李丙燾, 1980, 高麗時代의 硏究, 아세아문화사

여기에 등장하는 호종단은 실재의 인물로 1106년에서 1146년경에 걸쳐 고려에 와서 벼슬을 지냈으나 탐라에 와서 지기를 눌렀다는 것은 사실이 아닌 것으로 보인다. 그러나 압승을 잘 했던 인물이라는 사실은 《고려사》에도 기록되어 있다.[37] 압승(壓勝)은 지리환경적으로 과한 부분을 누르는 것으로 비보술에 해당한다. 비보술에 능한 호종단이 실제로 제주와 오지는 않았을 지라도 제주의 땅을 압승했다는 것은 이 무렵 제주에서 비보적 장치가 행해졌을 가능성이 크다는 것을 시사한다. 여기서의 비보적 장치는 바로 비보사찰의 창건(또는 지정)이라 할 수 있다. 비보사찰 창건의 목적은 국내의 산천을 비보하여 나라의 기업(基業)을 연장시키는 데 있다.[38] 고려왕조가 제주에 비보사찰을 창건한 것은 한라산의 강한 기운을 눌러 개경의 지덕을 보존하려는 의도에서이다. 특히 고려정부는 1105년(숙종 10)에 탁라(乇羅)를 탐라(耽羅)로 고쳐 군을 두면서 제주를 정치 행정적으로 지배하기 시작했다. 이러한 상황에서 한라산의 강한 기운을 누르는 비보사찰의 건립은 제주를 고려의 지배체제로 포섭하기 위한 상징 장치라 할 수 있다. 여기에는 제주의 빈번한 반란을 제압하고 완전히 본토의 통제하에 두려는 정치적 의도도 작용했던 것이다. 한라산의 존자암이 바로 이러한 비보적 목적으로 창건된 것인지는 명확하지 않으나 비보사찰로서 국가적 차원의 지원이 어느 정도 있었던 것으로 볼 수 있다.

존자암은 국가적 차원에서 중시되었던 비보사찰이면서 국가적 제사가 행해지던 장소였다. 홍유손의 다음의 글은 이를 지적하고 있다.

---

37. 《高麗史》권97, 列傳10, 諸臣.
38. 《高麗史》권77, 百官志2, 諸司都監各色條.

게다가 나라에서 전답을 하사받아 여기에 볍씨를 파종해 수확 후 재를 올릴 때의 제수비용으로 삼도록 하지 않았던가. 그래서 초여름의 달(음력 4월)에 점을 쳐 길일(吉日)을 골라서 세 읍의 수령 중 한 사람을 차출하여 목욕재계(沐浴齋戒)하게 하고 이 암자에서 제사를 봉행케 했는데, 이를 일컬어 국성재(國聖齋)라 했다. 이제 이 일이 폐기된 지 겨우 6 7년 정도밖에 되지 않는다.《篠叢遺稿》〈尊者庵改構侑因文〉

국성재를 세 고을의 수령 중에서 차출된 사람이 봉행했다는 사실은 국성재가 민간의 제사가 아니고 국가적 차원의 제사라는 것을 알 수 있다. 한라산의 존자암에서 국성재를 거행했다는 사실은 국성재가 한라산 산신제의 성격을 지니고 있을 것으로 판단된다. 한라산의 강한 기운을 완화시키고 한편으로는 한라산의 산신에게 제사를 지내서 국태민안을 도모했다고 할 수 있다.

한라산 존자암의 대해서는 여러 문헌과 지도에서 확인해 볼 수 있다. 1530년에 편찬된 《신증동국여지승람》에는 "한라산의 서쪽 고개에 있고 골짜기의 돌이 마치 중이 도를 닦는 모습이라서 수행동이라고도 한다"라고 되어있다. 임제의 《남명소승》(1578년)에는, "오백장군동은 일명 영곡이라 하는데 층층의 봉우리가 하얗고 깨끗하여 옥병풍을 친 듯 빙 둘러 있다. 세 갈래에 폭포수가 한 골짜기로 떨어진다. 그 사이에 고단(古壇)이 있고 단 위에는 복숭아나무가 홀로 서 있다. 단 위로 가서 무더기로 난 조릿대를 깔고 앉아 남쪽의 넓은 바다를 굽어보니 만 리가 온통 푸르다. 참으로 이 섬에서 제일가는 동천이다."라고 하여 영실에 오래된 단이 있었음을 지적하고 있다. 이 단이 존자암의 최초 장소였던 것인 지는 확실치 않다.

이형상의 《남환박물》에는 존자암의 구체적인 위치가 제시되어 있다. 《남환박물》에서는 "영실 위에 수행골이 있고, 그 골에는 칠성대가 있는데 이곳을 좌선암이라고 말한다. 이곳은 옛날 스님이 팔정(八定)의 도를 닦는 터인데, 이를 존자암이라 부른다"라고 하여 칠성대 인근에 존자암이 있었다고 보고 있다.

1609년 저술된 김치의 〈유한라산기〉에는 지금의 볼래오름에 있는 존자암지와 영실의 옛 존자암지에 대해 가장 구체적으로 다음과 같이 기술하고 있다.

> 노루오름을 거쳐 삼장동(三長洞)에 이르고 삼장에서 포애악(浦涯嶽, 볼래오름)을 넘어 멀리 남쪽으로 한 정사(精舍)에 이르렀는데, 높은 곳은 안개와 구름이고 아래는 푸른 바다를 압도하니, 이것이 곧 존자암이다. 판잣집은 8~9칸으로 띠로 지붕을 덮어 씌었는데 사치스럽지도 않고 추하지도 않았다. 한 늙은 스님이 문 밖에 나와 절하며 맞이하여 선당(禪堂)으로 안내하기에 그 이름을 물으니, 수정(修淨)이라고 하였다. (중략) 6~7리를 가서 영실에 다다르니 골짜기가 자못 넓고 앞이 확 트였다. 여기가 바로 옛 존자암 자리이다. 천길 푸른 절벽이 병풍처럼 둘러 있으며 위에는 이상스럽게 생긴 바위가 있는데 모양이 나한과 같은 것이 오백 개가 넘었다.(김치,《유한라산기》)

이 내용으로 볼 때 예전의 존자암은 영실의 병풍바위, 오백나한의 아래쪽에 위치했던 것으로 보인다. 그러나 언제 지금의 볼래오름으로 이전했는지는 명확하지 않다. 다만 홍유손의 〈존자암개구유인문〉이 작성되었던 1507년 이전에 이건된 것으로 볼 수 있다.

이원진의 《탐라지》(1653)에서도 한라산 영실에 있던 것이 서쪽 기슭 바깥 10리쯤 되는 대정현 구역으로 옮겨졌다고 기재되어 있다. 1601년경 김상헌이 한라산을 오를 때에는 암자에 스님도 거주하고 있었는데, 집이 9칸이고 지붕과 벽은 기와나 흙 대신 판자를 썼다고 한다. 당시 기와를 구하기가 힘들고 산중에 있는 흙은 점성이 없어서 바르기도 힘들었기 때문이다. 또한 절의 지세도 풍수서에 맞게 되어 있다고 하고 있다. 이러한 사실로 볼 때 《남사록》에서 말하고 있는 존자암은 영실에서 서쪽으로 옮겨진 새로운 절임을 알 수 있다.

볼래오름의 존자암도 1679년경의 《남천록》의 기록에는 암자는 퇴락한 지 오래고 터만 남아 있다고 한 것으로 보아 이 시기 이미 폐찰되었음을 알 수 있다. 1696년경의 《지영록》에도 "남아 있는 것이라고는 부서진 지붕과 몇 개의 기둥뿐이었고 임시로 지은 집이 더 있었는데 등산했을 때 점심을 해먹는 곳이다."라 하여 더 이상 사찰로 유지되지 못하고 있었다.

제3절 기타 인문경관

존자암과 밀접한 관련을 지니는 인문 경관은 수행동이다. 원래의 존자암이 있던 곳으로 이곳에는 수행굴이라는 석굴이 있었다. 《남사록》에는 "굴 속은 20여명이 들어갈 만하고 옛날 고승 휴량(休糧)이 들어가 살던 곳이라 한다. 근처에 칠성대와 좌선암이 있다."고 기술되어 있다. 1609년 김치의 한라산 등반기에도 석굴에 부서진 온돌만이 남아 있다고 기재되어 있다. 이형상의 《남환박물》에는, 당시 거주하는 스님이 없고 헐리운 온돌 몇 칸만 있다고 한다. 따라서 존자암이 서쪽으로 이전된 후는 수행 공간으로 사용되지 못했다고 볼 수 있다.

이러한 존자암과 수행굴은 한라산에 있었던 중요한 불교 역사유적으로 일부 지도에서 그 흔적을 확인해 볼 수 있다. 그림 1의 《동여비도》의 제주도 지도에는 고려시대에 존재했던 많은 사찰들이 세밀하게 기재되어 있는데 한라산 중심부에는 존자암이 뚜렷하게 표시되어 있다. 또한 그림 3의 《대동여지도》의 제주도 지도를 보면 한라산의 남쪽 영실 근처에 수행굴이 표기되어 있는데, 과거 이 지역의 중요 역사유적으로 인식되었음을 알 수 있다.

존자암과 수행굴 이외에도 불교와 관련된 인문경관으로 두타사가 있었다. 이 사찰에 대한 기록은 임제의 《남명소승》에 나오는데, 한라산의 상봉을 따라 내려와 남쪽으로 돌아가면 깎아지른 듯한 낭떠러지에 매달려 있다고 묘사되어 있다. 두 계곡 사이에 있어서 쌍계암이라고도 한다. 김정호의 《대동지지》에도 천불봉과 혈망봉의 봉우리 밑에 있는 못에 두타사가 있다고 기술되어 있다.[39] 현재 어디에 있었는지는 알려져 있지 않다.

한라산에는 군사시설과 관련된 인문경관도 기록에 보이는데, 지금의 왕관암에 있었다고 하는 연대가 그것이다. 《남환박물》에 의하면, "여기에 하나의 봉수대가 있어서 해남의 백량(白梁)으로 완급을 전달했으나 해무가 항상 자욱하므로 지금은 혁파하였다."고 한다. 최익현의 〈유한라산기〉에도 "서쪽으로 가니 깎아지른 절벽이 수천 길인데 이른바 삼한 때의 봉수 터라 하나 증험할 수는 없다."하여 과거 연대가 있었던 사실을 전해주고 있다. 그러나 언제 설치되어 운용되었는지는 확실치 않으나 삼한시대보다는 제주가 중앙의 행정제도로 포섭되는 고려중기 이후로 추정된다. 이 연대는 지도에서도 종종 표현되었는데, 그림 9의 《해동지도》의 〈제주삼현도〉와 그림 10의 《제주삼읍도총지도》에 중요한 역사유적으로 표시되어 있음을 볼 수 있다.

이와 더불어 한라산의 인문경관으로 중시되었던 것은 제사를 지내는 곳이다. 무엇보다 한라산과 관련된 제사는 산신제이다. 산신에게 제사를 지내는 것은 오래된 전통으로 고려시대에도 한라산신을 '제민(濟民)'이라 봉하고 춘추로 치제하여 국태민안을 빌었다. 그러나 조선시대에 들어와 태종

---

39. 金正浩,《大東地志》권12, 濟州, 山川

때 산천사전제(山川祀典制)가 확립되는데, 한라산은 명산임에도 불구하고 명산대천에 제사를 지내는 소사(小祀)에 등재되지 못했다. 당시의 사전제가 고려시대의 것을 답습하였기 때문에 한라산이 누락된 것이다. 이에 따라 국가적 차원에서 정기적으로 행해지는 산신제는 거의 없었고 비정기적으로 일부 행해졌던 것으로 보인다. 김상헌의《남사록》에서도, "한라산은 해외에 있는 명산이지만 사전에 실려 있지 않아서 상시로 제사를 지내지는 않았다."고 기술되어 있다. 이로 인해 김상헌에게 향축을 내려 보내 별도로 제사하도록 지시하였던 것이다.

이러한 기록을 보더라도 조선시대 17세기까지는 국가적 차원에서 정기적인 한라산 산신제를 거행하지는 못했던 것으로 보인다. 오히려 민간에서 산신제가 활발하게 행해졌던 것으로 보인다. 이원진의《탐라지》에는 한라 호국신을 모시는 사당으로 광양당이 기재되어 있는데, 민간에서 산신제를 지냈던 대표적인 곳이다. 그러나 1702년(숙종 28) 이형상 목사는 이를 음사(淫祀)라 하여 폐지시켰다.

이처럼 이형상 목사는 민간에서 행해지던 산신제를 혁파하고 국가적 차원에서 한라산 산신제를 지내도록 조정에 요청하였다. 조정에서는 한라산이 명산임에도 불구하고 사전에 등재되지 않아서 산신제가 행해지지 않는 문제를 인식하고는 다른 명산대천의 예에 따라 봄, 가을(2월과 8월)로 제사를 지내도록 했다. 비로소 한라산 산신제가 국가적 차원에서 공식적으로 거행되게 된 것이다. 영조 연간의《증보탐라지》에 의하면, "산신제를 처음에는 백록담에서 제사를 지냈으나 눈이 많이 오면 올라갈 수 없어 산 중간에서 제사를 지내다가 이후 소림과원 안에 사묘를 건립했다.[40]"고 하는데, 소림사(小林祠)가 바로 그것이다. 이곳은 이전에 병충해를 관장하는 포신

40.《增補耽羅誌》, 濟州, 祠廟

(酺神)에게 제사를 지내던 포신묘(酺神廟)가 있었던 자리이다. 지금의 제주대학교 부근의 산천단에 있었는데, 현재는 제단만 남아 있고 사묘는 없어져 지명으로만 전하고 있다.[41]

이러한 제사 유적은 지도에도 표현되어 있는데, 17세기 후반경에 제작된 것으로 추정되는 이형상 목사 종가 소장의 제주지도에는 '포신묘'라고 표시되어 있다. 그러나 이형상 목사 재임 이후 1709년에 제작된《탐라지도병서》에는 '소림묘(小林廟)'라 하여 변화된 현실을 반영하였다. 그 후 1872년의《제주삼읍총도》나 그림 4의《제주군읍지》의〈제주지도〉에는 산천단(山川壇)으로 표시되어 있음을 볼 수 있다.

이와 더불어 백록담의 북쪽에 기우단이 있었는데, 가뭄이 들었을 때 하늘에 제사를 지내던 곳이다. 이는 산천단에서 거행하는 한라산신제와는 다른 것으로 날이 가물 때 비정기적으로 지냈던 제사이다. 김성구의《남천록》에는 "백록담의 북쪽 모퉁이에 단이 있는데 본주에서 기우제를 지내는 곳이다."고 기재되어 있다. 기우제뿐만 아니라 한라산 정상에서 행해졌던 산신제도 이 제단에서 행해졌을 가능성이 높다. 기우단이 표현된 것으로는 그림 2의《탐라십경도》의〈백록담〉에서 볼 수 있는데, 백록담의 남쪽 가에 기우단이 그려져 있다.

---

41. 그런데 이원조 목사의《탐라지초본》(1843년경)에는 "원래 한라산신제를 한라산 정상에서 지냈으나 겨울에 얼어 죽는 사람이 많아 1470년 이약동 목사가 지금의 장소로 옮겨 제단을 설치하고 산신제를 지내게 했다."고 기술되어 있다. 이러한 서술은 1954년의《증보탐라지》에도 그대로 인용되고 있어서 최근 간행되는 여러 서적에서도 무비판적으로 전재되고 있다. 따라서《탐라지초본》의 기록은 좀 더 면밀한 고증이 필요하다.

제5장 결론

　한라산은 한국의 대표적인 명산으로 예로부터 금강산(봉래산), 지리산(방장산)과 더불어 삼신산의 하나인 영주산으로 불려져 왔다. 화산 활동에 의해 형성된 산으로 백록담이 있는 주봉을 중심으로 360여개의 측화산(오름)이 산재해 있다. 또한 고도에 따라 식생이 다양하게 분포되어 있다. 아울러 오랜 역사를 거치면서 독특한 역사와 문화를 지니고 있기도 하다. 이 글은 이러한 한라산을 대상으로 하여 조선시대 한라산의 인식과 재현을 다양한 문헌자료와 지도 그림 같은 시각자료를 통해 파악하고자 하였는데, 다음과 같이 요약해 볼 수 있다.

　첫째, 한라산의 지명은 산의 형상과 관련된 지명으로 두무악 원산 부악 등으로 불렸는데, 화산 활동에 의해 생성된 순상 화산의 형태에서 비롯된 것이다. 이와 더불어 신선사상과 관련하여 영주산으로 불렸으며 백록담, 방암 등 신선과 관련된 지명들도 있다. 이러한 인식은 《탐라십경도》의 〈백록담〉 그림에 잘 표현되어 있다. 아울러 노인성을 볼 수 있는 산으로 인식되기도 했다. 또한 풍수사상에 의해 한라산은 백두산에서 기맥이 이어진 것으로 인식되고 산의 형국을 해석하기도 하였는데, 《대동여지도》의 제주지도에서는 이러한 풍수적 인식이 반영되어 있다.

　둘째, 한라산의 자연 경관에 대한 인식과 재현을 검토하였는데, 크게 지형과 지세, 식생 등으로 구분하여 볼 수 있다. 지형과 지세를 보면, 한라산의 상봉과 주변에 산재한 오름들이 유기적으로 인식되어 여러 지도에 재현되었다. 한라산의 지형 중에서도 백록담과 영실 등은 비중있는 장소로 인식되어 《탐라십경도》와 같은 그림에서 독특하게 재현되어 있다. 곶자왈 지대에 형성된 숲이 중요한 식생 지대로 인식되어 표현되었고, 다양한 식물상이 관찰되어 문헌에 수록되기도 했다.

　셋째, 한라산 지역의 대표적인 인문 경관으로는 중산간 지대에 광활하게 펼쳐져 있는 목마장을 들 수 있다. 고려말 원나라에 의해 처음 설치된 목마장은 조선시대에 체계를 갖추어 중산간 지대의 10소장과 산간지대의 산마장, 해안지역의 별목장, 우장으로 분화되었다. 이러한 목마장 경관은 제주도의 지도에 중요한 항목으로 상세하게 표현되었다. 일부 지도에서는 목장의 출입문, 말에 물을 먹이던 수처, 비를 피하던 피우가, 말을 몰아 점마하던 시설까지 그려지기도 했다.

　목마장 이외의 인문 경관으로는 역사 유적을 들 수 있다. 이의 대표적인 것으로는 한라산 영실에 있었던 존자암과 수행동이다. 불교와 관련된 역사 유적으로 한라산을 등반하던 사람들에 의해 존재가 알려져 일부의 지도에 수록되기도 했다. 이와 더불어 과거 군사시설이었던 연대(煙臺)가 한라산 중턱 지금의 왕관릉 자리에 표현되었다. 중요한 제사 시설로는 산천단과 백록담에 있었던 기우단이 인식되어 일부 지도와 그림에 재현되었다.

참고문헌

《葵窓集》(李健, 1712)
《南溟小乘》(林悌, 1577)
《南槎錄》(金尙憲, 1669)
《南遷錄》(金聲久, 1679)
《大東地志》(金正浩, 아세아문화사 영인본)
《新增東國輿地勝覽》(아세아문화사 영인본)
《濟州郡邑誌》(아세아문화사 영인본, 1983)
《濟州風土錄》(金淨)
《朝鮮王朝實錄》
《增補耽羅誌》(日本天理大 소장본)
《芝峰類說》(李睟光, 1614)
《耽羅紀年》(金錫翼, 1918)
《耽羅錄》(李源祚, 제주대학교 탐라문화연구소 영인본)
《耽羅志》(李元鎭, 아세아문화사 영인본)
《耽羅誌草本》(李源祚, 제주대학교 탐라문화연구소 영인본)

강정효, 2003, 《한라산》, 돌베개
김찬흡 외, 2002, 《역주 탐라지》, 도서출판 푸른역사
남도영, 1996, 《한국마정사》, 한국마사회 마사박물관
오창명, 1998, 《제주도 오름과 마을 이름》, 제주대학교 출판부
제주대학교 박물관, 2020, 《제주고지도: 제주에서 세계를 보다》
제주도교육위원회, 1976, 《탐라문헌집》
제주문화원, 1997, 《知瀛錄》
제주문화원, 2000, 《옛사람들의 등한라산기》, 나라출판
제주민속자연사박물관, 1996, 《제주의 옛지도》
제주시, 1994, 《탐라순력도》, 제주시 영인본
제민일보곶자왈특별취재반, 2004, 《제주의 허파 곶자왈》, 도서출판 아트21.
홍기표, 2021, 〈우리나라 옛 문헌 소재 한라산 인식〉, 《한국고지도연구》 13-2.

03

한라산과
제주 불교

한금순
제주대학교 사학과 강사

명산대찰. 모름지기 명산에는 큰 사찰이 있다 하여 만들어진 말일 게다. 한라산은 역사 이래로 우리나라의 명산으로 일컬어져 왔다. 홍유손은 "화공이 산수화를 그릴 때는 암자를 함께 그려놓아야 산과 물과 함께 암자가 있는 세 가지 아름다운 경치를 보는 흥취를 맛볼 수 있는 법이다. 그림도 그러하거늘 바닷속에 솟은 영산 한라산에는 암자가 있어야 한라산의 아름다운 경치를 더하게 하는 일이다."라고 하여 명산 한라산에 존자암이 있어야 어울린다고 말하였다.

한라산을 근거지로 한 제주불교 사찰은 절 오백 당 오백이었다는 수사로 전해지고 있기도 하다. 오백의 사찰은 마을 곳곳의 절왓, 절새미, 절물 등의 지명으로 과거를 희미하게 증명하고 있을 뿐이다. 그중 기록으로 이름을 뚜렷이 남기고 있는 몇 개의 한라산 제주불교 사찰을 살펴보겠다.

제1장. 한라산 남쪽 사찰

역사시대 문헌 속 가장 많은 기록을 가진 제주도 사찰은 한라산 영실 지경에 있던 존자암이다. 영실에서 남쪽 방면으로 산을 내려와 하원 지경에 이르면 법화사가 대가람으로 활동하였다. 한라산 남쪽의 대표 사찰로 존자암과 법화사를 살펴본다.

제1절 한라산 불래오름 존자암

역사시대 한라산은 동경의 대상이었다. 제주판관 김치는 〈유한라산기〉에 "내 일찍이 한라산이 바다 가운데 있다는 것을 들었다. 한라산을 올라 장하게 유람하고자 하는 마음을 먹고 있었다. 한라산 오백나한이 늘어선 영실 골짜기는 백록이 영주초를 뜯어먹고 신선이 사는 곳이라고 들었다."라고 하였다.

9년여 제주도에서 유배 생활을 한 홍유손은 한라산을 "이 한라산 전체를 들어서 말하자면 그 기이한 절경은 이렇다 형언할 말을 찾을 수 없을 정도이다. 멀찌감치 물러서서 우러러보면 봉우리만 불룩 솟아 그리 높아 보이지도 않고 경사가 완만하여 가파르게 보이지도 않고 그저 평원 한가운데 우뚝 솟아 있는 보통 산들과 같을 뿐 특별히 높고 험준한 모습은 볼 수 없다."라고 표현하였고, 제주판관 김치는 "바닷길에서 멀리 한라산을 바라보니 그다지 험준하지 않은 듯하였다. 기다랗고 커다란 산록이 한 면에 가로질러 있을 뿐이었다."라고 오늘 우리도 말하는 험준하지 않고 완만한 산이라는 멀리서 본 한라산의 외관에 대한 인상을 적어놓았다.

그러나 "산을 올라 그 안으로 들어가 보면 가파른 바위며 깎아지른 벼랑이 병풍처럼 둘러쳐 있고, 굽이도는 산줄기를 따라 깊은 골짜기가 동굴처럼 어두컴컴하게 서려 있어 곤륜산 판동곡에 비길 만하다. 속세 바깥의 청정함과 진기하고 뛰어난 멋은 오히려 더 많다. 삐죽한 바위가 예닐곱 길 높이로 호랑이처럼 쭈그리고 앉아 있고, 울퉁불퉁 옹이가 있는 노송나무가 네다섯 움큼 굵기로 삼대 숲처럼 빼곡히 들어차 있으며, 박달나무와 향나무가 촘촘히 밀집하여 산골짜기 정령들이 대낮에도 활개 치며 나다닌다."라고 한라산의 바위며 벼랑, 골짜기, 숲의 모습을 찬양하였다.

또한 "산의 높은 곳은 삼엄하게 치솟아 창칼을 묶어 세운 것 같고, 낮은 곳은 반쯤이 움푹하기도 하고 볼록하기도 하고, 산줄기는 다투어 달려 끊어질 듯하다 다시 이어지고 끝인가 하면 도로 합친다. 골짜기는 후련하게 틔어 깊고 그윽하며 길고 협곡이 넓어 높고 낮음이 번갈아 뒤섞이고 깊고 얕음이 흐릿하게 어울려 하늘의 해를 가리고 있어 사방을 분간할 수 없다."라고 홍유손은 한라산이 갖춘 명산의 형세를 표현하기도 하였다.

홍유손은 이러한 한라산에 허물어져 가는 존자암을 안타까이 여기는 제주 사람들의 청을 들어 암자를 중건하기를 권하는 글 〈존자암개구유인문〉(1507년)을 남겼다.

"무릇 천하에 절이 없는 명산은 없다. 한라산은 금강산에 비해 은밀하고 신비한 경계가 오히려 많을 뿐 아니라 괴이하고 험준함은 몇 배나 되니, 이러고서도 암자와 절이 없다면, 이른바 '만송령 위의 한 칸 집, 노승이 반 칸 구름이 반 칸 차지했네'란 시구를 고금의 절창이라 할 수 없을 것이다."라며 한라산에는 존자암이 있어야 명산으로 어울린다고 하였다.

그리고 존자암이 있는 지형을 설명하였다. "이 한라산 전체의 기맥이 암자가 앉은 땅에 모여 응축되어 있으면서 그 기운이 서리고 감돌아 머금고 토하는 품이 흡사 보물을 아끼고 지키느라 그곳을 떠나지 못하는 것과 같다. 땅이 신령할 뿐 아니라 암자 또한 천지의 밖, 천고에 길이 이름을 독차지할 곳"이라 했다.

그러므로 "지금 바닷가에 사는 사람들이 다시 화공이 산수를 그리면서 암자를 함께 그려 넣었던 뜻을 가지고서 신령스러운 이곳에 사찰을 짓지 않을 수 없는 이치를 생각하여, 저마다 마음을 가다듬어 다시 이 암자를 보수한다면, 쇠퇴하여 허물어지도록 두었던 것이 애초에 잘못이 아니라 할 것이다."라며 존자암의 중수를 권하였다.

한라산에 위치한 존자암의 터는 주작, 현무, 청룡, 백호의 형국으로 "주봉우리의 기운이 우뚝 솟았다가 점차 낮아지는 모습은 봉황이 공중에서 내려앉아 새끼를 사랑스레 바라보는 현무의 자태이고, 옥소리를 내며 흐르는 차가운 샘이 마르지 않음은 주작의 자태요, 완만히 굽이쳐 내려온 모습은 청룡의 형국이며, 꼬리를 끌며 내려가는 지형은 백호의 형국으로 빼어난 지리를 고루 갖추었다."라며 존자암은 한라산 빼어난 곳에 자리하고 있다고 하였다.

존자암이 위치한 지경은 "기암괴석이 조각품처럼 깎아지르게 우뚝 솟은 곳이며, 아름답고 기이한 나무들이 빽빽이 우거져 신선과 응진(應眞: 여래), 나한이 거닐고 서성대는 곳으로 새와 짐승이 사철 날고 뛰는 곳으로 빼어난 경개를 잘 갖춘 곳이다. 긴 등성이와 둥근 봉우리, 붉은 구름과 푸른 안개, 만 리 밖이 한눈에 들어와 하늘 저 멀리 바다 위의 섬들이 마치 흩어진 바둑돌처럼 환히 보이는 지경이다."라고 존자암이 있던 한라산 지경을 묘사하였다.

존자암은 국립공원 한라산 영실 불래오름 아랫자락에 복원되어 있다. '한라산 존자암지'로 서귀포시 하원동 산 1-1번지가 제주특별자치도 기념물(1995년)로 지정되어 있다.

존자암지 발굴조사로 현재의 '한라산 존자암지'는 고려말의 명문기와로 활동 시기를 밝혀내고 있다. 금당, 선방, 비각 등 건물지 5개소와 배수시설, 4단 석축 시설의 유구가 발굴되었다. 한라산 능선의 경사 지형을 깎아 석축을 시설하고 그 안에 건물을 지었고 온돌이 설치되는 등 상당한 인력 동원이 유추되는 정교하게 축조된 시설물이 있었다고 발굴조사 결과가 나와 있다. 금당과 선방, 탑 등은 사찰 구성에서 가장 기본적으로 갖추는 구조물이다. 발굴된 존자암은 가람 배치의 기본 요소를 갖춘 규모 있는 사찰이었음을 그 잔해로 말해주고 있다. 이는 조선조의 여러 기록에 나오는 '과거에는 이름난 존자암이었으나 이제는 옛 영광과 달리 퇴색한 존자암'의 과거 모습임을 증명해주고 있다.

유물로는 제주도 현무암으로 만든 세존사리탑, 청동제 지국천왕상을 비롯하여 목탑의 중심 주초석, 청자·분청 도자기류 등이 출토되었다.

존자암지 세존사리탑은 제주특별자치도 유형문화유산(2000년)으로 지정되었다. 제주도 현무암으로 만들어 제주도에 토착한 제주불교 신앙의 특징을 드러내고 있다. 현무암으로 조성한 팔각형 하대석 기단과 둥근 중대석 받침돌에 사리공을 마련하고 종 모양의 둥근 사리탑을 얹어놓은 모양이다. 옥개석을 얹고 보주가 그 위에 조성되어 있는데 높이 93cm 가운데 너비 74cm의 소박하고 둥근 탑이다. 옥개석도 육지부 부도의 일반적 형태인 기와 한옥 모양이 아닌 초가지붕을 떠올리게 하는 둥그런 형태로 제주불교만의 특징으로 생각되는 모습이다.

사진 1. 한라산 존자암지

사진 2. 존자암지 세존사리탑

　존자암 세존사리탑의 1650년 모습을 제주도에 안핵어사로 부임한 이경억이 시로 남겼다.

　　존자암은 이름난 절인데
　　황량한 폐허 옛 터가 절반
　　천년 고탑 홀로
　　서까래 드러난 집 하나
　　외로이 남아있다.
　　길손 들르는 일 적어
　　남방의 승은 예법이 거칠다.
　　가을밤 남쪽 끝 바라보니
　　번뇌와 근심이 모두 사라진다.

　존자암지에서는 청동제 지국천왕상이 발굴되었다. 5.2cm 정도의 크기로 왼손에 칼을 들고 오른손은 허리를 짚고 있다.

사진 3. 존자암지 출토 청동제 지국천왕상(국립제주박물관 제공)

우리나라 사찰에 봉안하는 사천왕은 부처와 부처의 가르침, 사대부중(비구, 비구니, 우바새, 우바니 등 출가 제자와 재가 제자)을 보호하는 수호신이다. 사천왕은 동서남북을 수호하는데, 동쪽은 지국천왕, 서쪽의 광목천왕, 남쪽의 증장천왕, 북쪽은 다문천왕이 수호한다. 지국천왕은 안민(安民)의 신으로 수미산 중턱 동쪽에서 중생을 두루 살펴 선한 자에 상을 내리고 악한 자에 벌을 주며 인간을 보살피며 국토를 수호하는 신이다.

존자암에도 지국천왕만이 아니라 서·남·북쪽의 광목천왕(악귀 물리 침), 증장천왕(만물 소생), 다문천왕(도량 보호)도 함께 봉안되어 있었을 것으로 짐작 가능하다.

존자암지에서는 명문 기와 천여 편이 출토되었다. 그 중 '2월 수정선사 대부 김충광 만호 겸 목사가 바친다.(이월수정선사대부김충광, 만호겸목사봉 二月修正禪師大夫金冲光, 万戶兼牧使奉)'라는 명문 기와로 존자암이 1373년부터 1384년 사이에 김충광 목사가 시주한 기와를 올린 건물을 가지고 있었음을 증명하고 있다. 김충광 목사는 1373년부터 1376년까지 3년간, 1383년에서 1384년까지 2년간 제주목사로 활동한 인물이다. 그 외에도 '만호겸목사(万戶兼牧使)', '천호부승석(千戶夫承碩)' 등의 명문기와가 고려 고종 이후 관리인 만호와 천호들의 존자암 관련 활동을 이야기해 주고 있다.

청자상감병, 청자대접, 청자접시 등의 청자류와 분청인화문대접, 분청인화문접시, 분청인화국화문접시, 분청인화문병, 분청귀얄접시, 분청귀얄문대접, 분청조화문항아리, 분청덤벙분장대접, 분청덤벙분장병 등의 분청류 또한 백자접시, 백자대접, 백자종지 등이 출토되었다. 백자에는 명문이 새겨져 있는 것이 다수인데, 명문으로 대정(大靜), 화순(化順), 모로원(毛老院)을 비롯하여 인수(仁守), 과(果), 제(弟) 등이 쓰인 것들이 있다.

이러한 유물들이 말하는 존자암의 세월과 함께 탐라국시대부터의 존자암을 말하는 역사 기록들이 있다. 홍유손은 〈존자암개구유인문〉에, "지금 이 존자암은 제주도에 삼성(三姓)이 처음 일어날 때 창건되어 세 읍이 정립한 뒤에까지 오랫동안 전해 왔으니, 비보소이자 세상에 이름난 지 오래다." 라고 탐라국 시대에 존자암이 창건되었다고 하였다. 삼성(姓)은 탐라를 개국한 고을나 양을나 부을나를 일컬으며, 세 읍(邑)은 제주도의 행정구역인 제주 정의 대정을 말하는 것이다. 1578년 존자암을 방문한 임제도 《남명소승》에 존자암이 삼성 때부터 시작되었다고 기록해 놓았다.

존자암
둥근 산은 우뚝 솟아 산세가 웅장하고
작은 암자 흰구름 속에 높이 있네.
길은 천 구비 황죽 속에 뚫려 있고
창문은 남명을 누르고 만리에 통하였네.
경전 소리 비롯되긴 삼성 때부터인데
폐흥을 거듭하여 몇 년이나 공들였을까.
사는 승도 적막하고 유람객도 적어
문에는 이끼 푸르고 낙엽은 붉구나.

1601년 안무어사로 제주에 파견되었던 김상헌도 《남사록》에 "누구나 부처에게 축원한다. 성주(星主) 때부터 내려온 풍속이 그러하다."라고 탐라국의 왕 성주(星主)의 시대부터 신앙한 제주불교를 기록하고 있다. 김상헌은 제주의 자연환경과 지방관의 통치 상황, 제주도민의 생활상을 파악하여 비변사에 보고하였다. 《남사록》은 김상헌이 제주도를 일주하며 파악한 제주의 방어 시설을 비롯하여 제주도의 역사, 풍속, 토산 등의 상황을 기록하였는데, 제주 관련 이전 기록을 참조하여 현재의 상황을 파악하고 달라진 점을 기록하여 놓았다.

성주(星主)는 탐라국의 왕이었다. 고고학적 연구에 의하면 탐라국은 300~400년경에 개국한 것으로 추정하고 있다. 탐라국은 성주(星主)와 왕자(王子)가 다스렸으며, 1105년(고려 숙종 10년)에 이르러서야 고려의 지방 행정구역으로 편제되어 탐라군이 되었다. 제주도가 삼읍 체제로 된 것은 1416년(조선 태종 16년)에 이르러서이다.

탐라국 시대부터의 존자암 활동 기록은 제주불교가 탐라국 시대에 유입되어 있었을 것임을 말하고 있다. 탐라국은 고구려, 백제, 신라와 교류하였고 일본 등의 외국과도 교류하였다. 이러한 탐라국의 외부와의 교류 역량은 곧 불교 문화의 유입 가능성을 말해준다.

한반도의 고구려, 백제, 신라 삼국의 불교는 3세기~4세기경에 유입되었다. 탐라국은 476년 백제 문주왕 2년부터 은솔이라는 백제의 관등을 받았고 토산물을 바치며 교류하였다. 탐라국왕은 좌평의 관직을 받아 백제의 귀족회의에서 활동하다 신라 당나라와의 싸움에서 백제를 도와 백제의 부흥을 위해 전투에 참여하기도 하였다. 고구려와의 교류는 504년경의 탐라국의 흰 마노 기록으로 남아있다. 662년 탐라국의 임금인 좌평 도동음률이 신라 문무왕에 항복하였고 663년에는 신라 사신을 탐라국에 보내기 시작하였다. 679년에는 탐라국에서 신라에 사신과 조공을 보내었다.

탐라국이 한반도의 삼국만이 아니라 외국과도 교류하였다는 기록으로 《삼국지》위지 동이전과 《속일본기》의 제주음악, 3세기~6세기까지를 다룬 《북사》에서 수나라의 탐라 묘사, 《당회요》의 661년 탐라 조공사 기록, 665년 당나라 국가의례에 참석했던 《구당서》에 전하는 탐라의 기록, 《일본서기》에 나오는 661년 이후에 탐라가 매년 일본 지역과 자율적으로 활발하게 교류해 전복, 철제 실생활 도구 등을 주고받았던 사실 등의 기록들은 고대 탐라의 활동 역량을 말해주고 있다. 이와 같은 교류의 흔적은 탐라국 시대에 제주도에 불교가 전래되었을 가능성이 충분함을 말해주고 있다.

고려 시기 탐라국은 팔관회에 방물을 바치고 상례적으로 참여하였다. "정종 즉위년(1034년) 11월 팔관회를 열었는데, 신봉루에 나아가 백관에게 큰 잔치를 내리고 다음 날 대회 때 또한 큰 잔치를 내리고 음악 연주를 관람하였다. 동경 서경 동로병마사 북로병마사 4도호 8목에서 각각 표문을 올려 하례하였고, 송의 상인과 동번 서번 탐라국에서 또한 방물을 바쳤다. 자리를 마련해 주고 음악 연주를 관람하였는데, 이후로 상례로 삼았다."라는 고려사의 기록을 통해 1034년 이후 탐라국은 송나라 등과 함께 외국으로 취급되고 있었고, 탐라국이 고려의 불교 행사 팔관회에 상례적으로 참여하였음을 확인할 수 있다.

팔관회는 재가 신도가 살생하지 말라 등의 여덟 가지 계를 지켜 선을 닦아 복을 받는 팔재계 수행을 행하는 기간으로 우리 고유의 신앙에 불교 의식이 합해져 부처와 보살(부처가 되기 위해 깨달음을 얻으려 수행하는 사람), 범천(불교의 수호신), 팔부중(불국토를 수호하는 여덟의 신)을 공양하는 불교 행사로 신라 시대부터 개최되었다. 팔관회를 일컬어 '부처를 공양하고 신을 즐겁게 하는 모임(供佛樂神之會)'이라 하였고, 고려 태조 이후 매년 상례로 삼아 행하였다. 팔관회는 산천용신제(山川龍神祭)와 제천 의례 등의 토속 신앙을 불교의 팔관재계와 결부하여 행하는 의식이다.

고려 태조는 훈요십조로 팔관회를 통해 나라를 편안하게 하겠다는 뜻을 드러내었다. 고려 왕조의 궁궐 마당에 향과 등을 밤낮으로 켜두고 왕이 주도하는 팔관회를 행하였다. 탐라는 팔관회에 송, 일본, 여진 등의 외국과 함께 참석하여 예물을 바쳤다. 고려조 국가의례인 팔관회에 상례적으로 참석하는 탐라는 고려불교의 흐름 속에 있었다고 할 수 있을 것이다.

존자암은 법화사, 수정사와 함께 제주도의 비보사찰이었다. 비보사찰은 국가에서 사찰의 운영 경비를 마련해주고 국가적으로 활용하는 체계였다. 존자암도 "나라에서 이 암자에 논을 하사하여 벼를 심어 재를 지낼 경비로 삼는"비보사찰이었다. 존자암에서는"4월에 길일을 잡아 세 읍의 수령 중 한 사람을 뽑아 목욕재계하여 이 암자에서 국성재(國聖齋) 제사를 지내는" 역할이 1500년경 혹은 1512~13경까지 행해졌다. 수령이 국성재의 제관을 행한다는 것과 나라에서 재의 경비를 충당하는 등의 모습을 통해 국성재는 나라의 평안을 기원하는 제사였음을 짐작할 수 있다.

국성재를 지내지 않게 된 이후로도 존자암은 한라산제를 지내는데 여전히 역할을 담당하였다. 조선조에 한라산신제는 국가 주도의 상례적인 의례였다. 태종은 한라산제를 사전(祀典)에 실어 봄 가을에 제사 지내도록 하였다. 세종은 한라산신제를 국고의 미곡으로 제사 지내는 것을 항구한 법식으로 정하도록 하고 일 년에 4회 제사하도록 하였다. 한라산신제는 예조가 마련하는 의식이었다. 예조에서 향과 축문, 교서 등과 함께 예식을 주관하도록 하였다.

존자암이 국성재를 계속해서 주관하는 기록은 보이지 않으나 국가에서 주관하는 한라산신제를 지내기 위한 일련의 활동 중에 존자암을 활용하는 기록들은 계속해서 보인다. 1601년 안무어사로 제주도에 파견된 김상헌은 임금의 명을 받아 한라산제를 봉행하였다. 한라산을 올라가던 중 존자암에 도착해서 쉬었다. 이때 "제주 관아의 사람들(제주판관 이종일, 대정현감 이신, 정의현감 이연경, 제주훈도 진위가 함께 등반하였다)이 모두 고하여 말하기를, '오늘은 날이 이미 늦었고 여기서 산 정상까지는 아직도 40여 리가 남았는데 가는 길이 매우 험합니다. 비바람을 만나면 어둡고 길을 잃어 나아갈 수도 뒤돌아 갈 수도 없게 될 것이니 절대로 앞으로 가면 안 됩니다. 절 뒤의 깨끗한 땅을 청소하여 단(壇)을 만들고 제사를 올리는 게 좋겠습니다.'고"하였다. 즉 한라산제를 지내기 위해 한라산에 오르던 중 기상이 나쁘거나 하는 등의 필요에 따라 존자암에 단을 만들어 여전히 제사를 지내고 있었던 상황을 짐작하게 한다.

1680년 제주안핵겸순무어사 이증도 제주 판관(강성좌)과 정의현감(김성구), 대정현감(이당)을 거느리고 한라산에 올라 한라산신제를 지내었다. 이때도 존자암에서 식사를 해결하고 한라산을 올랐다. 제주의 관리들은 이증에게 "이전에 이 산에 올랐던 사람은 존자암에서 반드시 여러 날을 재(齋)를 하며 잤습니다. 후께서는 맑을 때 올라서 눈비의 지장이 없이 편한 마음으로 바로 올라 지금과 같이 한라산제를 행하였으니 참으로 다행입니다."라고 하였다.

제주목, 대정현, 정의현의 관리들이 한라산신제를 지내기 위해 존자암을 여전히 활용하고 있었다. 관리들은 존자암에 머무르며 재계(齋戒)하고 한라산에 오르기도 하는 모습이다.

또한 한라산을 유람하는 방문객들이 존자암을 숙소로 혹은 쉼터로 이용하기도 하고 존자암 승려를 만나기도 하였다. 제주목사였던 부친을 뵈러 제주도에 왔던 임제는 1578년 한라산을 등반하였다. 말을 타고 제주성에서 서문으로 나가 도근천 상류에서 쉬고 존자암에 도착하니 날이 저물었다. 날씨가 굿어 존자암에 머물며 오백장군동에 놀러다니거나 하며 존자암에서 5일을 머물렀다. 존자암 승려 청순과 함께 백록담에 올랐다. 백록담의 주위는 7, 8리 정도이고 물이 맑고 깊어 깊이를 헤아릴 수 없는 백록담과 바다 위 점점이 바둑돌처럼 내려다 보이는 섬들의 광경을 소감으로 남기고 있다.

제주판관 김치도 1609년 한라산을 올라 존자암의 승려 수정을 만났다. "높은 곳은 안개와 구름이고 얕은 아래는 푸른 바다를 압도하니 이곳이 바로 존자암이다. 8, 9칸이나 되는 판자집은 띠로 지붕을 덮어 사치스럽지도 않고 더럽지도 않았다. 승려가 문밖으로 나와 인사를 하고 맞아 선당(禪堂)으로 안내하기에 그 스님의 이름을 물으니 수정(修淨)이라고 하였다."

김치는 존자암 승려 수정에게 길을 안내하게 하여 한라산을 올랐다. "겹겹이 중첩된 언덕과 오름이 겹쳐 길은 매우 위태로웠다. 말을 타기도 하고 걷기도 하며 서로 앞서거니 뒤서거니 빽빽한 골짜기를 헤쳐 나서니 점차 아름다운 경지로 들어섰다. 6, 7리나 지나 영실에 다다르니 골짜기가 자못 넓게 트인 바로 이곳이 옛 존자암의 터전이다. 천길 푸른 절벽이 둘러 있어 마치 병풍처럼 우뚝하며, 위에는 괴석이 마치 나한처럼 오백여 개의 모습이 드러났다. 골짜기 동남쪽 산자락에 한 석굴이 있어 이름하여 수행이라고 하였다. 옛날 한 도승이 그 안에 살았다더니 무너진 온돌이 지금껏 남아 있다. 수행굴(修行窟)을 나서 10여 리 지나니 칠성대에 다다랐다. 이 대에서 동쪽으로 다시 5리쯤 지나 쳐다보니 석벽이 깎아지른 듯 우뚝 서서 기둥처럼 하늘을 떠받쳤다. 이것이 곧 이른바 한라산 상봉이란다."

이익태의 1694년 기록은 존자암이 "산에 놀러왔을 때 점심을 해 먹는 곳"이라고 하였고, 1702년 이형상은 "별성(別星: 관리)이 산에 오를 때 숙식할 뿐이다."라고 하였다. 존자암은 1750년경까지 존재했던 기록이 있으며, 1841년 한라산 등반 기록에는 언급이 없어 이 기간 사이에 없어진 것으로 추정된다.

임제는 한라산에서 남쪽으로 내려가 두타사에서 1박 하였다. 산정에서 15리쯤 내려가니 벼랑이 깎아지른 듯하고 멀지 않은 곳에 두타사가 굽어 보였다. 벼랑 아래로 흐르는 큰 시내를 건너 절로 들어갔다. 절은 두 시내 사이에 있어 쌍계암이라고도 부르는데, 골짜기 깊고 그윽하여 또한 아름다운 절경이라며 한라산에 있던 두타사의 모습을 기록해 놓기도 하였다.

제2절 비보사찰 법화사

한라산 존자암의 지경은 상원이라 하였다. 존자암을 내려오면 하원이 있고 그곳에 법화사가 있다. 법화사에서 내려간 마을 대포 큰개 바닷가에서 영실까지 오르는 말길도 있었다고 한다.

법화사는 고려시대부터 비보사찰이었다. 조선 태종조까지 법화사의 노비가 280명이었다는 것으로 그간 법화사의 운영 규모를 짐작할 수 있다. 조선 태종은 그간 비보사원에 주었던 토지와 노비를 국가기관이 관리하게 하였다. "법화사에는 현재 노비 280구가 있으니, 다른 사사의 예에 의하여 30구를 주었다."태종은 법화사의 노비를 십 분의 일 정도로 줄였다.

사진 4. 법화사 연지

법화사 발굴조사로 왕실에 사용되는 용과 봉황문 막새 등의 기와와 청자 등이 출토되었다. 명문기와(지원육년기사시중창십육년기묘필 至元六年己巳始重刱十六年己卯畢)로 1269년(고려 원종 10)부터 1279년(충렬왕 5) 사이에 중창이 있었음이 증명되고 있다.

사진 5. 법화사 출토 구름 봉황 용무늬 막새 (국립제주박물관 사진 제공)

고려말 승려 혜일은 법화사를 이렇게 노래하였다.

법화암 가 경치가 화려하고 그윽하니
나는 대나무 솔가지 끌고 휘두르며 홀로 논다.
만일 세상에 상주하는 상(相)을 묻는다면
배꽃은 어지럽게 떨어지고
물은 세차게 흐른다 말하리.

승려 혜일이 보았던 법화사에 세차게 흐르던 물은 오늘도 흐르고 있다.
고려 시대 법화사에는 원나라 시절의 미타삼존동불상을 봉안하고 있었다. 조선 태종대에 이르러 명나라 영락제는 황엄을 사신으로 보내어 법화사의 미타삼존동불상을 가져가겠다 요구하였다. 조선은 황엄이 직접 제주도로 가서 미타삼존동불상을 가져오려고 하는 것은 영락제가 이를 핑계로 탐라의 정세를 살피려 하는 의도가 있는 것으로 생각하였다. 이에 황엄이 직접 제주에 들어가는 것을 막고자 급히 법화사의 불상을 이운할 관리를 파견하였다. 전라도 도관찰사 박은은 제주목관에 문서를 먼저 보내어 미타삼존동불상을 배로 실어 보낼 것을 지시하였다. 제주목관에서는 즉시 이졸들을 동원하여 미타삼존동불상을 이운하였다. 박모와 김도생이 서울에서 제주로 와서 법화사의 미타삼존동불상을 싣고 해남현까지 이르는데 17일이 걸렸다. 매우 빨리 일을 처리한 공을 치하하여 관직을 제수하였다.

　법화사의 미타삼존동불상을 이운하기 위해 불상을 모시기 위한 감실 15개가 사용되었다. 불상 1구마다 화광(火光), 연대(蓮臺) 및 좌구(坐具)와 꽃을 심은 감실까지 구비하여 5개씩 해서 모두 15개의 감실을 갖추었다. 화광(火光)은 불상의 뒤를 장식하는 광배를 말하는데 불꽃 모양이었음을 말해주고 있다. 이운하기 위해 불상과 분리하였음이 파악되는데, 불상의 광배는 고려 후기부터는 불화에서 많이 보이고 조선시대 불상에서는 광배를 갖추고 있지 않은 특징이 주를 이루고 있어 고려시대 조성 불상인 법화사 미타삼존동불상의 특징을 다시 확인할 수 있기도 하다. 연대(蓮臺)는 불상을 앉히는 연꽃 모양의 대이다. 진흙 속에서 꽃을 피우는 연꽃은 불교에서 번뇌에 물들지 않는 청정한 덕을 상징한다. 좌구(坐具)는 방석을 말한다. 그러므로 법화사에 봉안되었던 미타삼존동불상의 모습은 연화대 위에 방석을 깔고 불상을 앉혔으며 불상 뒤에 불꽃 모양의 광배를 갖추고 있었음을 확인할 수 있다. 법당에서도 꽃으로 장엄하였을 터이지만, 이운하면서도 모란, 작약, 해바라기 등의 꽃을 심은 감실을 마련하였다.

　감실의 규모도 파악할 수 있다. 불상과 화광의 감실은 높이와 너비가 각각 7척 즉 210cm×210cm였다. 감실의 크기로 미타삼존동불상의 크기를 대략 가늠할 수 있는데, 이운하면서 불상과 화광 등이 움직이지 않게 면화와 백지를 넣어 보호해야 하는 감실임을 감안하여도 작지 않은 크기의 불상이었음이 확인된다.

운반 상자인 궤를 만드는데 판자가 1천 장, 철이 6백 근, 마가 7백 근이 사용되었다. 철 6백 근은 요즘의 계산법으로 하면 360kg이고, 마 7백 근은 420kg으로 계산된다. 그 안에 백지 2만 8천 장과 면화 2백 근 즉 120kg을 넣어 고정하였다. 판자와 철, 마를 이용한 궤의 무게에 그 안에 백지와 면화를 넣어 그 무게가 상당했음을 말해주고 있다. 짐꾼은 수천여 명이었다. 황엄은 법화사의 미타삼존동불상을 모시고 명나라로 돌아갔다.

법화사에 봉안되었다는 미타삼존은 아미타불을 주존불로 하여 좌우 협시보살로 관세음보살과 대세지보살 혹은 관세음보살과 지장보살을 모셨을 것으로 짐작할 수 있다. 아미타불은 아미타여래 혹은 미타, 무량광불, 무량수불 등으로 불린다. 나무아미타불 염불을 통해 깨달음에 도달할 수 있다고 하여 불자들은 누구나 나무아미타불을 염송한다.

이후 조선시대 법화사는 초가 암자 몇 간으로나마 명맥을 이어 오다 1926년 옛터를 기억하며 법화사를 다시 세워 한라산 남쪽 지역의 제주불교를 중흥하였다. 그러나 제주4.3시기 법화사는 육군 제3숙영지로 사용되었다. 대웅전을 군인 숙영지 본부로 사용하였고 사찰 경내에는 사병 막사가 지어지고 연병장이 만들어졌다. 1960년대 초반 신도들이 영실 지경의 붉은 소나무를 베어와 재건하였다. 법화사지는 제주특별자치도 기념물로 지정(1971년)되어 있다.

제2장. 한라산 북쪽 사찰

한라산 북쪽 지역의 역사시대 사찰로는 고려 시기 사찰 수정사와 원당사가 있다. 그리고 현대 시대 제주도 역사를 함께 겪으며 한라산 관음사가 제주불교를 대표하고 있다.

제1절 도근천 수정사

외도동 도근천의 수정사는 고려의 비보사찰로 조선 태종대에 노비 130명을 거느리고 있었다. 청석다층석탑의 몸돌과 그외 부재들이 발굴되었는데 음각된 인왕상 몸돌의 모습을 국립제주박물관에서 볼 수 있다.

사진 6. 청석다층석탑의 인왕상 음각 몸돌(국립제주박물관 제공)

수정사는 고려 공민왕이 반란 모의에 연루된 충혜왕의 서얼 석기를 안치하였다는 사찰이며 또한 고려말 이제현은 "도근천 막아둔 제방이 터져

수정사 마당까지 물이 넘치네"라고 노래하기도 하였다.

제주에 유배 온 충암 김정은 제주 사람 고근손의 청을 받아 〈도근천 수정사 중수권문〉으로 "원나라 시기의 유물로서 홀로 남아있는 것은 오직 도근천의 수정사뿐이다. 여러 해 동안 비바람을 맞아 용마루와 서까래가 썩고 벗겨졌는데, 애석하게도 그 또한 허물어져서 남아있는 게 없다."라며 수정사의 퇴락을 묘사하였고, 수정사의 중수가 제주 사람들을 교화하는데 보탬이 될 것이라며 사찰 수리를 권하였다.

김상헌이 본 수정사에는 원나라 시기의 큰 불상 두 개가 있었고, 띠로 지붕을 덮은 낡고 허물어진 전각만 남은 수정사였다. 1649년에는 제주목 홍화각 중수를 위해 수정사의 재목과 기와들을 가져다 사용하였다고 이익태가 《지영록》에 기록을 남기고 있다. 지금 수정사의 유물은 국립제주박물관과 항파두리항몽유적지 입구 앞에 흩뿌려져 있고 도근천 인근에서는 수정사의 흔적을 기억하지 않고 있다.

사진 7. 제주항파두리 항몽유적 입구 앞에 전시된 수정사지 발굴 유물

제2절 삼첩칠봉 원당사

삼양 원당봉에 있었던 원당사지에 제주불탑사오층석탑이 보물(1993년)로 지정되어 있다. 4미터 높이의 탑은 제주도 현무암으로 만들어져 특별한 제주불교의 의미를 전해주고 있다.

사진 8. 제주불탑사오층석탑

탑 각 층의 처마는 위를 향해 살짝 들려있다. 기단 면석에 꽃 문양 무늬가 솟아오르고 있고, 탑신에는 문양이 없다. 1층에 감실을 만들었는데 돌을 새김의 문 모양을 확인할 수 있다. 옥개석 네 귀퉁이마다 풍탁 구멍이 있다. 제주불탑사오층석탑은 현무암의 거친 성정에 맞추어 섬세한 문양은 없으나 제주도의 돌로 만든 탑으로 제주불교 문화의 토착화를 보여주는 문화유산으로서 가치가 크다.

발굴조사로 원당사지에서는 12세기경의 도자기와 기와편이 출토되고 고려 불교 양식의 가람배치가 발굴되기도 하였다. 기황후가 아들을 낳기 위해 삼첩칠봉이 있는 원당봉에 원당사를 지어 불공을 드렸다는 전설을 간직하고 있으면서 고려 시기 사찰임을 말해주고 있기도 하다.

1653년 이원진은 《탐라지》에 원당사는 제주 동쪽 20리 떨어진 곳에 있다고 기록하였다. 1918년에 들어와 〈조선오만분일지형도〉에 탑으로 기록되는 것으로 보아 원당사 사찰은 없어져도 탑은 여전히 원당봉에 세워져 있었던 것으로 생각된다.

사진 9. 원당사터 출토 기와(국립제주박물관 제공)

제3절 아미봉 관음사

관음사는 1908년 창건된 근대 사찰이다. 아라동 아미봉 자락에 있다.

사진 10. 1938년경 관음사 전경

아라동 역사문화탐방로로 계곡을 끼고 산길을 올라 관음사에 도착해보면 한라산 속 관음사를 느낄 수 있다. 일제강점기 기록에 의하면 성내에서 관음사에 갈 때는 산천단 소림사에서 한 번 쉬었다가 갔다고 한다. 일제강점기 관음사는 소림사, 산천단, 민전동, 굴, 칼다리 등의 키워드와 함께하므로, 한라산 관음사를 제대로 느끼려면 아라동 역사문화탐방로를 올라 관음사를 탐방할 것을 추천한다.

안봉려관이 한라산 능화봉 옛 절터에서 칠 일 기도 후 산천단에서 운대사로부터 가사를 전수받아 1908년 관음사를 창건하였다. 제주도의 불교는 관음사의 창건으로 근대시대를 열게 되었고, 관음사는 오늘날까지 제주불교의 중심사찰로 역할을 하고 있다.

관음사 창건에 함께한 승려 김석윤의 인연으로 통영 용화사의 영봉 화상과 안도월이 불상과 탱화를 가지고 왔고, 관음사는 해월학원을 두어 승려를 양성하였으며, 경주 기림사 박만하의 제자들을 비롯한 승려들이 관음사에 모여들었다. 승려 안봉려관은 한라산 북쪽의 사찰로 관음사를 창건하고, 1914년경 한라산 남쪽의 사찰로 법정사를 창건하여 근대 제주불교를 시작하였다.

김석윤과 강창규 등 박만하의 제자로 인연이 되는 승려들은 한라산 법정악의 법정사에서 항일운동을 주도하였다. 1918년 제주 법정사항일운동은 근대시대 제주불교의 종교 활동 영역을 뛰어넘은 대표적인 제주사회 현안 참여 활동 모습이다. 일본인의 축출과 국권회복을 목적으로 내걸고 법정사 승려들이 주도하여 도순, 하원, 월평 등 서귀포 지역 주민 700여 명의 참여를 이끈 제주도내 최대 규모의 항일운동이다. 법정사는 5년여 동안 신도들에게 항일의식을 심어주었고, 1918년에 이르러는 6개월여간 무기를 준비하고 조직을 구성하여 항일운동을 사전에 계획하였다. 새벽기도 후 34명이 도순동 법정사에서 출발한 후 주민들이 합세하여 하원동에 이르러 삼, 사백 명으로 늘어났고 일본인을 구타하고 중문동에 이르렀을 때는 700여 명 주민이 합세하였다. 참여자들은 화승총을 소지하고 전신주를 파괴하고 일본인을 구타하였으며 중문경찰관주재소를 불태우며 국권회복을 주장하였다.

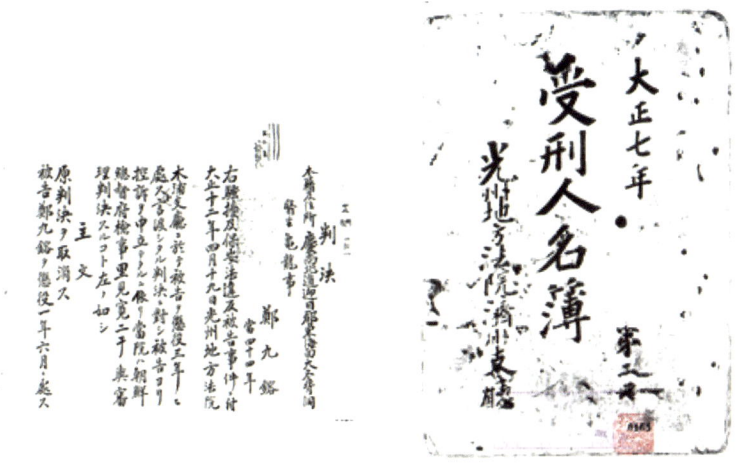

사진 11. 법정사항일운동의 정구용 판결문 (국가기록원 제공)   **사진 12.** 법정사항일운동 참여자 수형인명부(국가기록원 발행)

    근대 시기 제주도 사찰 3개소로 〈조선오만분일지형도〉에 기록된 사찰 중 하나인 법정사는 항일운동으로 일제에 의해 불태워졌다. 삼일운동보다 1년 앞서 거행된 항일운동으로 66명이 재판을 받고 법정사 주지 김연일(징역 10년형) 등 46명에게 징역형이 구형되는 등으로 무거운 형벌에 처해졌고 가혹행위로 조사 중 그리고 수감 중 사망자가 발생하기도 하였다. 2024년 현재 법정사 주지 김연일을 비롯한 항일운동 참여 지역 주민 등 47명이 독립유공자로 애국장 등에 서훈되어 있다. 법정사항일운동 발상지는 제주특별자치도 기념물(2003년)로 지정되어 있고, 2020년 국가보훈부가 현충시설로 지정하여 관리하고 있다.

법정사 항일운동으로 관음사는 이후 6년여간 불교 활동에 제한을 받았다. 1924년에야 제주성에서 이십여 리 삼의양악 인근에 나무가 울창하고 샘물이 솟아나는 곳에 단청한 건물로 관음사 낙성식을 하였다. 전국에서 승려들이 참석하고 천여 명의 신자가 한라산 백록담에 올라 한라산을 도량으로 하여 석가세존탄신일을 기념하였다.

1924년 말 일제의 문화정책에 의해 제주불교협회가 관음사를 중심으로 결성되었다. 관음사 주지 안도월은 전도를 순회하며 포교 활동을 하였다. 관음사는 성내에 제주불교포교당을 건립해 내고 제주불교협회, 불교부인회, 불교소녀단을 운영하였다. 제주불교협회 회원이 삼천여 명에 달했고 동리별로 30여 명의 대표를 두어 업무를 진행하였다. 관음사는 제주불교 활동을 주도하여 제주도 전역에 사찰 건립이 증가하고 불교 신앙 활동이 활성화되었으며 중앙 불교 활동에 참여하게 되는 등으로 불교 활동을 활성화시켰다.

제주불교협회는 전국의 기근 구제를 위해 제주도 사회단체들이 함께 활동하던 제주기근구제회 활동에 같이 참여하였다. 1927년 9월 제주도에 대폭풍우로 인한 참사가 발생했을 때 제주불교협회가 제주청년회와 제주여자청년회와 함께 구제 활동을 함께 하였다.

사진 13. 1927년 제주불교포교당 불탄축하식
(매일신보 1927. 5. 14.)

사진 14. 이은상의 『탐라기행』 중 관음사
(1937년)

또한 1928년에는 관음사 주지인 안도월이 재만동포옹호동맹 활동에 참여하여, 만주의 동포가 중국 관헌에게 박해를 당한다는 소식을 접한 제주청년회, 제주기자단, 제주기독교회, 산지청년회, 제주부인회, 제주여자청년회, 제주학우회 등의 제주도 사회단체와 함께 재만동포옹호동맹을 창립하고 조선총독부에 진정하고 중국에 항의 활동을 하였다. 제주불교는 제주사회의 여러 현안에 함께 참여하여 활동하였음을 확인할 수 있다.

관음사가 주도한 제주불교 활동으로 일제강점기 동안 제주도에는 80여 개의 사찰이 활동하였다. 일제강점기 관음사는 학교의 소풍, 제주도청의 한라산 탐승단, 제주교육회의 연구회 개최, 조선교육회 전국대학강습회 등에 활용되면서 한라산 등반을 위한 장소로 이용었다. 조선시대 존자암의 역할과 견줄 수 있다.

제주불교의 사회참여 활동 전통은 제주4.3사건에서도 드러난다. 당시 관음사는 대웅전, 선방, 향적실, 해월각, 노전, 종각, 일주문 등을 구비한 사찰이었다. 관음사는 무장대 도당 사령부의 거점으로 활용되었다. 관음사의 승려 이세진이 권총을 차고 다니는 무장대 간부급으로 활동하기도 하는 등의 인연으로 관음사는 무장대의 주둔지가 되기도 하였다. 승려 이일선은 제주도민주주의민족전선 활동에 참여하여 제주4.3사건의 시작인 3.1사건에서부터 활동하는 등으로 제주 사회 현안에 참여하여 활발한 활동을 하다 산지항에 수장 당하였다.

제주4.3시기 관음사는 군경토벌대와 무장대간의 관음사전투 격전지 현장이었다. 토벌대인 2연대 제2대대가 1949년 2월 12일 새벽에 관음사를 공격하였다. 2연대 대대장이 관음사의 전각에 불을 질렀다. 대웅전을 비롯한 9채의 전각에 불을 질러 하나도 남지 않게 되었다. 토벌대가 목불상에 불을 놓자 맑은 대낮에 갑자기 천둥벼락과 우박이 내려 일대 소동이 있었다는 증언이 있다. 군인들은 관음사 소속 여자를 총살하였고, 내려오다 소림사 여승을 총살하였다. 주지 오이화는 토벌대의 고문 후유증으로 입적에 이르기도 하였다.

　1949년 3월부터 관음사에 군인이 주둔하였다. 관음사는 더이상 사찰로서의 기능을 할 수 없었고 관음사의 소속 사찰인 산천단 소림사도 일대 마을과 함께 불 질러져 한라산 내에서의 불교 활동이 모두 중단되었다.

사진 15. 관음사 제주4.3유적

　미군정 〈G-2 보고서〉 등에 의하면 제2연대 제2대대 병력 800여 명이 민간인들을 동원하여 관음사 경내에 주둔지를 구축하여 주둔하기도 하였고 관음사 뒷산 아미봉을 평화고지로 명명하여 주둔하기도 하였다. 토벌대가 구축한 숙영지와 초소 등 27곳의 방어유적과 7백~8백 미터의 돌담으로 제1, 제2 방어선을 겹겹이 구축하였던 유적이 조사되기도 하였다. 1949년 4월 국방장관과 사회부장관이 이승만 대통령의 특명을 받아 관음사 주둔 제일선 장병을 위로 시찰하기도 하였다. 1950년 한국전쟁이 발발하자 군이 떠나고 경찰이 대신 관음사 일대에 주둔하였다.

1954년 9월 21일 한라산 금족지역이 해제되고 제주4.3사건이 종식을 선언했음에도 불구하고 관음사 일대는 1957년까지 경찰유격대 신선대가 사용하며 경찰의 소총 사격경기가 이루어지기도 하였다. 1949년 3월부터 1957년까지 무려 9년여 관음사를 유린하였다. 관음사 경내 및 아미봉 곳곳에 군경 초소를 비롯한 주둔지의 흔적이 숲속에 오늘도 남아있어 제주 역사 속에서 제주도 사람들과 함께 수난당했던 관음사의 역할을 증명하고 있다. 관음사는 1969년경에 이르러서야 재건을 위한 활동을 전개할 수 있었다.

사진 16. 총 맞은 흔적의 돌이 다수 있다(관음사)

　제주4.3사건으로 인한 제주불교의 피해는 관음사만이 아니었다. 사찰 내의 모든 건물이 소각된 18개 사찰을 비롯하여 당대 제주불교 사찰의 70%인 56개 사찰이 파옥, 강탈 등의 피해를 입었다. 승려를 비롯한 사찰 종사원들의 총살과 수장 등의 인명 피해도 21명에 달한다. 이러한 제주불교의 피해는 당시 제주불교의 대표 단체인 제주교무원이 3.1사건 조위금 모금으로 참여하는 모습에서도 파악되듯이 당대 제주 사회 문제에 적극 참여하여 활동한 이력으로 인한 것이다.

제4절 산천단 한라산신제단법당 소림사

소림사는 산천단에 있었던 사찰이다. 일제강점기 관음사의 소속 암자로 활동하였으나 제주4.3시기 관음사전투로 민전동이 사라져 잃어버린 마을이 된 이후 복원되지 않고 있다. 1949년 2월 13일 관음사를 소각하고 소림사에 내려온 2연대가 새벽에 종을 쳤던 여승을 총살하였다.

소림사는 조선 시대 기록에 등장하는 사찰이다. 산천단절, 소림당 혹은 소림원으로도 불리던 곳으로 안봉려관이 관음사를 창건할 때 운대사를 만나 가사를 전수받은 곳이며 관음사 창건 이후로는 관음사 관할 사찰로 활동하였다. 소림사는 '제주한라산신제단법당'이라는 간판을 걸었다는 사실을 주목할 수 있다. 조선 시대 국가의례였던 한라산신제를 지내던 산천단에 위치한 일제강점기 소림사는 치성광여래와 나반존자와 함께 한라산신을 봉안하여 사찰의 삼성각 역할을 수행한 사찰이다.

사진 17. 산천단 내 비석 (信心獻土 佛靈長護 信女 故 金徵休 妻 趙申權 碑)

조선조에서는 한라산신을 '제민(濟民)'이라 봉하고 산상에서 봄 가을에 제사를 지내었다. 그러나 산 위에서 제를 지내면서 동사 등의 어려움이 있어 성종조에 목사 이약동이 산천단으로 한라산신을 옮겨 봉안하고 제사를 지냈다고 전해진다.

조선 시대 국가에서는 명산을 지정하여 호국신으로 의례를 행하였다. 한라산신제의 기록은 조선왕조실록을 통해 확인할 수 있다. 조선조 한라산신제는 국가 주도의 상례적인 의례였다. 태종은 한라산제를 사전(祀典)에 실어 봄, 가을에 제사 지내도록 하였고, 세종은 한라산신제를 법식으로 정하여 일 년에 4회 제사하도록 지시하였다. 한라산제는 예조에서 향과 축문, 교서 등을 내리고 예식을 주관하였다.

한라산제는 상례적인 시기 외에도 필요한 상황이 생기면 실시하기도 하였다. 백성을 달래야 하는 일이 생겼을 때에는 별도로 한라산신제를 행할 것을 명하기도 하였다. 예를 들어 선조는 제주도에서 모반사건이 일어나자 제주민을 회유하기 위해 김상헌을 안무어사로 파견하고 한라산신에 대한 제례 수행을 명하였다. 김상헌은 제주판관을 비롯한 대정, 정의 등 삼읍의 관리와 존자암의 승려 등과 함께 백록담 북쪽 단에 올라 한라산신제를 지냈다.

반대로 제주도에서 모반 등의 반역 사건이 일어나면 한라산신제가 폐지되기도 하였다. 숙종조 명산대천이 모두 소사(小祀)에 기록되어 있는데 한라산만 사전(祀典)에 누락되어 있는 것은 반란 사건 때문인 것 같으니 다시 사전(祀典)에 기록해야 할 것이라고 제주 목사 이형상이 보고서를 올린 기록을 통해 한라산신제의 폐지가 제주도민에 대한 벌을 내리는 조치의 일환이었던 것으로 파악되기도 한다.

조선조의 중요한 국가의례이던 한라산신제는 1908년 일제에 의해 폐지되었다. 소림사는 산천단에 위치하고 있었고 근대 제주불교는 산천단의 제주도에서의 역사적 역할을 이해하고 있으면서 일제가 폐지한 이후 방치되고 있던 한라산신제를 사찰의 활동 안으로 부활시켜 1933년 소림사를 한라산신제단법당이라고 현판을 달아 활동하였다.

제주 한라산 등단계 서문

아, 고려 초기에 옥룡자 도선국사의 감여신결(堪輿神訣)에 의하여 명산승지에 제단을 세움에 여기에도 제단을 세웠습니다. 이곳은 안개와 연기와 노을이 항상하며 가로질러 붉은 산이 있고 사나운 바람과 쌓인 눈에 이름난 꽃이 만발한 듯합니다. 그리고 어떤 때는 성현이 허공계에 나열한 듯하고 어떤 때는 오색의 빛깔이 서려 있기에 물외의 객과 비상의 사람들이 올라와 놀고 간다고 전하여 옵니다.

한라산이 이처럼 이곳의 명산으로서 전도민이 이 제단에서 복을 받고 있습니다. 이 제단이 창설된 이래로 조선의 헌종 시대까지는 나라에서 제물을 장만하여 제사를 지냈으나 근자에 이르러 칡넝쿨이 엉키고 풀들이 길을 막았기에 영기들은 비탄한 지경에 빠짐에 섬 주민 또한 자연 곤궁하니, 이에 봉려관 비구니 스님은 원래 탐라국의 태생으로 예순여덟의 고령에도 불구하고 이 제단을 중창하고서 나에게 서언을 부탁한 바 나는 본래 문묵에는 어두우나 스님의 일이 매우 훌륭하기에 몇 줄로써 서문에 가름합니다.(1933년, 이회명 씀)

1937년 소림사를 방문한 이은상은 《탐라기행》에 "제주한라산신제단법당"이라는 문판이 달려 있고, 치성광여래와 독수선정나반존자를 모신 법당으로 한라산신제를 지내고 있음을 기록하였다. 치성광여래는 칠성 불화의 주존불이다. 하늘의 중심 북극성을 상징하며 해와 달을 상징하는 일광보살과 월광보살을 협시보살로 둔다. 독수선정나반존자는 독성존자라고도 한다. 나반존자 즉 독성 신앙은 우리나라 불교에서만 신앙하는 대상으로 최남선은 삼성각이나 독성각에 모시는 나반존자는 불교의 것이 아니라 민족 고유신앙의 것이라고 하였다. 사찰에서 나반존자를 그린 독성탱화와 산신탱화, 칠성탱화를 봉안하는 곳은 삼성각으로, 우리 전통의 산악 숭배 신앙을 사찰 내에 수용한 전각이다. 소림사는 관음사 경내에 위치한 당우가 아니라 관음사에서 떨어진 지경에 위치한 독립사찰이면서, 관음사의 삼성각의 역할을 수행하였다.

소림사에 현판을 '제주한라산신제단법당'이라고 달아놓은 것은 제주도민들에게 소림사가 한라산신제를 위한 법당임을 알리고 싶었던 의도적인 행위였을 것이라 짐작할 수 있다. 일제가 폐지한 한라산신제를 대하는 관음사의 대범함이며 의도적인 행위라고 할 수 있다. 한라산신제를 사찰 내의 불교 활동 속으로 편입시켜 명맥을 이음으로써 일제의 통제를 벗어나 자유롭게 한라산신제를 행할 수 있는 방법을 택하였던 것으로 이해할 수 있을 것이다. 이는 관음사가 산천단과 한라산신제의 제주도에서의 역사적 의미를 간파하고 제주도민의 곤궁함을 위로하기 위한 역할을 자처하고 있었던 과감한 활동 모습이라 할 수 있다.

우리나라 산속에는 역사시대 사찰이 많이 남아있다. 한때는 도심의 영광에서 밀려나는 일이기도 하였으나 다른 시절 인연으로는 세상사 어려움에서 오히려 보호되는 일이 되기도 하였다. 오늘까지 옛 모습을 간직할 수 있는 산사는 새옹지마의 인연, 길흉화복이 돌고 도는 이치의 결과물일 것이다.

제주의 역사 속 사찰들은 한라산 속에서 겨우 연명해오다 자유롭게 활동할 시기를 맞아서는 일어서다 넘어지곤 하였다. 이는 사찰이 제주도의 세상사에 적극 가담하였던 까닭이다. 그리고 오늘 한라산에 옛 사찰이 살아나지 않는 이유는 제주불교가 제주사람의 아픔과 삶과 함께 근근이 명맥을 이은 상흔이 아직도 이어지고 있기 때문이 아니겠는가.

04

제주도 당신앙 속 여산신(女山神)의 흔적과 변주

: 한라산계 남성신과 선녀국대부인의 존재에 단서하여

이현정
(사)한국인문사회총연합회 연구교수
제주특별자치도 유형문화유산위원

제1장 들어가며

당(堂)신앙은 자생적 토착적으로 빚어진 제주도의 민간 신앙이다.[1] 그 중추에는 제주도 특유의 산신(山神) 신앙이 자리한다. 제주 사람들은 아주 오래 전부터 한라산(또는 백록담)에 신령(神靈)이 머문다고 믿었다. 한라산 자락뿐만 아니라, 섬의 변화무쌍한 기후마저 '(한라)산신이 부리는 조화(造化)'라며 경외하였다.

이러한 사유는 제주 사람들이 '한라산신'과 '한라산신 계열의 신들(이하 한라산계 당신)'을 섬기는 신앙 규범을 낳았다. 마을과 생업을 수호하는 당신(堂神)들 다수가 '허령지산(虛靈之山)'인 한라산에서 솟아난 뒤, 마을 곳곳으로 내려와 좌정(坐定)한 것이라 여겼다. '하로하로산', '하로산또', '하로벡관', '산신또', '산신벡관', '산신대왕' 등으로 불리는 신들이 이 계열에 속한다. '백중와살'이라는 특별한 신도 특정 세시풍속과 한라산신 신앙이 결합하며 출현할 수 있었던 존재이다. 신앙의 정도가 지극하였던 만큼 한라산계 당신들의 역할과 기능도 당신앙에서 본향당신, 생업 수호신(수렵·목축·농경) 등으로 다양하게 분화, 확장되어 왔다. 진산(鎭山), 주산(主山)으로 사유되었던 한라산은 제주도에 산신 신앙이 견고한 뿌리를 내릴 수 있도록 한 요체였다.

제주도 당신앙에서 한라산신을 비롯한 한라산계 당신들은 대부분 '남성'으로 관념된다. 강정식(2002)은 본래 제주도 당신앙 계보의 중심에는 한라산신이 있으며, 당신본풀이의 대표격으로 '남성신 본풀이'로는 '한라산신 본풀이', '여성신 본풀이'로는 '용왕녀본풀이'를 꼽을 만하다고 하였다. 문무병(2008)도 제주도의 산신은 '하로산또'라는 '남성신'이며, 이는 육지

---

1. 이 글은 『제주도연구』 61호에 실린 「제주도 당신앙 속 여산신(女山神)의 흔적과 변주: 한라산계 남성신과 선 녜국대부인의 존재에 단서하여」라는 논문을 재구성한 것이다.

부에서 산신이 '웅(熊)', '호(虎)' 등 동물의 형태이자 일반적으로 여신으로 형상화되는 양상과 뚜렷한 차이를 보이는 지점이라 하였다.

하지만 민간에는 한라산신을 '여성신'으로 관념하는 전승도 폭넓게 퍼져 있다. 당신앙의 자장에서 벗어난 또 다른 민간 신앙적 사유이다. 실제로 민간에는 '장수(將帥)의 모습을 한 한라산 여산신'을 섬기는 신앙이 있었던 듯하다. 약 30년간(1935-1965) 제주도의 자연과 문화, 생활상을 현지 조사한 이즈미세이치는 그의 조사보고서(2019)에 "이 산에 사는 신은 반드시 하나만은 아닌 듯하다. 한라산 여장군은 뒤에 말하는 오백나한과 함께 섬을 외적으로부터 구한다고 하여 외국선이 접근하면 삽시에 운무를 불러일으켜 섬을 덮어버린다고 믿어지고 있다."며 '한라산 여장군 신앙'을 언급하고 있다. 이 경우 '한라산신'은 '설문대(할망)'와 같은 존재로 여겨지기도 한다.[2]

그런가 하면 육지부에서는 '한라산 여장군'을 그린 무신도(巫神圖)가 전하기도 한다. 당신앙이 제주도 고유의 토착 신앙이자 기층(基層)의 신앙적 인식을 십분 대변한다는 통념을 감안하자면, 민간에서 한라산신 신앙이 '남·여'라는 '성별의 문제'와 얽혀 이분된 전승을 보이는 사정을 좀처럼 이해하기 어렵다.

---

2. 대표적인 사례들은 다음과 같다. "(설문대할망은) 게난 얼마나 컷인디 한로산에 산방산에 가달 영 걸치나네. 지금 산방산 신령이나 한로산 신령이나, 똑 같아."(강추월 구연(2017.05.17.), 김승연 채록, <한라산 신령과 설문대할망>); "게서 이제이 심방덜은이 이 제주도에 여장군님이라고 헤. 제주 한로산에 여장군님이라고. 설문대할마님. 그렇게 말명허여. 여장군님으로. 경 헹 그 오벡장군도 허곡 이제 그 옛날은 신인이 막이 땅을 다 아는 신인이 잇어낫인고라 이제 한로산에 제주도 한 가운디 딱 잇잖아. …(중략)… 게서 이제 그 오벡장군도이 제주도를 다 보살펴주는 어른덜로. 겡 그 한로산이도 막 제 지내고 안 헴냐."(조수용 구연(2017.05.26.), 강수경 채록, <여장군 설문대할망>); "우리 어머니 살 때는. 어뜩 들은 말이주게. 그 설문대할망이 이 산신이주게. 여자 산신, 한라산이 산신할머니. 산신님이 그 설문대할망이라."(이옥선 구연(2018.11.19.), 이현정 채록, <한라산 산신 설문대할망>), "한라산 꼭대기의 물. 그 설문대할망이 열두 번 쉬난 그 한라산 꼭대기에 올라 갓뗀. 경허난 그 한라산 꼭대기도 할망으로 헨 바당물이 연결뒌다 헤여. 싸곡 들곡 경헌덴. …(중략)… 경허난 그 대강은 한라산은 그 설문대할망이 그 물을 추치허니까. 한라산 가그네 설문대할망 위헌덴 헤연."(송순자 구연(2018.10.29.), 이현정 채록, <아들 낳게 해 주는 설문대할망>). 이상 정리한 채록 내용들은 제주연구원에서 진행한 <제주문화원형:설화편> 사업의 현지 조사 자료 중 일부를 발췌한 것이다. 이 자료들은 제주특별자치도 역사문화예술 누리집에서 인출하였다. 더불어 제주 사람들은 서귀포, 성산 부근에서 조망할 수 있는 한라산 능선의 형태를 한라산 여산신(혹은 설문대할망)이 길게 머리를 늘어뜨리고 누워 있는 모습이라 믿기도 한다.

그림 1. 한라산 여장군(가회박물관 소장)　　그림 2. 한라산 여장군(만신 신명기 소장)

한편 한라산과 뭇 오름들을 만들었다는 '설문대'의 존재는 학계에서 여전히 뜨거운 논쟁거리로 머물러 있다. '설문대'가 '창세여신', '여산신(마고)', '한라산신', '오백장군의 어머니'라는 주장이 있는가 하면(장주근, 1957; 강진옥, 1993; 권태효, 2002; 고혜경, 2009; 조현설, 2009; 박종성, 2010; 허남춘, 2017; 김혜정, 2019 등), 자료 해석과 신빙성의 문제, 논증의 오류 등을 들어 '설문대할망 한라산신설'을 정면으로 반박하는 논의들도 있다(정진희, 2019: 2020; 현승환, 2012; 장성철, 2017 등).

물론 한라산, 한라산신을 키워드로 삼아 제주 사람들의 신앙적 인식을 정리 보고한 성과들은 적지 않다. 그러나 대부분은 개괄적인 종합보고서나 그러한 성격을 띤 개인 저서들이다. 특히나 신앙은 그중 한 부분에서 간단하게 논의하는 경우가 많다. 또한 해당 논의들은 읍지(邑誌), 사대부들의 문집, 남성 신격(특히 당신앙의 영역) 위주로 조명되어 온 자료들을 인용하는 경향이 있었다. 일각에서 한라산 여산신, 제주도 여산신의 실체를 다루려는 시도들도 있었지만, 대부분은 장한철(張漢喆)의 《표해록(漂海錄)》에 등장하는 '선마선파(詵麻㚼婆)·선마고(詵麻姑)'와 설문대 이야기들을 비교 분석한 뒤, '설문대'가 '한반도의 마고(麻姑)'와 어떻게 같고 다른가를 논설하는 작업이었다. 관련 학계에서도 그와 같은 논의들을 곧 '한라산 여산신'을 조명하는 연구이자 성과로서 중시하는 듯한 경향을 보였다.

그러므로 이 글에서는 제주도 당신앙에서 좀처럼 다뤄지지 못한 '한라산 여산신' 또는 그와 비슷한 계열의 '여산신들'의 흔적을 찾아 보고자 한다. '한라산'과 밀접한 관련을 띤 '여산신들'의 존재를 여러 당신본풀이에 근거하여 자세하게 톺은 뒤, 여산신들과 한라산계 남성 당신들의 특별한 관계를 조명하여 본다. 더불어 선마선파(선마고) 설문대 세명주 금벡조(벡주또) 간의 상관성 등을 조금이나마 풀어낼 만한 실마리들도 제시하여 본다. 우선 지금까지 학계에서 분분한 논쟁의 대상이 되는 존재인 '선마선파(선마고)', '한라산 여산신', '설문대' 간의 관계부터 새롭게 조명하기로 한다.

제2장 한라산 여산신, 선마선파(詵麻⼂婆)의 정체

'선마선파(詵麻⼂婆)' '선마고(詵麻姑)'는 장한철(張漢喆)의 저서 《표해록(漂海錄)》에 등장하는 존재이다. 《표해록(漂海錄)》의 관련 기사 문면(文面)을 제대로 따진 뒤 얻을 수 있는 정보는 크게 둘이다. '선마선파' 또는 '선마고'라 불렸던 존재는 '서해를 건너와 한라산에서 노닐던 여신'이며, 제주 사람들을 비롯한 당대 사람들은 '백록선자'와 '선마선파'를 한라산과 결부하여 숭앙하였다는 것이다.

"혹은 (배에 탄 사람들이) 일어나 한라산을 향해 절하여 빌며 이르기를 "백록선자(白鹿⼂子)님, 나를 살립서, 나를 살립서.", "선마선파(詵麻⼂婆)님, 나를 살립서, 나를 살립서." 대개 탐라 사람들 사이에서 전해지기를, '선옹(仙翁)이 백록을 타고 한라산 정상에서 노닐었다.'라고도 하고, 또 전하기를 '태초의 아득한 옛날에[邃古之初] 선마고(詵麻姑)가 서해를 걸어서 건너와 한라산에서 노닐었다.'라고도 한다. 그러니 지금 사람들이 선마와 백록에게 살려달라고 기원하는 까닭은 하소연할 데가 없어서 그런 것이다(或起拜向漢拏而祝曰. 白鹿⼂子活我活我. 詵麻⼂婆活我活我. 盖耽羅之人諺傳仙翁騎白鹿遊于漢拏之上. 又傳邃古之初有詵麻姑步涉西海而來遊漢拏云.)."

1771년 정월 초5일 기사, 《표해록(漂海錄)》

기록에 따르면 백록선자는 '흰 사슴을 타고 한라산을 노닐었다는 노선(老仙)'이다. 사대부 문집을 포함한 고문헌에서 주로 묘사되었던 전형적인 '남성 한라산신'의 모습이다. 반면 '선마선파(선마고)'는 한라산에서 노닐었다는 신이지만, 백록선자와 달리 '여신'이다. 또한 선마선파는 '서해(외부)'

에서 '제주도(또는 한라산)'까지 찾아 든 '외래신'이다. 이는 한라산계 당신들 대부분이 '남성신'이며 '한라산(또는 한라산 어딘가)에서 솟아난 토착신'으로 관념되어 온 양상과 확연하게 다른 특성이다. 대체 서해를 건너와 제주도에 이르렀던 여신, 선마선파(선마고)는 어떤 존재였기에 한라산과 연관되어 당대 사람들의 섬김을 받을 수 있었던 것일까.

앞서 언급한 대로 그간 많은 연구자들은 《표해록(漂海錄)》의 '선마선파(선마고)'와 '설문대'를 같은 대상으로 취급하여 왔다. '선마선파(선마고)'가 '한라산 여산신'이자 '한라산과 뭇 오름들을 마련한 설문대'라는 견해이다. 이러한 연구 동향에 힘입어 《표해록(漂海錄)》의 기사도 '한라산 여산신'인 '설문대'에 대한 '최초의 기록'으로 정론화되다시피 하였다. 하지만 몇몇 연구자들을 중심으로 꾸준하게 반론이 제기되기도 하였다. 아래는 '설문대할망 한라산신설'을 전면 반박한 정진희(2019)의 주장 가운데 일부이다.

"《표해록》의 위의 기록에서 확인할 수 있는 사실은, 장한철이 '표해'를 경험했던 조선 영조 때의 탐라 사람들 사이에 한라산에서 노닐었다는 '백록선자'나 '선마선파(선마고, 선마)'라는 존재가 상상되었다는 점에 국한된다. 제주도의 민간 신앙이 당신앙을 중심으로 이루어졌다는 것은 18세기 초 제주 목사였던 병와 이형상의 《탐라순력도》나 《남환박물》에서도 확인할 수 있음을 감안하면, 당시의 제주도에는 당신앙 이외에도 한라산에서 노닌다는 신격적 존재에 대한 믿음이 있었으리라는 추론만이 가능할 뿐이다. 선마가 곧 설문대할망임이 다른 근거를 통해 확증되지 않는 한, 위의 기록을 근거로 설문대할망이 조선 영조 때 신으로 섬겨졌다고 주장하기는 어려워 보인다. …(중략)… 《표해록》의 기록은 설문대할망이 과거 제주도에서 구체적으로는 '산신'으로 믿어졌다는 근거로 제시되기도 해 왔다. 백록담에서 사슴을 타고 놀았다는 신선과 함께 병기된 선마 역시 한라산의 신격이었을 것이고,

선마는 곧 설문대할망이니 설문대할망은 과거에 한라산신이었으리라는 논리다. 선마를 설문대할망으로 볼 뚜렷한 근거가 없으니, 이러한 논리에 따른 '설문대할망=한라산신설'이 분명한 근거에 입각한 주장이 아니라는 점은 다시 반복하지 않아도 좋을 것이다."

정진희의 주장처럼 사실상 《표해록》에 등장하는 선마선파(선마고)가 곧 설문대라는 뚜렷한 증거는 존재하지 않는다. '선마선파(선마고)'와 기록 문헌, 기채록된 구비 전승에서 확인할 수 있는 설문대의 다른 이름들―'사만두고(沙曼頭姑) 설만두할망 사마고파(沙麻姑婆) 설멩디 세명주'―간의 상관성을 명쾌하게 풀어내는 일도 마찬가지다. 특히 표선리 당신(堂神)인 세명주와 관련 신앙 그리고 설문대(설멩디) 이야기의 연관성도 자연스러운 전승이 아니라, 연구 경향과 그러한 분위기에 편승한 인위적 산물이라는 견해(류진옥, 2023)가 최근에 제기되기도 하였다.

반드시 설문대가 있어야만 《표해록》 속 선마선파(선마고) 또는 한라산 여산신의 존재를 해명할 수 있는 것은 아니다. 설문대를 잠시 비껴두더라도, 당신앙의 도처에 한라산계 남성 당신들과 밀접한 관계를 맺었던 여산신들의 흔적이 남아 있다.

한라산 여산신과 관련하여 주목해야 할 존재들은 과양당(광양당, 廣壤堂)에 모셨다는 오위신전(五位神前) 중 하나인 '선녀국대부인(仙女國大夫人)', 선녀국대부인과 비슷한 신명(神名)과 내력을 가진 여성 당신들이다. 우선 '선녀국대부인(仙女國大夫人)'이란 신부터 《제주도 무속자료사전》(현용준, 2007: 511·516)과 《제주도 무가본풀이사전》(진성기, 2012: 322-325)에 수록된 <과양당신본풀이>와 신당(神堂) 정보에 단서하여 살펴 보기로 한다.

표 1. 과양당 신앙 관련 정보 《제주도 무속자료사전》

<과양당> 이달춘 기록 巫書	<제주시 堂一覽>
과양당(廣壤堂) 오오전(五位前) 한집(道本初). 어식더식 금자광록 태광성(金紫光祿大匡), 문수무량 고수고천 신산태산 어인타인(御印打印) 금인옥인(金印玉印) 할로하로산(漢拏山)서 솟아나신 고산태오(高山大鳥) 인피 오오전(五位前). 동의 동편(東便) 시님(神ㅡ) 제석도마노라(帝釋), 광주무덤산(光州無登山)서 솟아나신 선녜국대부인(仙女國大夫人), 감찰지방관(監察地方官). 운문문관(文官) 제집수(諸執事), 정이정당 금천국 삼천병매 일만또(三千兵馬一萬ㅡ) 동사청 물굽 트여온다. 長子ㅡ(巨馬洞) 제산국. 二男-도노태태조. 三男-든변 씨 난변 씬 어마시당동산 서낭대간주마누라 [濟州市 健入洞 男巫 李達春 記錄 巫書에서 맞춤법, 띄어쓰기 등만 고쳐 옮김,( ) 내의 한자는 저자가 넣었음]	神名 또는 본초 과양당(廣壤堂)오오전한집(五位前-). 금자광록 태광성(金紫光祿大匡). 고산태오(高山大鳥). 시님 제석도(師僧帝釋-.) 서역국대부인(西域國大夫人). 감찰지방관(監察地方官). 其他 國堂의 하나였음.

《제주도 무속자료사전》에 수록된 <과양당신본풀이>는 서사성이 없다. 노정기(路程記) 대신 신당에 함께 모셨다는 다섯 신위의 이름을 나열한 것이 전부다. 신명(神名)마다 길게 덧붙은 수식어들도 대부분 어원과 의미를 알 수 없는 것들이다. 다만 《신증동국여지승람(新增東國輿地勝覽)》권38 <제주목(濟州牧): 사묘(祠廟)>조의 기록에 따르면, "과양당은 주 남쪽에 있는 '한라산호국신사'이며, 과양당신은 성덕이 있었던 '한라산신의 아우'가 죽어서 신이 된 것(廣壤堂 在州南 漢拏護國神祠 諺傳漢拏山神之弟 生有聖德歿爲神)"이라 하였다. 이 기록에 근거하면 다음의 정황들을 짐작할 수 있다. 제주 사람들은 당신앙에서 당신(堂神)들 간 혈연 혼인 관계를 설정하는 '계보화' 방식을 통하여 자신들의 신앙 기반과 영향 관계, 신의 위상 등을 규범화 체계화하여 왔다. 그러니 당시에도 당신앙에는 한라산신을 중심으로 한 '혈연적 계보'가 존재하였다는 사실, 한라산신과 과양당신은 '형과 아우', 즉 '혈연 관계'로서 계보화(系譜化)를 이루고 있었다는 사실, '한라산호국신사'로 불릴 만큼 과양당이 한라산신 신앙, 한라산계 산신 신앙을 뚜렷한 근간으로 삼아 마련된 신당이라는 사실이다.

표 2. 『제주도 무가본풀이사전』 수록 <과양당신본풀이> 일람

<Ⓐ과영당①>	<Ⓐ과양당②>	<Ⓐ과양당③>	<Ⓐ과양당⑤>
이달춘 구연	김오생 구연	이기생 구연	제주민박소장 巫記帳
어식더식 금자광녹	어식더식 금자광노	어식더식 금자광녹	土地官五位前道
태광성	태광성	타광성	과영堂
문수무랑 고수고천	몬수무랑 고수고천	문수무량 고수고천	어식더식 금ᄌ광녹
신산태산 어인태인	신산태산 여인옥인	신산태산 어인타인	타광성
금인옥인	하노하로산서	금인옥인	문수무랑 고수고天
할로하로산서	솟아신	하로하로산	神山大山 어인타인
솟아나신	고산태오 오위전	고산태오 오위전	금인옥인
고산태오 오위전	한집과	동으로 동펜 신임	할노하로山
동의 동편 신임	동으로 동편	제석도	高山泰(太)五人피
제석또 마노라	신임 저석도 마놀	광주 무덤산	五位前
광주 무덤산서	광주 무덤산서	서녀국대부인	東으東使神任제石道
솟아나신	솟아나신	감찰지방관	光州무덤山西女国大
선여국대부인	선여국대부인		婦人
감찰지방관	감찰지방관		감찰地方官

《제주도 무가본풀이사전》에는 여러 편의 <과양당신본풀이>가 채록되어 있다. 이 자료들과 《제주도 무속자료사전》의 정보들(<표1>)을 함께 살펴본다면, 과양당에서 모셨다는 오위전 가운데 한라산 계열의 토착신으로서 그 특성을 가장 잘 보여주는 존재는 '할로하로산서 솟아나신 고산태오'이다. 현전하는 한라산계 남성신의 출자 내력이 이와 같은 방식이니 의심의 여지가 없다. 가장 먼저 언급된 금자광록태광성[金紫光祿太匡星]은 고려왕들이 한라산신을 비롯한 광양당신에게 존호(尊號)·칭호(稱號)·작호(爵號) 등을 내리고 더했다는 역사적인 사실에 근거하여 설정 분화된 수식어이며, '신임제석또마누라'와 '감찰지방관'은 남성 산신(山神)의 본래적 속성이 후대에 변모되면서 신명이 변화한 대상들일 여지가 크다(강정식, 2002: 92·141). 이러한 전제를 따르면 과양당에 모셨던 오위전 중 무려 네 개의 신위(神位)가 한라산계 남성신에 해당하는 셈이다.

과양당 오위신전 중 '선녀국대부인'은 유일한 여성신이다. '광주 무덤산(무등산)'에서 출자한 외래신이지만, 과양당에 모셔졌을 정도로 상당한 위상과 공신력을 지녔던 여신인 것이다. 특히 신명(神名)을 주목할 필요가 있

다.《제주도 무가본풀이사전》에 수록된 본풀이 자료에서는 '-대부인'을 제외하고 '선녜국-', '선여국-', '선어국-', '서녀국-' 등으로 모두 다르게 나타난다.《제주도무속자료사전》의 당일람표에서는 '서역국'이라 하였는데 상당히 중요한 변이다. 보통 제주도 무속에서 '-國'은 신의 출자처를 가리키는 개념이다. '아방-國', '어멍-國', '동경-國', '주년-國', '강남천자-國' 등 대개 신들의 본초(本初)를 뜻하는 대상이나 장소 뒤에 붙기 마련이다. 더불어 '-國' 은 제주도 무속에서 신앙적 시류와 시대적 이데올로기의 변화에 매우 민감하게 반응해 온 용어이다. 신의 권위를 점차 드높이는 방향, 신앙민들의 현실적 역사적 체험을 투영하며 실재화 되는 방향으로 신의 내력과 신앙을 변주 신앙공동체의 사유를 뚜렷하게 투영하는 용어가 바로 '-國'인 것이다.

따라서 관련 자료를 토대로 과양당에 모셨다는 이 여신(女神)의 신명(神名) 또는 출자처가 '선녜국[仙女國] → 서녀국(西女國) → 서역국(西域國) → 광주 무등산'으로 점차 실재화 되어 간 정황을 짚어낼 수 있다. 이로 미루어 보자면, 과양당의 '선녜국대부인'이야말로《표해록》에 등장하는 '선마선파(선마고)'와 닮은 꼴이라 하겠다. '선녜, 선여(仙女)'와 '선파(尐婆), 마고(麻姑)'는 산신 신앙과 도교 신앙을 아우르는 신격으로 성격이 꽤 비슷하다. 선마선파(선마고)가 "서해를 건너왔다"는《표해록》의 기사는 '선녜국[仙女國]'의 '변이'인 '서역국(西域國)'도 방위상으로 대응된다. '선녜국[仙女國]', '광주 무등산', '한라산' 간의 신앙적 연관성을 짐작할 만한 단서도 있다. 다음은 임제(林悌)의《남명소승(南溟小乘)》중 한 대목이다.

"(한라산의) 정상에 이르자 구덩이가 패여 못을 이루고 석봉이 빙 둘러 둘레가 7-8리 정도 되었다. 돌계단에 기대어 굽어보니 물은 유리 같건만 깊이를 헤아릴 수 없고 못가에 흰 모래에 향기로운 덩굴이 자라며 한 점의 티끌

조차도 없었다. 인간세계의 기운이 멀리 3천 리 떨어져 있어 신선의 통소가 들리고 신선의 수레가 보이는 듯하였다. 그 둥그런 형체와 돌이 쌓인 모양이 무등산(無等山)과 흡사하지만 높고 큰 것은 배가 된다. 세상에 전하기를 '무등산은 이곳에 암수산이 된다'라고 하니 분명 이 때문일 것이다("到絶頂則坎陷為池, 石峰環邊, 周可七八里, 倚石磴俯視, 則水如玻瓈, 深不可測. 池畔有白沙香蔓, 無一点塵埃之気, 人間風日, 遠隔三千; 疑聴鸞籥, 悦見芝車, 其穹窿之形積石之状, 恰似無等山, 而高大則倍之. 世伝無等与此, 為牝牡山, 必以此也)."

발췌한 기록은 임제가 한라산을 유람하며 백록담에 올랐던 경험담 중 일부이다. 그는 백록담의 신비로운 경관을 묘사하면서, 한라산과 무등산의 암석 지형이 서로 흡사하여 '세간에 암수산으로 짝을 이룬다는 속설(俗說)'이 전한다고 부연하였다. 한라산의 암석 지형이 무등산보다 높고 배로 크다는 부연 설명을 참고하면, 한라산은 남성성을 띤 모산(牡山), 무등산은 여성성을 띤 빈산(牝山)으로 여겼으리란 추정이 가능하다.

《남명소승》은 부친이 제주목사로 재임하는 동안인 1557년(명종 12년) 11월부터 이듬해인 1558년(명종 13년) 2월까지 임제가 제주도를 방문하여 유람한 뒤 저술한 것이다. 그리고 장한철의 《표해록》은 1770-1771년의 표류 경험을 다룬 기록이다.《남명소승》과 장한철의 《표해록》이 쓰인 시기에는 약 200년의 간극이 존재하는 셈인데, '한라산 여산신'과 '선마선파(선마고)'의 연결고리를 과양당 신앙, <과양당신본풀이>에서 발견할 수 있는 것이다.

제주도와 광주, 한라산신과 무등산신의 특별한 관계는 《고려사(高麗史)》속 원종(元宗) 대의 기사, 최부(崔溥)의 《표해록(漂海錄)》(1448) 등에서도 확인된다.

원종 14년(1273), "탐라에서 삼별초를 토벌할 때 무등산 신이 은근히 도와준 징험이 있었다 하여 봄과 가을로 제사 지낼 것을 명하였다("討三別抄于耽羅也 無等山神有陰助之驗 命春秋致祭."《高麗史》卷63. 志 卷17, 礼)."

안의가 군인들과 함께 서로 얘기를 나누면서 신(臣)에게 들리도록 말하기를, "이번 행차가 표류해 죽게 될 까닭을 나는 알고 있었다. 옛날부터 무릇 제주에 가는 사람들은 모두 광주 무등산의 신사와 나주 금성산의 신사에 제사를 지냈으며, 제주에서 육지로 나오는 사람들 또한 모두 광양 차귀 천외 초춘 등의 신사에 제사를 지내고 나서 떠났던 까닭으로, 신(神)의 도움을 받아 큰 바다를 순조롭게 건너갈 수가 있었다. 그런데 지금 이 경차관은 다만 큰소리를 치면서 이를 그르게 여겨, 올 때도 무등산과 금성산의 신사에 제사를 지내지 않았고 떠날 때도 광양 등 여러 신사에 제사를 지내지 않아 신을 업신여겨 공경하지 않았으므로, 신 또한 돌보지 아니하여 이런 극한의 지경에 이르게 되었으니 누구를 허물하겠는가?" 하니, 군인들은 동조하면서 모두 신(臣)을 책망하였다("安義与軍人等相与言 使之聞之於臣曰 此行所以至於漂死者 我知之矣 自古以来 凡往済州者 皆祭於光州無等山祠及羅州錦城山祠 自済州出陸者 又皆祭於広壤遮帰川外楚春等祠 然後行 故受神之祐 利涉大海 今此敬差官特大言非之来 不祭無等錦城之祠 去不祭広壤諸祠 慢神不敬 神亦不恤 使至此極 尙誰咎哉 軍人和之 咸咎臣."(崔溥,《漂海録》卷1).

당시 광주 무등산은 나주 금성산과 마찬가지로 영험한 산신이 깃든 곳으로 사유되었다. 삼별초의 난은 물론 제주와 육지의 뱃길을 오가는 이들의 해양신앙, 생업신앙과도 긴밀한 관련이 있는 곳이었다. 제주도 당신(堂神)들 중 토산 으드렛당신도 나주 금성산에서 출자하여 제주도로 들어 온 여신으로 관념된다. '나주 금성산신'을 섬기는 신앙이 제주도 당신앙으로 유입되며 유력 신앙으로서 견고한 전승을 이루게 되었던 것이다. '광주 무덤산(무등산)에서 출자한 선녀국 대부인'의 존재와 관련 신앙도 이러한 현상과 무관하지 않으리라 짐작된다.

과양당 신앙을 비롯하여 제주도 당신앙에서 확인되는 두 유형의 산신(山神), 즉 한라산에서 솟아난 자생적 출자처를 내력으로 삼는 '남성 한라산신'과 외부에서 출자하여 입도(入島)한 내력을 지닌 '여성격 산신'은 '남 : 여', '신선 : 선녀', '한라산 : 무등산', '수산 : 암산', '동영주(東瀛州) : 서해(西海) 서역(西域)'으로 산신이라는 속성은 공유하면서도 음양(陰陽) 상으로 짝을 이루고 있다. 이 같은 신앙적 사유에 기반하여, '한라산에서 출자한 남성 산신(토착신격)'과 '광주 무등산 또는 서향(西向)에서 출자(외래신격)한 여성 산신'의 결연을 통해 한라산계 계보가 횡적 확산을 이루었던 흐름도 일견 재구할 수 있다.

과양당은 이형상 목사에 의하여 18세기에 훼철(1702년)된 것으로 추정된다. 앞서 제시한 여러 문헌과 사료의 편찬 시기를 감안하자면 적어도 멀게는 고려 조, 가깝게는 16세기 이전부터 선녀국(仙女國) 서향(西向) 광주 무등산에 출자를 둔 여성신 신앙이 당신앙 체계로 유입 확산되었을 뿐 아니라, 한라산계 남성신 신앙과 특정한 결연 구조를 이루고 있었을 가능성이 적지 않다. 실제로 산신 신앙을 중심으로 당신앙이 형성된 일부 중산간 지역에서 이러한 양상이 확인된다. 서귀포시 안덕면의 '상창 창천 감산리 본향당', 조천읍 대흘리의 '비지남밧 하늘산신당' 등이 대표적인 사례이다. 각 당신본풀이들을 구체적으로 살피기로 한다.

…(전략)… 서벡자(西壁坐)는 광주(光州) 서씨부인(徐氏夫人), 신당(神堂) 덕수(德修里) 상거물레 조서님(助事-), 앞에 사단 서씨부인(徐氏夫人) 부베

간(夫婦間)을 무어 좌기(坐起)하신 바이, 광정당(廣靜堂)이 말씀을 하뒈, "너는 어기 씨고하니 내의 앞의 사고 수집사(首執事)를 거행ㅎ라."하니, 다음 다다 동서방청 서성방청 차지하고, 산짓당은 콧남밧 축일(丑日) 수청(守廳) 사제(賜第)헷고, 골멀 고소부군 지음정승 정저관을 막아 있다. 앞에 사던 이하(以下) 하인(下人)은 죽둥이 좌둥이 허허배 오름산이 열두군줄(十二軍卒) 거느렷다(현용준, 2007:651-652).

<상창·창천·감산리본향당(상창하르방당)>

상창·창천·감산리본향당(이하 감산리본향당)의 주신(主神)은 한라산계 남성신인 '동벡자 남판돌판 고나무 상태자 하로산'이다. 현재 당신앙에서 한라산계 신앙은 송당계 신앙과는 별도로 '한라산에서 솟아난 아홉 형제가 저마다 본향당신이 되었다는 전승을 근간으로 성립하는 계보'인데(강정식, 2002: 60), 감산리본향당신은 아홉 형제 중 여덟 번째 신이다.[3] 감산리본향당신의 처신(妻神)이 바로 "서벡자 광주 서씨부인"이다. '광주 서씨부인'은 '광주 무덤산 선녀국대부인'의 후대적 변이형일 가능성이 크다. 신앙공동체가 신격의 출자처를 '선녀국', '서역국'으로 비정하였던 '타계(他界) 신앙'에서 나아가 '실재하는 장소', '성씨(姓氏)'를 앞세워 신을 보다 인격화된 존재로 전환시켜 간 과정을 방증하는 단서인 셈이다.

조천읍 대흘리의 본향당인 하늘당 신앙도 양상은 마찬가지다. 대흘리의 본향당신인 '산신대왕 하늘당한집'은 남성신으로 산신격·수렵신격 속성을 띤다. 채록된 본풀이에서 그의 짝은 '광주부인 정중아미 일뢰한집'이라 불리는 여성신이다. 역시 '광주'와의 연관성이 확인된다.

---

3. 아홉 형제 중 첫째는 수산리의 울레무루하로산, 둘째는 물미의 제석천왕하로산, 셋째는 예촌의 고벵석도하로산, 넷째는 동·서홍리의 고산국하로산, 다섯째는 중문리의 동벡자하로산, 여섯째는 하예리의 동벡자하로산, 일곱째는 일과리(날뤠)의 제석천왕하로산, 여덟째는 감산리(통천)의 남판돌판고나무상태자하로산, 아홉째는 색달리의 제석천왕하로산이다. 본풀이에 따르면 이들은 한라산 상상봉(上上峯)의 섯어깨에서 을축 삼월 열사흘날 유시(酉時)에 솟아났다고 전한다.

> 하늘당 한집님은 세미오름 쿳남머들 좌정ᄒ엿단 비지남밭 모사단 서립한 산신대왕 본향한집님. 산신또 광주부인 정중아미 거느리던 일뢰한집. 제일, 7월 14일, 대제일(진성기, 2012:358).
>
> <하늘당(비지남밭당)>

그 외에도 채록된 다른 본풀이 자료(현차순 구연, <Ⓐ성읍본향②(표선면 성읍리)>, 진성기, 2012:458)에서는 성읍리 지경의 '아독골'이란 곳에 좌정하였다는 '광주부인'의 존재도 찾을 수 있다. 이들 역시 '선녜국대부인'과 유사한 계열을 이루었던 외래 출자 여산신이었을 것으로 추정된다.

따라서 '육지부의 마고(麻姑)신들-선마선파(詵麻쇼婆) 선마고(詵麻姑)-설문대'의 한정된 관계 안에서 한라산 여산신의 전모나 실체를 정립하려던 시도들은 다소 피상적인 접근이며, 오히려 '선마선파(詵麻쇼婆) 선마고(詵麻姑) - 당신앙 속 선녜국(서역국)대부인과 관련 여산신 - 당신(堂神) 세 명주'의 상관관계를 해명하는 것이 '한라산 여산신', 당신앙 속 '여산신'의 전모에 조금이나마 가까이 다가서는 방법이겠다. 다음 장에서 자세하게 논의한다.

제3장 여산신의 변모와 당신 세명주의 관련성

앞서 한라산계 남성신과 선녀국대부인 계열, 즉 외래 출자 산신 계열로 추정되는 여성신이 부부 관계에 놓일 때, 각 신명(神名)에 '동벡자', '서벡자'라는 수식어구가 덧붙는 것을 확인할 수 있었다. 이는 각각 '동벽좌[東壁座]', '서벽좌[西壁座]'라는 의미로 '신당의 동 서쪽에 좌정한(모셔진) 신'을 뜻한다. 제주도 당신앙에서는 '동벡자:서벡자', '동펜:서펜' 등으로 짝을 맞추어 신을 구분하거나 지칭하는 경향이 있는데, 산신 신앙과 관련한 맥락에서는 한라산을 삼신산(三神山) 중 영주산[東瀛]으로 여겼던 사유로부터 동향(東向)과 서향(西向), 남성신과 여성신을 구분하는 특별한 상징성이 파생되었던 것으로 보인다.

당신앙에서 '선녀국대부인' 계열의 여산신들은 '요왕황저국 말잣똘애기', '해신부인' 등으로 관념되는 '용왕녀(龍王女) 계열'의 '여해신(女海神)'들과 유사한 속성과 위상을 차지한다. 용왕녀 계열의 여해신들 역시 당신앙에서 한라산계 남성신의 처신(일뤳당신)으로 좌정하는 대상들이다. 그러나 용왕녀 계열의 신격은 때에 따라 단독적으로 어부 해녀들의 생업을 관장하는 생업수호당(해신당)의 당신(堂神)으로 모셔지기도 한다.

두 여신 계열의 병립 혼효 양상은 신앙권의 입지(중산간·해안/웃드르·알드르)와 생업(수렵·목축, 어업)뿐만 아니라, 생활권 신앙권을 형성 조정하여 온 토착민(또는 선주민)과 이주민들의 영향 관계 등에 기반을 두었을 여지가 적지 않다. 우선 앞선 논의에 전제하여, 한라산계 남성신과 외래 출자 여성신과의 결연 유형을 아래와 같이 나누어 보기로 한다.

가) 한라산계 남성신 + 외래 출자 산신계(여성신)

나) 한라산계 남성신 + 외래 출자 요왕국계(여성신)

가)와 나)는 기본적으로 당신앙에서 한라산계 남성신(한라산신)을 최상위의 신으로 숭앙하였던 인식에 기반한다. 가)는 과양당이 철폐된 뒤에는 일부 중산간마을을 중심으로 그나마 명맥을 이어갈 수 있었던 결연 구조라 할 수 있다. 지금은 제주도 당신앙의 조종(祖宗)이 송당본향당 신앙으로 알려져 있다. 하지만 "섬의 풍속이 三姓 이래로 귀신을 지극히 섬겼습니다. 성의 남쪽[城南]에 있는 광양당을 우두머리로 삼고 세 고을의 각 마을마다 사당(祠堂)이 있었습니다."라는 기록이 전하는 『우암선생문집』(남구명, 2010:313)과 여타의 고문헌들을 참고하자면, 본래는 한라산계 신앙을 전승하는 과양당이 지금의 송당본향당과 같은 위상을 지녔을 것으로 추정된다. 따라서 과양당이 훼철된 이후 제주목 안에 있었던 소위 과양당계(한라산계) 신당들의 서열과 계보가 송당계를 중심으로 새롭게 재편되는 과정이 지속적으로 따랐고, 그 결과가 지금의 송당계 계보일 가능성이 큰 셈이다.

상대적으로 나)는 제주도 당신앙에서 다수의 신앙권을 중심으로 지금까지 전승되는 일반적인 결연 구조이다.

표 3. <과양당>계와 <송당본향당>계의 남·녀신 특성

<광양당>계(추정)	<송당본향당>
한라산계 남성신 [신명] 하로하로산, 산신또, 동벽주(동벽좌) 등 [역할] 부신(夫神), 주신(主神), 본향신 + 결연 **외래 출자 산신계 여성신** [신명] (공주 무등산) 선녀국대부인, 서씨부인, 세벽주(서벽좌) 등 [역할] 처신(妻神), 일뤳당신	**한라산계 남성신** [신명] 알손당(알당) 소로소천국 [역할] 부신(夫神) + 결연 **외래 출자 천자국계 여성신** [신명] 웃손당(웃당) 금벡조(벡주또) [역할] 처신(妻神), 본향신, 주신(主神)

[표3]은 앞서 검토한 '한라산계 남성신 + 외래 출자 산신계 여성신'의 결합을 과양당계의 결연 구조로 상정한 뒤, <송당본향당신본풀이>로 전승되는 금벡조와 소로소천국의 결연 특성에 견준 것이다. 이러한 비교로부터 당신앙의 자장에서 외래 출자 여산신의 직능 변화에 대한 중요 단서들을 얻을 수 있으며, 세명주의 정체에 대해서도 미력하게나마 그간의 견해와는 다른 분석을 시도할 수 있다.

가)와 나)의 가장 큰 차이는 각각 '선녀국대부인'과 '금벡조(벡주또)'로 대표되는 외래계 여성신의 출자 내력과 위상 변화이다. 한라산계 남성신의 배우자로 설정된 여성신의 출자처와 속성이 '산신계(선녀국, 공주 무등산) → 천신계(강남천자국)', '일뤳당신 → 본향당신', '산신적 속성 → 농경신적 속성'으로 변화하면서 한라산계 남성신과 외래 출자 여성신의 권위가 전복(顚覆)되고 있으며, 신격의 위상도 격상되기에 이른다.

세화리에서 당신으로 모시는 '벡주또'의 존재도 이 여산신 계열의 변화와 흐름을 파악하기에 적합한 대상이다. 잘 알려져 있듯이 송당본향당신인 '금벡조'도 '벡주또'라는 이칭을 지니고 있다. 세화리의 여성 당신과 송당리의 본향당신이 '벡주또'라는 동일한 신명을 공유하는 것이다. 사실상 세화리 벡주또와 송당리 금벡조(벡주또)는 비슷한 점이 적지 않다.

우선 두 여신은 모두 외래계 신격이다. 세화리 벡주또는 '서울 남산 서대문밧(ᄀ는대왓 서대왓, 벡몰래왓)', 송당리의 벡주또는 '강남천자국 벡몰래왓'에서 출자하여 제주섬에 입도한다. 또 두 여신은 산신 계열이자 수렵신적 속성을 띤 남성신을 부신(夫神)으로 맞이하되 '식성갈등' 때문에 각각 분산하여 좌정한다는 내력 역시 공유한다. 두 여신이 모두 육식을 거부하는 속성을 지닌 셈이다.

게다가 세화리와 송당리의 당신앙은 세 신격의 상호 관계로 짜여 있어 유사하다. 세화리는 '천자또', '벡주또', '금상님', 송당리는 '금벡조(벡주또)',

'세명주', '소로소천국'이라는 세 명의 신들을 중심으로 당신앙 체계가 이루어진다. 남녀신의 관계와 특성에 따른 유사한 지점들도 발견된다. 아래에 세화리본향당과 송당리본향당 관련 신들의 출자 계통을 비롯한 특성을 표로 정리하여 제시한다.

표 4. 세화리본향당과 송당리본향당 신앙의 남·녀신 특성

구좌읍 세화리 본향당신앙	구좌읍 송당리 본향당신앙

한라산계 남성신
[신명] 천주또
[특징] 천자(천신)국과 상관성 강조
    (신명 자체, 신격 내력 조정)
	외래계 여성신
	[신명] 금벡조(벡주또)
	[특징] 천자(천신)국과 상관성 강조
	    (출자처: 강남천자국)

외래계 여성신 [신명] 벡주또 [특징] 한라산계 남성신의 외손녀 + 용왕녀 계열의 속성	미상 [신명] 세명주 [특징] 전승이 불분명함
외래계 남성신 [신명] 금상님 [특징] 수렵·육식, 벡주또와 부부 관계	한라산계 남성신 [신명] 소로소천국 [특징] 수렵·육식, 금벡조(벡주또)와 부부 관계

세화리와 송당리에서 모시는 두 여신은 '벡주또'라는 같은 신명은 공유하지만, 출자 내력과 그 위계가 다르다. 신의 위계를 출자담과 맞물려 변모시키다 보니, 이 같은 차이가 빚어진 것이라 짐작된다. 세화리 벡주또는 한라산계 남성신인 천 또를 외조부로 두고 있는 외래계 여성신이다. 이러한 내력담에 기인하여 세화리 벡주또는 신격 계보 상 외래계 출자이지만 한라산계의 특성까지 두루 갖춘 존재로 설정될 수 있었다.

또 세화리 벡주또는 금상님이라는 외래계 남성신과 결연하면서, 한라산계 남성신으로부터 파생될 수 있었던 육식성까지 거세하게 된다. 그뿐만 아니라 <세화리본향당신본풀이> 중 <벡주또본>의 이본에서는 벡주또의 내력에 다시금 용왕녀 계열의 서사가 견인되기까지 한다. '한라산계 남성신'

인 '천ᄌᆞ또'를 벡주또의 외조부로 설정하고 벡주또의 외척 계보를 요왕황제국으로까지 확장하였다. 이처럼 세화리 벡주또는 상위신으로서의 자질과 주요 특성들을 여러 계열의 남성 당신(堂神)들과의 계보화를 통하여 획득하고 있다.

본풀이에서 세화리 벡주또는 송당리 금벡조(벡주또)와 대등하리만큼 강력한 여신으로 형상화된다. 하지만 세화리 벡주또는 한라산계 남성신인 천ᄌᆞ또의 하위 계보에 놓인 신격이기도 하다. 세화리와 송당리의 신격들을 위계별로 대응시키면 천ᄌᆞ또와 금벡조(벡주또), 벡주또와 세명주, 금상님과 소로소천국이 만나게 된다. 세화리 벡주또와 송당리 금벡조(벡주또)는 엄연하게 신앙권에서 차지하는 위계가 다른 셈이다.

송당리 금벡조(벡주또)는 세화리 벡주또와는 다르게 여성신이면서도 본향당신으로 숭앙된다. 금벡조는 제주도 전역에 분포한 당신들의 어머니로서 위상이 대단히 큰 여신이다. '웃손당(웃송당) 금벡조', '셋손당(셋송당) 세명주', '알손당(알송당) 소로소천국'이라는 심방들의 말명에서 짐작할 수 있듯이, 송당리 당신앙은 본래 자연마을을 기준으로 셋으로 나뉘어 있었다(김승연, 2011: 14). 애초에 금벡조는 송당리 당오름 지경에 있었던 신당(지금의 송당본향당), 소로소천국은 알손당 고부니ᄆᆞ루 소천국하르방당에서 각각 달리 모셨다.

하지만 셋송당에서 모셨다는 세명주와 관련된 신앙의 흔적은 어째서인지 찾기 어렵다. 세간에는 세명주를 '소로소천국의 첩' 혹은 '운율을 맞추기 위하여 삽입된 상투어' 정도로 이해하기도 한다(류진옥, 2023: 86-87). 최근 정리 출간된 강대원 심방의 지역별 당신 일람 자료, <송당본향당신본풀이>와 <궤네깃당신본풀이>의 이본들 가운데 '소로소천국의 첩'이 등장하는 사례들을 살피면 흥미로운 지점이 보인다.

사라왕, 사라대왕, 산신도, 해외남굴, 강진내기도갈체, 똘님문광녹이 최강록 이도갈채산신도, 하군졸대우, 우알, 양서본향(강소전, 이현정, 송정희, 강경민, 류진옥, 김승연, 고은영, 2024 : 715).

강대원 심방 지역별 당신 일람 자료 중 <셋송당>

백주님은 브름우로 올라산다. 소천국은 브름알로 느륏산다. 소천국은 강진애기 노새첩ᄒᆞ여(진성기, 2012: 375).

<괴뇌깃당>

안성삭이 밧성삭이 내외천주 가운딧도 소천국 강진내기 말줏똘, 개 잘 뜨려 정ᄉᆞ립 불 잘 놓는 문초관, 개 잘뜨려 정ᄉᆞ립 우알잣 꿩빙애기 일은 ᄋᆞ둛제머리 좌우가게 설레점 우가게 설레점 통 부애산적.(진성기, 2012: 381).

<김녕당(괴노깃당)>

소천국이 백주할망광 사념을 가릴 적이, 오백장군오백서따을 소첩을 삼아 살아간다(진성기, 2012:411).

<소천국광 백주할망>

소천국이 베운 것은 총질 ᄉᆞ농질을 베와시니 지리바른 마상총(馬上銃)에 귀약통 남나개 둘러메고 산천(山川)의 올라가서 대각록(大角鹿) 소각록(小角鹿) 공작(孔雀) 노리(獐) 사심(鹿) 대돗(大猪) 애돗(兒猪) 많이 맞혀 헤낭곳 굴왓디 정동칼쳇 따을 소첩을 삼아서 괴기(肉)를 숢아 먹고 삽데다.(현용준, 2007: 554; 김승연, 2011: 46-47).

<궤눼깃당(舊左面 金寧里 所在 神堂)>

태주님은 할로영산 백록담에 올라간 요왕황제국 말줏똘애긴 대부인을 삼고

할로영산 단똘애긴 소부인을 정ᄒ여 ᄒ를날은 심심ᄒ연 바둑 장귈 두노랜
ᄒ난, 짐녕 큰당한집은 애기가 엇언 할로영산 소천국신디 양젯법으로 아들
돌레 가난, 시여, 이젠 ᄋ새끼가 ᄂ려온다.(진성기, 2012: 373)

<김녕당(괴뇌깃당)>

강대원 심방이 정리한 셋송당의 당신 일람에서 셋송당 신앙과 산신 신앙과의 관련성을 유추할 수 있다. 소로소천국이 첩으로 맞아들인 신격은 이본별로 '강진아기(강진내기말즛똘)', '오백장군오백서똘', '해낭곳 굴왓 정동골쳇 딸'로 나타난다. 금벡조와 소로소천국의 여섯째 또는 일곱째 아들로 알려져 있는 '궤네깃또'가 '오백장군 오백서 똘'과 유사한 존재인 '할로영산 단똘애기'를 첩으로 삼았다는 전승도 있다.

이처럼 셋손당 세명주와 소로소천국의 관계에 대한 전승은 매우 혼란스럽다. 기채록 된 <송당본향당신본풀이>를 참고하자면, '금벡조'는 '소로소천국'의 '육식성'을 받아들이지 못하고 결국 두 신은 살림을 분산하게 된다. 그 이후 소로소천국이 첩을 맞이하는데, 이 여성신은 금벡조와는 다르게 소로소천국의 '육식성'을 '거부감 없이 받아들이는 존재'이다. 이러한 양상은 소로소천국의 첩으로 설정된 여성신격 역시 산신적 속성을 담지한 존재이거나, 그러한 속성을 배척하지 않을 신격 특성을 띤 존재임을 뜻한다.

본풀이 자료에서 확인되는 신명인 '정돌칼쳇 똘'은 '백정의 딸'을 뜻한다. 현용준의 자료에 따르면, "정동칼재는 백정의 이름으로 궤네깃당에서 심방질을 하며 얻어 먹었던 사람"이라 한다(현용준, 2007: 503). 또한 제주도 무속에서는 '백정'을 달리 '거무영청'이라 부른다. 당신앙에서 '거무영청'은 산신적 속성을 띤 본향당신이 거느리는 하위신이기도 하다. '오백장군오백서똘'은 '오백장군뜨님애기'와 동계에 놓인 여성신이자 한라산계 여산신이라 할 수 있다. '할로영산 단똘애기'도 유사한 존재이다. 한라산 영실(靈

室)의 오백장군은 제주 사람들의 신앙적 사유로 볼 때, 한라산신의 아들들로 여겨지거나 한라산신 자체를 대유하는 존재이므로 그 딸은 응당 산신적 속성을 띤 존재로 보아도 무방할 것이다. 궤네깃또가 한라산계 남성신인 소로소천국의 아들이면서 돗제를 받는 신이라는 점에서, 산신적 속성을 띤 여성신과 궤네깃또의 결연 역시 충분히 가능한 설정일 수 있다.

더욱이 '선녀국대부인' 계열의 여산신들이 애초에 보여 왔던 방향성, 즉 '서향(西向)·서역(西域)'은 한라산계 남성신과의 결연 구조를 통하여 '서벡좌', '서벡제'또는 '서씨'와 같은 형태로 변주되어 왔다. 이 중에서 특히 '-벽좌(壁座)'로 표현되는 여성신의 특성은 '금벡조', '벡주또'로 표상되는 송당 본향당신의 신명(이름)과도 무관하지 않아 보인다. '서벽좌'의 방언형은 '세벡좌·세벡제·세벡주' 등으로 음상적 실현이 이루어져 왔기 때문이다.

그러므로 이와 같은 수식어구가 덧붙었던 외래 출자 여신들이, 곧 '세명주'·'금벡조(벡주또)'의 전신(前身)일 가능성을 타진해 볼 수도 있다. 물론 이 견해를 두고 성급한 일반화라거나 꽤 거친 추정일 뿐이라는 비판도 가능하리라 본다. 하지만 기존 연구에서 어학적인 논증 방식을 곁들이되, 설문대 이야기에 등장하는 '명주'와 당신 '세명주', 그리고 '설문대' 간의 연관성을 다소 비약적으로 가늠하고 있는 견해들보다(김정수·이성국·이문호, 2022)[4], 이 같은 추정이 조금 더 정합하지 않은가 한다. 세명주의 정체를 해명하기 위한 다양한 관점과 시도가 필요한 지금이다.

---

4. 해당 논의에서는 설문대와 당신 세명주의 상관성을 설문대 이야기에 등장하는 명주실 99동이와 겨울 눈덮인 한라산이 일상에서 늘상 사용하는 명주실 실타래와 같다는 점에 착안하여, 설문대의 어원이 가는 명주 실타래인 생명주-세명주로 변천된 것이라 주장한다. 더불어 그 근거로 표선면 해안가 '한모살' 할망당 세명주 신당(神堂)인 '세명주'에 명주 실타래 올리는 풍속까지 들고 있다. 그러나 눈 덮인 한라산과 명주실 실타래의 상관성은 학문적 접근이라기보다 형이상학적인 해석에 가깝고 명주실을 제물로 바치는 양상은 당캐할망당만의 특성이 아니다.

'금벡조', '벡주또'라는 신명이 '-벡조' '벡주-'라는 음상을 공유한다는 사실도 이를 방증한다. 역시 이러한 표현은 '-벽좌(壁座)'에서 기인하였을 가능성이 크다. 다만 '금벡조'의 경우, '-벽좌'에서 방향을 뜻하는 단어는 거세된 채 '가장 높다', '가장 신성하다'라는 뜻으로 '금(金)-'이, '벡주또'라는 신명은 '벽좌-'에 신을 높여 부르는 토착어인 '-또'가 덧붙어 파생되었을 것으로 보인다. '동벡좌(동벡주) 서벡좌(서벡주)'의 갈음을 넘어, '금벡조', '벡주또'가 여성신, 본향신으로서 상당히 권위 있는 신격으로 관념되자, 신앙 공동체에게 '벡주-'는 '백주(白主)', 즉 '가장 높은 신', '가장 맑고 깨끗한 신'이라는 의미로 받아들여졌던 것이다. 이는 당신앙에서 여성신 외에 한라산계 남성신이자 본향당신의 신명이 '금벡세명조', '벡주노산주' 로 불리는 정황과도 밀접한 관계에 있다.[5]

송당리 금벡조(벡주또)처럼 한라산계 남성신보다 우위의 신으로 숭앙받는 당신이 또 있다. '궤당할망'이라 불리는 제주시 용강동본향당신이다. 위에 제시한 당신본풀이의 이본들에서 확인할 수 있듯, 궤당할망은 '옥항 서저국(仙女國) 따님아기', '하늘옥항 옥항상제 말젯뜰아기'라 전한다. 천신(天神)과 아예 혈연 계보로 맺어진 여신인 셈이다. 선녀국의 존재는 역시 외래 출자 산신계 여성신의 흔적이다. 그런가 하면 마지막에 제시한 자료와 같이 마치 한라산계 여산신처럼 형상화 되기도 한다. 용강동본향신의 내력도 한 편으로 '선녀국대부인'과 같은 속성을 띤 외래 출자 산신계 여성신 계열이 점차 변모한 흐름을 방증할 만한 예로 삼을 수 있다.

용강본향 괴당할망은 옥항의 서저국(仙女國) 뚜님 애기롭서 아방눈에 글리나고 어멍눈에 시찌나고 귀양을 마련하여 인간에 느릴 추추 할로영주산으로

---

[5]. 표선리 본향당신은 "저바당 금백세명조 백조노산조 문국성 상오 부름웃또"라는 신명으로 불린다. 종달리본향당신의 이름 또한 "벡주노산주"이다.

ᄂᆞ룟오라 건지동산에 가 건지 쉬고 시름동산에 가 시름 쉬고 외당으로 좌정ᄒᆞ일뢰 한집. 제일 없음(개인적인 제사일은 7일)(진성기, 2012: 342).

<괴당할망>

웃무드내 좌정 신 궤당 한집님은 하늘옥황 옥황상제 말잣뚤님 애기우다. 옥황상제 말잣ᄄᆞ님 애기가 귀양정배를 ᄂᆞ려 올 때 건지동산엘 와 앚아 천리를 보니 인간이 열두 시만국 벌이 농작 태작국을 보니 반ᄒᆞ여, 아방국에 올라가서 "인간이 ᄂᆞ려가서 열두 시만국 저울려 얻어 먹겠습네다." 아방국의 분불 맡안 ᄂᆞ려오는디, 건지동산 ᄂᆞ려사 건지ᄒᆞ여 "예ᄌᆞ는 ᄋᆞ시기 사는 법이라" 천년 오른 내창 궤 알로 좌정하여, 그 ᄆᆞ을 굴존이 굴젱민 불러다가 장적호적 무어 들이니, 난는 날 생산, 죽는 날 물구, 장적 호적 물호적 ᄎᆞ지ᄒᆞ여 시니, 하로하로산이 산신백관은 산설 물설 사농 댕기다 천기지기를 집떠 보니 하늘왕ᄌᆞ ᄄᆞ님이 천년 오른 궤 아래 오란 좌정ᄒᆞᆫ 상 싶어, 건지동산 오란 명암을 들이는디 야밤중에 들어가시니 "왜ᄒᆞᆫ, 인간입네까?" "이 밤이 무신 일로 올 필요가 있겠느냐? 당신안티 ᄒᆞᆫ 말씀 여쭤와 볼 말이 있다. 나도 홀로 있노라." 부배간을 무어. "뭣을 잡숩네까?" "밥도 장군이요, 술도 장군이요, 석석 양에 석석 간내 서운 설 단 설 진홍염 태디 벌집을 좋아홉네다." "서편으로 좌정ᄒᆞ십서." 올래 삼천백매 일만 초깃발 불려오던 신당 한집. 제일, 1월 14일, 7월 14일(진성기, 2012: 341).

<궤당한집>

할루영주산서 ᄂᆞ룟온 괴당할망은 건주산에 오란 건주 쉬고, 시름산에 오란 시름 쉬고, 망동산에 오란 망보고, ᄒᆞ연 냇ᄀᆞ이밖인 당서립을 못ᄒᆞᆯ 디란 그 디 좌정한 괴당 한집님. 제일, 없음(ᄌᆞ손에 생기 맞은 날에 제를 지내며, 마을 공동의 제일은 없음)(진성기, 2012: 341-342).

<괴당할망>

오래전부터 당신앙에서 최고 신격으로 대접을 받아 왔던 존재는 '한라산계 남성신'들이었다. 당신들의 계보화는 이즈음부터 한라산계 남성신을 중심으로 혈연, 결연을 맺는 형태로 지속되어 온 것이라 추정된다. 그중 한 유형이 토착적인 한라산계 남성신과 외래 출자 여산신의 결연 구조였던 것으로 보인다. 한라산계 남성신과 결연을 맺었던 외래 출자 여산신들은 한라산에 대한 특별한 신앙적 인식으로 동서(東西)라는 방위 인식과 긴밀하게 연계되어 있었다. 산신적 속성을 띤 여신 가운데 '서(西)', '세-', '선(仙)-' 등의 접두사가 신명에 쓰이는 대상들은 본디 그와 같은 신격이었으나, 변모하면서 신명에 흔적을 남긴 경우들이 적지 않다.

송당본향당 신앙이 과양당 신앙을 대신하여 점차 당신앙의 대표격으로 자리매김하면서, '금벡주'로 표상되는 여성신 계열의 위상은 한라산계 남성신을 앞서게 되었다. 이때 외래 출자 여성신의 내력담은 당신본풀이 상에서 산신계 여성신 계열의 내력을 변형하며 천신(天神) 천자(天子)의 색채를 덧입히되, 여산신의 흔적을 지워가는 방향으로 진행되어 간 것이겠다.

관련하여 예례계 당신앙의 양상과 중요성 역시 새롭게 조명되어야 한다. 예례계 전승은 외래 출자 여산신의 내력 변화와 계보화 방향을 잘 보여주는 사례로서 큰 의의를 지니기 때문이다. 제주도 당신앙에서 '예례계'는 '한라산계 남성신과 그의 딸들'에 대한 계보가 전하는 유일한 전승이다. 한라산계 남성신을 중심으로 그의 일곱 딸로 이어지는 혈연적 계보가 확인된다는 점도 중요하지만, '한라산계 남성신(동백제 하로하로산)'과 '외래 출자 여성신(서벡제 천지천왕 어멍국 족다리대서부인)'의 결연 양상이 뚜렷하게 드러나는 사례이다.

동벡제(東壁坐) 하로하로산(漢拏漢拏山) 서벡제(西壁坐) 천지천왕(天地天皇) 어멍국(母) 족다리대서부인 양두부첼(兩一夫妻己) 무어 살며, 나는 것이 똘을 일곱성젤(七兄弟己) 나앗는디. 장성(長成)허여 열다섯 십오세(十五歲)가 넘으난, ᄀ찌 살 수가 없다. 다 ᄎ지헤서 각기(各其) 위(位) 갈르고 좌(座) 갈르고 가는 것이, 큰똘 아긴 난드르(大坪里) 주문도천 둘챈 열뤼(猊里) 망밧중저부인(-中姐夫人)으로 가고, 싓챈 거믄질(沙溪里) 청밧할망으로 가고 늿챈 번내왓(和順里) 원당밧일뤠중저(-七月中姐)로 가고, 다섯 챈 통천·감산이(通泉·柑山里) 도고세미일뤠중저(-七日中姐)로 가고 요사챈 창천이(倉川里) 닥밧할망일뤠중저(-七一中姐)로 가고 일곱챈 열뤼(猊里) 전신당일뤠중저로 가고. 이 주당(住堂) 상단궐(上丹骨) 몸받은, 호적(戶籍) ᄎ지흔 한집님이 ᄂ려사 상(床) 받읍서(현용준, 2007: 640).

<열리(猊里)本鄕堂(中文面 上·下猊里)>

　흥미롭게도 당신앙에서 한라산계 여성신의 전승은 아주 미약하다. 한라산계 남성신 계열의 계보는 있어도, 한라산계 여성신 계열의 계보는 예례계 전승 외에는 전하지 않는다. 당신앙에서 한라산을 둘러싼 신앙적 인식이 오래전부터 '남성신 중심'이었음을 방증하는 정황이다. 이런 측면에서 외래 출자 여산신 계열은 적어도 당신앙에서 한라산계 남성신의 결연 대상으로 나름대로 '상식적이고 논리적인 계보'를 만들어 가기 위하여 신앙공동체에게 선택적으로 숭앙되었던 존재일 수 있다. 이 과정에서 한라산계 남성신과 대등한 지위에 있거나 그보다 오랜 내력을 지닌 여산신에 대한 전승은 있다 하여도 당신앙 안으로 포섭되지 못하였고, 결국 규범화 제도화된 공동체 신앙에서는 전모가 약화되다 못하여 이처럼 흔적만이 남게 된 것이라 하겠다.

제4장 날머리

　제주도 당신앙에서 한라산을 대하는 신앙공동체의 인식은 다분히 포괄적인 동시에 조직적이었다. 한라산 중심의 토착적 산신 신앙을 골자로 두되, 한라산과 밀접한 연관이 있는 호남의 명산(名山)—나주 금성산, 광주 무등산—에 대한 세간의 전승, 국가 또는 관 주도의 사(祀), 제(祭) 체계와 관련된 신앙적 인식 등을 모두 견인하면서, 당신앙으로서의 한라산계 신앙은 그 어느 지역보다 독자적인 양상을 빚어내게 되었다.

　그러므로 한라산에 대한 민간의 신앙 관념과 당신앙 체계는 오롯이 제주 사람들만 전승하였던 독자적인 것이 아니라, 시대적 관념적 이데올로기와 헤게모니가 투영된 동성이속(同性異俗)의 결과물이라 보아야 옳다. 신앙적 측면에서 한라산의 무형유산적 가치는 단선적 평면적이지 않은 입체적 동태(動態)적인 속성을 띤다는 데 있으며, 이는 곧 제주사람들이 한라산을 인식하여 온 정신사와 다르지 않다는 점을 논의의 끝에서 짚고자 한다.

　특히 당신앙에서는 한라산신 계열의 신격을 남성으로 여기는 '신앙적 인식과 관습'이 있었으며, 여기에는 과양당(광양당)의 역할과 기능이 적지 않은 영향을 끼친 것으로 보인다. 또 당신앙의 계보화가 어디까지나 부계(父系) 아들 중심으로 이루어졌던 상황에서, 한라산 여산신 한라산신 계열의 여성신은 당신앙 안에서 그 모습을 제대로 드러낼 수 없었던 것으로 추정된다. 송당리 금벡조와 소로소천국의 딸이 스물여덟이나 되었다지만 당신앙에서는 그러한 자취를 아예 찾을 수 없다. 아이러니하게도 가장 토착적이며 가장 제주다운 것으로 손꼽히는 당신앙 체계에서 남성신 위주의 헤게모니 장악이 일었던 국면을 어렵지 않게 찾을 수 있는 셈이다.

　이런 차원에서 민간에서 전설 민담으로 전승되는 설문대 이야기, 최근 민간에서 채록되었던 '설문대(할망)-한라산신-한라산여장군'을 동일시 하는 사유, 육지부에 전승되는 한라산 여장군 관련 전승은 당신앙의 헤게모니가 덜 미치는 영역에서 명맥을 유지하여 온 또 다른 한라산신에 대한 신앙적 인식이라 할 수 있다. 설문대의 기능과 역할을 감안할 때, 그는 당신앙의 영역으로 견인될 수 없는 존재였다.

 그러므로 장한철의 <표해록> 속 선마선파(선마고)와 설문대를 같은 층위에 둘 수 없다는 것이 이 논의의 또 다른 결론이다. 이는 설문대와 유사한 양상을 보이는 '영등할망'의 존재에 기대어 짐작할 수 있는 것이기도 하다. 당신앙의 영역을 벗어난 민간전승에서 '영등할망'을 여성신(할망신)으로 사유하는 경향이 매우 강하지만, 당신앙으로 견인된 영등신앙에서 영등신은 '영등대왕', '당나라 상인', '글선생' 등으로 변모하거나 굴절되어 버린 모습을 띠고 있기 때문이다.

참고문헌

1. 자료

강소전·이현정·송정희·강경민·류진옥·김승연·고은영, 2024, 『강대원 심방 본풀이』, 보고사.
남구명 저, 김영길 역, 2010, 『국역 우암선생문집』, 제주교육박물관.
임제, 『남명소승』.
장한철, 『표해록』.
진성기, 2012, 『제주도무가본풀이사전』, 민속원.
최부, 『표해록』.
현용준, 2007, 『제주도무속자료사전』, 도서출판 각, 2007.
『신증동국여지승람』.

2. 논저

강정식, 2002, 「제주도 당신본풀이의 전승과 변이 연구」, 한국학중앙연구원 한국학대학원 박사학위
    논문.
고혜경, 2009, 「상징해석을 통한 창세여신 설문대할망 이미지 복원」, 『구비문학연구』 28,
    한국구비문학회, 1-22.
권태효, 2002, 『한국의 거인설화』, 역락.
강진옥, 1993, 「마고할미 설화에 나타난 여성신 관념」, 『한국민속학』 25, 한국민속학회, 3-47.
김승연, 2023, 「송당본향당본풀이의 변용고찰」, 『영주어문학회지』, 영주어문학회, 165-192.
_____, 2011, 제주도 송당마을 본향당굿과 단골신앙 연구 , 제주대학교 한국학협동과정 석사학위 논문.
김정수, 이성국, 이문호, 2002, 「삼성혈신화해석(3): 한라 설문대 속살(內肉)과 혼(魂):생명주(生明紬)에서
    세명주(細明紬)로」, The Journal of the Convergence on Culture Technology 8(4),
    국제문화기술진흥원, 2019-225.
김혜정, 2019, 「설문대할망 설화의 전승 양상과 신적 성격」, 『우리어문연구』 63, 우리어문학회, 93-126.
류진옥, 2023, 「표선리 당캐할망당의 설문대할망 신앙 고찰」, 『한국무속학』 47, 한국무속학회, 65-98.
문무병, 2008, 『제주도 본향당신앙과 본풀이』, 민속원.
박종성, 2010, 「비교신화의 관점에서 본 설문대할망」, 『구비문학연구』 31, 한국구비문학회, 235-268.
이즈미 세이치, 김종철 역, 2019, 『제주도 濟州島: 1935~1965 일본 문화인류학자의 30년에 걸친 제주도
    보고서』, 여름언덕.
조현설, 2009, 「마고할미 개양할미 설문대할망: 설문대할망 전승의 성격과 특징에 대하여」,
    『민족문학사연구』 41, 민족문학사학회 민족문학사연구소, 140-173.
장주근, 1957, 「濟州島女神考」, 『濟州文化』 창간호, 全國文總濟州支部.
정진희, 2020, 「<솔만데 할망>: 1930년대 한 일본인 학자의 '여신 설문대' 기록과 식민주의적 신화화
    논리」, 『국어국문학』 190, 국어국문학회, 191-220.
정진희, 2019, 「설문대 할망 창조 여신설 검토」, 『濟州道研究』 51, 제주학회, 89-121.
허남춘, 2017, 『설문대할망과 제주신화』, 민속원.
현승환, 2012, 「설문대할망 설화 재고: 설문대할망과 오백장군 설화를 중심으로」, 『영주어문학회지』 24,
    영주어문학회, 91-118.

3. 기타

미디어제주, 「스토리텔링? 진실을 이야기하는 것이어야」, 2017년 5월 21일자.
_____, 「"탐라 민중의 상징에서 여신(女神)으로 둔갑하다」, 2017년 5월 24일자.
_____, 「"표해록에 나오는 선마고(詵麻姑)와 설문대할망이 동일인물?」, 2017년 5월 29일자.
제주특별자치도 역사문화예술, https://www.jeju.go.kr에서 2023.10.31 인출.

05

조선후기
한라산 마애석각

백종진
제주문화원 사무국장

제1장 머리말

성리학을 국가통치이념으로 삼았던 조선시대에는 朱子의 행적을 모방하여 심신수양의 방편으로 遊山이 유행하였다(李鍾黙, 1997: 389-390). 이러한 유산의 유행과 함께 그 자취로서 勝地 곳곳의 암벽에 石刻이 造成되었다(정치영, 2009: 277). 제주 또한 예외가 아니었다. 三神山 중의 하나로 여겨지던 한라산[1]이 존재하는 제주는 조선시대 이래 제주 3읍의 수령과 판관 등 지방관과 제주에 유배 왔던 謫客들에 의해 조성된 磨崖石刻이 여러 곳에 남아 있다.

제주지방에 분포하는 마애석각 중 연대가 분명한 最古의 것은 1578년(선조 11) 이전에 새겨진 제주시 용담동 소재 용연의 암벽에 새겨진 해서체 '翠屛潭' 刻字이다. 그리고 15세기 후반에서 16세기 후반 사이에 조성된 것으로 추정되는 서귀포시 상효동 효돈천 변 소재 바위에 새겨진 '觀儺岩' 각자가 있다. 이상 2件[2]의 석각을 제외한 나머지 대부분은 조선후기에 조성되었고, 일부는 일제강점기와 해방 이후에 새겨진 것들이다(백종진, 2022a: 148-149).

현재 그 조성 시기를 확인할 수 있는 조선후기 제주지방 磨崖石刻은 제주목 9곳에 82건, 정의현 2곳에 3건, 대정현 3곳에 16건이다. 이 가운데 한라산 내에 조성된 마애석각은 백록담, 탐라계곡, 방선문 등 3곳에서 54건의 마애석각이 확인되고 있다(백종진, 2022a; 2022b). 이는 제주지방 전체 마애석각수 대비 53% 이르는 수치로, 한라산이 조선후기 마애석각 조성

---

1. 南九明, 『寓庵先生文集』 卷4, 說, 神山說, "世俗傳 漢拏山爲三神之一 蓋州號嘗稱東瀛洲 旌義界有山 不甚高者 名瀛洲山 以此好事者傳會爲眞瀛洲 …".
2. 마애석각의 개념과 그 수량을 헤아리는 단위인 '件'에 대한 정의는 백종진, 2022a: 149의 '각주 5' 참조.

의 주요 장소였음을 알 수 있다.

한라산의 계곡과 정상 암벽에 새겨진 석각은 그 조성된 사연이 어찌 됐든 금석문으로써 당대 사람들이 남긴 1차 사료이기도 하다. 그리고 금석문을 포함한 금석유물이 역사 예술 문학 등 각 방면에 있어서 중요한 기본자료로서 학술적인 연구대상이 되어왔다는(趙東元, 2006: 26-27) 측면에서 본다면, 상기 한라산 내 3곳의 장소에 새겨진 석각들은 단지 제주를 仙境으로 여긴 지방관 등 신분적으로 상층에 있는 부류의 사람들이 남긴 한갓 유흥의 자취로써만 치부해 버릴 수는 없을 것이다.

이에 본고에서는 조선후기 한라산 내 방선문, 백록담, 탐라계곡에 조성된 마애석각에 대한 분포현황을 시기별로 파악하고, 그 내용과 석각 조성을 주도한 인물들에 대한 고찰을 통해 상기 3곳에 소재하는 마애석각의 성격을 드러내 보고자 한다.

한편, 본고에서 말하는 조선후기의 시대적 범위는 17세기 이후 1910년 조선에 대한 일제의 국권침탈 이전까지를 지칭하며, 한라산의 지리적 범위는 예로부터 仙界와 俗界의 경계로 인식되던 제주시 오라동 소재 訪仙門을 포함하는 한라산 국립공원 내를 지칭하는 것임을 밝혀둔다.

제2장 마애석각의 분포와 내용

제1절 마애석각 분포지의 인문지리적 특징

본절에서는 조선후기 한라산 내 마애석각이 조성된 분포지를 마애석각이 확인되는 방선문, 백록담, 탐라계곡 등으로 나누어 그 분포 실태와 함께 문헌자료에 나타나는 분포지의 인문지리적 특징을 아울러 고찰하고자 한다.

표 1. 한라산 내 조선후기 마애석각 분포 현황

계(件)	방선문	백록담	탐라계곡
54	36	17	1

<표 1>을 보면 한라산 내 마애석각의 분포 현황은 전체 54건 중 방선문이 36건으로 66.7%, 백록담이 17건으로 31.5%, 탐라계곡이 1건으로 1.9%의 분포를 보인다. 방선문과 백록담 2곳에 집중 조성되었음을 알 수 있다.

1. 방선문

방선문은 현 제주시 오라2동 관내 오등동 소재로, 탐라계곡에서 발원한 한천[大川]이 용연으로 흘러드는 중간부분에 해당한다. 방선문에 대한 문헌기록은 숙종 때 제주목사 이익태가 남긴 『지영록』에 처음 보인다. 그는 1695년(숙종 21) 8월 19일 한라산을 두 번째로 오르다가 일기불순으로 중간에서 하산하였다. 하산 도중 잠시 방선문에 머물면서 그곳의 풍광에 대해 다음과 같이 기술하고 있다.

두 갈래 계곡이 모여 합쳐져 북쪽으로 흐르는데 경치가 말끔하였다. 하나의 커다란 암석이 언덕에서 이어져 옆으로 누웠는데 골 입구의 가운데가 통하여 큰 구멍이 마치 문과 같았다. 진달래와 단풍 등 꽃나무들이 좌우 푸르른 벼랑에 번갈아 줄을 지었는데, 봄 가을에 놀러와 구경하기에 가장 적당하다.[3]

이어서 헌종 때 제주목사 이원조 또한 그의 저술 『탐라록』에서 한라산 등정 길에 방선문을 거쳐 갔음을 밝히고 있다.[4] 그리고 영주 10경을 品題하면서 방선문을 瀛邱賞花의 장소로 소개하고 있다. 결국 문헌상 이익태 이래로 방선문이 한라산 등정과 하산 시에 들르는 단순한 장소가 아니라 봄·가을 유람에 가장 적당한 探勝地로 인식하고 있었음을 알 수 있다. 이러한 승지로서의 방선문에 대한 인식은 19세기 조천리의 鄕士 李漢雨(1823-1881)가 영주 10경 중 제3경으로 품제하면서 현재까지 널리 알려지게 되었다. 방선문은 제주읍성과 가까운 거리에 있으면서 암질 또한 해안의 다공질 현무암과 달리 단단하고 매끄러워 제주지역에서 가장 많은 마애석각이 전하고 있다.

한편 이익태는 방선문을 擧巖谷이라 칭하면서 俗名인 '들럼괴'를 한글로 倂記하고 있다. 이후 영조 때의 제주목사 金㒤은 穿弄串으로,[7] 헌종 때 제주목사 이원조는 登瀛邱로 소개하고 있다.[8] 이를 통해 방선문이 19세기 중반까지는 들럼괴로 불렸고, 한자어로는 거암곡, 천롱곶, 등영구 등으로 借

---

3. 李益泰, 『知瀛錄』, 乙亥(1695) 8月 19日條, '十九日…雙溪會合北流 泉石淸潔 有一大岩 連崖橫截 谷口中通 大穴如門 擲躅楓樹等花卉 交列於左右蒼壁之岸 最宜於春秋遊觀 …'.
4. 이원조의 『耽羅錄』에 등재된 「遊漢拏山記」에 의하면, 추분 다음날 제주유생 金英樂과 막료 3인과 아들 鼎相과 함께 한라산 등정길에 올라 竹星村에서 하룻밤을 잤다고 했다. 竹星村은 현재의 제주시 오라동을 이르는 말로 아직도 그다시라고 부른다(홍순만 외 역, 淡水契 편, 『譯註增補耽羅誌』, 濟州文化院, 2005, 43쪽, 주 94).
5. 李源祚, 『耽羅錄』 上, 辛丑(1841) 1月 2日條, '瀛洲十景題畵屛…廣闊幽深境不齊 就中奇絶卽山溪 春風隨入飛仙窟 躑躅前前海鳥啼 瀛邱賞花 …'.
6. 李益泰, 앞의 책, 乙亥(1695) 8月 19日條, '十九日 更欲登覽漢拏上峯 凌晨促行 單騎馳至中臺 陰雲四塞 還下擧巖谷俗名들럼괴 …'.
7. 金㒤 著, 金益洙 譯, 『蘆峰文集』 卷1, 詩集, 濟州文化院, 2001, 308쪽.
8. 李源祚, 『耽羅志草本』 卷2, 濟州, 形勝條.

訓 또는 借音되어 표기되었음을 알 수 있다. 들럼괴가 방선문으로 倂用되어 불리기 시작한 것은 정조 때 제주목사 尹得逹에 의한 것으로 여겨진다.

방선문의 36건의 석각 중 방문자의 이름만을 새긴 題名이 27건으로 가장 많고, 이중 單名으로 방문 주체의 이름만 홀로 새겨놓은 석각은 8건, 2인 이상 聯名되어 있는 각자는 19건이다. 다음으로 방문자의 이름과 함께 시를 새겨놓은 題詠이 4건[9], 제액·제명을 새겨놓은 것 1건, 제액·제영·제명을 아울러 새겨 놓은 석각이 3건, 사적을 새겨놓은 것이 1건이다.

2. 백록담

백록담에 대한 조선시대 지리서와 읍지류로,『신증동국여지승람』, 제주목, 산천조의 한라산 항목에 백록담에 대해 "산꼭대기에 큰 못이 있는데 사람이 떠들면 구름과 안개가 일어나서 지척을 분별할 수가 없다. 5월에도 눈이 있고 털옷을 입어야 한다."는 간단한 해설이 보이며, 이후 효종 때 이원진의 『탐라지』에도 비슷한 내용으로 기술되어 있다. 이외에 헌종 때 이원조의 『탐라지초본』에는 앞서 기술한 내용 외에 춘분과 추분에 백록담에서 노인성을 볼 수 있다는 기사가 추가로 등재되어 있다.

한편, 숙종 때의 이익태는 탐라 10경의 하나로 백록담을 꼽고 있다.[10] 쉬이 오를 수 없는 곳이지만 조선시대 이래 名山大川에 대한 典禮와 기우제 등을 지내기 위해 지방관 이하 수행인원 등 사람들의 자취가 꾸준히 이어져 여러 사람의 입에 오르내렸기 때문일 것이다. 여기에 白鹿과 신선의 전설[11]이 더해져 한라산의 정상인 백록담 등정을 목표로 한 기행이 조선시대 내내 이어지게 된다.

---

9. 개체수를 파악함에 있어 다른 암면에 새겨져 있더라도 동행인물로 판단된 경우 1건으로 처리했으나, 題詠의 경우 동행인물이라 하더라도 각각 1건씩 별도로 처리했다.
10. 李益泰, 앞의 책, 乙亥(1695) 11月 13日條, "耽羅十景圖序 … 白鹿潭".
11. 李元鎭,「耽羅志」, 濟州, 題詠, "金緻遊漢拏山記 … 洞裏 有白鹿 好食瀛洲草 往往人或見之 此實神仙所居之地也 …"; 李源祚, 앞의 책, 濟州, 形勝, "白鹿潭 在漢拏山絶頂 諺傳 郡仙飮白鹿於此 故名 …".

현재 전하는 최초의 등정기로는 임제(1549-1587)가 1578년(선조 11) 2월 10일부터 16일까지의 등정 기록을 기록한 등정기가 「남명소승」에 전한다. 이후 1601년(선조 34) 안무어사로 다녀간 김상헌, 1609년(광해군 1) 제주판관 김치, 1702년(숙종 28) 제주목사 이형상, 1841년(헌종 7) 이원조, 1875년(고종 12) 해배인 최익현 등의 등정기가 지속된다. 조선시대 내내 이뤄진 한라산 등정은 결국 마애석각이 오래전부터 남을 수밖에 없었던 이유이다.

김치의 「유한라산기」에 '又掃石題名 以記勝跡'이라는 표현이 보이는데 여기에서 題名이란 붓으로 돌 위에 이름을 썼거나 연장을 이용해서 이름을 새긴 것을 뜻하는 것으로 보이며, 이를 통해 17세기 초반에 이미 遊山과 함께 자신의 이름을 바위나 암벽에 刻을 하는 행위가 제주지역에도 來島人들에 의해 이루어지고 있었음을 알 수 있다.

백록담의 마애석각은 동벽에 대부분 집중되어 분포하며 북벽과 동벽, 북벽과 서벽 사이에도 소수가 분포한다. 조선후기 것으로 추정되는 17건의 석각을 시기별로 구분해 보면 18세기 11건, 19세기 6건이다.

17건 중 방문자의 이름을 새긴 제명이 11건으로 가장 많은데, 제명 중 단명으로 새겨진 석각은 2건, 2인 이상 연명되어 있는 것은 9건이다. 다음으로 이름과 함께 사적을 새겨놓은 것이 4건, 시를 읊은 제영을 새겨 넣은 것이 2건이다.

3. 탐라계곡

탐라계곡 마애석각은 제주시 관음사 등산로 입구에서 약 3.2km 거리의 한천 상류 동벽에 새겨져 있다. 이곳에는 1837년(헌종 3) 9월 제주목사 조우석 일행의 이름을 새긴 석각 1건 외에도 연대미상의 隱仙洞 제액, 일제강점기에 새겨진 것으로 보이는 현 제주시 애월읍 출신의 張漢奎(1880-1942) 일행 제명 등 3건의 석각이 더 확인된다.

탐라계곡은 조우석 목사에 의해 새롭게 개척된 탐승처의 하나라고 추정된다. 조우석 목사가 남긴 석각이 탐라계곡 외에 백록담과 산방굴사에서도 확인이 되는데, 이 중 백록담의 석각은 1837년(헌종 3) 5월에 새겨진 것이다. 이를 통해 탐라계곡은 조우석 목사가 한라산 등정 또는 하산 길에 눈여겨보았다가 일부러 찾아간 장소로 추정된다. 하지만 제주읍성과 상당한 거리를 두고 있어 많은 이들의 발길이 닿지 않았던 곳으로 여겨진다.

제2절 마애석각의 시기별 내용과 특징

1. 18세기 마애석각

한라산 내 마애석각은 18세기에 들어 등장한다. 18세기에 조성된 마애석각은 모두 25건이며 이중 방선문 14건, 백록담 11건이 분포한다(<부록> 참조).

분포 개체수를 석각 조성을 주도한 인물에 따라 분류하면 목사 16인, 판관 4인, 현감 1인, 목사측근 1인, 유배인 4인이다. 주도인물을 열거하면, 제주목사는 홍중징 안경운 김윤 윤관 윤구연 김몽규 홍태두 조위진 이윤성 남익상 박성협 김영수 이양정 엄사만 윤득규 이명준, 판관은 정동리 박창봉 황덕빈 김봉길, 현감은 남수, 목사측근은 한창유, 유배인은 조관빈 조영순 정이환 임관주이다.

이 시기 마애석각을 내용에 따라 분류하면 방문한 이의 이름만을 새겨 넣은 題名이 15건이며 이 가운데 單名 석각은 3건, 聯名 석각은 12건이다. 시만을 읊어 각한 題詠이 3건, 장소나 바위의 이름을 命名한 題額과 제명을 함께 각한 석각은 1건, 제액과 제영, 제명을 함께 각한 석각은 3건, 事蹟을 기록한 석각이 3건이다.

마애석각의 서체는 25건 중 해서체 22건, 초서체 3건이다. 글자의 크기는 1자당 가로 23cm, 세로 37cm의 방선문 喚仙臺 제액과 1자당 가로 25cm, 세로 26cm의 訪仙門 제액이 가장 큰 편에 속한다. 이외에는 가로 4.5~20cm, 세로 5~20cm의 다양한 크기로 각이 되어 있다.

18세기 한라산 마애석각의 개체수를 전반기와 후반기로 구분지어 살펴보면 전반기에는 방선문 4건, 백록담 2건 등 총 6건이 이 시기에 조성된다. 후반기에는 방선문 10건, 백록담 9건 총 19건으로 마애석각의 개체수가 전반기 대비 3배 이상 증가한 수치를 보인다. 이러한 수치의 변화는 한라산 내 경승지에 대한 탐승이 시기가 내려갈수록 성행하였음을 보여주는 증거라 하겠다.

이 시기 조성된 마애석각의 내용상 특징은 탐승의 자취로 그 자리에서 읊은 시를 각하여 남긴 題詠이 나타나고 있다는 것이다. 백록담과 방선문 등 마애석각 분포지의 승경을 시로 읊고 문자로 기록한 것은 이전의 地誌나 개인문집 등 문헌자료에서도 찾아볼 수 있다. 하지만 현장의 벼랑이나 암면에 새겨진 제영은 이 시기에 와서야 비로소 등장한다.

사진 1. 홍중징 목사 제영(방선문)

영조 때 정동리 판관의 방선문 제영 5언 2행시를 시발로 하여 홍중징 목사 또한 방선문에 5언 절구를 남겼고, 정조 때 김영수 목사와 그의 측근으로 보이는 한창유가 방선문에 제영을 남겼다. 한편 영조 때 유배되었던 정이환이 백록담에 유배인으로는 처음으로 5언 절구를 남기고, 안덕면 감산리에 유배되었던 임관주가 해배되어 떠나기 전 제주유람을 통해 탐승의 자취를 남기고 있는 것도 18세기 제주지역 마애석각에 나타나는 특징이라 하겠다.

18세기 마애석각에 보이는 제영은 방선문 4수, 백록담 2수 등 모두 6수이다. 이를 마애석각이 나타나는 장소 순으로 배열하고 다시 시기 순으로 차례하여 풀이하면 다음과 같다.

① 방선문
    鄭東里 2행시 : 月老와 女 의 태고적에, 禹임금의 도끼로 쪼개진 바위
    洪重徵 5언 절구 : 돌구멍 입 쩍 벌렸고, 바위꽃 무수히 핀 곳, 꽃 사이 관현 튕기면, 鸞鶴이 날아 이를 듯
    金永綬 5언 율시 : 툭 트인 별난 골짝에, 세월 속 한가론 돌문, 특별한 곳 없다 마오, 신선 사는 산이 있으니, 꽃 지고 봄날은 가도, 바위는 창연한 빛깔, 끼르륵 학울음 우는, 이곳이 仙界인 것을
    韓昌裕 5언 절구 : 골짜기에선 산도 절을 하는 듯하니, 나 또한 들렁귀에선 신선이로세, 무너져 내릴 듯 뻥 뚫린 굴을, 옥도끼로 깎아내길 언제이더냐
② 백록담
    鄭履煥 5언 절구 : 동서남북 바다 한 가운데에, 하늘을 떠받친 봉우리 하나, 홀로이 하늘과 땅 사이에 서서, 옴짝도 하지 않는 最上頭라네
    任觀周 5언 절구 : 아득히 너른 푸른 바다에, 주먹 같이 조그맣게 떠있는 한라산, 백록이 신선을 기다리는 곳, 오늘에야 정상에 올라왔다네

방선문의 제영을 보면 거대한 암굴이 기이하게 뚫린 모습과 주변의 경치를 仙界에 비유하여 표현하고 있다. 백록담 제영은 한라산 정상에서 사방

을 둘러보는 경관과 백록의 전설을 읊고 있다. 해배된 유배인 임관주가 제주를 떠나기 전 당시 경승지로 이름난 곳에 들려 자유분방하게 그곳에서의 흥취를 시로 읊은 것이다.

18세기 마애석각 유형 중 또 다른 특징은 事蹟을 기록하는 하나의 방편으로 마애석각이 나타난다는 점이다.

사진 2. 조관빈 사적 각문(백록담. 탁본:제주동양문화연구소 소장)   **사진 3.** 조영순 사적 각문(백록담. 탁본:제주동양문화연구소 소장)

이 시기 사적을 기록한 마애석각은 3건이다. 사적을 기록한 최초의 것은 대정현 유배인 趙觀彬이 해배되기 전인 1732년(영조 8) 3월 한라산을 등정하여 백록담 동벽에 남긴 석각이다(백종진, 2022a: 157의 주 26). 조관빈은 대사헌으로 재임 중 간쟁한 일 때문에 대정현에 유배되었다. 그 다음으로 趙榮順이 부수찬으로 재임 중 또한 간쟁한 일로 대정현에 유배되었다가 1755년(영조 31) 3월 한라산을 등정하여 백록담 동벽에 석각을 남겼다. 세 번째 것은 沈樂洙 어사 관련 마애석각이다. 심낙수는 1794년(정조 18) 3월 제주위유안핵순무시재어사로 내도하여 어명에 따라 한라산신제를 지내기 위해 백록담에 올랐는데, 이때의 사적이 백록담 동벽에 새겨져 있다.

이러한 사적 관련 마애석각의 출현은 제명·제액·제영 등 탐승의 자취뿐만 아니라 역사적 사실을 기록하는 한 방편으로 마애석각이 사용되고 있음을 보여주는 사례라 할 것이다.

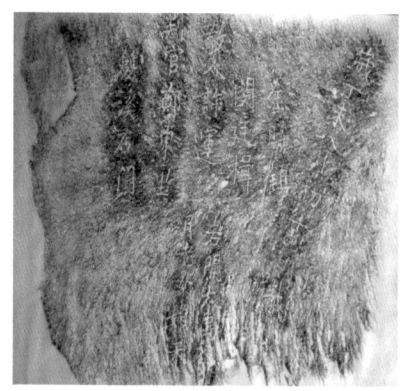

사진 4. 정동리 판관 일행 각문(탁본)

한편, 18세기에 처음으로 등장하는 마애석각은 정동리 판관이 주도하여 방성문 암벽에 조성한 것이 시초이다. 刻文은 제명에 앞서 雙溪石門이라는 제액을 새기고 제명 하단에 5언 2행시를 새겼다. 각문의 형식은 좌에서 우로 써 내려갔다. 현존하는 最古의 방선문 마애석각이다.

방선문에 새겨진 제액은 정동리 판관의 쌍계석문을 시작으로 영조 때 홍중징 목사의 登瀛丘, 정조 때 김영수 목사의 喚仙臺와 윤득규 목사의 訪仙門으로 이어지면서 지속해서 나타나고 있다. 방선문 서쪽 천장에 橫으로 새겨져 있는 방선문 제액은 작자 미상으로 알려져 있지만 제액 위로 윤득규 목사 일행의 제명이 있고, 방선문의 환선대와 등영구 제액을 비롯하여 용연 선유담 제액의 새김 용례로 볼 때 윤득규 목사가 새긴 것으로 판단된다.[12]

한라산 마애석각의 분포지에 대한 탐승 시기를 각문에 새겨진 방문시기를 통해서 확인해 보면, 방선문은 八月初吉日 首夏 夏 首夏 孟春 首夏 初夏 初夏 初夏十日 季春 春(김영수, 윤진오, 한창유) 四月, 백록담은 五月 二月十七日 四月日 四月 秋 九月日 春이라고 기록한 것이 확인된다.

---

12. 방선문 제액에 대한 기록은 崔益鉉의 「遊漢拏山記」에 "當中有石橫跨作門形 長廣容數十人 高可二丈 夾刻訪仙門及登瀛丘六字 亦有前人題品 卽十景之一門"이라는 기록이 최초이다. 이후 金錫翼이 저술한 『心齋集』『破閑錄』上에 '登瀛邱 … 左右懸崖中有大石俯作虹門名曰訪仙…'이라는 기록이 있다.

여기에서 방선문의 방문시기를 확인할 수 있는 간지 총 12건 중 여름이 8건, 봄이 3건, 가을이 1건 순으로 나타난다. 여름 8건 중에서도 夏라 새겨진 각자를 제외하고 初夏가 7건이다. 음력 4월이면 방선문에 번성했던 참꽃나무의 꽃이 만개할 때이다. 이를 통해 방선문이 이 시기에 이미 賞春의 장소로 널리 알려지기 시작했음을 알 수 있다. 백록담은 총 7건 중 여름 3건, 봄과 가을이 각각 2건이다. 18세기 백록담 등정이 봄, 여름, 가을 세 계절에 걸쳐 고르게 이루어지고 있음을 알 수 있다. 백록담의 간지 秋는 해배인 임관주가 일주하였던 자취이다.

2. 19세기~1910년 마애석각

19세기~1910년 한라산 내 암벽에 조성된 마애석각은 모두 29건이다. 이 가운데 방선문에 22건, 백록담에 6건, 탐라계곡에 1건이 분포한다.

분포 개체수를 석각 조성을 주도한 인물에 따라 분류하면 목사 17인에 19건, 판관 4인에 4건, 유배인 1인에 1건, 제주인 2인과 2契에 5건이다. 석각 조성의 주도인물을 열거하면, 목사는 정관휘 한정운 이현택 조정철 박장복 조우석 이원조 목인배 강면규 조희순 박선양 심현택 홍규 심원택 송구호 이재호 홍종우, 판관은 이필술 이의겸 고경준 강인호, 유배인은 윤상화, 제주인은 김종보, 이기온, 강욱빈 외 14인, 김종운 외 18인이다.

내용에 따라 분류하면 제명이 24건으로 가장 많은 개체수를 보인다. 이 가운데 單名 석각은 7건, 聯名 석각은 17건이다. 이어서 제영이 3건, 사적을 새겨 넣은 각자가 2건 순으로 나타난다.

이 시기에도 사적을 새겨 넣은 석각이 백록담 마애석각 중에서 확인된다. 1811년(순조 11)에 제주목사로 부임한 조정철이 1777년(정조 1)부터 1790년(정조 14)까지 제주에 유배되었던 시절을 회상하며 새긴 석각이다.

이 시기 한라산 마애석각의 분포상황을 살펴보면, 방선문인 전반기 6

사진 5. 조정철 목사 사적 각문

건, 후반기 16건으로 석각 조성이 증가하고 있지만, 백록담은 1868년(고종 5) 조희순 목사의 석각을 끝으로 더 이상 지방관들의 마애석각이 발견되지 않는다. 대신 1876년(고종 13) 이후 19세기 말 사이에 현 제주시 오라동 출신의 鄕士 李基瑤(1834-1886)에 의해 조성된 유배인 김정·이익·최익현의 제명이 나타나고 있다(백종진, 2022b: 58).

백록담에 마애석각 조성 주요 주도인물로서 제주목사의 자취가 끊기게 된 데에는 조선말기 사회적 상황을 원인으로 들 수 있다. 제주지역은 1862년(철종 13) 壬戌民亂, 1890년(고종 27) 庚寅民亂, 1894년(고종 31) 丙申民亂, 1896년(건양 1) 戊戌民亂, 1901년(광무 5) 辛丑民亂 등 지속적으로 봉기하는 민란 등으로 어수선한 분위기가 계속되었다. 이러한 사정 등으로 인해 목민관들이 예전 같은 원거리 탐승을 꺼렸을 것이라 여겨진다.

이 시기 제영은 방선문에서만 보이는데, 방선문에는 1807년(순조 7)에 도임한 목사 한정운과 1828년(순조 28)에 판관 이의겸, 1869년(고종 11)에 목사 조희순이 5언 절구 1건씩을 남기고 있다. 이를 시기 순으로 차례하여 풀이하면 다음과 같다.

韓鼎運 5언 절구 : 널려진 바위에 구름이 깊고, 그윽한 꽃은 해를 향하였는데, 신선을 찾아도 볼 수 없으니, 우리들 공연히 온 것 같으이

李義謙 5언 절구 : 포구는 붉어진 해를 삼키고, 산 어깨는 흰 구름 짊어졌으니, 이 저녁 고상히 놀아 보고저, 술동이 들고 와서 글을 논하네

趙羲純 5언 절구 : 꽃 사이 실낱같은 오솔길 꼬불, 도끼로 깎아낸 듯 열려진 석문, 參同契 비결 이미 터득했으니, 속세에서 왔다고 꺼리지 마오

마애석각 조성 주체와 관련해서 이 시기 가장 큰 특징은 주도인물로서 제주인이 등장한다는 것이다. 백록담 동벽의 암벽 윗면에 각자 1자의 크기가 가로 7cm, 세로 8cm 규모로 새겨진, 金鍾輔를 포함한 5명의 이름에 辛

사진 6. 김종보 일행 제명

未 간지가 새겨진 마애석각은 백록담뿐만 아니라 제주지역 전체에 있어 현재까지 확인되는 마애석각 중 제주인으로서는 최초로 마애석각을 남긴 경우이다.

이를 통해 이전의 탐승이 목사 등 외지인들에 의한 전유물이었다면 19세기에 와서 탐승이 제주인들에 의해서도 이루어지고 있음을 확인할 수 있다.

이 시기 마애석각 중 각자의 간지에 방문월일을 확인할 수 있는 각자는 방선문인 경우 四月初一日 四月 閏五月晦日 四月日 閏五月晦日 四月吉日 三月日 四月日 五月日 潤五月初五日 閏五月初五日 春 四月二十日 四月日, 백록담인 경우 三月 三月 八月十一日 五月日, 탐라계곡인 경우 九月日이다. 곧, 방선문 총 14건 중 여름 12건, 봄이 2건 순이다. 백록담은 총 4건 중 봄 2건, 여름과 가을 각 1건씩이다. 산방굴사는 총 2건으로 봄과 여름이 각 1건이다. 용연은 총 2건에 봄과 가을 1건씩, 탐라계곡은 가을 1건이다.

이를 통해 방선문은 18세기에 이어 19세기에도 여전히 4~5월 賞春의 장소로 애용되고 있고, 백록담도 겨울을 제외한 세 계절에 등정이 이루어지고 있으며, 탐라계곡은 가을에 탐승이 이뤄졌음을 확인할 수 있다.

방문연도 표기와 관련하여 19세기 마애석각 중 방선문에 새겨진 沈賢澤 목사 제명과 搜雲契와 風詠錄 회원의 제명은 특이한 사례이다.

조선후기 제주지방의 마애석각은 1658년(효종 9) 제주목사 이괴에 의해 용연 암벽에 조성된 것이 시초이다(백종진, 2022a). 이후 제주지방의 마애석각은 심현택 목사 제명이 조성되기 전까지 방문일자가 새겨진 경우, 언제나 방문한 해를 나타내는 간지와 월일만을 새겨놓았다. 그런데 1884년(고종 21) 4월 방선문을 방문한 심현택 목사의 제명에는 甲申이라는 간지 앞에 開國四百九十三年이라는 조선개국연호를 새겨놓았다. 다음 달 같은 곳을 방문했던 수운계와 풍영록의 명단을 새긴 석각 또한 심현택 목사와 똑같이 조선개국연호를 새겨놓았다.

사진 7. 심현택 목사 제명

19세기에 들어 조선은 이전 주자학 一尊主義的 사상풍토에서 척사위정론·동학사상·개화사상 등 3개의 갈래로 분화된 사상이 상호간 경쟁적인 상황에서 개화사상을 신봉하고 있던 인물들에 의해 조선의 개국이 이루어지게 되었다(이재석, 2000: 8). 1876년 2월 26일 체결된 조일수호통상조약을 시작으로, 미국(1882)·영국(1883)·독일(1883)·러시아(1884)·이태리(1884)·프랑스(1886)·오스트리아(1892)·청(1899) 등과 통상조약을 체결하게 된 것이다.

심현택 목사와 수운계, 풍영록 제명의 開國四百九十三年 연호표기는 이처럼 급변하는 시대적 변화와 함께 기존 淸의 속국에서 벗어난 자주국가로서의 조선을 지향하는 당시 개화사상의 영향이 제주지역까지 전파되어 나온 연호 표기인 듯하다. 공식적인 개국 연호의 사용은 갑오개혁 때 정치개혁의 일환으로 채택된 것인데[13] 심현택 등의 석각에 이미 10년이나 앞서 사용되었다. 이런 의미에서 심현택 목사 등의 마애석각 3건에 보이는 개국 연호 표기는 19세기 후반 외국 열강들 사이에서 변화하는 조선사회의 모습을 보여주는 것이라 하겠다.

그런데 이 3건의 마애석각 외에 더 이상의 개국 연호가 이후로는 확인되

---

13. 건국 이후 사용하여 온 명·청 등의 중국연호 대신 개국년을 원년으로 기산하여 갑오개혁 당년 1894년을 개국 503년으로 산정함으로써 청나라의 연호인 光緖를 사용하지 않았다. 이 연호는 음력 1895년 11월 17일을 개국 505년 1월 1일로 하고, 建陽을 새 연호로 채택함으로써 사실상 폐지되었다.

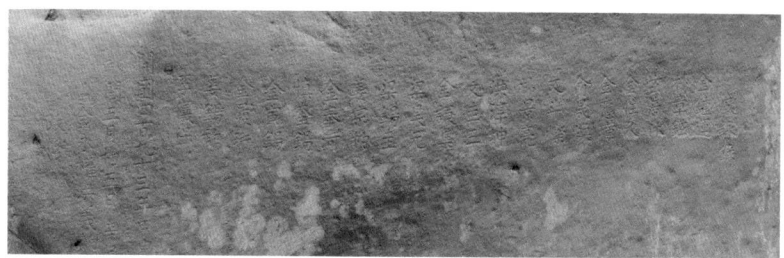

사진 8. 풍영록 제명

지 않는다. 결국 1884년에 한정된 조선개국연호 표기는 1883년 在朝鮮日本人民通商章程 체결이후 가속화된 일본어민의 半漁半賊的 침탈에 대한 생존권적 위협을 느낀 당시 제주사회의 위기의식을 표기한 것으로 풀이할 수도 있을 것이다.[14]

이 시기 마애석각에는 석각 조성 주도인물 1인이 2곳 이상에 석각을 남긴 사례가 보인다. 헌종 때 제주목사 조우석이 백록담과 탐라계곡, 고종 때 제주목사 조희순이 방선문과 백록담에 각각 1건씩의 마애석각을 남기고 있다. 이외에 제주인 이기온에 의해 최익현의 이름을 새긴 석각이 방선문과 백록담에 전하고 있다.

조우석의 경우 같은 해에 달을 달리하여 백록담과 탐라계곡을 방문하였는데, 2곳의 刻文 끝에 함께 한 樂工의 이름을 새겨놓았다. 이는 조선후기 제주지방 지방관의 탐승의 결과물로서의 마애석각의 성격을 보여주는 것이라 하겠다.

---

14. 심현택 목사 재임 당시 속력을 갖춘 어선에 근대화된 어로법에 의한 일본인들의 제주도 연안 불법 어업이 극성이었는데(金粲洽, 2002: 353), 이에 대해 심현택은 어업과 채취업에 의존하며 생업에 종사하는 제주도민의 생계를 걱정하며 조처할 방모를 묻는 장계를 올리기도 하였다(『承政院日記』, 高宗 21年 7月 18日). 강화도조약 이후 일제강점기 이전까지 일본어민의 제주어업침탈과정이 '姜萬生, 1986: 129-130'에 상세히 기술되어 있다.

제3장 마애석각 조성 인물

　조선후기 한라산 내 조성된 마애석각은 방문했던 이들의 이름만을 새긴 석각이 36건으로 전체 마애석각 54건 대비 66.7%을 차지한다. 제명에 있어서 單名인 경우 대부분 이름의 주인공 그 자신이 마애석각 조성의 주체가 되지만, 연명으로 새겨진 경우에는 그 집단을 대표하여 석각 조성을 주도한 인물과 그를 수행하여 따라갔던 인원으로 구분된다.
　본장에서는 마애석각에 이름이 새겨진 인물들을 마애석각 조성 주체인 主導人物과 이들과 함께 했던 隨行人員으로 구분하여 이들의 행적을 살펴보고, 이에 더하여 타인에 의해 조성된 마애석각의 주인공인 어사와 유배인의 행적을 살펴보고자 한다.

제1절 마애석각 조성 주도인물

1. 제주목사

　제주목사의 이름이 새겨진 마애석각에서 제주목사는 언제나 題名된 이들의 주인공으로서 석각 조성의 주도인물이 된다. 조선후기 한라산에 조성된 마애석각 중 제명으로 확인되는 제주목사는 영조 때의 홍중징을 시작으로 고종 때 홍종우에 이르기까지 모두 33인이다. 이는 조선시대 전체 목사수 286명 대비 11.5%에 해당한다.
　마애석각 조성 주요 주도인물인 제주목사 재임 시 주요 행적과 이들이 주도하여 조성한 마애석각의 내용을 표로 나타내면 다음과 같다.

표 2. 마애석각 조성 제주목사 주요 행적 및 석각 내용 일람

성명	재임연월	주요 행적 / 석각 내용
홍중징	1738.10-1739.9	진휼, 青衿生 설치. 愛梅軒과 7언 절구, 觀德亭·望京樓·演武亭 제하 7언 율시 각 1수씩 남김.
		登瀛丘 5언 절구 제영(방선문).
안경운	1740.9-1743.3	三乙那 廟生과 齋任 개정, 흉년에 삼읍 田稅 탕감, 橘林堂 중수, 運籌堂 중수, 觀德亭 제하 7언 율시 남김.
		아들 取範 이하 7인과 제명(방선문).
김윤	1743.3-1744.9	牧子庫 설치.
		黃奎鉉·金澈과 제명(방선문)
윤식	1744.9-1745.9	『耽羅續誌』와 「孝烈篇」 편찬, 진휼, 10소장 울타리 증축.
		尹權 이하 9인과 제명(백록담).
윤구연	1751.8-1752.12	徭役 견감.
		군관 閔震 이하 5인과 제명(방선문).
김몽규	1752.121-754.10	翁仲石 건립, 運籌堂·觀德亭 중창.
		아들 肅基 이하 12인과 제명(방선문),
홍태두	1754.10-1756.윤9	조 1만여 包로 진휼, 제주향교 廣壤으로 이건.
		군관 李問樞 이하 3인과 제명(방선문).
이윤성	1756.윤9-1757.10	흉년에 백성 진휼, 수입 胡馬 방목에 힘씀.
		신임 제주목사 趙威鎭과 제명(백록담).
조위진	1757.11-1759.5	구임 제주목사 李潤成과 제명(백록담).
남익상	1767.2-1769.7	神將廳 건립, 남·북 水口 수축.
		南峴 이하 4인과 제명(백록담).
박성협	1773.3-1774.5	白虎樓(제주 西城門) 중수.
		군관 朴聖漢 이하 7인과 제명(방선문).
김영수	1778.12-1781.3	山場 경계 축장, 蘇民門·受福門 건축, 看月川 堡와 間城 건축, 光齋樓 架設, 관덕정 '耽羅形勝' 편액 씀.
		喚仙臺 제액, 5언 율시 제명(방선문).
이양정	1781.7-1782.1	觀德亭 제하 7언 율시 남김.
		李亨黙 이하 2인과 제명(백록담).
엄사만	1783.6-1785.5	三姓祠 賜額.
		嚴璿 이하 7인과 제명(백록담).
윤득규	1785.5-1786.4	진상 青橘 부패로 파직.
		訪仙門 제액, 아들 翎東 이하 6인과 제액(방선문).

성명	재임연월	주요 행적
		석각 내용
이명준	1786.4-1788.3	1786년 흉년에 旌義縣民 진휼, 1787년 흉년에 쌀 3천섬과 보리 7백여 섬으로 진휼.
		단명 제명(방선문).
정관휘	1799.12-1802.3	宋尤菴謫廬遺墟碑 비각 설립, 悅樂齋(대정서당) 기문 지음.
		단명 제명(방선문).
한정운	1807.3-1809.1	延祥樓(제주 동성문) 중수, 軍器庫·남북 水口의 虹門 개축, 사라봉 植樹, 망경루 북쪽 과수원 설치, 拱辰亭 중건, 대정서당 제하 7언 율시와 관덕정 제하 7언 율시 남김.
		5언 절구 제영(방선문).
이현택	1809.1-1811.6	制勝亭·運籌堂 개건, 삼남 기근에 본주 別儲米로 진휼, 매년 곡식 8백 섬을 실어 와서 公用에 보충.
		조카 義達 이하 7인와 제명(방선문).
조정철	1811.6-1812.6	정의현 金昌彦의 처 오씨 가문 정표, 동·서성 외곽 개축, 垓子 밑에 12 果園 설치, 觀德亭 제하 7언 율시와 拱辰亭 제하 5언 절구 남김.
		자신의 사적을 새긴 석각 조성(백록담).
박장복	1834.7-1836.3	대정향교 중수, 孝和殿(조선 익종의 魂殿) 薦新用 귤 봉진 불이행으로 파직, 관덕정 제하 7언 율시 남김.
		단명 제명(백록담).
조우석	1836.3-1837.11	진휼 잘못으로 도민 다수 餓死.
		趙義經 이하 9인(백록담), 판관 申義恒 이하 12인(탐라계곡)과 제명.
이원조	1841.윤3-1843.6	1841년 흉년에 호남 沿邑의 쌀 2천 5백 섬을 요청하여 구휼, 廩米 1천 1백 79섬으로 還耗 방지, 우도와 가파도 경작 허가, 鄭桐溪謫廬遺墟碑 설립, 鄕賢祠 설립(高得宗 제사), 松竹祠 건립(鄭蘊 제사), 효자 朴繼崑의 기·홍화각 중수기·삼천서당 중수기·상현사기·연희각기, 정방폭·천지연·연희각·관덕정·망경루·공신정·화북진·조천진·명월진·백록담·영실·용연·대정서당 제하 절구와 율시 다수 남김.
		아들 鼎湘 이하 4인과 제명(방선문).
목인배	1853.12-1855.8	啓聖祠 창건, 社稷壇 개축.
		아들 裕錫과 제명(방선문).
강면규	1860.윤3-1861.2	조카 鎬 이하 3인과 제명(방선문).
조희순	1868.10-1872.5	쌀 2천 섬과 內帑錢 2천 냥으로 賑恤, 향교 중수, 擊㧖 개건, 3읍 院宇 훼철.
		단명 제명(백록담), 5언 절구 제영(방선문).

성명	재임연월	주요 행적
		석각 내용
박선양	1881.5-1883.5	관덕정 중수, 문묘와 州社의 희생용 소 부활, 관덕정에 湖南第一亭 편액 글씨 씀.
		朴寅陽 이하 10인과 제명(방선문).
심현택	1883.5-1884.12	拱辰亭 중수, 일본 선박 세 척이 어업을 목적으로 기계를 가지고 정의현 포구에 이르자 狀啓.
		朴箕壽와 제명(방선문).
홍규	1884.12-1886.5	延曦閣(동헌) 중수, 感恩堂 설치.
		군관 申鶴熙 이하 4인과 제명(방선문).
심원택	1886.5-1888.7	남수구 홍예문 개조.
		군관 朴永漢 이하 4인과 제명(방선문).
송구호	1888.7-1890.4	毛興穴 祭閣 설립.
		아들 榮稷 이하 6인과 제명(방선문).
이재호	1901.4-1902.6	1901년 3월 신축민란이 일어나자 음력 4월 14일 프랑스 군함 2척과 함께 제주에 들어왔다.
홍종우	1903.1-1905.4	신축민란의 후유증으로 프랑스와의 외교적인 마찰이 심각하자 佛國通인 홍종우를 제주목사로 임명, 민란의 사후 처리와 프랑스에 대한 배상금 문제를 해결하도록 하였다.

  조선후기 제주지역 마애석각 조성을 주도한 제주목사가 재임 시 제주에서 행한 행적은 <표 2>의 주요 행적에 보이는 바와 같이 守令七事로 통칭되는 수령의 일반적 업무수행의 자취이며, 이 중 사회적 기능이 강조되어 기록으로 전해지고 있음을 알 수 있다. 흉년 때의 진휼[15]이나 救弊, 건물의 창건과 증축 같은 가시적인 것들이 후대에까지 제주 3읍의 도민들에게 회자된 것에 기인하는 것으로 여겨진다. 이원조의 향현사와 송죽사 창설, 엄사만의 삼성사 사액, 목인배의 계성사 창건 등의 제반 행적은 또한 文明에 의한 제주도민 교화의 한 방법으로 사료된다.

---

15. 흉년에 백성들에 대한 진휼은 수령의 주요 업무였다(『經國大典』, 戶典, 備荒條).

그런데 조선시대 제주목사는 일반적인 수령의 업무 외에 정의·대정의 수령을 襃貶하여 전라도관찰사에게 보고하고, 農形을 국왕에게 보고하며, 薦新進上物을 중앙에 上送하는 등 일반목사의 직임이 아닌 관찰사의 직임에 준하는 많은 직임을 담당하였다. 제주도의 경우 본래 전라도관찰사의 관할이지만, 지리적인 특수성으로 말미암아 제주목사가 대정현과 정의현의 수령을 관할하였기 때문이다.[16]

조정철의 과원 설치 등은 제주목사의 감귤 진상에 대비하기 위한 조처였음을 알 수 있고, 윤득규의 감귤 부패로 인한 파직은 감귤 진상이 제주목사의 주요업무 중 하나였음을 실증하는 사례이다. 그리고 감귤 천신의 진상 외에 貢馬 또한 제주목사의 막중한 임무의 하나로써, 윤식의 10소장 울타리 정비, 김영수의 산마장 경계 축장, 김윤의 목자고 설치 등이 이와 관련된 행적이다.

2. 판관

판관이 주도가 되어 조성된 마애석각은 18세기 초반 정동리에서부터 나타나기 시작한다. 석각 조성을 주도한 판관은 8인이며, 이를 시기별로 구분하여 나타내면 다음과 같다.

18세기(4인) : 鄭東里(재임:1726.9-1728.6) 朴昌鳳(재임:1752.11-1754.4)
　　　　　　 黃德彬(재임:1770.3-1772.8) 金鳳吉(재임:1788.1-1790.8)
19세기(4인) : 李必述(재임:1825.5-1827.10) 李義謙(재임:1827.10-1829.6)
　　　　　　 高景晙(재임:1883.8-1885.4) 康仁鎬(재임:1888.4-1889.4)

16.『成宗實錄』卷236, 成宗 21年 10月 28日 丙子條, '本州牧使爲實職 而節制使則兼官也 牧使當專治民事 兼理軍務 而自謂按察三邑 襃貶守令…'.

상기 8인 중 제주판관으로서 직무와 관련된 행적이 문헌에 남아있는 이는 박창봉과 이의겸 2인이다. 박창봉은 貢馬를 잃어버린 일로 붙잡혀 갔으며,[17] 이의겸은 제주목사 李行敎가 貪淫하고 愚狂하다고 조정에 계청하여 파직되었다(김찬흡, 2022: 534). 여기에 제주판관 이후 정의군수를 역임한 강인호인 경우 1898년(광무 2)에 정의현의 일관헌을 중수한 행적(김찬흡, 2022: 29)이 더한다.

마애석각 조성과 관련한 주요 인물은 정동리 판관이다. 앞서 살펴본 바와 같이 정동리는 방선문에 현존하는 最古의 마애석각 조성자이며, 또한 제주지역 마애석각에 나타나는 題詠의 최초 조성자이기도 하다. 이외에 이의겸은 방선문에 5언 절구 1수를 새겼으며, 황덕빈은 백록담에 동행 2인과, 김봉길은 單名으로, 이필술은 아들 斗南 이하 약 8인[18]과, 고경준은 단명, 강인호는 단명으로 각각 방선문에 題名하였다. 고경준은 제주 출신[19]으로 방선문에 이름을 새긴 제명을 남기고 있다.

3. 현감

조선후기 한라산 마애석각 중 현감이 주도하여 조성한 마애석각은 정조 때 정의현감 남수(재임:1793.12-1795.9)가 유일하다. 심낙수 어사 사적 관련 마애석각 1건을 백록담에 조성하였다.

---

17. 『耽羅誌草本』 「官案」에는 '12월에 부임하여 1754년(영조 30) 7월에 교체되자 떠났다', 『心齋集』 「耽羅觀風案」에는 '9월에 붙잡혀 갔다'고 되어있다.
18. 마멸이 심해서 李必述 이하 5인까지는 판독이 가능하지만 이후 4명은 판독이 거의 불가능하다. 글자 크기와 문자열의 간격을 고려하여 추정하였다. 이필술의 이름 앞에 직함은 새기지 않았다.
19. 고경준은 鎭海현감 高處亮의 5세손으로 1839년(헌종 5) 9월 29일 애월읍 水山里의 속칭 오름가름에서 아버지 漢柱와 어머니 양씨 사이의 둘째 아들로 태어났다. 문과 별시에서 乙科로 뽑혔으며 1865년(고종 2) 承文院 副正字가 되었다. 1866년(고종 3)부터 副司果를 시작으로 성균관 전적, 병조좌랑, 사헌부 지평, 함경도 안변의 高山찰방 겸 춘추관 記書官, 全羅都事, 강원도 원주의 保安찰방, 宗親府正, 편수관, 예조좌랑 등을 거쳐 제주판관으로 등용됐다(金粲洽, 2022: 34).

남수는 1794년(정조 18)에 큰 흉년이 들자 상소를 올려 백성들을 진휼하였다. 청백리로 일컬어진다.[20] 日觀軒 제하 7언 율시가 전한다.[21]

4. 유배인

조선후기 한라산 마애석각에서 이름을 확인할 수 있는 유배인 중 마애석각 조성을 직접 주도한 유배인은 3인이며, 이를 시기별로 나타내면 다음과 같다.

18세기 : 趙觀彬(유배기간:1731.12-1732.6), 趙榮順(유배기간:1754.11-1755.3)
　　　　 鄭履煥(유배기간:1766.4-1767.3), 任觀周(유배기간:1767.6-1767.9)
19세기 : 尹相和(유배기간:1882.12-1884.5)[22]

조관빈(1691-1757)은 대사헌으로 1723년(경종 3) 세자 책봉을 둘러싸고 일어난 신임사화의 전말을 상소하여 소론의 영수인 李光佐를 탄핵하였다가 당론을 일삼고 사적인 감정으로 대신을 논척하였다는 죄로, 조영순[23]은 부수찬으로 왕세자에게 영의정 李天輔를 매도하는 글을 올린 이유로 대정현에 유배되었다.

정이환(1731-?)은 1766년(영조 42) 경연관으로 정치문제를 논하다 영조의 비위에 거슬리는 발언을 하여 파직된 宋明欽 등의 사면을 요청하였다가 제주도로 유배되어[24] 이듬해 3월에 풀려났는데,[25] 백록담에 새겨진 제

---

20. 南萬里 編, 『耽羅誌』 卷3, 旌義縣, 先生錄.
21. 李源祚, 앞의 책, 旌義, 樓觀條.
22. 실록에 보이는 윤상화의 제주 유배기간은 1884년(고종 21) 3월까지이다(『高宗實錄』 卷21, 高宗 21年 3月 23日). 그가 남긴 방선문 마애석각에는 방문일자가 '甲申 五月 日'로 새겨져 있다. 마애석각 간지에 의거하여 실지 제주에 머문 기간으로 유배기간을 기록하였다.
23. 조영순은 1755년(영조 31) 1월 해남현으로 이치하라는 명이 떨어졌다(『英祖實錄』, 英祖 31年 1月 23日). 그런데 백록담 석각의 刻文에는 등정일자가 이해 3월로 되어있다. 일기불순 등으로 인해 하달된 명이 지체되었기 때문에 移配 되기 전 한라산을 등정한 것으로 보인다.
24. 『英祖實錄』 卷107, 英祖 42年 4月 15日.
25. 『英祖實錄』 卷108, 英祖 43年 3月 12日.

영은 해배 후 제주를 떠나기 전에 한라산을 등정하여 남긴 것이다.

　임관주(1732-?)는 1767년(영조 43) 정언으로서 영조가 지은 「裕昆錄」의 내용과 수원부사의 천거 미속행에 따른 영조의 처분과 언관에 대한 영조의 태도 등 10여 가지에 달하는 조목을 지적하고 비판하는 상소를 올렸다.[26] 이 상소로 인해 6월 대정현 창천리에 유배되었다. 하지만 유배된 지 석 달 만인 9월에 늙은 아비가 있다 하여 방면되었다.

　정이환과 임관주에 의해 조성된 마애석각은 해배의 기쁨에서 오는 흥취를 제주의 자연에 각인시켜 놓은 듯하다. 이는 임관주가 해배되어 곧바로 제주를 떠나지 않고 일정기간 제주에 머물면서 적소에 있던 창고천을 비롯하여 산방굴사 천제연 백록담 용연 등에 제영과 함께 이름을 새겨 남긴 마애석각을 통해서도 확인된다(백종진, 2022b: 66의 <별표-1> 참조).

　윤상화는 1882년(고종 19) 副護軍으로 임명되었다.[27] 영의정 洪淳穆 등으로부터 상소문의 내용이 무례하고, 언사가 지나치다는 이유로 탄핵받아 1882년(고종 19)에 제주목으로 유배되었다.[28] 이후 1884년(고종 21) 흑산도로 이배되었다. 윤상화는 흑산도로의 이배 명령이 1884년 3월에 떨어졌지만 마애석각 조성시기는 같은 해 5월이다. 5월이 되어서야 조정의 명령이 도착하였고, 제주를 떠나기에 앞서 방선문을 찾아가 이름을 새긴 것으로 여겨진다.

　이상 5인의 유배객 중 조관빈이 남긴 마애석각은 유배인이 주도가 되어 새긴 最古의 마애석각이라는 데에 의의를 둘 수 있는데, 이들 유배인이 남긴 마애석각은 조선후기 政客으로 제주에 온 유배인과 해배된 이들의 행적을 보여주는 것이라 하겠다.

---

26. 『英祖實錄』卷109, 英祖 43年 6月 9日.
27. 「崇禎四己丑慶科庭試文武科榜目」(한국학중앙연구원 장서각[K2-3544]).
28. 『高宗實錄』卷19, 高宗 19年 12月 11日 癸亥條.

5. 제주인

현직관료를 제외한 제주 출신 인물이 마애석각 조성의 주도인물로 출현하는 시기는 19세기에 와서야 확인된다.[29] 이들을 연도별로 구분하여 나타내면 다음과 같다.

1811년 : 金鍾輔 夫士簡 李膺良 洪範植 張文明(백록담)
1875-1886년 : 李基瑢(방선문)
1875-1886년 : (搜雲契員) 姜郁彬 韓禎裕 慎栽揆 金庸圭 金炳鎬 金啓柄
　　　　　　姜斗勳 姜遇伯 吳圭瀛 李能白 李鍊百 李源弼 文斗南
　　　　　　姜師鎬 朴南岳(방선문)
　　　　　　(風詠錄) 金鍾運 朴章鉉 玄商休 金性久 金應璜 俞晟煥
　　　　　　文斗燦 朴景亮 洪淳坤 文圭三 金謙集 梁錫圭 姜宗杓
　　　　　　金奉河 慎奎錫 金寅錫 金履珩 姜錫祚 李儀保 金永權
　　　　　　洪義杓(방선문)

김종보(1762-1850)는 현 조천읍 조천리 태생으로 본관은 김해이다. 1784년(정조 8) 정시 무과에서 병과로 급제하였다.[30] 1805년(순조 8) 8월 明月萬戶에 도임하고 1808년 3월에 그만두었다(김찬흡, 2002: 168). 그 후 全州 中軍과 咸興營의 兵馬虞侯 兼討捕使를 역임했다. 重林察訪을 지낸 金益喆의 아들이다.

부사간(1769-1839)은 순조 때 대정현감 夫士敏(1758-?)의 아우(濟州夫氏門中會總本部, 1995: 27-28)로 특별한 행적은 없지만 부사간의 존재가 확인됨으로써 백록담 동벽에 새겨진 김종보 일행 마애석각이 전 명월만호 김종보 일행에 의해 새겨진 것임을 확증할 수 있다. 부사간의 형 부사민은 김종보와 동반급제자이다.[31] 이러한 연유로 해서 부사간과 김종보가 인연을 맺

---

29. 제주 출신 현직관료로써 한라산 마애석각 조성을 주도한 인물은 판관 고경준(방선문)이다.
30. 「王世子冊封慶龍虎榜」(국립중앙도서관[古朝26-28-66]).
31. 「武科及第先生案」(三姓祠 所藏 筆寫本).

은 것으로 보인다.

이기온은 조선조 고종 때의 鄕士로 광해군 때 제주에 유배 왔던 李瀷의 9대손이다. 전남 장성의 기정진(1798-1879)의 문하에서 배웠다. 최익현이 제주에 유배되었을 때 가까이 교유하였고, 최익현이 해배되었을 때 그의 한라산 등정에 동행하여 길을 안내하였다.[32] 1881년(고종 18) 사설학당으로 오라촌에 文陰書塾을 설립하였다.

수운계원 제명 마애석각의 조성연도인 1884년(고종 21)을 기준으로 당시 활동했던 인물을 살펴보면 이중 강우백은 1901년의 신축민란 때 吳大鉉 李在秀와 함께 민군을 이끌었던 이른바 大靜郡 三義士 중의 한 사람인 東陣將 강우백(1852-1901)과 동일인물로 여겨진다.

강우백은 대정군 하원리 출생으로 월평리에서 거주하면서 1898년(광무 2) 房星七亂에 참여, 이듬해 천주교 예비 신자로 성당을 드나들었으나 곧 신앙생활을 단절하고 오히려 반천주교에 앞장섰다. 1901년 천주교도 및 封稅官의 작폐가 심하자 같은 해 4월 9일 월평리민을 이끌고 대정군수에게 호소하였고, 5월 동진장으로 제주성을 함락시켰으나 6월 난이 진압되어 10월 9일 교수형에 처해졌다(金燦洽, 2000: 346).

한정유는 추사의 문인 李漢雨와 교유했던 사람으로, 현 제주시 거로 출신이며, 문과 급제 韓錫胤(1845-?)의 아버지이다(金燦洽, 2002: 734). 김윤식(1835-1922)의 『속음청사』에 의하면 한석윤은 吏役에 종사하면서 文筆도 잘했다(金允植 著, 金益洙 譯, 2010: 204).

김계병은 조천리 출신으로 五衛將을 지냈다. 1848년(헌종 14) 11월에 정의현에 유배 와서 1851년(철종 7)에 떠나간 순조 헌종 연간의 문신 李承憲(1792-?)에게 글을 배웠다.[33]

---

32. 淡水契, 『增補耽羅誌』, 1.地理 山川條.
33. 金錫翼, 『心齋集』, 「破閑錄」上.

풍영록에 제명된 김종운은 이원조 목사가 1842년(헌종 8) 10월에 실시한 試取에 賦로 합격한 경력이 있다.[34]

이상 현직관료 외에 마애석각 조성 주도인물로서 19세기에 나타나기 시작한 제주인들은 전직 만호, 지역 유림, 시회 회원 등으로 요약할 수 있다. 암벽이나 바위에 글자를 새기는 행위를 조선후기에 유행한 문화의 한 행태로 볼 때 조성을 주도한 제주인들 또한 17세기 중반 제주목사들에 의해 마애석각이 제주지역에 전파되는 경우와 흡사하게 식자층이 주도하였음을 확인할 수 있다. 이런 점에서 김종보와 부사간 일행의 제명은 백록담에서뿐만 아니라 제주지역에서 확인되는 마애석각 중 제주인에 의해 조성된 최초의 마애석각으로 의의를 가진다.

방선문에 최익현과 함께 제명하고, 백록담에 김정 이익 최익현의 이름을 제명한 이기온의 제명을 통해서는 19세기 중반 이후 제주 유배인들에 의해 사상적으로 영향을 받은 제주 지식인층의 사상적 동향의 한 단면을 엿볼 수 있다. 최익현과 기우만(1846-1916)에게 영향을 받은 이기온의 위정적 사사상은 그의 아들 李膺鎬(1871-1950)가 주체가 되어 集義契를 결성하는 계기가 되었으며, 1905년 11월 을사늑약에 의해 국가의 자주권이 상실하게 되자 집의계원 12인이 오라동 연미마을 망곡단에 모여 집의계선언문을 낭독하고 일본의 부당성을 성토하였다(金燦洽. 2000: 342). 또한 이응호의 문하에서는 만주로 건너가 독립운동에 적극적으로 참여한 제자가 배출되기도 하였다.[35]

한정유의 제명은 19세기 제주사회의 사회적 경제상황의 변화나 신분계층의 붕괴, 양반계층의 사회인식의 변화 등을 보여준다 하겠다.

---

34. 李源祚,『耽營關報錄』, 道光 22年(1842) 10月 16日 啓聞.
35. 제주시 오라2동 李鍾億(1940년 생) 구술 증언(2013. 4. 26).

제주지역 유림의 시모임은 1898년(광무 2) 제주에 유배 왔던 외무대신 김윤식이 제주의 鄕士와 유배인들을 모아 橘會라는 시회를 운영했던 것이 유명하다.[36] 이후 일제강점기에 瀛洲吟社가 설립되어 현재까지 명맥을 유지하고 있다. 방선문의 수운계와 풍영록 제명은 19세기 말 한시모임인 귤회 설립 이전에 이미 자생적 시회가 제주인들에 의해 설립 운영되고 있었음을 보여준다. 또한 이러한 시회 모임의 인적구성원은 지역적으로 가까운 제주목 관내의 사람들뿐만 아니라 강우백처럼 대정현 출신의 인물이 함께 한 것으로 보아 당시 제주 3읍 유생의 교류상황을 짐작할 수 있다.

2절. 마애석각 제명 중 隨行人員

1. 판관

조선후기 한라산 마애석각에 보이는 題名 중 제주목사의 수행인원으로 이름이 확인되는 판관은 모두 5인이다. 이를 시기별로 구분하여 나타내면 <표 3>과 같다.

표 3. 한라산 마애석각 제명 중 제주목사 수행 판관

시기	목사	판관	재임기간	주요 행적	마애석각 소재지
18C (3인)	洪泰斗	安世潤	1754.9-1757.4		방선문
	南益祥	慎基慶[37]	1766.8-1769.2		백록담
	李養鼎	李亨黙	1781.7-1783.2		백록담
19C (2인)	李顯宅	孫應虎	1809.1-1811.9	貳衙(察眉軒) 중수[38]	방선문
	趙禹錫	申義恒	1835.8-1838.2		백록담 탐라계곡

---

36. 金允植이 저술한 『續陰晴史』 卷9에 당시 귤회에 참여했던 제주유림과 유배인들의 명단이 보인다.
37. 南益祥 목사의 題名은 南峴과 둘만을 새기고 戊子 四月로 刻文을 종결하였다. 慎基慶의 제명은 바로 옆면에 劉錫孝 金重運과 함께 새져지고 戊子初夏登이라 쓰고 각문을 종결하였다. 남익상과 남현 만을 먼저 제명하였다가 다시 함께 간 이들을 제명하면서 등정 일자에 혼동을 피하고 같은 날 동행한 인물임을 분명히 하기 위해 간지를 반복하여 새긴 것으로 생각된다.
38. 李源祚, 앞의 책, 濟州, 公廨條.

조선후기에 와서 界首官에 파견되었던 판관들이 불필요한 관직이라는 이유로 모두 혁파되었지만 제주목인 경우 鏡城도호부와 함께 판관 파견이 계속되었다. 제주목사는 정의·대정의 수령을 포폄하여 전라도관찰사에게 보고하고, 農形을 국왕에게 보고하며, 薦新進上物을 중앙에 上送하는 등 일반목사의 직임이 아닌 관찰사의 직임에 준하는 많은 직임을 담당하였기 때문에 판관을 계속 존치하지 않을 수 없었을 것이다. 따라서 판관의 이름은 마애석각 조성의 주도인물로서 뿐만 아니라 제주목사의 수행인원으로 한라산 마애석각이 조성되기 시작하는 시기 이래 지속적으로 이름이 나타나고 있는 것으로 여겨진다.

2. 현감

조선후기 한라산 마애석각 제명에서 현감이 수행인원인 경우는 제주목사의 수행인원인 경우로, 방선문에 이현택 제주목사의 일행으로 확인되는 정의현감 盧尙熙(재임기간:1810.2-1812.8)가 유일하다.

정의현감 노상희의 행적은 도·체임 관련 자료뿐이다. 노상희의 재임 시 행적이 미미한 것은 제주목사의 포폄의 대상으로 제주목사와 上命下服의 관계에 있었던 것과 무관하지 않은 것으로 여겨진다. 어떤 사건의 결과에 있어 명령을 내리는 주도인물의 행적은 기록으로 남지만 이를 수행하는 그 주변인물에 대한 기록은 드문 것이 역사기록의 일반적 현상이기 때문이다.

따라서 방선문 이현택 목사 일행에 제명된 정의현감 노상희의 사례는 비록 개체수에 있어 소수에 불과하고 또한 19세기 마애석각에 나타나는 현상이기는 하지만 조선후기 제주목사와 정의·대정 양현 현감과의 상명하복의 관계를 보여주는 것이라 할 것이다.

3. 군관

조선후기 한라산 마애석각 중 군관 직함을 가진 이들의 명단은 모두 제주목사의 수행인원으로 새겨져 있다. 제주목사가 주도하여 조성한 마애석각 중 군관 직함이 있거나 직함이 없어도 군관으로 추정되는 인물의 이름이 새겨진 마애석각은 16건이다. 이들을 석각 조성 주도인물인 목사와 함께 시기별로 나타내면 <표 4>와 같다.

표 4. 조선후기 한라산 마애석각 제명 중 수행 군관

시기	목사	군관	장소
18C (8건)	洪重徵	權世恭 申德涵 朴壽鳳	방선문
	安慶運	李演輔 林貴春 丁志升 南得遠	
	尹九淵	閔震 柳敏章 梁泰重 柳獻徵 張紀龍(방선문)	
	金夢燁	辛一東 鄭彦佐 金得基 鄭東羽 崔倬 李宗芳 洪慎健 成漢宗 崔命祚	
	洪泰斗	李問樞 崔潗文	
	朴聖泱	朴聖漢 趙益祥 李聖儒 姜遇周 金載赫 韓相五	
	李養鼎	羅東善	백록담
	尹得逵	金述曾 尹得敦 姜文一	방선문
19C (8건)	李顯宅	金漢恂 權啓東 韓永履 李顯謨	
	趙禹錫	趙禧錫 咸永述 朴裕源 李寅和 金秀男 劉永勳 文命新	백록담
		趙禧錫 咸永述 朴裕源 趙義經 金秀男 卞恒遠 劉永勳 李明秀 金菊逸	탐라계곡
	李源祚	丁義成 李潞夏	방선문
	姜冕奎	李始愚 李啓奕	
	朴善陽	朴宗(誼) 朴來敏 金東杓	
	洪圭	申鶴熙 李敎晚 尹泳毅	
	沈遠澤	朴永漢 沈相俊 朴章浩(용연, 방선문)	
	宋龜浩	宋元浩 尹斗成 皮秉奎	

<표 4>의 군관 중 행적이 확인되는 인물을 살펴보면 다음과 같다.

안경운의 군관 林貴春과 丁志升인 경우 이름 아래에 각각 同知, 武兼의 직함을 새겨두고 있다. 임귀춘은 제주목사 군관 전인 1735년(영조 11) 훈

사진 10. 안경운 목사 일행 제명

련도감 監官, 1740년(영조 16) 忠翊衛將(정3품)에 있었다. 정지승은 제주목사 군관 전인 1725년(영조 1) 庭試 병과 급제, 1732년(영조 8) 武兼이다. 제주목사 군관 이후 1754년(영조 32) 僉知中樞府事(정3품)에 이르렀다.

김몽규의 군관 鄭東羽는 제주목사 군관 이후 1777(정조 1년) 식년 생원시에 급제하였다. 윤구연의 군관 柳敏章은 제주목사 군관 이후 閑良으로 1754년(영조 30)에 加資되었다. 박성협의 군관 姜遇周는 제주목사 군관 이후 兼司僕으로 1784년(정조 8) 정시 병과 급제하였다. 이원조의 군관 丁義成은 제주목사 군관 이후 1856년(철종 7) 隨駕軍校로 있었다. 李仁觀 李潞夏 등과 함께 이원조 목사를 수행해서 한라산에 오른 기록이 있다. 송구호의 군관 皮秉奎는 제주목사 군관 2년 뒤 1892년(고종 29) 연간에 함흥감사 李源逸의 幕裨가 되었다. 군관 尹斗成은 제주목사 군관 이후 1896년(건양 1) 연간에 警務廳主事를 역임했다.

이상의 고찰 결과 제주목사와 함께 이름이 새겨진 이들 군관은 제주지역 지방군으로 濟州鎭營에 소속된 지방 주둔군의 군관인 營鎭屬軍官을 의미하는 것으로 보이지 않는다. 이들은 제주목사 도체임과 함께 제주목사가 추천하여 데리고 왔던 것으로 추정된다. 이러한 추정을 가능케 하는 근거의 하나로 <표 4>에서 동일한 인물이 해당 목사 이외 다른 목사의 군관으로 다시 나타나지 않음을 들 수 있다.

신임 목사가 스스로 군관을 추천하여 그들을 데리고 임지로 갈 수 있다는 내용은 『경국대전』에 근거하며 그 내용은 다음과 같다.

【軍官】무과시험의 합격자나 番에서 나온 別侍衛나 甲士를 진영장수가 각기 추천하면 兵曹에서 심사해 가지고 임금에게 제의하여 임명하며 1년이 되면 교체한다.[兩界인 경우 번을 서고 있는 사람도 임명하며 양계에 있는 節度使의 군관으로는 內禁衛도 임명한다. 군관의 수는 떠날 때에 임해서 임금의 허가를 받는다. 양계와 제주 3읍은 본도의 사람으로 임명하지 못한다.]…【巨鎭】3명[부령과… 제주 등의 鎭에는 각각 2명씩 더 둔다.[북청 외에 판관이 있는 곳에는 또 2명씩 더 둔다.…]³⁹⁾

이에 의거하면 조선전기 제주목에 부임하는 신임 목사는 巨鎭으로서 3명에 특별히 2명을 더 하고, 판관이 있는 곳이 되어 다시 2명이 더 추가되어 도합 7명의 군관을 추천하여 데리고 갈 수 있었으며, 이러한 군관의 임기는 1년임을 알 수 있다. 그런데 원상 목사인 경우 수행 군관이 8명인 것으로 보아 법률에 정해진 액수대로 지켜지지 않은 것으로 보인다.

이와 관련하여 영조 때에 오면 이를 보완하여 군관을 정원 외에 主將이 推考하여 데리고 갈 수 있다는 규정이 생겨나는데,⁴⁰⁾ 이는 당시 대부분의 지방장관들이 정원을 초과하여 군관을 데리고 갔기 때문에 생겨난 조항이라 생각한다. 이 시기 제주지역 마애석각에서 김몽규와 조우석 목사인 경우 수행 군관이 각각 9명으로 나타난다.

그런데『속대전』에는 또한 '일찍이 帥(병마절도사와 수군절도사)와 관찰사를 지냈던 이를 군관으로 啓請할 수 없다.'는 규정이 이어서 기술되어 있다. 전직 절도사와 관찰사를 군관으로 데리고 가지 못한다는 규정은 역으로 그러한 일들이『경국대전』에 지방장관의 軍官帶去 규정이 마련된 이후『속

39.『經國大典』卷4, 兵典, 軍官,'【軍官】以武科及下番別侍衛甲士 鎭將各薦 兵曹考覈 啓差 周年乃遞[兩界雖當番差之 兩界節度使則內禁衛亦差 數則臨時取旨 兩界及濟州三邑則不差本道人]…巨鎭]三[富寧…濟州等鎭,則各加二[北靑外 有判官處則又可二]'.
40.『續大典』, 兵典, 軍官,'【軍官】元額外帶去者 主將推考 ○曾經閫帥人觀察使 無得以軍官 啓請【觀察使·節度使 統禦使】各九【防禦使 營將】各三【萬戶 別將 權管】各二'.

대전』편찬 이전의 시기까지 비일비재하게 이루어졌음을 반증하는 것이다.

조선후기 제주지역 마애석각에서 보이는 이러한 제주목사의 군관은 일반 군졸의 우두머리를 호칭하는 일반명사로서의 군관과 구분되며, 군직을 겸한 지방장관(제주목사)을 主將이라 부른데 대하여 주장을 보조하는 무관의 의미로 幕裨(조우석 목사)나 佐幕(이양정 목사)으로 불리기도 하고, 문헌의 기록에서처럼 裨將 혹은 裨 등으로 불린 듯하다.

이러한 군관들은 신임 목사의 추천에 의해 임명된다는 점에서 형제나 친족, 친구 등 목사와 혈연이나 지연 등으로 맺어진 사람이었을 것이라 생각된다. 이런 의미에서 이들을 자제군관이라 규정할 수도 있다. 하지만 사신에 딸린 자제군관은 1590년(선조 23) 이후 사신단 조직관례에 따라 차견된 군관이며[41] 조선시대 법전 등에 공식적으로 지방관이 군관으로서 자제를 데리고 갈 수 있다는 조항은 보이지 않는다. 따라서 <표 4>에서 제주목사의 수행인원으로 제명된 이들 군관은 제주목사의 업무를 보좌하기 위해 중앙에서 파견된 판관, 교수, 심약, 역학 등과는 성격을 달리하는 제주목사의 私的인 幕僚集團이라고 규정할 수 있을 것이다.

4. 심약·역학

조선후기 한라산 마애석각 제명 명단에는 제주목사의 수행인원으로 중앙에서 파견되었던 지방관으로 정9품관인 심약과 왜학 등의 이름도 보인다. 이를 정리하면 <표 5>와 같다.

표 5. 조선후기 한라산 마애석각 제명 중 수행 심약·역학

시기	목사	구분	성명	소재지
18C	안경운	심약	張鳳徵	방선문
	김몽규		李禧大	
	박성협		梁慶柔	
	안경운	왜학	劉廷禧	

<표 5>에서 행적이 확인되는 인물을 살펴보면, 장봉징은 제주심약 이후 1744년(영조 20) 月令醫院의 직임으로 자리를 옮겼다. 이희대는 제주심약 이전 1732년(영조 8)부터 1734년(영조 10)까지 月令醫院의 직임에 있었고, 1743년(영조 19)과 1752년(영조 28)에 待令製藥官의 직임에 있다가 제주로 차견되었다. 양경유는 제주심약 이후 1782년(정조 6)에 救療官에 재임하다 옥에 갇힌 죄인에게 약을 주지 않았다 하여 홍충도 태안군으로 정배되었다.

제주목에 있어 심약의 파견은 『경국대전』과 효종 때 편찬된 이원진의 『탐라지』에 의하면 조선전기 세조에서 성종 연간 사이에 이미 1인이 파견되고 있었다고 사료된다.[42] 역학 중 왜학은 심약과 비슷한 시기에 파견된 것으로 보인다.[43] 이들 심학과 왜학은 1895년(고종 32) 모든 조직이 근대조직으로 개편되면서 제주목사를 폐하여 대신 관찰사를 두고, 대정과 정의현이 郡으로 승격될 때에 심학과 역학도 함께 폐지되었다.[44]

심약은 제주목사의 殿最 대상이 되는 지방관의 하나이기도 했다.[45] 역학 또한 정9품의 지방관원으로 심약과 마찬가지로 제주목사의 전최의 대상이었을 것이다. 따라서 판관, 교수 등과 함께 제주읍성 인근의 목사행차에 관원의 자격으로 참가한 것을 기념하여 수행명단에 이름을 함께 새겼던 것으로 보인다.

---

41. 『萬機要覽』, 財用 5, 信使條.
42. 『經國大典』卷1 吏典, 外官職; 李元鎭, 앞의 책, 濟州, 官員條.
43. 李元鎭, 앞의 책, 濟州, 官員條.
44. 淡水契, 앞의 책, 2.沿革條.
45. 李源祚, 앞의 책, 濟州, 舊例條.

5. 목사 친족 외

제주목사를 수행한 인원 중에는 冊室 中房 奉硯 등의 호칭을 가진 이와 목사의 자제, 형제 등의 이름이 보인다.

일반적으로 수령의 비서를 의미하는 冊室은 경국대전 등의 官制나 읍지의 관원조에는 명시되어 있지 않은 직함이다. 이를 통해 수령이 사사로이 임용하여 쓴 개인비서를 일컫는 직함임을 알 수 있다. 한라산 마애석각에는 1786년(정조 10) 윤득규 목사 일행 제명에 직함과 함께 玄鎭澤·金桓의 이름이 보이고, 1889년(고종 26) 송구호 목사 일행 제명에 마찬가지로 직함과 함께 宋鍾奭의 이름이 보인다.[46]

또한 책실의 다른 호칭으로 쓰인 것으로 생각되는 中房의 직함이 보이는데, 朴善陽 목사 일행에 金仁宅·李昌基, 宋龜浩 목사 일행에 李仁典의 이름이 직함과 함께 새겨져 있다. 李源祚 목사 일행 제명 安命岳의 奉硯 직함 또한 책실·중방 등과 같은 의미의 다른 표현으로 보인다.

이외에 목사의 자제와 형제 친족으로 마애석각에 이름이 새겨진 인물은 김영수의 子 樂圓(방선문), 윤득규의 子 羚東·從子 養東(방선문), 이원조의 子 鼎湘(방선문), 목인배의 子 裕錫(방선문), 강면규의 堂姪 鎬(방선문), 박선양의 弟 泰陽·子 勝台·勝斗·(兄弟) 朴寅陽[47](방선문), 홍규의 洪埠[48](방선문), 심원택의 沈樂中[49], 송구호의 子 榮稷 등이다.

정동리 판관 일행의 散人 許運·閔廷楫 金時鎭(방선문), 김영수 목사 일행의 尹進五·韓昌裕(방선문), 조우석 목사 일행의 笙 文命新(백록담 탐라계

---

46. 책실은 또한 冊客으로도 불린 듯하다. 이들은 수령의 사사로운 회계정리와 문서작성 등을 담당했던 것으로 보인다(『牧民心書』, 赴任, 治裝條, '近俗有所謂冊客 以掌會計 非禮也 若我之札翰荒拙 宜携一客 以掌書記').
47. 1870년(고종 7) 식년시 진사 급제자이며, 아버지는 朴齊鴻이다(『崇禎紀元後四庚午式司馬榜目』(하버드 옌칭도서관[TK 2291.7 1746 (1870) FOLIO])). 이를 통해 朴寅陽과 朴善陽이 형제 항렬임이 확인된다(『武譜』天·地·人(한국학중앙연구원 장서각[K2-1741]) 참조).
48. 土자 돌림의 형제 항렬로 추정된다.
49. 심원택과 조부 항렬의 친족으로 추정된다(『武譜』天·地·人(한국학중앙연구원 장서각[K2-1741])).

곡)·琴 金致元(탐라계록) 등 또한 목사의 지인으로서 측근에서 그와 함께 했던 이들로 생각된다.

6. 제주 출신 수행인원

제주 출신 수행인원으로 한라산 마애석각에 보이는 이는 목사 박선양의 수행인원인 金亮洙(1828-1887)가 유일하게 확인된다.

사진 11. 김양수 제명

김양수는 현 조천읍 조천리 출신으로 호는 蘭谷이다. 유배 온 최익현에게 從遊하였다. 延祥樓 重修上樑文이 전하며, 율시를 모은 蘭谷集이 있다(金燦洽, 2002: 131). 1874년(고종 11) 진사시에 합격하였다.[50] 그런데 김양수는 관직에 나아가는 대신 兵房으로 생계를 꾸려나간 것으로 전해진다.[51] 박선양 목사 일행 마애석각의 조성연대가 1882년(고종 19)인 점으로 보아 마애석각 제명 당시 邑吏로 따라간 것으로 보이며, 김양수 제명의 직함 本州進士는 그를 예우해서 쓴 직함이라 사료된다. 따라서 金亮洙의 제명은 앞의 마애석각 조성 주도인물로서 제주인 韓禎裕의 제명과 함께 19세기 양반계층의 사회인식에 대한 변화 등을 보여주는 것이라 하겠다.

---

50. 「崇禎紀元後五甲戌增廣別試司馬榜目」(한국학중앙연구원 장서각[B13LB 37]).
51. 이와 관련하여 작자미상의 『小華集』(吳文福 소장 영인본)에 평양 출신으로 구한말에 제주에 들어와 본도의 문사들과 교유하였던 劉淡이 김양수가 병방이 된 것을 조롱한다는 짧은 서문과 함께 그의 행적을 비웃는 다음의 시 2수가 전한다. '處女家. 西隣處女髮星星 氷玉持心不下庭 一夜春情禁未得 柴門晝出立亭亭' '行路難. 人間遊客各殊程 或走山林或市城 却是非山非市處 故人出脚竟何情'.

3절. 기타 인물

조선후기 한라산 마애석각에는 현직관료와 유배인, 제주출신 인물 등에 의해 조성된 마애석각 외에도 어사·유배인의 사적과 관련된 석각이 확인된다. 본 절에서는 앞서 살펴본 마애석각 조성 주도인물과 수행인원 외에 이러한 석각의 주인공에 대해 살펴본다.

1. 어사

한라산 마애석각 중 어사의 이름이 새겨진 것으로는 1794년(정조 18) 3월에 내도한 어사 沈樂洙 관련 석각이 유일하다. 어사로 내려왔던 당시의 事跡을 문장으로 백록담 동벽에 새겨놓았다. 刻文은 다음과 같다.

恩坡退士[52] 沈公樂洙 以巡撫御史來過甲寅春

"은파퇴사 심낙수 공이 순무어사로 백록담을 1794년(정조 18, 갑인) 봄에 지나갔다."는 내용이다. 심낙수는 1793년(정조 17) 12월, 제주에 전염병이 돌고 흉년이 들었는데 6백여 명의 餓死者를 낸 제주목사 李喆運의 죄상을 규찰하기 위해 濟州慰諭按 巡撫試才御使로 제주에 왔다. 어사로 파견될 당시 한라산신제를 지내도록 하교 받았는데,[53] 이때의 사적을 기념하여 새긴 것이다.

그런데 각문의 沈公이란 표현으로 보아 석각은 심낙수 자신이 주도하여 조성한 것이 아님을 알 수 있다. 심낙수의 사적을 새긴 석각은 동벽의 암반

---

52. 恩坡는 심낙수의 호이며, 退士는 속세를 떠나 조용한 草野나 深山, 절에 들어가 도를 닦는 선비를 뜻하는 말이다. 심낙수는 1795년 이후 정계에서 은퇴하고 고향인 坡山에서 은거하다가 죽었다. 이를 통해 백록담 심낙수 관련 석각은 당시에 새겨진 것이 아님을 알 수 있다.
53. 『정조실록』 권38, 정조 17년 11월 14일; 같은 책, 17년 11월 24일.

사진 12. 심낙수 어사 사적 각문과 남수 현감 제명

상단부에 벽면을 가로 55cm, 세로 80cm로 평평하게 직사각형 형태로 갈아낸 다음 각자를 새겼다. 심낙수 각자와 인접한 암벽에 干支 없이 單名으로 정의현감 남수의 이름이 새겨져 있다. 이 또한 가로 27cm, 세로 40cm 정도로 표면을 갈아낸 다음 비슷한 크기와 서체로 각을 새겼다. 이를 근거로 심낙수 관련 마애석각은 정의현감 남수가 주도하여 새긴 것으로 판단된다.

어사로서 심낙수는 왕명에 따라 문·무과를 시행하여 변경붕·부종인·고명학·홍달훈·이태상·정태언 등 문과 합격자 7인과 홍범익 등 무과 합격자 7인을 전시에 바로 응시하게 하였다.[54]

조선개국 이래 제주에 파견된 어사들은 巡撫·按·賑恤·試才 등 각종 특별임무를 띠고 내도하였다. 백록담의 심낙수 목사 관련 석각은 제주 파견 어사와 관련된 몇 안 되는 사적 중의 하나이다.

1470년(성종 1) 이약동 목사가 凍死 등의 이유로 제주성 남문 밖 15리 지경에 제단을 창건하여 이곳에서 대신 한라산신제를 봉행하여 왔다. 하지만 특명을 띠고 온 어사인 경우 임금의 명령에 의해 백록담에서 한라산 산신제를 지낸 사실들이 여러 사료에 보인다. 이런 의미에서 심낙수 목사 마애석각은 조선후기에 파견된 어사들이 왕명에 의해 직접 한라산을 등정하여 한라산신에게 제주도민의 무사안녕을 기원하게 했던 증거가 문헌이 아닌 현장에 남아있는 유일한 사적이라 하겠다.

---

54. 『정조실록』 권38, 정조 18년 4월 21일.

2. 유배인

조선후기 한라산 마애석각 중 유배인 관련 석각은 앞서 살펴본 마애석각 조성 주도인물로서 조관빈·조영순·정이환·임관주·윤상화를 제외하고는 모두 이들의 자취를 기념하여 타인에 의해 조성된 마애석각이다. 조정철은 예외적인 경우로, 해배된 후 제주목사로 돌아와 자신의 유배 관련 사적을 백록담 정상에 새겨놓았다. 이러한 석각의 주인공들을 유배시기[55]에 따라 구별하여 정리하면 다음과 같다.

16세기 : 金淨(유배기간:1520.8-1521.10)
17세기 : 李瀷(유배기간:1618.11-1623.3)
18세기 : 趙貞喆(유배기간:1777.8-1790.9)
19세기 : 崔益鉉(유배기간:1873.12-1875.2)

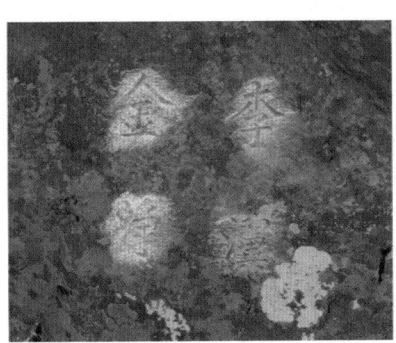

사진 13. 김정·이익 제명

김정은 1519년(중종 14) 기묘사화 때 극형에 처해지게 되었으나, 영의정 정광필 등의 옹호로 錦山에 유배되었다가 제주목으로 이배된 이듬해 신사무옥에 연루되어 과거 금산에서의 유배소 이탈 문제로 인해 사약을 받고 제주에서 사망하였다.

사후 근 60년이 지난 1578년(선조 11) 제주판관 조인후가 그를 추모하여 적거유허지에 충암묘를 세웠고, 여기에 1660년(현종 1) 이괴 목사가 현

---

55. 본문에 기재된 유배기간은 실록과 문헌자료를 근거로 유배와 해배의 명이 내려진 월을 기준으로 하였지만, 적거기간 제주인과의 교유관계 기록 등을 참조하여 조관빈과 최익현의 경우 체류기간을 기준으로 작성하였다.

오현단 자리에 학사인 장수당을 짓고 장수당 남쪽으로 충암묘를 이설하여 서원의 규모를 갖추게 되어 1682년(숙종 8) 사액서원이 되었다. 결국 김정의 제주 유배가 제주유림의 구심체가 된 귤림서원 설립의 기원이 되었다고 할 것이다.

김정이 제주에 머무른 기간은 1년 2개월 정도에 불과했지만 1892년(고종 29) 조천리 출신의 金羲正(1844-1916)이 제주유림을 규합하여 훼철된 귤림서원의 자리에 현재의 오현단을 조성할 때까지 제주 유림사회에 그가 끼친 영향은 지대하다고 할 것이다.

이익(1579-1624)은 1618년(광해군 10) 인목대비를 폐하려는 논의가 일자, 이에 반대하는 상소를 올렸다가 제주에 안치되었다가 인조반정이 일어나 해배되었다. 이익은 제주유배 중 헌마공신으로 일컬어지는 김만일(1550-1632)의 딸을 맞아 아들 이인제를 낳았는데, 이인제는 어머니와 함께 제주에 남아 경주이씨 제주 입도조가 되었다. 유배인의 신분으로 당대 제주의 벌문인 김만일 집안과 통혼할 만큼 이익의 존재가 대단한 것이었음을 알 수 있다.

조정철은 1777년(정조 1)에 강용휘 등이 정조를 시해하고 그의 이복동생을 옹립하려는 음모에 연루, 우의정 趙泰采의 증손임이 참작되어 되어 참형을 면하고 제주목에 유배되었다. 조정철의 경우 혹독한 유배생활로 외부인과의 접촉이 엄금되어 14년을 제주목과 정의현에 머물러 있었기에 알려진 문인이 없다. 하지만 그가 남긴 『정헌영해처감록』을 보면 이창하 등 제주인의 출입이 보인다.[56] 그에게서 학문적 사상적으로 교화되었던 제주인이 없지 않았음을 알 수 있다.

최익현은 1873년(고종 10) 10월과 11월 두 차례에 걸쳐 당시 시책의 부패

---

55. 趙貞喆, 『靜軒瀛海處坎錄』 卷3, '自余入島之初 有李君昌夏…吟此一絶'.

와 吏道의 퇴락, 대신들의 무능, 흥선대원군의 퇴진 주장 등의 상소로 인해 제주목에 위리안치 되었다가 대원군의 퇴진으로 인해 정국의 형세가 바뀌어 1875년 2월 특별히 사면되었다.

조성된 마애석각의 주인공으로서 상기의 유배인들은 모두 중앙의 정계에서 영향력이 있던 사람이거나 그 집안의 자손이다. 이들은 조선후기 당파간의 갈등이 고조되던 시기의 정객들로, 유배의 구실로 삼은 개인적 과실 혹은 연좌라는 죄목 이면에는 상대 붕당에 의한 정적 제거 요인이 크게 작용한 것으로 보인다.

그런데 상기 유배인 4인을 주인공으로 하는 마애석각 중 조정철이 스스로 새긴 것을 제외하고 나머지 3건은 오라동 출신 향사 이기온에 의해 조성되었다. 곧, 백록담에 새겨진 김정 이익 최익현 제명의 경우, 김정과 이익의 이름을 새겨놓은 제명은 동일 암면에 같은 서체로 1자당 가로 세로 12~13cm의 같은 크기로 새겨져 있고, 인근 독립 바위에 1자당 가로 세로 9~10cm의 최익현 제명이 같은 서체로 새겨져 있다. 이기온의 아들 이응호가 작성한 『鹿潭實記』의 紀行條에 "鹿潭. 右紀蹟于鹿潭東崖 而首刻金 庵 及艮翁勉庵姓諱 而左刻海隱及先君子 工役未畢云"이라는 기록이 확인된다. 이것으로 보아 위 3인의 제명은 이기온에 의해 새겨진 것이 분명하다.

한편, 이익은 이기온의 9대조로, 이기온의 아들 이응호의 유고시집인 『震翁先生詩稿』나 기타 사료에 의하면 이기온은 최익현 제주 유배 당시 그에게서 사상적으로 영향을 깊게 받았다. 그리고 김정·이익·최익현 등 3인의 본관은 모두 경주이다. 이상을 종합해 보면, 백록담의 위 3인의 제명은 이기온이 자신의 부계혈통(이익)과 모계혈통(김정) 및 사상적 연원(최익현)을 상징하여 새겨놓은 것으로 추정된다

결국, 제주지역에 남아있는 마애석각 중 조정철과 이기온에 의해 조성된 유배인 관련 마애석각은 조선후기 제주사회가 직·간접적으로 이들에 의해

지속적으로 영향을 받았고 이들이 끼친 사상적·문화적 영향들이 현재 제주문화 원형의 일부를 이루는 요인으로 작용하였음을 보여주는 역사적 자료라 할 것이다.

4장. 맺음말

이상 조선후기 한라산 내에 조성된 마애석각의 시기별 분포와 내용, 제명 인물들에 대해 살펴보았다. 고찰 결과를 정리하면 다음과 같다.

현재 제주지역에 분포하는 마애석각 중 조선후기에 조성된 것으로 연대가 확인되는 마애석각은 모두 101건이다. 이 가운데 53%%에 해당하는 54건이 예로부터 한라산 경내로 인식하고 있던 방선문·백록담·탐라계곡에 분포하고 있다.

방선문은 문헌상 숙종 때 제주목사 이익태에 의해 영주 10경 중의 하나인 瀛邱賞花의 장소로 소개된 이래 19세기 조천리의 향사 이한우가 영주 10경 중 제3경으로 품제하면서 현재까지 널리 알려지게 되었다. 백록담은 조선시대 이래 名山大川에 대한 典禮와 기우제 등을 지내기 위한 어사와 지방장관들의 등정 외에 白鹿과 신선의 전설로 인해 한라산 등정을 목표로 한 기행이 조선시대 내내 이어졌다. 이러한 이유로 상기 2곳에 다수의 마애석각이 조성된 것으로 파악된다. 탐라계곡은 19세기 후반 발굴된 탐승처이지만 제주읍성과 상당한 거리를 두고 있기 때문에 탐승의 발길이 닿지 않아 조선후기에 조성된 석각은 1건에 그치고 있다.

한라산 내 마애석각은 18세기에 들어 등장한다. 18세기에 조성된 마애석각은 모두 25건이며 이중 방선문 14건, 백록담 11건이 분포한다. 그 내용은 방문한 이의 이름만을 새겨 넣은 題名이 15건, 시만을 읊어 각한 題詠이 3건, 장소나 바위의 이름을 命名한 題額과 제명을 함께 각한 석각은 1건, 제액과 제영, 제명을 함께 각한 석각은 3건, 事蹟을 기록한 석각이 3건이다.

이 시기 조성된 마애석각의 내용상 특징은 탐승의 자취로 그 자리에서 읊은 시를 각하여 남긴 題詠이 나타나고 있다는 것이다. 백록담과 방선문 등 마애석각 분포지의 승경을 시로 읊고 문자로 기록한 것은 이전의 地誌나 개인문집 등 문헌자료에서도 찾아볼 수 있다. 하지만 현장의 벼랑이나 암면에 새겨진 제영은 이 시기에 와서야 비로소 등장한다.

19세기~1910년 한라산 내 암벽에 조성된 마애석각은 모두 29건이다. 이 가운데 방선문에 22건, 백록담에 6건, 탐라계곡에 1건이 분포한다. 내용에 따라 분류하면 제명이 24건으로 가장 많은 개체수를 보인다. 이어서 제영이 3건, 사적을 새겨 넣은 각자가 2건 순으로 나타난다.

이 시기 한라산 마애석각의 분포상황을 살펴보면, 방선문인 전반기 6건, 후반기 16건으로 석각 조성이 증가하고 있지만, 백록담은 1868년(고종 5) 조희순 목사의 석각을 끝으로 더 이상 지방관들의 마애석각이 발견되지 않는다. 대신 1876년(고종 13) 이후 19세기 말 사이에 현 제주시 오라동 출신의 향사 이기온에 의해 조성된 유배인 김정·이익·최익현의 제명이 나타나고 있다. 백록담에 마애석각 조성 주요 주도인물로서 제주목사의 자취가 끊기게 된 데에는 조선말기 민란 등 혼란스러웠던 제주지방의 사회적 상황을 원인으로 들 수 있다.

조선후기 한라산에 조성된 마애석각 중 제명으로 확인되는 제주목사는 영조 때의 홍중징을 시작으로 고종 때 홍종우에 이르기까지 모두 33인이다. 이는 조선시대 전체 목사수 286명 대비 11.5%에 해당한다. 판관이 주도가 되어 조성된 마애석각은 18세기 초반 정동리에서부터 나타나기 시작한다. 석각 조성을 주도한 판관은 8인이다. 현감이 주도하여 조성한 마애석각은 정조 때 정의현감 남수가 유일하다.

유배인 중에 마애석각 조성을 직접 주도한 유배인은 3인이고, 현직관료를 제외한 제주 출신 인물이 마애석각 조성의 주도인물로 출현하는 시기는 19세기에 와서야 확인되는데, 백록담 동벽의 암벽에 새겨진, 김종보 등의 이름이 새겨진 마애석각은 백록담뿐만 아니라 제주지역 전체에 있어 현재까지 확인되는 마애석각 중 제주인으로서는 최초로 마애석각을 남긴 경우이다.

마애석각 제명 중 수행인원으로는 판관, 현감, 군관, 심약 역학, 목사 친족과 지인, 제주 출신 수행인원이 확인된다. 그리고, 현직관료와 유배인, 제주출신 인물 등에 의해 조성된 마애석각 외에도 어사·유배인의 사적과 관련된 석각이 확인된다. 유배인 관련 마애석각은 조선후기 제주사회가 직·간접적으로 이들에 의해 지속적으로 영향을 받았고 이들이 끼친 사상적·문화적 영향들이 현재 제주문화 원형의 일부를 이루는 요인으로 작용하였음을 보여주는 역사적 자료라 할 것이다.

참고문헌

『經國大典』
『萬機要覽』
『朝鮮王朝實錄』

金錫翼, 『心齋集』
金允植 著, 金益洙 譯, 2010, 『續陰晴史』, 濟州文化院.
金燦洽, 2000, 『20世紀濟州人名事典』, 濟州文化院.
金粲洽, 2002, 『濟州史人名事典』, 濟州文化院.
金 政 著, 金益洙 譯, 2001, 『蘆峰文集』卷一 詩集, 濟州文化院.
南九明, 『寓庵先生文集』
南萬里, 『耽羅誌』
淡水契, 『增補耽羅誌』
李源祚, 『耽羅錄』
李源祚, 『耽羅志草本』
李源祚, 『耽營關報錄』
李元鎭, 『耽羅志』
李應鎬, 『震翁先生詩稿』, 李鍾億 所藏 筆寫本.
        『鹿潭實記』, 筆寫本, 제주민속자연사소장본.
李益泰, 『知瀛錄』
丁若鏞, 『牧民心書』
濟州夫氏門中會總本部, 1995, 『濟州夫氏族譜』卷之一, 起鍾族譜社.
趙貞喆, 『靜軒瀛海處坎錄』
홍순만 외 역, 淡水契 편, 2005, 『譯註增補耽羅誌』, 濟州文化院.
『小華集』(영인본, 오문복 소장)
「武科及第先生案」(三姓祠 所藏 筆寫本).
「崇禎紀元後五甲戌增廣別試司馬榜目」(한국학중앙연구원 장서각[B13LB 37]).
「崇禎四己丑慶科庭試文武科榜目」(한국학중앙연구원 장서각[K2-3544]).
「王世子冊封慶科龍虎榜」(국립중앙도서관[古朝26-28-66]).

姜萬生, 1986, 「韓末 日本의 濟州어업 침탈과 島民의 대응」, 『濟州島硏究』제3집, 101-134.
백종진, 2022a, 「조선후기 제주지역 마애석각의 분포양상」, 탐라문화』제69호, 제주   대학교
    탐라문화연구원, 147-190.
_____, 2022b, 「조선후기 제주지역 마애석각의 시기별 조성 내용과 특징」, 『濟州島硏究』제58集, 39-70.
李鍾黙, 1997, 「遊山의 풍속과 遊記類의 전통-藏書閣本『臥遊譜』과 奎章閣本『臥遊錄』을 중심으로」,
    『古典文學硏究』제12輯, 385-407.
이재석, 2000, 「한국의 개국과 전환기의 국제교역환경」, 『韓國政治外交史論叢』제22輯 1號, 5-43.
정치영, 2009, 「조선시대 사대부들의 지리산 여행 연구」, 『대한지리학회지』제44권 제3호, 260-281.
趙東元, 2006, 「金石文의 歷史와 資料의 價値」, 『大東文化硏究』55, 성균관대학교 대동문화연구원, 5-33.

<부록> 조선후기 한라산 마애석각 분포표

연번	시기	판독문	장소	주도인물	성명	서체	크기	조성시기
1	18C	雙溪石門/判官鄭東里/散人許運/閔廷楫/金時鎭/歲丁未八月初吉日識/月老女媧天/岩開大禹斧 ※새김형식:좌→우	방선문	판관	정동리	해서	4.5×5.5	1727.8
2		壬子三月/趙觀彬/以大司憲言事/被謫登此絶頂	백록담	유배인	조관빈	초서	14×13	1732.3
3		登瀛丘/石竇呀然處/巖花無數開/花間管絃發/鸞鶴若飛來/洪重徵題/己未首夏*權世恭/己未夏/申德涵/朴壽鳳	방선문		홍중징		16×20	1739.4
4		防禦使安慶運/子致範/軍官李演輔書*審藥/張鳳徵/倭學/劉廷禧*林貴春/丁志升/南得遠	백록담		안경운		18×17	1740.9-1743.3
5		牧使金 潤/黃奎鉉/金澈/甲子首夏	방선문		김윤		13×14.5	1744.4
6		尹植/尹權/尹命勳/尹基/乙丑五月/尹命兼/權德行/成永夏/朴王蔦/孟仁行/洪重健	백록담	목사	윤관		7×7	1745.5
7		瀛洲伯尹九淵/軍官閔震/柳敏章/梁泰重/柳獻徵/張紀龍/壬申孟春			윤구연	해서	16×20	1752.1
8		瀛洲伯金夢煃/子肅基/郁基/軍官辛一東/鄭彦佐/金得基/鄭東羽/崔倬/李宗芳/洪愼健/審藥李禧大/甲戌首夏*成漢宗/崔命祚	방선문		김몽규		15×14	1754.4
9		判官朴昌鳳/甲戌初夏		판관	박창봉		9×9	1754.4
10		趙榮順/以副修撰言事/被謫繼登此頂/乙亥三月	백록담	유배인	조영순		13×12.5	1755.3
11		乙亥初夏/防禦使洪泰斗/軍官李問樞/崔潗文/判官安世潤	방선문	목사	홍태두		10×8	1755.4
12		戊寅二月十七日登此/新伯趙威鎭/舊伯李潤成	백록담		조위진 이윤성		7×5	1758.2

연번	시기	판독문	장소	주도인물	성명	서체	크기	조성시기
13		東西南北海揷撑一/峰浮獨立乾坤大/居然最上頭/鄭履煥身之/丁亥四月日題白鹿頂上		유배인	정이환	해서	6×10	1767.4
14		茫〃滄海闊/一拳漢拏浮/白鹿仙人待/今登上〃頭/丁亥秋任觀周	백록담		임관주	초서	6×8	1767.秋
15		南益祥/南峴/戊子四月//劉錫孝/金重運客從/愼基慶/戊子初夏登		목사	남익상		6.5×7	1768.4
16		黃德彬/(沈)○之/梁塡/辛卯		판관	황덕빈	해서	6×5	1771
17		耽羅伯朴聖浹/軍官朴聖漢/趙益祥/李聖儒/姜遇周/金載赫/韓相五/審藥梁慶柔/甲午初夏十日過此			박성협		6×6	1774.4.10
18	18C	喚仙臺/別壑乾坤大石門日月閑莫云/無特地眞箇有神山花老三/春色岩蒼太古顔憂然鳴鶴/至知是在仙間己亥春金永綏/己亥季春/子樂圓/尹進五/朴宗玉	방선문	목사	김영수	초서	23×37	1779.3
19		入洞山如揖嵌室危欲墜/瀛丘我亦仙玉斧鑿何年/玉溪逍遙生韓昌裕		목사측근	한창유		7×9	1779.3
20		李養鼎/李亨黙/羅東善			이양정		13.5×16	1781.7-1782.1
21		嚴璿/任斗材/嚴思晩/李命啓/韓濟億/南履觀/尹濟商/丁載遊/癸卯九月日	백록담	목사	엄사만	해서	6×6	1783.9
22		府伯尹得逵/子翎東/從子養東/冊室玄鎭澤/金 桓/軍官金述曾/尹得敦/姜文一/丙午四月//訪仙門	방선문	목사	윤득규		25×26	1786.4
23		李命俊			이명준		20×20	1786.4-1788.3
24		金鳳吉		판관	김봉길		17×14	1788.1-1790.8

연번	시기	판독문	장소	주도인물	성명	서체	크기	조성시기
25	18C	恩坡退士沈公樂洙/ 以巡撫御史來過/甲寅 春*南凍	백록담	현감	남수	해서	10×9	1795
26	19C -1910	牧使鄭觀輝	방선문	목사	정관휘	초서	13×12	1799.12- 1802.3
27		次壁上韻/亂石沈雲合幽花/ 向日開仙人不可見我/輩秪空來/ 韓鼎運			한정운		9×11	1807.3- 1809.1
28		侄義達/牧伯李顯宅/ 判官孫應虎/旌義盧尙熙/ 軍官金漢恟/權啓東/韓永履/ 李顯謨			이현택		8×6	1810.2- 1811.6
29		趙貞(喆)×/丁酉以前×/ 被謫庚戌(月)×/趙貞(喆)/ 辛未以防×/使(繼)登絶(頂)	백록담		조정철	해서	20×17	1811
30		金鍾輔/夫士簡/李膺良/洪範植/ 張文明/辛未		제주인	김종보		7×8	1811
31		李必述子斗南/金在浩/康 (縱)/洪良(燮)/李○○/ 蔡○○/○○○/○○○	방선문	판관	이필술		6×10	1825.5- 1827.2
32		浦口呑紅日山肩/荷白雲淸遊/ 宜此夕携酒且/論文 判官李義謙/戊子四月初一日			이의겸		4×6.5	1828.4.1
33		牧使朴長復/乙未八月十一日			박장복		6×5	1835.8.11
34		牧使趙禹錫/趙義經/ 幕賓趙禧錫/咸永述/朴裕源/ 判官申義恒/李寅和/金秀男/ 劉永勳/文命新/丁酉五月日	백록담	목사	조우석1		8×10	1837.5
35		牧使趙禹錫/判官申義恒/ 幕賓趙禧錫/咸永述/朴裕源/ 趙義經/金秀男/卞恒遠/劉永勳/ 李明秀/金菊逸/笙文命新/ 琴金致元/丁酉九月日	탐라 계곡		조우석		10×9	1837.9
36		李源祚/子鼎湘/奉硯安命岳// 丁義成/李潞夏	방선문		이원조		14×22.5	1841.윤 3-1843.6
37		牧使睦仁培/子裕錫/甲寅四月 日			목인배		12×12	1854.4

연번	시기	판독문	장소	주도인물	성명	서체	크기	조성시기
38	19C -1910	牧使姜冕奎/堂侄鎬/軍官李始愚/李啓奕/庚申閏五月晦日題	방선문	목사	강면규	해서	7×7	1860.5.30
39		趙羲純	백록담		조희순1		7×7	1868.10-1872.5
40		線通花徑轉/斧鑿石門開/已透參同秘/休嫌俗子來/己巳四月吉日/牧使趙羲純			조희순		6×6.5	1869.4.1
41		朴寅陽稼樊/耽羅命吏朴善陽/弟五衛將泰陽/子勝台/勝斗/軍官族人朴宗(誼)五衛將朴來敏/判官金東杓/本州進士金亮洙書/中房金仁宅/李昌基/壬午三月日			박선양		7×7	1882.3
42		判官 高景晙		판관	고경준		8×9	1883.8-1885.4
43		知州沈賢澤/開國四百九十三年/朴箕壽/甲申四月日		목사	심현택		19×16.5	1884.4
44		謫客尹相和/甲申五月日		유배인	윤상화		8×7	1884.5
45		搜雲契/姜郁彬/韓禎裕/愼栽撥/金庸圭/金炳鎬/金啓柄/姜斗勳/姜遇伯/吳圭瀯/李能白/李鍊百/李源弼/文斗南/姜師鎬/朴南岳/開國四百九十三年/甲申潤五月初五日	방선문	강욱빈 외 14인		7×7	1884.윤5
46		風詠錄/金鍾運/朴章鉉/玄商休/金性久/金應璜/兪晟煥/文斗燦/朴景亮/洪淳坤/文圭三/金謙集/梁錫圭/姜宗杓/金奉河/愼奎錫/金寅錫/金履珩/姜錫祚/李儀保/開國四百九十三年甲申/閏五月初五日/辛巳春/金永權洪義杓/改修/※1941.春 改修		제주인	김종운 외 18인		8×5.5	1884.윤5
47		牧使洪圭/軍官申鶴熙/李敎晚/尹泳毅/乙酉/東帆洪埠		목사	홍규		10×11	1885
48		參判崔益鉉/李基瑢來/乙亥		제주인	이기온1		10×8	1875-1886
49		金淨/李瀷*崔益鉉	백록담		이기온2		13×12	1875-1886

연번	시기	판독문	장소	주도인물	성명	서체	크기	조성시기
50	19C-1910	牧使沈遠澤/軍官朴永漢/沈相俊/朴章浩/丁亥四月二十日/又西沈樂中	방선문	목사	심원택	해서	17×15	1887.4.
51		牧使宋龜浩/子榮稷/冊室宋鍾爽/軍官宋元浩/尹斗成/皮秉奎/中房李仁典/己丑四月日		목사	송구호		11×11	1889.4
52		判官康仁鎬		판관	강인호		6×6.5	1889.4
53		瀛伯李在護/弟參奉在國		목사	이재호		19×10	1901.4-1902.6
54		洪鐘宇/光武甲辰五月日※南萬里/郡守洪友淳/甲辰/金洙錫/金沂鍾		목사	홍종우		30×30	1904.5

06

한라산지 목축공간의 형성과 변화[1)]

강만익
제주대학교 탐라문화연구원/특별연구원

"큰 말은 대부분 한라산 숲속에 있다. 저절로 낳고 커서
빠르기가 마치 범과 같아 사람들이 가까이 접근할 수 없다.
설령 붙잡아도 길들이기 어려워 탈 수 없다."
(『승정원일기』 1874년(고종 11) 8월 13일).

제1장 머리말

조선시대에는 "사람을 낳으면 서울로 보내고, 말을 낳으면 제주로 보내라"는 말이 생겨났을 정도로, 제주도는 '목마(牧馬)의 섬'으로 유명했다. 제주도민들은 한라산지(漢拏山地, 해발 200m 이상)에 발달한 초지대를 활용해 우마를 길렀다. 또한 고려의 땅 제주를 간접 지배했던 원 제국은 다루가치를 파견해 해안지대와 한라산지에 탐라목장(1276~1374)을 설치했다. 조선시대에는 국마장(國馬場)과 산마장(山馬場), 일제강점기에는 마을공동목장이 한라산지의 일정 장소를 선택해 입지했다. 과거부터 한라산지에 존재한 초지대는 방목 우마들에게 '유토피아(utopia)'였고, 제주 목축민들에게 매우 중요한 목축공간이었다.

한라산지 초지대 목축문화의 주인공은 테우리[牧子]와 제주마[조랑말] 그리고 농경에 필수적이었던 소였다.[2] 테우리들은 이곳에서 우마를 방목하며 낙인과 거세 등 목축문화를 창출하며 다양한 목축경관을 지표상에 노출시켰다. 현재 한라산지에 존재하는 가장 대표적인 경관요소는 국마장 경계돌담인 잣성[잣담, 장원(墻垣)]이다.

한라산지에서 명멸했던 목축공간에 대해 남도영은 『한국마정사』(1996)와 『제주도목장사』(2003)를 통해 제주도 목장사를 제도사 중심으로 접근

---

1. 이 글은 필자가 발표했던 「근현대 한라산 상산방목의 목축민속과 소멸」(『탐라문화』 제43호(2013), 「한라산지 목축경관의 실태와 활용방안」(『한국사진지리학회지』, Vol.23, 2013), 「고려말 탐라목장의 운영과 영향」(『탐라문화』 제52호, 2016) 등을 토대로 하고 여기에 일부 새로운 내용을 보충하여 정리한 것이다.
2. 제주의 전통사회에서 주요 교통수단은 말이었다. 제주인들은 조랑말을 타고 혼례를 치르러 갔으며, 성읍리, 수망리와 같은 중산간 마을에서는 말을 타고 이웃 마을을 왕래했었다. 말은 제주의 올레를 다니던 교통수단이었으며, 말 방아(연자방아)에서 방아를 돌리거나 여름철 농작물을 파종한 후 밭을 밟아주는 데 이용된 가축이었다. 실로 제주의 말들은 농경과 주민들의 일상생활에 필수적인 존재였다. 제주도는 예로부터 명마의 산지로 널리 알려졌다. 역사 기록에 따르면 제주도에서 산출된 말을 일컬어 '탐라마(耽羅馬)', '제주마(濟州馬)', '조랑말'이라고 했다. 현재는 모두 '제주마'로 통일하여 부르고 있다. 조랑말은 제주를 대표하는 말로, 연중 방목하는 거친 사육 조건과 사료에도 잘 견딜 뿐만 아니라 발굽이 견고하여 암석이 많은 중산간 지대에도 잘 견딜 수 있는 특성을 가지고 있다.

하여 한라산지 목장사 연구에 초석을 놓았다. 김경옥(2001)은 『탐라지』 등에 기록된 제주목장의 설치와 운영 실태를 분석했다. 좌동렬(2010)은 전근대 제주지역 목축의례를 역사민속학의 관점에서 연구했다. 강만익(2001 등)은 문헌조사와 현장조사를 통해 얻은 자료들을 토대로 고려말 탐라목장의 운영실태, 조선시대 국마장이었던 십소장(十所場)의 공간범위와 환경특성, 국마장 경계돌담인 잣성, 목장사와 목축문화, 일제시기 마을공동목장조합의 설립과 운영실태, 근현대 한라산 고산 초원지대의 상산방목 실체, 한라산지 목축경관의 실태와 활용방안, 한라산의 목축생활사를 발표했다.

그럼에도 한라산지에 존재했던 목축공간과 목축문화가 언제부터 어떻게 형성되었고 또 어떻게 변모했는지에 대한 통시적 연구는 부족한 편이다. 이 글에서는 한라산지에 등장했던 목축공간의 형성과 해체 양상 그리고 목축문화를 역사지리, 경관사의 관점에서 제시한다.

제2장 한라산지 목축공간의 자연환경

한라산지에는 장기지속적으로 유지되고 있는 지형과 기후환경이 있다. 목축공간에서 우마를 방목하는 것은 비바람 등 자연환경의 영향을 받을 수밖에 없어 장기 지속적 자연환경을 알면 목축이 어떤 형태로 이루어졌는지를 파악할 수 있다.

한라산지는 산록부(200m~600m : 중산간 지대)와 산정부(600m 이상 : 산간지대)를 포함하는 지역이다.[3] 산록부는 목축생활사의 토대인 대규모 초지대를 품고 있어 탐라 시대부터 현재까지 목축지로 이용하는 목축공간이다. 산정부 해발 1400m 이상에는 만세동산, 선작지왓 등 "고산초원"이 발달하여 산북지역 애월읍 주민들과 산남지역 중문면 및 서귀포시 동(洞)지역 일부 주민들이 상산 방목지로 활용했다.

한라산지에는 자연 초지대·2차 초지대·오름(측화산)·하천·곶자왈·화산회토·용암평원 등 지질과 지형 그리고 다양한 식생 환경이 존재한다. 이 자연환경 구성 요소들은 목축의 공간적 확대를 좌우하는 역할을 했다. 이 가운데 초지대에는 고려말부터 우마들을 전문적으로 길렀던 목장들이 형성됐다. 2차 초지대는 사람들이 삼림지대에 불을 놓아 만든 목축지에 해당한다. 고려 말 몽골은 제주에 탐라목장을 만들어 운영하면서 말들이 달릴 수 있도록 몽골의 대초원과 같은 목축환경을 만들기 위해 삼림지대(낙엽활엽수림지대, 온대림지대)에 불 놓기를 했음이 최근 밝혀졌다(박정재, 2019). 조선시대에는 주민들이 삼림지대에 불을 놓아 화경(火耕)하면서 그리고 1430년 국마장이 설치된 이후부터 테우리[牧子]들이 국마장에서 지속적

---

3. 강만익, 「한라산지의 촌락과 교통발달」, 『한라산의 인문지리』 한라산총서 4(한라산총서 개정증보판), 제주특별자치도, 2021, 123쪽.

으로 불 놓기를 반복한 결과 2차 초지대가 형성되었다.

산록부는 지형 경사도가 5~15° 정도로 완만한 편이며, 이곳에 화산활동 결과 형성된 용암평원은 제주역사 이래 목축지로 줄곧 이용되었다. 산록부에 분포하는 오름들은 국마장을 나누는 경계선 역할이나 방풍 기능 및 여름철 방목지로 활용되었다. 비고(比高)가 높은 오름들은 우마들의 방목 상태를 관찰하는 '망동산'이 되었다.

한라산지 하천들은 평상시 유수가 없는 건천(乾川)이며, 한천·외도천·서중천과 같이 폭이 넓고 계곡 발달이 현저한 하천들은 국마장간 경계선 및 말들의 이동을 제한하는 역할을 했다. 화산회토 지대는 흑색토가 발달하며 목초[꼴]들이 자라는 터전이 된다. 상산방목지대는 해발고도가 높아 서늘한 한라산지의 기온 특성으로 인해 흡혈성 해충인 진드기의 번식이 어렵다.

기후환경 측면에서 한라산지 목축지대는 해안지대에 비해 연평균 기온이 낮다. 한라산지 정상부는 연강수량이 2,000mm 이상인 우리나라 최다우지이며, 강설량은 전국에서 울릉도 다음으로 많은 다설지(多雪地)에 해당한다. 여름철 한라산 남사면은 한라산과 남풍에 의한 지형성 강수가 자주 발생하며, 특히 태풍과 장마전선대의 영향으로 강풍과 집중호우가 많아 우마 방목에 지장을 초래했다. 북사면은 겨울철 북서풍의 영향으로 눈이 많아 말 방목을 어렵게 했다.

조선시대 제주도를 다녀간 관리들과 지식인들은 한라산지의 기후환경에 대해 다음과 같이 인식했다. 첫째, 한라산 북쪽은 바람이 차고 모질어 초목(草木)들이 쉽게 말라 버리며, 반면에 한라산 남쪽은 겨울에도 눈과 서리가 내리지 않고, 나뭇잎들이 떨어지지 않아 말들이 살찐다고 했다.[4] 둘

---

4. 『성종실록』제283권 24年(1493 癸丑) 10月 4日(乙丑) : 臣嘗奉使濟州, 觀山北風氣寒勁, 草木易枯; 山南冬無雪霜, 木葉不彫, 馬畜甚肥, 水牛畏酷熱隆寒, 若以全羅道分養水牛, 移於濟州山南之地, 則可指日蕃滋矣.

째, 일기는 따뜻하나 흐린 날이 많고 맑은 날은 적다. 그리고 봄·여름에는 구름과 안개가 자욱하게 끼고 가을과 겨울이 되면 갠다. 초목과 곤충은 겨울이 지나도 죽지 않는다고 했다.

셋째, 한라산지에는 방목 우마를 위해하는 호랑이, 표범 등 맹수가 없었다. 조선시대 한반도 남부지역 국마장에서는 호랑이들이 국마장 내로 들어가 말을 잡아먹어 큰 피해를 입혔던 사례들이 있었던 반면에 호랑이들이 들어올 수 없었던 제주도는 호랑이나 표범 등 우마를 잡아먹을 수 있었던 짐승들이 존재하지 않아 목축에 유리했다. 다섯째, 저위도에 위치해 겨울철 평균기온이 높아 몽골에서 해마다 겨울에 발생해 수백만 마리의 가축들을 얼어 죽게 만드는 조드(Dzud)[5]와 같은 자연재해가 전혀 없었던 점도 한라산지에서 겨울철 말 방목을 가능한 요인이었다.

---

5. 조드는 겨울철 혹독한 추위와 폭설로 인해 수많은 가축들이 죽는 자연재해이며, 영하 50도를 맴도는 혹한과 폭설을 의미한다. 폭설로 눈이 쌓여 풀들을 찾지 못해 가축들이 굶어 죽는 '하얀 조드'(차강 조드)와 기온이 급강하하여 형성된 얼음 빙판을 이동하는 도중에 가축들이 넘어지거나 부상당하여 얼어서 죽는 '검은 조드'(하르 조드)가 있다.

제3장 한라산지 목축공간의 형성

제1절 고려말 쿠빌라이의 탐라목장

제주인들은 언제부터 말을 길렀을까? 애월읍 곽지리 패총에서 출토된 말뼈 그리고 안덕면 사계리 해안에서 발견된 말 발자국 화석 등은 탐라시대에도 제주도에 말들이 존재했음을 증명해 준다. 특히 곽지리 패총의 말뼈를 분석한 결과는 8세기경 탐라에 체고 120cm 가량의 소형마와 체고 160cm 가량의 대형마가 함께 살았음을 보여준다. 1073년(고려 문종 27)에 탐라국(耽羅國)이 고려에 말을 바쳤다는 『고려사(高麗史)』 기록처럼, 탐라시대에도 탐라인들은 목축공간을 활용해 말을 길렀다. 제주인들은 1105년 탐라국이 고려에 편입되어 탐라군(耽羅郡)으로 강등된 후에도 여전히 말 사육을 했으며, 고려 말 이제현(李齊賢)의 『익재난고(益齋亂藁)』(1363)에서 강조한 것처럼, 관사우마(官私牛馬)들이 제주의 들판을 덮을 정도였다.

고려가 원 제국의 간섭기[6]에 들어간 후, 원은 1274년(충렬왕 원년)부터 본격적으로 고려에서 군마 확보에 주력했다. 1288년(충렬왕 14)부터는 마축자장별감(馬畜孶長別監)을 통해 고려의 여러 목마장에서 마필을 자국으로 징출(徵出)해 갔다. 제주지역에는 원 제국이 설치한 목장이 있었다. 원은 첫째, 제주도가 겨울철 한파를 동반하는 조드(Dzud)가 전혀 발생하지 않고, 둘째, 겨울철이 온난하여 말들이 얼어 죽지 않으며, 셋째, 무엇보다 말의 생명을 위협하는 호랑이 등 맹수가 없으며, 넷째, 제주도가 일본과

---

6. 원간섭기는 고려의 대몽항쟁이 끝나고 원의 간섭을 받기 시작했을 때부터 반원운동에 성공하여 원의 간섭에서 벗어났을 때까지인 1259년부터 1356년까지인 97년간의 시기를 가리킨다.

남송을 연결하는 중간 기착지라는 지리적 특성을 간파하여 목장을 설치했다. 이 목장이 『元史』에 등장하는 '탐라도목장'(耽羅島牧場)이었다. 이것은 제주역사에 처음 등장한 목장이면서 한라산지에 나타난 최초의 목축경관이었다. 원 제국에 의해 탐라목장이 100년 가까이 운영되면서 제주에는 수많은 몽골 목축민들과 말, 소, 양 등으로 넘쳐났다. 그 결과 당시 제주사회는 몽골인과 제주인, 몽골마와 탐라산 말들이 함께 더불어 살아가며 서로 영향을 주고받는 체제가 되었다.

탐라목장을 설치했던 핵심인물은 원제국 황제 쿠빌라이(1215~1294)였다. 그는 1276년 8월 25일 타라치를 탐라 초대 다루가치로 임명한 다음, 현재 서귀포시 성산읍 수산2리 '수산평'(首山坪)에 1차적으로 말 160필(종마), 소, 양, 낙타, 나귀 등 5축과 하치[合赤: 원 출신 목축민]들을 파견해 탐라목장을 운영하게 했다. 1276년 원제국의 탐라목장 설치는 제주지역 지배의 신호탄이 되었다.

원 제국이 수산평 일대에 탐라목장을 설치한 배경은 첫째, 이곳은 정벌을 계획했던 일본과 상대적으로 가깝고, 둘째, 넓은 용원평원과 자연 초지와 습지가 발달해 있으며, 셋째, 겨울철 편북풍(偏北風)을 막아주는 오름(측화산)들이 군집해 있어 온화한 장소였기 때문이다.[7]

초대 다루가치로 파견된 타라치는 1277년 제주지역에 동아막과 서아막을 설치한 후, 탐라목장을 동서로 구분해 운영했다. 동서 아막의 설치는 제주지역을 동서로 구분한 최초의 지역구분이기도 했다. 타라치는 11년간(1276~1287) 성공적으로 목마사업을 일으켜 탐라목장을 원 제국이 점령지에 설치했던 14개 황가(皇家) 목장 가운데 하나로 성장시켰다. 원 제국은 100년 가까이 탐라목장을 운영하면서 일부 군마들을 배로 반출했으며,

---

7. 오홍석, 「제주도의 취락에 관한 지리학적 연구」, 경희대 박사논문, 1974, 37쪽.

탐라목장 운영을 빌미로 수많은 원 제국 죄인들을 제주에 유배보냈다.

원 제국이 명에게 멸망 당한 후 1374년 명나라가 고려에 제주마 2,000필을 요구하자 제주의 하치[合赤, 牧胡]들은 반란("牧胡의 亂, 合赤의 亂")을 일으켰다. 이에 고려 공민왕은 최영 장군에게 탐라 정벌을 명하여 원의 잔존 세력을 제주에서 축출하도록 했다. 명월포, 새별오름, 어음비, 범섬 등은 당시 최영의 탐라 정벌대와 목호군의 치열한 싸움터였다. 최영 장군에 의해 목호의 난이 성공적으로 진압된 결과, 몽골이 운영했던 탐라목장은 고려정부 소유로 귀속되었다.

탐라목장이 100년 가까이 운영되면서 탐라의 동서부 목축공간(해안지대+중산간지대)에는 몽골인 집단 거주촌락과 게르, 말, 소, 양 등으로 형성된 몽골식 목축경관이 출현했고, 몽골식 거세법, 낙인법, 몽골식 목축문화가 제주에 전파됐다.[8] 돌아갈 국가가 없어진 몽골인들은 제주에 정착하여 '大元'을 본관으로 삼고 秦, 鄭, 姜, 趙, 李, 張, 宋, 周 등의 성씨로 살며 제주인으로 점차 변모했다. 13세기말부터 제주에 살았던 몽골인들의 후손들이 취업비자를 받고 제주에 입국하여 2024년 현재 한라산지에 조성된 소와 말 목장에 취업하여 일하고 있다.

---

8. 강만익,「탐라목장의 운영과 영향」,『중세 동아시아의 해양과 교류』, 제주대학교 탐라문화연구원, 2019, 291~337쪽.

제2절 조선시대 국마장 설치와 십소장 등장

조선 건국 직후에도 제주지역은 여전히 목축의 땅이었다. 『태조실록』과 『태종실록』에는 국마장 설치 직전의 제주도 목축 상황이 기록돼 있다. 이에 따르면, 첫째, 축마별감, 축마점고사, 감목관이 제주목장을 운영했다. 둘째, 말 생산을 독려하기 위해 증산(增産) 실적을 토대로 목자들을 상·중·하 등급으로 구분했고, 셋째, 목장 내에 말들이 비바람과 눈을 피할 수 있도록 초가집을 만들었으며, 넷째, 우마대장을 만들어 목장을 관리했다.

조선시대에도 말의 안정적 확보는 통치자들의 중요한 과제였다. 그리하여 조정에서는 고려시대 목장을 재건하는 한편, 서남해안의 수초(水草)가 좋은 곳에 새롭게 목장을 설치했다.

고려 말 명마산지였던 한라산지에 국마장 설치 타당성에 대한 찬반 논의가 조정에서 이루어졌다. 당시 한라산 중턱에 국마장 설치를 국책사업으로 추진해야 한다고 건의한 인물은 제주출신 고득종(高得宗)이었다. 그는 1429년(세종 11) 세종임금에게 제주에서 발생하고 있던 목초 부족 문제와 명나라에 바칠 제주마 확보 문제를 해결하는 방안으로 한라산지에 돌담을 쌓아 목장을 설치해 운영할 것을 건의했다. 이에 세종 임금은 이듬해 조정 대신들의 찬반 여론을 수렴해 마침내 '제주한라산목장(濟州漢拏山牧場)'을 개축하라고 윤허했다. 이에 따라 1430년경부터 제주목사가 주민들을 동원해 목장경계용 돌담(잣담, 잣성)을 쌓으며 국마장을 만들기 시작했다. 동시에 한라산목장 예정지 내에 살고 있던 344호의 주민들을 국마장 예정지 밖으로 옮겼다. 이렇게 등장한 조선시대 최초 제주한라산목장의 둘레는 165리였다.[9]

---

9. A. 兵曹啓 "上護軍高得宗等 上言, 請於漢拏山邊四面約四息之地, 築牧場, 不分公私馬入放場內居民六十餘戶, 悉移於場外之地, 從願折給 B. "改築濟州漢拏山牧場, 周圍一百六十五里, 移民戶三百四十四".

1430년(세종 12년)부터 형체가 드러나기 시작한 국마장은 1493년(성종 24) 고대필(高台弼)에 의해 그 존재가 확인된다. 그는 당시 제주에는 '십목장(十牧場)'이 있다고 언급했다. 이에 근거해 '십목장'은 곧 '십소장(十所場)'에 해당한다는 주장도 있다.[10] 그러나 '십소장'이라는 국마장은 송정규 제주목사가 이형상의 국마장 정비 정책(1702)을 이어받아 1704년 63둔(58개 자목장 등)에 대한 대대적인 목장재정비정책으로 출현한 것이다. 즉, 십소장은 규모가 작은 목장을 큰 목장에 편입시키며 여러 국마장들을 10개로 통폐합시킨 결과 1705년부터 제주역사의 무대에 본격적으로 등장했다.

십소장의 공간구분이 최초로 제시된 사료는 1706년경 제주목사 송정규가 제작했을 것으로 추정되는 「탐라지도」이다(원본은 경희대학교 혜정박물관 소장). 이 지도에 근거해 1709년 제주목사 이규성은 탐라지도병서(1709)에 십소장을 그대로 옮겨 놓을 수 있었다. 「탐라지도」에 따르면 제주목 관할 구역에는 1소장부터 6소장, 대정현에는 7, 8소장, 정의현에는 9, 10소장이 입지했다(그림 1).

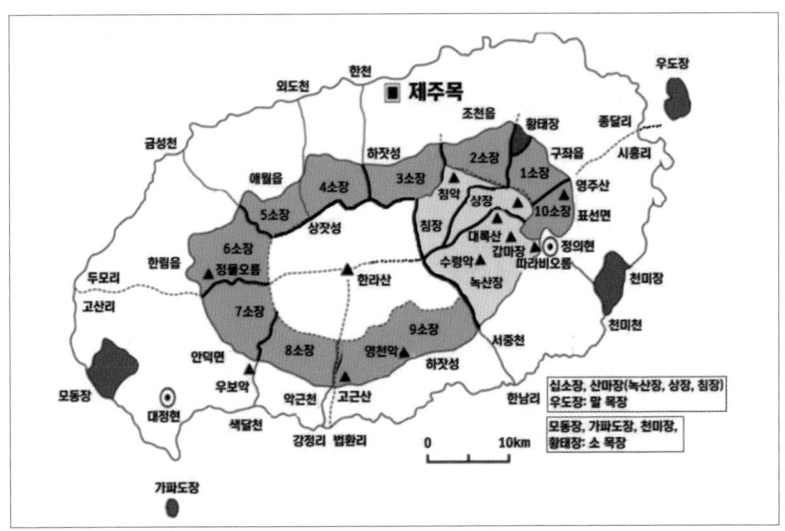

그림 1. 한라산지 십소장과 산마장 분포도 (강만익, 2023)

이상과 같은 십소장은 해발 200m~400m 범위에 설치되었던 10개 대규모 목장이었다. 각각의 소장(所場) 안에는 효율적인 목장 운영을 위해 소규모 자목장(字牧場)들을 배치했다. 하나의 자목장은 둔마(屯馬)를 천자문의 글자로 낙인한 후, 편성해 만든 소규모 목장으로, 1개 자목장은 암말 100필과 숫말 11필로 구성되었으며, 군두 1명과 군부 2명, 목자 4명이 자목장을 관리했다.

　조선시대 십소장으로 불린 국마장은 3명의 감목관(監牧官: 제주판관, 대정현감, 정의현감 겸임)이 제주삼읍(제주목, 대정현, 정의현) 국마장을 관리했다. 그리고 각 소장은 마감(馬監)과 군두, 군부, 목자가 운영했다. 제주목에는 1소장(구좌읍 송당리 중산간)부터 6소장(한림읍 금악리 중산간)까지 있었고, 대정현에는 7소장(안덕면 중산간)과 8소장(구 중문면 중산간), 그리고 정의현에는 9소장(남원읍 중산간)과 10소장(표선면 성읍리 중산간)이 분포했다.

---

10. 남도영, 『제주도목장사』, 한국마사회박물관, 2003, 202쪽 : 필자는 고대필이 언급한 십목장과 십소장은 다른 존재로, 공간적 분포차이가 있다고 본다. 1493년 '십목장'(十牧場)은 현재 제주 지역에 있었던 10개 목장이었던 반면에 1705년에 등장한 '십소장'(十所場)은 제주도 전역에 분산되어 분포했다.

제4장 한라산지 목축공간의 확대

제1절 어승마 공급지, 산마장(山馬場) 등장

1. 산마장 등장배경

제주 북동부 한라산지에는 산마장(山馬場)이 존재했다. 산마장 설치에 대한 기사는 송정규 제주목사(1704~1706)가 쓴 『해외문견록』에 등장한다. 이 사료에는 1659년(효종 10) 조정에서 "헌마공신" 김만일(金萬鎰 1550~1632) 후손들이 키우던 말들을 국마와 맞바꾼 다음, 산마장을 설치했다는 내용이 등장한다. 당시 산마장 설치를 주도했던 인물은 제주목사 이괴(李襘)로, 그는 김만일의 셋째 아들인 김대길(金大吉)이 바친 말(208필)과 국마와 교환한 말들을 모아 산마장을 열었다. 이로써 김만일이 개인 목장을 운영했던 동부지역 산간지대 초원에는 한반도에는 없었던 산마장이 제주목축사에 처음 등장하여 10개 국마장과 경쟁하면서 명마 생산에 박차를 가했다.

산마장은 정조 6년(1782) 『승정원일기』에 의하면, '침장(針場)', '녹산장(鹿山場)', '상장(上場)'으로 구성됐다. 1709년 「탐라지도병서」에는 산마장이라는 명칭만 존재하고 있어 1709년 이후 숙종 연간(1674~1720)에 산마장이 3개로 분화되었을 가능성이 높다. 1704년 송정규 제주목사의 국마장 재편 과정에서 산마장 역시 운영의 효율화를 위해 3개로 정비되었을 가능성이 있다. 즉, 산마장 역시 국마장에 속했기 때문에 산마장 정비정책 또한 임금의 윤허를 받아야 하는 번거로움이 있어 송정규 목사 재임시기에 중산간 국마장과 동부지역 산마장에 대한 정비가 동시에 진행되었을 것이다. 침장은 조천읍 교래리 '바농오름'(針岳) 일대, 산굼부리와 성불오름 일대는 상장(上場), 표선면 가시리 따라비오름과 큰사스미 오름 그리고 남원읍 물영아리오름 일대는 녹산장(鹿山場)이 입지했다. 특히 녹산장 내에는 최고 품질의 상등마를 집중적으로 관리했던 갑마장(甲馬場)이 별도로 설치되었다. 갑마장은 따라비오름과 대록산을 연결하는 현재의 가시리 공동[협업] 목장에 해당된다.

2. 산마장(山馬場) 운영실태

산마장은 1659년(효종 10)부터 1899년(고종 36)까지 240여년 동안 한반도에 없던 관직인 산마감목관에 의해 운영되었다. 1659년 제주목사 이괴는 초대 산마감목관에 김만일의 직계 후손이며 말 사육 능력이 탁월했던 절충장군 김대길(1652년 종묘제사에 쓸 소 20마리를 바치자 정3품 절충장군 교지 받았음)을 임명했다. 1664년(현종 5)에는 5년 동안 김대길이 산마감목관을 맡아 말 344필을 번식시킨 공을 인정하여 그를 가선대부로 승급하면서 동시에 산마감목관에 재임명했다. 종6품인 산마감목관은 경주김씨 김만일 후손 중에서 선출된 80여명이 담당했으며, 1899년에 공식적으로 폐지되었다(『旌邑古誌(1899)』: 山馬監牧官, 今則廢址).

18세기 말 산마장의 운영 실태는 『목장신정절목(牧場新定節目)』을 통해 확인된다. 이 사료는 1794년(정조 18) 제주에 온 심낙수(沈樂洙)가 산마장 침범 경작자들로부터 받아 오던 과중한 세금 폐단을 시정하기 위해 작성한 시행세칙이다. 여기에는 첫째, 녹산장, 침장, 상장의 공간범위와 각 목장에 있는 경계용 돌담[間墻]과 하천이 표시되어 있다.

둘째, 산마장의 운영조직이 나타나 있다. 산마장은 산마감목관-군두-군부-목자로 이어지는 마정 체제를 기초로, 암말 100필과 수말 15필을 하나의 패(牌, 群에 해당)로 편성했고, 매패마다 목자 10명을 배치해 조직적으로 운영했다.

표1. 조선시대 제주지역 십소장과 산마장 실태

구분	삼읍	목장	주위	수처(水處)	마필수	마감·반직감	군두·목자
10소장	제주목	1소장	57리	4	878필	마감 2인	64명
				4	553수	우감 2인, 반직감 2인	40
		2소장	50리	5	792	마감 2인	52
		3소장	50리	5	429	마감 2인	42
		4소장	45리	11	573	마감 2인	48
		5소장	60리	18	1,094	마감 2인	78
		6소장	60리	8	1,314	마감 2인	96
	대정현	7소장	40리	不知	440	감관 2인, 색리 1인	28
		8소장	35리	不知	362	감관 2인, 색리 1인	27
	정의현	9소장	70리	7	510	마감 2인	51
		10소장	40리	6	1,131	마감 2인	104
산마장	제주	침장 상장	200리	23	1,572 1,572	산마감목관 1인	160(42명 정의현 소속)
	정의	녹산장					
우목장	제주	황태장					
	대정현	모동장	37리	1	9필 우203수	감관 2인, 색리 1명	12
		가파도 별둔장	10리		우103수	감관(모슬포 조방장겸임) 1명, 색리 1명	9
	정의	천미장					
기타	제주목	우도장	50리	6	243		39
		별둔 청마장			31		
	정의	청마 별둔장	15리		54필 흑우440	우감 2인	20

출처 : 김동전, 「제주의 마정과 공마」, 『제주도지』(제2권), 2006, 398-399쪽.

셋째, 산마장은 면적이 넓어 경작 가능 장소와 방목지로 이루어졌음을 보여준다. 산마장은 비록 김만일 후손들이 산마감목관을 맡아 운영했으나, 개인소유가 아니라 국가소유였다. 따라서 3개의 산마장에서 생산된 우수한 말들은 어승마, 군마, 역마로 활용하기 위해 주기적으로 조정에 공마되었다. 이상과 같은 십소장과 산마장의 규모와 소장별 마필수, 관리 주체는 <표1>과 같다.

제2절 한라산 고산지대 상산방목 등장

해발고도가 높은 한라산 고산지대에서도 우마들이 방목되었다. 이것은 '상산방목(上山放牧)'이라고 부르는 목축 형태로, 제주도민들은 백록담 부근 한라산 고산지대에 우마를 올려 방목했다. 상산방목이 시작된 시점은 관련 사료가 없어 단정하기 어려우나 고려말부터 몽골의 하치(목축민)들과 탐라 목축민(테우리)에 의해 상산방목이 이루어졌을 가능성도 있다.

상산방목은 전국에서 가장 해발고도가 높은 고지대에서 이루어졌던 목축에 해당한다. '상산'(1400m~1950m)은 해발고도가 높아 여름철 기온이 낮고 바람이 많아 진드기 피해가 적은 곳이었으며, 무료로 이용할 수 있는 자연초지와 물 그리고 비바람을 피할 궤(바위굴)가 삼위일체(三位一體)가 되는 장소여서 일찍부터 방목지로 활용되었다(그림 2). 이곳의 방목은 한라산 산정부의 지형 조건과 기후 및 식생 환경을 인식한 목축민들에 의해 이루어졌다. "사람을 낳으면 서울로 보내고, 말을 낳으면 상산으로 보내라"는 말도 존재할 정도로 제주도에서 한라산 상산방목지대는 그야말로 우마들에게는 '이상향(理想鄕)'이었다.

한라산 고산지대의 상산방목은 이미 조선 후기에도 사료에서 일부 흔적이 보이나, 상산방목이 본격화된 시점은 일제강점기부터이다. 한라산 고산 초원이 발달한 윗세오름, 사제비오름, 만세[수]동산, 움텅밭으로 갈 수 있었던 목축민과 화전민들이 상산방목을 주도했다. 특히 제주도 "하늘 아래 첫 동네"로 해발 900m 부근에 위치한 능화오름을 바람막이 삼아 입지했던 능화동(菱花洞) 화전민들은 일부 소들을 '큰두레왓' 일대로 올려 방목했다. 1898년 "장화세(場火稅) 혁파를 요구하며 80여명의 무뢰배들과 민란을 일으켰던 방성칠(房星七)이 전남 동복군(同福郡)에서 이주해와 기도하며 은신하던 곳이 능화동이었다."는 사실은 제주부관찰사 이병휘가 작성

그림 2. 1988년 윗세오름 일대 마지막 말 방목
(사진 : 전 한라산 국립공원관리사무소 신용만 제공, 가운데 부분은 백록담 화구벽, 앞쪽 왼쪽은 윗세 상봉(붉은오름), 뒤쪽은 장구목으로 가는 왕석밭, 오른쪽 오름 둘은 윗방애와 방애오름에 해당)

해 정부에 보고한 1901년 문서(제6호 기안문)를 통해 확인 할 수 있다.

상산방목의 구체적인 모습은 일제강점기 제주여행기에도 드러낸다. 이은상이 쓴 『탐라기행』(1937)에는 한라산 백록담 부근에서 만난 말들의 모습이 등장한다. 또한 시인 정지용의 쓴 「백록담」(1941)에는 한라산 남벽 일대에서 상산방목되던 우마들의 모습이 생생하게 묘사돼 있다.

상산방목지 중 '선작지왓'은 영실기암 상부에서 윗세오름에 이르는 고원초원지대로, '산상정원'(山上庭園)으로 불리는 곳이다. 넓은 초지와 노루샘, '탑궤'가 있어 서귀포시 하원동, 도순동, 호근동 주민들이 방목했던 곳이었다. 윗세오름 방목지는 1960년대까지만 해도 남·북제주군 우마들과 테우리들의 만남 장소였다.[11] 만세동산에는 북군사람들과 남군사람들이 상산방목으로 하며 방목지 경계용으로 쌓은 돌담이 현존하며, 이 돌담("곰잣")은 한국에서 가장 해발고도가 높은 곳에 위치하고 있다.

---

11. 강만익, 「근현대 한라산 상산방목의 목축민속과 소멸」, 『탐라문화』 제43호, 제주대학교 탐라문화연구원, 2013.

제5장 한라산지 마을공동목장의 등장

제1절 마을공동목장 등장

 마을공동목장(조합)이 제주역사에 등장한 시기는 1930년대부터이다. 1910년대 토지세부측량(土地細部測量)[12]으로 토지소유주와 마을간 경계가 확정된 후, 십소장과 산마장은 100여 개 마을공동목장으로 재편되었다. 당시 일제는 주민들의 무분별한 난방목(亂放牧)으로 목야지가 황폐화되고 있다고 강조하면서 1933년「목야지정리계획」을 수립해 읍면리동으로 하여금 목야지 정비를 하도록 했다.[13] 그러면서 일제는 마을단위 축산진흥정책이라는 미명하에 제주지역에서 마을공동목장조합을 만들어 공동목장을 운영하도록 명령했다.

 일제 식민지 당국(濟州島)에서는 마을별로 공동목장조합 설치를 독려하기 위해 제주도농회 조직과 읍면장, 구장(區長), 권업서기(勸業書記) 등 행정력을 총동원했다. 이것은 마을공동목장조합이 조선총독부의 축산정책을 제주사회에 구현하기 위해 반강제적으로 설립되었다는 것을 입증한다. 일제가 제주지역에 마을공동목장을 운영하게 했던 궁극적인 속셈은 마을단위 축산부흥보다는 전쟁수행에 필요한 우마들을 안정적으로 확보하기 위함이었다.

 일제는 1931년 초부터 1933년 말까지 2년 동안 22개의 시범 공동목장을 만들게 했다. 설치시기가 가장 빠른 제주도 최초의 공동목장은 현재 제

---

12. 김봉옥,『제주통사』, 제주발전연구원, 2013, 282쪽 : 토지 세부측량은 일제 강점기에 토지세를 거두어들이기 위한 목적으로 조선총독부가 전국의 토지면적을 파악하기 위해 실시한 것으로 당시 표본지역으로 선정된 제주도의 토지 세부측량은 1913년 7월 1일부터 시작되어 1915년 말에 완료되었다(우도, 가파도, 추자도 제외).
13.『濟州島勢要覽』(1939),『濟州島의 經濟』(1999), 제주시 우당도서관, 175쪽. 金斗奉(1936),『濟州島實記』(第四版), 精文社印刷所, 21쪽.

주시 노루손이오름(617.3m) 일대에 있었던 제주읍 연동리 공동목장이었다. 이 공동목장에서는 목장 경계림을 식재하고, 목장 내 고사리 제거(厥掘取), 급수장 공사를 완료한 다음, 마을주민 750명을 공동목장 내부로 출력시켜 목장경계 돌담 축조 공사를 진행했다. 공동목장 경계선을 분명히 하기 위해 경계용 나무(삼나무)를 식재하거나 돌담을 쌓게 했다.

제2절 마을공동목장 운영

한라산지에 자리잡은 제주지역 마을공동목장은 같은 마을에 거주하는 주민들이 목장조합을 만들어 우마를 방목했던 공간이며, 마을의 공동자원인 동시에 전국에서 유일한 제주 특유의 목축자원이다. 일제강점기 공동목장을 운영하는 조직인 마을공동목장조합은 제주도사, 제주도농회장, 농회읍면분구장, 제주도목장조합중앙회장, 읍면공동목장조합연합회장, 마을공동목장조합장, 평위원회 위원, 목감 등에 의해 운영되었다.[14] 1939년경 마을공동목장은 총 116개였으며, 급수장은 62개 설치됐다. 일제강점기 제주도에 분포했던 마을공동목장조합과 공동목장은 <그림 3>과 같다.

제주지역 마을공동목장은 형성시기에 따라 최초 시범목장으로 만들어진 기설목장(1931~1933)과 이를 본받아 등장한 신설목장(1933~1943)으로 구분할 수 있다. 공동 방목지로 활용하기 위한 목장 용지에는 매수지, 차수지, 기부지가 있었다. 매수지는 조합원들이 낸 조합비를 모아 매입한 땅이며, 차수지는 도유지, 면유지, 리유지 등 공유지를 빌려 이용한 땅이다. 기부지는 조합원 개인 또는 마을이 소유한 토지에 대한 소유권과 이용권을 목

---

14. 강만익, 『일제시기 제주도 목장조합 연구』, 제주대학교 사학과 박사학위논문, 2011.

장조합에 넘긴 땅을 의미한다. 1943년 『제주도공동목장관계철』 문서에 근거할 때 제주도 전체 마을공동목장 용지는 차수지 51%, 매수지 30%, 기부지 19% 정도였다.

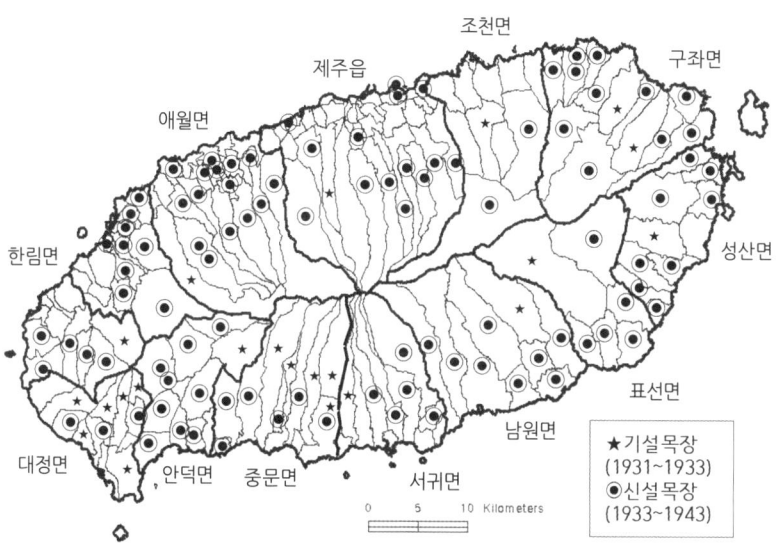

그림 3. 일제강점기 제주도 마을공목장(조합) 소재지(강만익, 2011:76)

제6장 한라산지 목축공간의 변화

제1절 한라산지 목축공간의 해체

조선시대 한라산지 목축공간들은 19세기 말 국마장 내 목장토를 활용한 화전경작이 양성화되기 시작했고(화전세 징수, 민란의 불씨제공[姜悌儉의 난(1862), 房星七의 난(1898)], 특히 1895년 갑오개혁으로 공마제도가 사라지면서 점차 변모하기 시작했다. 국마장[십소장]과 산마장 터에는 말보다 소들이 늘기 시작했으며, 국마장 지대 곳곳에 화전농업이 나타나면서 초지가 농경지로 변모했다.

해방 이후 발생한 제주 4·3사건(1947~1953)은 마을공동목장이라는 목축공간을 유명무실하게 만들었다. 이 사건으로 마을공동목장조합 서류들이 마을문서와 함께 소실되면서 마을공동목장이라는 목축공간은 소유권 분쟁의 대상이 되었고, 우마들은 군경토벌대와 무장대의 표적이 되면서 공동목장에서 자취를 감추고 말았다. 그러다 1950년대~60년대에 들어서면서 한라산지 목축공간에는 방앳불이 타올랐고, 소들이 방목되기 시작했다. 농사에 우마는 필수적인 가축이어서 우마방목지인 공동목장이 필요했기 때문이다.

1970년대는 한라산지 목축공간을 변화시킨 '충격적 사건'들이 곳곳에서 발생했다. 마을공동목장조합들이 공동목장을 개발 자본에 매각하는 현상들이 들불 번지듯이 나타나면서 중산간 목축공간은 본격 해체되기 시작했다. 1970년대 이후 마을공동목장이라는 목축공간의 해체 배경으로는 첫째 정부가 추진한 중산간 개발정책이 공동목장을 매입해 골프장으로 만들려는 관광개발자본의 먹잇감이 되게 만들었고, 둘째 쇠고기 수입개방

정책에 따라 목축을 포기한 공동목장조합원이 증가했으며, 셋째, 목초지를 개간해(불법적 개간) 감자, 메밀 등 상업 작물을 재배하는 현상이 나타난 것을 들 수 있다.

<표 2>는 현재 한라산지에 남아있는 공동목장을 소유한 목장조합을 보여준다. 1935년 116개, 1943년 120개였던 공동목장은 2023년 현재 41개로 감소했다. 사라진 목축공간에는 대규모 골프장(20여개)과 펜션 등 주거시설이 들어섰다.

표 2. 마을공동목장조합 존속 실태(2023)

지역	목장조합명	2023
제주시 동지역	봉개, 아라, 오등	3
한림읍	금당, 상명	2
애월읍	삼리, 납읍, 어음1리, 어음2리, 상가, 소길, 장전, 유수암, 고성, 광령1, 광령2	11
조천읍		0
구좌읍	동복, 김녕, 상덕천, 평대, 송당아부오름, 송당상동, 송당하동, 세화, 상도, 하도,	10
한경면	산양	1
서귀포시 동지역	도순, 하원, 회수부흥목장, 용흥	4
남원읍	남원·한남, 수망, 의귀, 신례리	4
성산읍	삼달리	1
안덕면	서광서리, 서광동리, 덕수리	3
표선면	가시리협업목장조합, 세화1·3리	2
합계		41

출처 : 제주연구원, 『제주지역 마을 공동목장 관리실태 및 개선방안』, 2018, 17~18쪽 표를 재정리함. 2024년 7월 제주대학교 산학협력단은 「마을공동목장 보존과 지원방안 연구용역」 보고서를 통해 제주지역 마을공동목장 수를 77개로 발표했다. 그러나 이것은 무엇을 마을공동목장으로 볼 것인가에 대한 기준차이에서 생겨난 결과임.

제2절 한라산지 목축공간의 부활

　최근 부동산 가격이 상승하면서 목장조합 없이 공동목장만 가지고 있던 마을에서 목장조합을 재조직해 공동목장 기능을 회복시키려는 움직임들이 나타나고 있다. 안덕면 D공동목장조합은 조합원과 마을회 소유의 목축지를 합해 D공동목장조합을 새롭게 탄생시켰다. 목축공간을 유지시켰던 목장조합 정관을 개정해 조합원 자격을 엄격히 제한(이주민 가입여부)하거나 아예 조합명칭에서 '공동'을 삭제한 경우도 있다. 농림축산식품부가 추진하고 있는 '방목생태축산농장' 사업에 애월읍 A목장과 한림읍 B목장이 선정되어 방목지 울타리 설치비용 등 예산지원을 받아 목축공간을 새롭게 변모시키고 있다. 현재 제주지역에서 목장조합 또는 축산계에 의해 우마방목이 이루어지고 있는 공동목장은 서귀포시 하원동과 남원읍·신례리·의귀리·수망리, 제주시 구좌읍 하도리, 애월읍 삼리(봉성리+곽지리+금성리) 공동목장이 가장 대표적이다. 이 공동목장들은 일제강점기부터 현재까지 목축 기능을 그대로 유지하고 있다.

제7장 한라산지 목축문화 사례

제1절 조랑말과 테우리

　제주 목축민들과 몽골인 그리고 일본인들은 각기 다른 방식으로 그들의 목축문화들을 한라산지 초원에 남겼다. 그야말로 제주의 목장지대는 제주와 몽골, 일본 목축문화의 저수지라고 할 수 있다. 이 가운데 가장 대표적인 목축문화 요소는 조랑말과 테우리이다. 이것은 한라산지 목축문화를 형성하고 유지하는 주체들이다.

　제주에는 탐라시대부터 말이 존재했다. 애월읍 곽지리 패총에서는 말뼈가 그리고 안덕면 사계리 해안에서는 말 발자국 화석이 발견되었다. 탐라시대와 고려시대 제주도에 있던 말의 유래에 대해 高野史男(1989)는 야생마들이 빙하기 때 유라시아 대륙을 건너 제주도로 이동했다고 주장했다. 박원길(2005)은 제주의 조랑말은 몽골에서 유래했다고 강조했다. 그는 몽골에서는 키가 작은 말을 '조로몰'이라고 지칭하고, 몽골이 100년 가까이 탐라를 지배할 때 몽골에서 조로몰을 탐라로 보낸 것이 현재 '조랑말'의 기원이라는 입장을 보였다. 이에 비해 김인호(2006)는 조랑말은 만주지역에서 제주도로 전래되었다고 주장했다. 사서에 등장하는 '과하마(果下馬)'는 바로 만주지역에 살던 사람들이 제주도로 들어가면서 타고 갔던 말이며, 이 과하마가 현재 조랑말의 조상에 해당한다고 했다.

　이러한 주장들 속에서 농촌진흥청 국립축산과학원(2019)은 제주마인 조랑말에 대한 유전자 분석결과를 토대로 "조랑말은 몽골마와 섞이지 않고 독립적으로 진화해온 품종이다."고 발표하여 논란에 종지부를 찍었다. 몽골에서 조랑말 자체가 들어온 것이 아니라 몽골인들이 제주에서 본 키

작은 과하마를 1276년 이후 '조로몰'이라고 불렀고, 이후 제주인들이 '조로몰'을 점차 '조랑말'로 불렀을 가능성이 높다. 1388년 이성계 장군이 위화도 회군을 단행할 때 제주에서 보낸 '응상백'을 탓을 정도로 고려말 제주마는 명성이 높았다. 조선시대 조랑말들은 공마를 통해 전국의 목장에 배분되었고, 해마다 중국에 진상품으로 보내졌다. 1780년경 박지원이 『열하일기』에서 제주마의 크기가 예전에 비해 작아졌다고 한탄한 것처럼, 제주마 조랑말은 조선후기로 가면서 여러 이유로 점점 왜소화되기 시작했다. 1986년 조랑말의 혈통보존을 위해 제주마[조랑말]를 천연기념물(제347호)로 지정했다. 제주마방목지에 가면 4월부터 10월까지 천연기념물 조랑말을 만날 수 있다.

조랑말을 키우던 사람을 '몰테우리'라고 한다. 본래 '테우리'라는 용어는 목축에 종사하는 목자(牧子, 牧者가 아님)를 지칭하는 말로, 중세 몽골어라는 주장도 있으나, '하치', '소금바치', '갓바치'처럼 '테우리'에는 직업을 지칭하는 몽골어 '치'가 들어 있지 않다는 점에서 제주어로 보는 것이 적절하다. 테우리는 조선시대 각종 사서에 목자로 등장했다. 이들은 거주이전과 전직이 금지되었을 뿐만 아니라 목자의 역은 매우 힘들어 기피 대상이었다. 16세부터 60세까지 국영 목장에서 국마 생산과 관리에 종사했으며, 그 직은 심지어 아들에게 세습되었다. 실적에 따라 쌀 또는 포목으로 포상하는 제도가 있었으나 동색마(同色馬: 관리하던 말이 죽을 경우 해당 목자가 같은 색의 말을 구입해 채워 넣던 폐단) 부담 등 수많은 고역이 가해졌다.

일제강점기에 들어와 테우리들은 일정한 보수를 받고 다른 사람들의 우마들을 대신 키워주거나 또는 마을 공동목장에 목감(牧監)으로 고용되기도 했다. 공동목장 내에 지어진 '테우리 막'에 살면서 우마를 관리하기도 했다. 이들은 방목지에 위치한 오름과 하천, 동산의 이름 그리고 우마의 이동로와 관련된 주요 지명을 손금 보듯 알고 있었다. 바람을 막아줄 수 있는 오름의 위치, 물을 먹일 수 있는 물통이나 하천 위치 그리고 풀이 자라고 있는 위치를 경험적으로 인식하고 있었다. 방목 중인 우마들의 생존과 직결되는 일이었기 때문에 테우리들이 방목지내의 지리적 환경을 매우 정확히 인식한 것이다.

제2절 마조제와 백중제

조선시대 국가적 말 관련 제의는 『경국대전』에서 공식화되었다. 이에 근거해 지방관아에서도 목축 의례가 행해졌다. 제주지역에서는 지방관(제주목사)이 주체가 되어 마조제(馬祖祭)가 행해졌다. 마조제는 본래 말의 조상신인 방성(房星)에게 지내던 제사로, 말의 번식과 건강을 기원했다. 마조제는 중춘(仲春, 음력 2월)에 말의 조상[馬祖]인 천사신(天駟神), 중하(仲夏, 음력 5월)에 처음으로 말을 길들여 가축화한 선목신(先牧神), 중추(仲秋, 음력 8월)에 마구간의 토지신인 마사신(馬社神), 중동(仲冬, 음력 11월)에 말의 건강을 지켜주는 마보신(馬步神)을 대상으로 이루어졌다.

한반도에서 마조제는 서울에 있는 '살곶이' 목장 내 마조단(현재 한양대학교 중앙도서관 근처에 위치함)에서 행해졌다. 제주에서는 기록상 마조단이 1852년에 처음 등장해 마조제를 지낸 것으로 볼 수 있으나, 1702년 『탐라장계초』에 이형상 목사가 마조제를 언급했다는 점에서 마조단과 마조제는 1700년 이전에도 존재했다고 할 수 있다.

테우리들은 우마의 번식을 기원하는 '테우리 쿳사'를 지냈다. 이것은 목축이 잘 되기를 기원하는 목축의례로 백중날(음력 7월 15일 새벽 또는 백중일 전날) 떡과 밥, 술 등 제물을 준비하여 지냈다. 테우리 쿳사는 달리 백중제라고 부른다(그림 4, 5). 소나 말을 소유한 사람이면 누구나 남녀 구별

없이 백중제를 지냈다. 백중제 장소는 지역차가 있으며, 본인 소유의 소나 말을 기르는 공동목장 또는 바령 밭(우마의 똥오줌을 받아 거름을 만드는 밭)이나 목장 내에 위치한 오름 정상에서 이루어졌다. "천왕 테우리도 먹엉 갑써," "인왕 테우리도 먹엉갑써"하면서 그리고 그들이 방목하는 지점과 마을 공동목장의 이름을 하나하나 거명하며 제를 지냈다.

그림 4. 송당리 백중제 재현(강만익, 2018)

그림 5. 장전리 백중제(강만익, 2020)

제3절 국마장 경계돌담, 잣성

　제주도 지형도를 보면 한라산지 중산간 동부지역에 성(城)이 표시되어 있음을 알 수 있다. 특히 이 돌담은 현재 서귀포시 남원읍에서 표선면 중산간 지역에 선형(線形)으로 길게 잘 남아있어 눈길을 끈다. 이것은 '잣성'[잣담]이라고 부르는 돌담이다. 이것은 외적 침입을 막기 위한 방어용 석성이 아니라 우마를 기르기 위해 설치된 국영 목마장의 경계선을 따라 만든 돌담이다. 이것은 또한 조선시대 제주도 한라산지에 국영 목마장이 운영되었음을 실증하는 역사유적에 해당된다.

　잣성은 조선시대 마정사(馬政史)의 산물이다. 이것은 국마장[십소장]과 산마장에 남아있다. 잣성은 단순한 돌무지가 아니며, 제주도민들의 피와 땀이 서려있는 석성이다. 또한 조선시대 중산간 지역 주된 토지이용 형태인 목축업 전개를 입증하는 유적경관(遺蹟景觀)이다. 아울러 이것은 조선왕조가 국가권력을 이용해 제주도민과 제주도 중산간 지역을 지배했던 역사를 대변할 뿐만 아니라 제주도의 전통적인 목축문화를 상징하는 조형물에 해당한다. 잣성은 크게 하잣성, 상잣성, 중잣성, 간장으로 구분된다. 이중 하잣성은 해안지대 농경지와 중산간지대 방목지와의 경계부근에 그리고 상잣성은 중산간지대 방목지와 산간지대 삼림지와의 경계부근에 위치하고 있다. 중잣성은 상잣성과 하잣성 사이의 공간을 이등분하는 잣성이다. 이러한 상·중·하잣성은 국마장 상하한선을 나타내는 경계선인 반면 간장(間墻)은 목장간 경계선에 해당된다. 조선전기 165리로 출발한 국마장 잣성은 『제주대정정의읍지(濟州大靜旌義邑誌)』(1793) 기록처럼, 18세기 말에는 597리(약 240km)로 증가했다. 목장의 신설과 보수과정에서 잣성 길이가 늘었다.

　서귀포시 표선면 가시리와 제주시 조천읍 교래리, 구좌읍 송당리가 만나는 지점인 가시리 산 76번지에는 산마장에서 말몰이용으로 쌓은 3개의 잣성이 확인된다. 지도상에는 '상잣성'과 '중잣성'으로 기록되어 있으나 실상은 모두 한 지점(가시리 산 76번지)에서 출발해 나누어지는 잣성이다(그림 5). 이곳은 산마장인 침장, 상장, 녹산장, 갑마장 그리고 국마장인 제주목 1소장과 정의현 10소장으로 둘러싸여 있다. 여기에는 산마장과 국마장에서 몰아온 말들을 점검하기 위한 점마시설인 원장(圓場)과 사장(蛇場)이 있었고, 돌담을 이용해 만들어져 있으며 현재 일부 남아 있다. 3개 구마용 잣성이 만나는 공간은 「제주삼읍도총지도」에 의하면 효생장(孝生場)에 해당한다.

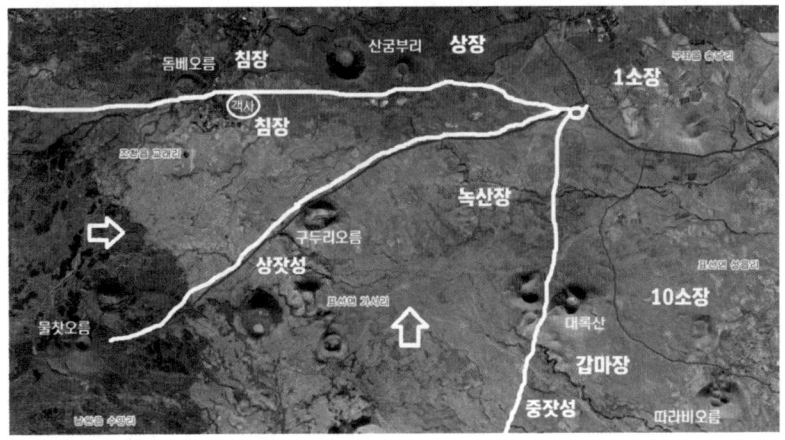

그림 6. 1750년대 산마장과 말 몰이용 3개 잣성
(「제주삼읍도총지도」와 1967년 항공사진을 토대로 작성함)

제4절 방앳불 놓기와 들불축제

음력 2월 이른 봄이 되면, 목축민들은 공동목장 등 목축지에 불을 놓았다. 이것을 '방앳불 놓기'라 했다. 이것은 목축지에 공동으로 혹은 개별적으로 불을 놓아 초지를 태우는 목축 관행으로, 일부에서는 '화입(火入, 일본식 용어)'이라고도 부른다. 이른 봄 목축지에 쌓였던 눈이 녹아 마른풀이 드러나는 음력 2월이나 3월 초순에 공동목장을 가지고 있는 마을에서 이루어졌다. 이 연초 행사는 진드기 등 각종 해충의 근원을 없앨 수 있을 뿐 아니라, 새 풀을 잘 돋아나게 하는 효과가 있었다.

공동목장 단위 또는 '케(일부 주민들의 공동방목지)' 단위로 이루어졌다. 이중 공동목장 단위의 방앳불 놓기는 마을 주민 전체가 동원되는 공동체적 연례행사였다. 집집마다 1명씩 출력하여 이루어졌던 이 행사는 마을의 공동체성을 확인하는 계기이기도 했다. 불놓기에 부득이하게 불참할 경우 '궐금'이라는 비용을 사전에 목장조합이나 마을회에 납부해 불 놓기 행사 경비로 쓰도록 했던 사례도 있다.

1960년대만 해도 목야지 화입(火入)은 계속되었으나, 화입으로 인한 산불이 빈번히 발생해 조림한 곳에 피해를 입혔다. 이에 제주도청에서는 1965년부터 목야지 화입이 목초나 진드기 구제에 아무런 도움이 되지 않는다는 이유를 제시하며 화입금지를 유도했다(제주신문, 1968.4.27.). 1970년 3월 한라산이 국립공원으로 지정되면서 국립공원 하부 공동목장에서 간헐적으로 이루어지던 방앳불 놓기는 역사 속으로 사라졌다. 이러한 한라산지 방앳불 놓기 목축문화 전통을 현대적으로 계승한 것이 제주들불축제이다.

제5절 낙인(烙印)과 귀표(耳標)

목초지에 방앳불 놓기가 마무리되면 목축민들은 적당한 날을 골라 소나 말에게 낙인을 했다. 낙인이란 명칭은 『세종실록』(1433)에 처음 등장했다. 이것은 방목 중인 말들의 소유주와 관리목장을 구별하기 위해 일정한 문자, 기호, 도형이 새겨진 쇠붙이를 불에 달구어 신체의 특정 부위에 찍는 표식이다. 육지에서는 소의 목에 방울을, 그리고 제주도에서는 소의 엉덩이에 낙인을 새겼다. 우마의 목에 달린 '소리로의 전달' 도구인 방울은 소리를 내어 주인에게 우마의 위치를 알리는 것에 지니지 않았다. 그러나 제주도 우마들의 엉덩이에 새긴 낙인은 산과 들을 오르고 내리는 모든 사람들에게 자기 주인이 누구임을 알리는 문자 또는 징표로의 전달 수단이었다.

우마의 네발을 묶고 넘어뜨린 다음, 낙인을 대퇴부에 지졌다. 낙인은 개인별[성씨별] 또는 마을 단위로 이루어졌다. 특정 성씨집단이나 마을을 상징하는 글자를 새긴 낙인을 이용해 성씨별, 마을별 소유주를 구분했다. 실례로 조천읍 대흘리 마을에서는 '大'자를, 애월읍 광령리에는 '光슈'이라는 낙인을 했다. 방목하던 소나 말을 잃어버릴 경우 낙인을 통해 소유주나 소유 마을을 확인한 다음, 서로 연락을 취하며 주인을 찾아주던 미풍양속이 있었다.

우마의 귀 일부를 잘라 자기 우마임을 나타내는 귀표를 했다. 남원읍 하례마을에서는 귀에 V, W로 표시했다. 애월읍 상가마을에서는 음력 10월경에 귀표를 했다. 이 시기는 방목지에서 소들이 집으로 내려오는 때이며, 어미 소들은 새끼를 가진 경우가 많았다. 젓 뗀 송아지들이 행동반경을 넓혀 돌아다니며 잃어버리는 문제도 생겨나면서 귀표가 필요했다. 현재는 전자칩이 낙인과 귀표를 대신한다.

제6절 계절방목과 윤환방목

제주도 목축에 있어 방목의 역사는 매우 오래다.『성종실록』(1472년 1월 30일)에 의하면, "濟州三邑公私屯馬, 常放山野"라 하여 관청 소유의 말과 개인 소유의 말들은 항상 산야에 놓아기른다고 했다. 이러한 방목풍습은 연중 방목, 계절적 방목(이목), 윤환방목, 상산방목으로 구분할 수 있다. 연중방목은 1년 내내 목초지에서 말을 놓아기르는 목축형태였다. 계절적 방목은 지대가 낮아 풀이 먼저 돋아나는 해안평지부터 시작하여 점차 중산간 지대로 올라가며 방목하다가 기온이 내려가 풀이 시드는 가을이 되면 다시 해안지역으로 우마군을 이동시키며 목축하는 형태이며, 지리학적으로는 이목(移牧)에 해당된다. 이것은 제주도 중심부에 한라산지가 존재한다는 환경적 특성에 따라 생겨난 형태라 할 수 있다.

윤환방목은 공동목장 내 한 구역에서 풀을 다 뜯어먹으면 다른 구역으로 우마를 이동시키는 형태로, 넓은 공동목장을 몇 개의 소규모 목장(암소 방목장, 수소방목장, 말 방목장 등)으로 구획해 사용하는 경우에 이루어졌다. 목장공간의 효율적 이용과 풀의 성장 상태를 반영한 목축방법이다.

제7절 진드기 구제와 출 장만

마을공동목장에 소를 방목했을 때 소의 생명을 가장 위협하는 동물은 제주지역에서는 호랑이나 늑대가 아니라 진드기였다. 이 해충은 몸길이가 0.2~10mm 정도이며, 가축의 피를 빨아먹는 흡혈성 동물이다. 쇠똥, 말똥, 참억새 등에 산란하여 살며 우마에 달라붙어 흡혈하다가 일생을 마감한다. 진드기가 많이 기생하면 소는 영양실조와 빈혈을 일으켜 죽는 경우가 있어 반드시 제거가 필요했다. 진드기[壁蝨] 유충이 겨울잠을 자는 음력 2월에 방목 지대에 불을 놓아 진드기 알을 제거하거나, 여름철에 소에 기생하는 진드기를 긁어내는 '부구리체'를 이용해 구제했다. 약품(DDT)을 물에 탄 다음, 수건에 적셔 진드기를 없앤다.

촐[꼴]은 우마의 먹이였다. 추석 무렵 하늬바람 터지면(서풍이 불기 시작하면) 촐을 베기 시작했다. 하늬바람은 건조한 바람이므로 촐을 베어 말리는 데에는 안성맞춤이었다. 우마가 많은 집에서는 온 집안 식구가 총동원하여 촐을 베었다. 촐이 자라는 산에서 '머지멍'(자면서) 베기도 했다. 하늬바람이 불 때는 당일 벤 촐이라 해도 하루 정도면 말랐다. 강수량이 적은 서부지역은 짧은 낫으로, 강수량이 많은 동부지역은 장낫을 이용해 촐을 베어 장만했다.

베에 낸 촐은 일정한 크기로 묶었다. 겨울철 먹이인 촐은 '쇠질메를 지왕' 운반하거나, '바래기'(마차)를 이용했다. 이것은 소 또는 말이 끌었다. 촐은 마당에 '눌어' 두었다가 건초로 사용했다. 집집마다 마당에는 '촐눌'이 있었다. 필요에 따라 여기서 촐을 빼내 사용했다. 촐은 작두를 이용해 일정한 크기로 잘라낸 다음 여기에다 소들이 즐겨먹는 농업부산물을 혼합하여 먹였다. 촐에는 야산의 풀인 '새꿀', 밭에서 가꾼 '자굴촐', 농사짓지 않는 밭에 저절로 자란 '재완지촐'이 있었다. 소들은 자굴촐과 재완지촐을 즐겨 먹었다. 촐의 양은 대개 바리수로 가늠했다. 새꿀, 자굴촐, 재완지촐은 대체로 30단이 1바리였다. 소를 많이 길렀던 집에서는 300바리 정도를 준비했다(고광민, 『제주생활사』, 한그루, 2016).

제8장 결론: 한라산지 목축공간의 미래

　지금까지 제주도민들의 한라산지 초지대 이용방식을 목축사의 관점에서 접근했다. 주지하다시피 한라산지는 다양한 제주 목장사와 목축문화자원을 품고 있다는 점에서 높은 학술적, 문화적 가치를 지닌다. 고려 말에는 몽골에서 파견된 하치(목축민)들과 그들의 우마 및 거주처인 게르(ger)가 한라산지를 뒤덮었다. 조선시대에는 제주인들이 한라산지 초지를 적절하게 이용하며 '제주한라산목장'[국마장, 십소장]과 산마장에서 명마를 길렀다. 일제강점기에는 일제의 식민지 축산진흥 정책에 따라 마을공동목장이 등장해 십소장과 산마장의 목축전통을 계승했다.

　제주에서 한라산지의 속성을 모르고 제주도를 안다고 할 수 없다. 이곳을 배경으로 탄생한 다양한 목장들과 목축생활사(牧畜生活史)는 세계자연유산 한라산의 역사문화적 가치를 더욱 높여준다. 현재 한라산지 목축공간에는 동서로 질주하는 산록도로에 의존해 녹차재배지, 박물관, 표고버섯재배지 등 비목축적 경관들이 늘고 있다. 우마들의 방목 터에는 대규모 골프장과 골프텔, 관광공원, 펜션단지, 타운 하우스 등이 입지하며 목축경관이 점차 사라지고 있다. 더욱이 한라산지에서 마을공동목장을 소유해 목축을 하고 있는 목장조합에서는 막대한 부동산세와 재산세 압박 때문에 공동목장을 매각하려는 움직임도 있다. 이제 한라산지 목축공간은 해체 위기에 빠졌다.

　다시 한라산지에서 소와 말들을 볼 수 있도록 해야 한다. 화산활동이 만들어낸 용암평원과 자연초지 및 목장 불 놓기로 형성된 2차 초지대에 우마 방목이 부활할 수 있도록 해야 한다. 마을공동목장을 국가농업유산으로 지정받아 한라산지 목축공간을 제도적, 법적으로 보호하는 방안을 제안

한다. 만일 '제주 마을공동목장 목축시스템'이 국가농업유산으로 지정받을 경우, 전국 유일의 축산분야 국가농업유산이 될 것이며, 마을공동목장의 역사문화적 가치가 국가에 의해 인정받는 계기가 되어 마을공동목장의 지속가능성에 청신호가 켜질 것이다. 이러한 노력들이 모아질 대 한라산지 목축공간의 미래는 밝아질 것이다.

참고문헌

강만익, 「조선시대 제주도 관설목장의 경관연구」, 제주대 석사논문, 2001.
_____, 「전통사회 제주도의 목축지명 읽기」, 『제주역사문화』(제13·14호), 제주도사연구회, 2005.
_____, 「조선시대 김만일 가계 산마장의 입지환경과 그 유적」, 『제주마학술조사보고서』,
    제주특별자치도·제주문화예술재단, 2007.
_____, 「1930년대 제주도 공동목장 설치과정 연구」, 『탐라문화』 제32호(2008년 2월), 제주대학교
    탐라문화연구원, 2008.
_____, 「조선시대 제주도 잣성(牆垣) 연구」, 『탐라문화』 제35호(2009년 8월), 제주대학교
    탐라문화연구원, 2009.
_____, 「제주도민의 목축생활사① 하효마을의 사례」, 『제주학』, 제주학연구소, 2010.
_____, 「제주도민의 목축생활사② 가시리의 사례」, 『제주학』, 제주학연구소, 2013.
_____, 「일제시기 제주 마을공동목장조합연구」, 제주대 사학과 박사논문, 2011.
_____, 『일제시기 목장조합연구』, 경인문화사, 2013.
_____, 「근현대 한라산 상산방목의 목축민속과 소멸」, 『탐라문화』 제43호(2013년 6월), 제주대학교
    탐라문화연구원, 2013.
_____, 「한라산지 목축경관의 실태와 활용방안」, 『한국사진지리학회지』, Vol.23.
    No.3, 한국사진지리학회, 2013.
_____, 「제주도 목마장의 역사적 고찰」, 『한국의 馬 시공을 달리다』, 국립제주박물관, 2014.
_____, 「말산업특구 제주의 목장사와 마문화」, 『교육제주』, 제주특별자치도교육청, 2014.
_____, 「제주도 목축문화의 형성기반과 존재양상 : 「마을향토지」 기록을 중심으로」, 『서귀포문화』,
    제주특별자치도, 2014.
_____, 「제주마 문화유산의 이해」, 『삶과문화』, 제주특별자치도, 2014.
_____, 「국마의 보고, 제주의 목축유산」, 『제주』, 2016, Vol.4, 제주특별자치도.
_____, 「국마장 경계돌담, 서귀포시 잣성의 역사」, 서귀포시, 2016.
_____, 「고려말 탐라목장의 운영과 영향」, 『탐라문화』 제52호, 제주대학교 탐라문화연구원, 2016.
_____, 「한라산의 목축생활사」, 제주특별자치도 세계자연유산본부, 2017.
_____, 「제주도의 말 문화」, 『우리문화』, 한국문화원연합회, 2020.09.
_____, 「제주도 국마장 잣성의 등장과정과 연구과제」, 『제주 돌문화 연구성과와 과제』(학술총서 14),
    국립제주박물관, 2023.
송성대·강만익, 「조선시대 제주도 관영목장의 범위와 경관」, 『문화역사지리』 제13권 제2호,
    한국문화역사지리학회, 2001.
남도영, 『제주도목장사』, 한국마사회박물관, 2003.
좌동렬, 「전근대 제주지역 목축의례의 역사민속학적 연구」, 제주대석사논문, 2010.
김동전·강만익, 『제주지역 목장사와 목축문화』, 경인문화사, 2015.
송정규 지음, 김용태 김새미오 옮김, 『해외견문록』, 휴머니스트, 2015.
박정재 진종헌, 「제주 중산간 지역의 과거 경관변화와 인간 그리고 오름 환경사적 의미」,
    『대한지리학회지』 제54권 제2호, 2019.
제주연구원, 『제주지역 마을 공동목장 관리실태 및 개선방안』, 2018.

07

제주 오름과 중산간 경관변화에 대한 문화지리학적 탐색
: '국가-자연'의 형성과 상징경관, 자연의 프레이밍

진종헌
공주대학교 지리학과 교수

제1장 글을 시작하며

　제주들불축제(새별오름들불축제)가 전국을 대표하는 제주의 축제로 자리매김하였으나, 2023년을 마지막으로 불놓기행사를 폐지한다고 발표했다. 2024년 한해를 쉰 이후에 2025년에 불놓기를 대체할만한 새로운 프로그램을 준비하여 '제주들불축제'를 지속한다는 것이 제주시의 입장이다. 제주의 전통적 목축문화(방앳불놓기: 화입(火入))를 현대적 축제로 발전시킨 긍정적 사례로 언급되고 있기 때문에, 이러한 폐지조치에 반대하며 기존의 불놓기 행사를 계속하자는 주민조례가 발의되기도 했다.

　이 글에서는 불놓기 행사의 지속에 대한 찬반여부와 별개로, 새별오름 축제에서의 불놓기가 현재시점에서 재현되면서, 과거의 전통-목축에 도움을 주기 위한 방애(화입)과 상당히 다른 모습으로 나타났다는 점을 강조한다. 새별오름축제에서 불놓기는 사실상 불놀이에 가깝다. 여러 현실적 제약을 극복하고 불놓기를 관광객이 즐기는 스펙타클로 만들기 위해 인화물질을 투입하여 큰 불을 일으키는 것이 관행이 되었다. 이러한 인위적인 개입으로 인해 축제가 새별오름 자연생태에 미치는 부정적 영향이 더 강조되기도 했다.

　과거의 불놓기 관행에 가깝게 사실적인 재연이 어려운 이유는 오름의 전통생태가 방목이 성행하던 환경과 비교하여 크게 변했기 때문이다. 멀리서 오름을 보면 비슷할 수 있지만, 가까이서 보면 그 차이를 쉽게 확인할 수 있으며, 과거에 오름을 무대로 목축에 종사했던 많은 이들의 증언에서 확인할 수 있다. 아주 짧게 자라서 마소의 먹이로 적당했던 부드러운 초지들로

이 글은 <공간과사회> 제34권 4호(2024)에 게재한 글을 수정 및 보완한 것임을 밝힌다.

덮여 있던 오름경관과 달리 현재 새별오름을 덮고 있는 억새는 1~2m를 쉽게 넘을 정도로 무성하게 자라서 불을 놓았을 때 전혀 다른 위험스러운 불놀이 경관을 보여준다. 전통생태적 관계를 통해 형성된 문화적응(cultural adaptation)의 경관과 통제된 근대적 자연경관(controlled landscape of nature)사이의 차이이기도 한다. 대표적인 문화지리학 교과서인《Human Mosaic》에서는 문화적응(cultural adaptation)을 '자연환경으로 인한 어려운 조건에 대한 인간과 문화의 적응'이라고 정의하고 있다.(Jordan-Bychkov et al., 2012, 14)

제주의 경관은 초지방목이 급격하게 쇠퇴한 1980~90년대를 기점으로 지난 30여년동안 지속적으로 변화를 겪어왔다. 경관변화의 의미를 보다 심층적으로 이해하기 위해 문화지리학적 상징경관연구를 '국가-자연' 관계의 정치생태학과 연결해 보는 것은 의미 있다. 1980년대 이후 문화지리학의 새로운 조류를 형성한 '신문화지리학(New cultural geography)'에서, 데니스 코스그로브(Denis Cosgrove), 스테픈 다니엘스(Stephen Daniels) 등 다수의 학자들은 경관의 상징적 의미를 읽어내는 연구를 심화시켰다. 신문화지리학의 경관연구는, 칼 사우어가 주도한 전통적 문화지리학이 주로 경관의 외면(형태)에 초점을 둔 것과는 달리 경관의 재현(representation)을 주로 분석하였다(Cosgrove 1998 참조). 그 결과 경관의 상징과 의미를 독해하는데 큰 기여를 하였으나, 실체적인 물질경관으로부터 너무 멀어졌다는 비판과 함께 2000년대 이후 비재현적 경관연구로 이행하게 되었다. 이 과정에서 '재현'에서 '정동'으로 키워드가 변화하게 되는데, 이러한 경관연구의 역사적 맥락 속에서 정치생태학의 관점을 결합하는 것은 의미 있는 시도이다.

마크 화이트헤드(Mark Whitehead) 등이 제안한 '국가-자연(state-nature)'개념, 국가-자연의 프레이밍(framing of state-nature, 이하 "자

연의 프레이밍"이라 함), 그리고 '영토화(territorialization)'와 '중앙집권화(centralization)' 개념은 상당히 흥미로운 경관분석의 틀을 제공한다(Whitehead et al., 2007 참고). 특히, 이 글에서는 제주경관의 특징을 이해하기 위해 '자연의 프레이밍'에 초점을 두고, 제주 자연경관의 재현적 특성을 설명하기 위한 개념적 틀로 제안한다. '자연의 프레이밍'은 자연(자원)의 전유와 통제에 대한 정부와 원주민의 접근방법의 차이와 문화적 의미를 부여하고 제도화하는 방식의 차이를 포괄적으로 설명할 수 있는 장점이 있지만 해석의 폭이 넓은 만큼 개념의 지칭범위가 포괄적이다. 이 글에서는 '자연의 프레이밍'이 의미하는 바를 확장하여, '제도적, 과학적 프레이밍'과 '시각적, 재현적 프레이밍'으로 구분하여 접근하고자 한다.

이같은 융합적 접근을 통해서 오랜 시간 안정적으로 유지되었던 제주 중산간 경관의 문화생태적 관계가 1970년대 한라산 국립공원의 설립을 전후하여, 정부가 주도한 하향식으로 제도화된 일련의 경관정책을 통해 어떻게 변화했는가를 검토한다. 특히, 국립공원의 경계설정, 상산방목의 금지, 화입금지, 산림녹화산업 등을 '국가-자연' 개념에 기초해 이해하고자 한다.

화이트헤드 등의 '국가-자연'의 정치생태학에서 중앙정부의 기획은 사실상 하향식으로 국가자연을 형성하는 힘을 다층적으로 설명하고 있다. 그런데, 그 과정에서의 양상은 제주와 '육지'에서 상당히 다르게 나타났다. 화입의 금지, 산림녹화 사업 등의 개별사업들은 제주에서 상당한 주민들의 저항 혹은 설득의 어려움과 함께 전개되었다. 이러한 특징에 대해 상징경관이론과의 관계 속에서 프레이밍과정에 대한 보다 심화된 해석을 시도하여, 국가-자연의 정치생태학에서 문화경관관점의 함의를 검토하고자 한다.

제2장 '국가-자연' 접근과 상징경관 연구의 접점

국내에서는 지난 10여 년간 화이트헤드 등의 '국가-자연'의 정치생태학 접근에 기초한 여러 연구들이 진행되었다. 황진태·박배균(2013)은 한국에서의 국가와 자연의 관계에 대해 시론적으로 논하면서, 관련 주제에 대한 기존의 논의들-생태주의, 신진대사균열론, 자연의 사회적 구성론, 녹색국가론 등-을 비판적으로 검토하였다. "국가의 주도적 역할을 바탕으로 경제성장과 자본주의의 발전을 경험한 곳에서 일어나는 자연의 사회적 생산과정"을 탐구하는데 '국가-자연' 접근은 유용한 이론적 기반이 될 수 있다고 주장하였다(황진태 박배균 2013, 360 전자책, 이하 생략). 김지영(2024)은 국가자연 개념을 활용하여 가장 전형적인 현대사회의 국가자연인 (지리산) '국립공원'을 사례로 자연조사(중앙집권화), 경계설정(영역화), 법제정(틀짓기)의 화이트헤드 주요 개념을 활용하여 발전주의국가에서 공간전략을 탐구하였다. 김준수(2018)는 '인간너머 지리학'의 관점에서 도시의 비인간 비둘기의 동원과정을 연구하여 국가와 자연의 관계를 통해 국가와 도시공간의 재해석가능성을 제시했다.

위 연구들은 '자연의 사회적 구성론'을 넘어서 자연이 국가적으로 정치적, 사회적 자원으로 동원되는 방식에 대한 탐구에 유용한 틀을 제시했으며, 상징경관에 대한 문화지리학 연구와의 접점에 대해서도 부분적으로 공유지점을 시사했다. 황진태·박배균(2013)은 가장 먼저 화이트헤드의 '국가-자연' 관계론과 3원 모형을 소개했는데, 애국가의 가사분석을 통해 식물, 지형, 자연현상 등이 국가정체성을 상징하는 경관으로서 '국가-자연'으로 구체화되는지를 제시했다. 이상헌(2019)은, 바라보는 대상과 주체의 분리라는 경관개념의 본질에 천착하여 더 적극적으로 경관이론과 개념을 활용했으며, '발전주의 국가가 경관을 생산하는 방식'의 한 사례로 4대강 사업에서 하천이 어떻게 '국가-자연'의 성격을 띠게 되는가, 그리고 개발이 성공적으로 진행된 발전주의적 경관이 되는가를 탐구했다. 이 연구는 문화지리학의 경관연구를 본격적으로 활용하려 했다는 점에서 의미가 있다.

사실상, 화이트헤드 등은 '국가-자연'의 의미를 설명하면서, 상징경관의 개념이 매우 중요한 요소임을 강조했다. 그런데, 화이트헤드 등은 얀 모리스[Jan Morris]의 웨일즈 경관연구(《The Matter of Wales》)를 길게 언급하면서 대부분 지역에서 바위가 우세한 웨일즈의 경관적 특성이 웨일즈의 민족국가적 속성(Welsh nationhood)과 깊이 연관되었다고 주장했다. 즉, 전혀 농업에 적절하지 않은 웨일즈의 척박한 토지환경이 웨일즈 사람들을 강인하고 근면한 민족정신을 형성하는데 자극이 되었다는 분석(Gruffudd 1995, Whitehead et al., 2007에서 재인용)에 공감한다.

자연경관이 민족적 서사와 상상력의 형성에서 중요한 토대를 제공하며, 특히 근대 서구의 민족국가 만들기(nation-building)에서 경관이 중요한 역할을 수행했음을 강조했다. 구체적으로 도상학적 경관(iconographic landscape)이 '국가-자연'을 분리하고, 관찰하고, 이해할 수 있는 시각적 틀(visual frame)을 제공했다는 점을 Olwig(2002)와 Daniels(1993)의 저작을 사례로 강조한다. 화이트헤드 등은 사실상 그의 '국가-자연' 개념화에서 신문화지리학의 상징경관개념과 접근이 매우 중요한 역할을 하고 있음을 1장에서 길게 언급하고 있음에도 불구하고, 저작의 본론에서는 이에 대해 추가적인 분석이나 논의를 전개하지는 않았으며, 그의 3원 모형에서 경관의 관점은 여전히 애매한 상태로 남겨졌다.

그 이유는 여러 가지일 수 있지만 중요한 한 가지는 화이트헤드 등이 수차례 강조한 것처럼 민족(nation)과 국가(state)간의 의미상의 차이를 다루는 방식과 관련되어 있다. 자연이 상징경관으로 재현되면서 정치적 의미를 함축하게 될 때 이것은 대체로 민족적 서사, 상징, 정체성이 형성되고 재구성되는 계기로서이다. 한 국가는 현실적이고 공식적인 정치 및 통치의 시스템을 갖고 있으며, 종종 명확한 경계로 설정되는 반면에, 민족은 "사람들의 집단을 하나로 묶는 문화적 시스템과 민족적 정체성 모드"이며, "같은 민족내 사람들이 동일시하고, 문화적 의미를 투자하고, 주요 사회 정치적 순간에 호소하는 집단적 기호와 상징을 구현"한다(Whitehead et al., 2007, 210). 화이트헤드 등은 이같은 민족서사와 민족적 상상이 국가건설을 지원하는데 도움을 줄 수도 있지만, 특정한(근대적) 국가개발논리에 저항하는 무기가 될 수도 있다고 주장한다.

그리고 현대국가에 의한 자연의 프레이밍이 "서사, 조경 디자인, 예술, 사진 및 기념물의 혼합으로 프레이밍되는 일련의 문화적 과정을 포함한다"(Whitehead et al., 2007,229)고 주장했지만, 그가 자연의 프레이밍이라고 공식적으로 분류한 항목들은 제도적, 과학적 프레이밍이라고 정의될 수 있는 영역을 주로 다루고 있다; ① 농업관련 법 ② 과학조사 ③ 재산권 ④ 환경통계 ⑤ 공학 인프라 등. 시각적, 재현적 차원의 프레이밍과정은 원론적인 논의를 넘어서지 않고 있는데, 주로 신문화지리학의 상징경관연구와 접점으로 간주될 수 있을만한 것이다. 따라서 경관연구의 관점을 도입하는 것은 '자연의 프레이밍'개념을 한층 심화시키는 의미가 있다.

3. 목축과 화입으로 유지된 중산간 초지경관: 문화적응과 문화생태학

1966년 10월 한라산을 자연자원을 보존·보호하기 위해, 한라산 전체가 '천연보호구역(천연기념물 제182호)'으로 지정될 때까지, 중산간에서 한라산 정상부에 이르기까지 제한 없이 방목이 이루어졌다는 많은 기록이 남아있다. 특히, 강만익(2013)은 상산방목에 대해 풍부한 연구결과를 남겼다.

이즈미 세이치의 《제주도》(2014)는 1935년에서 1965년 사이의 기록인데, 제주 산간지역에서 방목되는 소에 관한 연구를 포함하고 있다. 그는 제주의 축산업 유형을 세 가지로 구분했다: 연중 방목, 계절 방목, 완전사육. 그는 '연중방목'을 다시 휴경지에서의 방목, 산에서의 계절 방목(600-1300m, 이동, 계절 이동), 산에서의 1년 방목(2014, 119)의 세 가지 유형으로 다시 분류했다. 이즈미는 휴한지에서의 방목은 주로 해안지대에서 성행했으며 두 번째 형식의 방목이 가장 널리 행해졌다고 기술하였다. 이 경우 농부들은 몇몇 가족이 연합하여 관리하면서 말과 소를 자유롭게 방목하였으며 겨울에는 쌓인 눈에 위험해질 것을 고려하여 휴한지에 제한하였다. 중산간 지역에서는 높은 산과 목초지 사이에 돌담을 쌓았으며, 상잣 또는 상잣담이라고 부른다. 전통적 목축경관의 대표적 유물(artefact)이다.

중산간 목축경관의 형성과 관련하여 몇 가지 측면을 살펴보면 다음과 같다.

첫째, 현재는 사진과 기록으로만 확인할 수 있는 과거 중산간 오름에 발달한 매끄러운 초지경관은 인간의 노동과 의식적인 개입을 통해 장시간에 걸쳐 형성된 인공적인 경관이며, 문화생태학적으로 안정된 경관이었다.

그림 1. 용눈이오름(김영갑작가) 1990년대 추정
(출처: 김영갑, 2004, 《그 섬에 내가 있었네》)

그림 2. 용눈이오름(최근 모습)
(출처: 임재영 작가)

[그림1]과 [그림2]에서 비교할 수 있는 것처럼 과거의 용눈이오름과 현재의 그것은 선명하게 비교될 정도로, 짧게 자란 초지들 외에 나무와 관목, 가시덤불같은 것을 거의 찾기 힘들다. 김영갑작가가 반해 제주에 정착한 오름선의 매력을 한눈에 알 수 있다. 《오름나그네》에서 김종철 작가가 묘사한 동거미오름과 용눈이오름의 예전 경관에서는 그 특징이 더욱 두드러진다.

그림 3. 동거미오름 김종철, 1995, 《오름나그네1》
(사진: 서재철 작가)

그림 4. 용눈이오름 김종철, 1995, 《오름나그네1》
(사진: 서재철 작가)

과연 제주에서 초지경관이 언제부터 형성되었는지에 대한 논의가 과거부터 있었는데, 크게 보면 목축이전에 화전농경을 통해 초지가 형성되었을 것이라는 견해(김상호 1979)와 목축을 통해 초지가 형성되었을 것이라는 견해(김일우 2005)가 대립하고 있다. 박정재·진종헌(2019)은 대체로 몽고인들의 침입 이전에 목축이 성행하여 초지경관이 상당히 형성되었을 것이라는 김일우(2005)의 견해를 따르고 있다. 이 가설을 따르는 경우에도 몽고점령기의 목축문화가 제주의 초지경관을 확대심화하는데 크게 영향을 미쳤을 것이라고 보는 것이 적절할 것이다. 또한 지난 3~40여년간 중산간 오름에서 목축의 전통이 거의 사라지면서, 경관이용의 변화가 경관생태에 미친 영향을 실제로 확인할 수 있기 때문에, 과거의 사진에서 볼 수 있는 매끈한 오름이 목축의 전통적인 생태학과 깊은 관계를 맺고 있음을 알 수 있다.

　이처럼 과거의 초지경관은 자연목초를 활용하는 대규모 목축의 지속적인 수행, 매년마다 행해지는 화입의 전통, 빽빽한 숲이 발달하지 않았던 중산간의 생태, 오름의 급경사와 토양의 침식가능성을 보완하도록 오름토양에 뿌리내린 초지, 이른 봄 제주 중산간의 상대적으로 높은 습도 등 모든 기후환경적 조건과 문화적 습속이 조화를 이루어 안정화된 문화생태적 경관을 연출하였다. 어느 하나만 빠져도 지속가능성이 의심되는 경관이었다. 예컨대, 제주오름을 형성한 토양성분은 현무암 풍화토로 잘 흘러내리는 성질이어서, 목축관행과 초지형성이 없었다면 토양침식에 쉽게 노출되었을 것이다. 목축과 화입의 경관실천은 제주의 전통문화를 상징하는 경관이자 집단기억의 장치였다. 그리고 무엇보다도 생업을 위한 필수적인 노동이었다.

　두 번째, 중산간초지를 마소의 먹이로 가능하게 유지했던 것은 화입의 전통이다. 상산방목과 바령 뿐만 아니라 화입(火入) 또한 제주의 목축경관을 설명하는 주요한 특성이다. 제주도가 발간한《제주학개론》(2017)에서 목축문화의 주요 요소를 제주마, 공마와 점마(목장제도), 잣성(목장경계돌담), 말테우리, 낙인/귀표/거세, 말총공예, 방앳불놓기(화입), 상산방목, 공동목장 출역, 바령, 밧갈쉐(소)등으로 언급하고 있는데, 이 중 목축경관과 직접적으로 관련된 요소-문화유물은 잣성, 화입, 상산방목, 바령 등이다. 그러나, 잣성, 상산방목, 바령 등의 목축문화가 여러 연구나 기록을 통해 비교적 상세히 파악된 반면에 화입에 대한 역사지리학 및 문화지리학 연구는 풍부하지 않다. 아마도 화입에 대한 학술적 연구의 필요성이 덜 각인되었기 때문이라고 본다. 이 때문에 도입부에서 언급했듯이 사실상 전통적 목축에서 이루어진 화입과 상당히 다른 방식으로 진행되어온 새별오름축제의 불놓기가 전통생태문화인 '화입'으로 동일시되고 있는 것이다.

《제주학개론》에서도 화입(방앳불놓기)은 '공동목장이나 개인목축지에서 공동으로 혹은 개별적으로 불을 놓아 잡초나 해묵은 초지를 태우는 것'이며, '대체로 음력2월이나 3월 초순 새풀이 돋아나기 전에..각종 잡초나 해충을 없애기 위한 행위였다'고 설명하고 있다. 이것만으로는 전통적으로 행해졌던 화입의 구체적인 방식을 알기 어렵다.

조선총독부 공무원인 아이다 시게요시[會田重吉]씨는 〈제주도의 산업사정(濟州島の産業事情)〉(《조선(朝鮮)》제134호)에서, 제주도에서 전통적으로 이루어져온 방화에 대해 다음과 같이 지적하고 있다.

"춘계3~4월경에 산간지대와 중간지대의 휴간지 일대에 불을 놓고 마른 풀을 태우는 관습이 있는데, 이는 토성을 바꾸어 풀의 성장을 촉진시키고 품질을 향상시키며 진드기 구제(驅除)에 유효한 등 이득이 많으나, 한편 이러한 지대는 식림사업에 유망하지만 조림을 하여도 하루 아침에 불을 놓으면 다액의 투자도 물거품이 될 우려가 있다".(제주도민일보 2010년 11월9일)[1]

현기영의 소설《변방에 우짖는 새》에서는 제주의 화입을 다음과 같이 묘사하고 있다.

"해마다 이맘때가 되면 멀리 한라산 밑 넓은 목장에 화입이라 하여, 마소에 달라붙어 피를 빨아 먹는 진드기 알을 태워 없애려고 불을 놓는데…불은

---

1. https://www.jejudomin.co.kr/news/articleView.html?idxno=8701

마소 피를 빠는 진드기는 물론, 섬 백성의 고혈을 빠는 인간 진드기마저 멸망시킬 듯이 시시각각으로 거침없이 번져 나갔다. 낮에 연기가 자욱하게 덮여 있던 목장은 밤만 되면 벌건 불밭으로 변했다. 밤에 보는 목장 불은 처연하기 그지없었다. 수만평에 번진 불은 나직이 떠 있는 연기구름을 붉게 물들여 피걸레를 만들고 우렁대는 불소리도, 미친 듯이 펄럭대는 불갈기도, 뜨거운 열기도, 맵싸한 냄새도 없이 냉엄하게 야금야금 제 터전을 넓혀갔다..."(현기영 2013(2권), 38-39)

사실상 화입은 제주에서만 확인할 수 있는 고유한 문화라기보다 세계의 목축문화권 곳곳에서 확인할 수 있는 전통적인 '적응'의 전략이다. 특히, 제주에서 화입의 주목은 진드기구제였음을 알 수 있다. 화입이 금지되기 시작할 무렵인 1970년의 아래 기록을 보면 화입이 산불로 번지지 않도록 주민들은 화입을 진행하면서 방화선 구축에 상당히 노력을 기울였다.

1970년 2월 10일에 이루어진 화입은 마을 문서에 따르면 이 마을의 이장과 산림계장은 마을의 여러 동장에게 '목야지 방화선 설치'라는 제목의 공문을 다음과 같이 하달하였다.

"금반 상부에서 목야지 외선에 한하여 방화선을 설치하라는 통첩이 유하여 본리에서는 내일 실시코저 하오니 전동 반장은 반원에게 두루 주지시켜 본 건 수행에 만유감없도록 호당 1인씩 동원, 동원에 시간 엄수하여 주기 바람. 일시 70년 2월 11일 오전 팔시까지. 집합장소 본리 리사무소."(제주도민일보 2010년 11월 9일)[2]

---

2. https://www.jejudomin.co.kr/news/articleView.html?idxno=8701

그림 5. 제주도 방앳불놓기(1990.8.27. 제민일보)

그림 6. 재연된 방앳불, 새별오름 들불축제(제주시)

"아 지금은 이게 축제지만 옛날에는 이게 사실 생활의 일부거든요. 저도 중학교 다닐 때까지는 아버지가 저기 가서 불놓아라 하면 가서 불붙이면 그냥 불타고 그랬단 말이죠. 그래서 지금 우리 제주도 들판에 나무들이 없었습니다. 중산간 지역에. 물론 곶자왈 지역으로 되어 있는 곳은 나무가 있었죠. 거긴 불이 안 들어가기 때문에, 근데 그 당시에 오후 한 4~5시 돼서 불을 놓으면 이게 타가다 저녁 7시에서 9시쯤 되면 이슬 내릴 정도 되면 불이 다 꺼져버렸단 이야기죠. 그러다보니까 멀리까지 붙어가진 않는 거죠. 고작해서 오름을 태우면 오름 정상까지 올라갈 정도가 되면 그냥 꺼져버리죠. 지금은 억새가 길기 때문에 한번 불나면 이제 꺼지기가 어렵습니다...근데 그 전에는 잔디밭식으로 바닥에만 깔려 있었다는거죠. 그러니까 불이 붙어가도 살살 붙어가는데, 지금은 한번 붙으면 사람 범접 못하죠.(김ㅇ수, 선흘리 주민, 53세)"

기사의 [그림5]를 보면 당시의 화입풍경이 어떠했는지를 쉽게 알 수 있다. 이같은 화입의 풍경은 위 주민인터뷰를 통해서도 확인할 수 있다.(이하 이 글의 주민인터뷰는 필자가 2014년부터 2020년경까지 진행하였으며, 인터뷰

당시의 나이로 기록하였다) 붉은 화염의 불을 크게 일으키기보다는, 짧게 자란 초지를 태우면서 타닥타닥 연기를 내면서 타들어가는 풍경을 묘사한 사진기록이 다수 있다. 《변방에 우짖는 새》에서의 묘사도 이와 유사하다. 반면에 새별오름의 불놓기는 불을 잘 타게 해서 볼거리를 만들기 위해 기름등을 동원하여 인위적으로 화염을 키웠다. 사실상 불놀이가 된 것이다. 설령 이전과 비슷하게 방앳불을 재현하려고 해도 쉽지 않은 이유가 목축을 지속하면서 우마와 사람들이 지속적으로 다져놓은, 잘 뿌리내린 짧은 풀들 위주로 이루어진 생태를 복원하는 것 자체가 어렵기 때문이다.

한편, 위 인터뷰에서 추가적으로 제주 중산간의 전통생태에서 초지경관과 곶자왈지대와의 생태적 상호의존관계를 잘 일해할 수 있다. 곶자왈지대에 대한 심층적 이해를 위해서는 정광중(2023)의 연구를 참고할 수 있다. 제주새별오름축제의 불놓기는 외형상으로 방앳불과 차별화될 뿐만 아니라 그에 담긴 문화적 의미에서도 제주의 전통적 농업유산과는 달리, 육지의 많은 곳에서 성행하던 불놓기-액막이 전통과 유사해진 측면이 있다. 실제로 새별오름의 불놀이를 보기 위해 모여든 많은 사람들은 소원을 비는 기복적인 행위를 통해 집단적인 경관실천을 연출하였다. 재현(representation)뿐만 아니라 수행(performance)의 관점에서도 제주 화입의 전통과 점점 멀어진 축제였다.

세번째, 제주의 목축은 밭농사와 밀접한 관련성을 보여주는데 경작하는 밭에 우마의 분변을 받아서 이듬해 보리농사에 도움을 주도록 하는 농사법이 성행했다고 기록되어 있다. 일종의 유축복합지역순환농법인 셈이다.

"부자인, 우마를 많이 가지고 있는 자는 한 머슴을 목동으로 삼아 그로 하여금 우마를 몰고 나와 아무데서나 먹이다가 날이 저물면 한 밭으로 몰고 들어와 밤새 매어놓고 그 분(糞)을 밭에 모아두는데 이튿날 해가 높이 뜬 뒤에야 다시 방목한다. 매일 이와 같이 하여 우마분이 온 밭에 널리면 타처로 옮겨 또 그 밭에 분을 받는데 이와 같은 일은 봄에서 가을까지 행해진다. 우마가 많은 자는 분을 받는 밭도 많으나 우마가 적 은 자는 고작 한두 밭에 분을 받을 정도다. 이리하여 이듬해 보리를 갈면 곡식이 잘 되므로 이를 분전지도(糞田之道)라 한다. 그러나 이와 같은 집이 많지는 않다."(이즈미 세이치 2014, 119)

밭이 휴경지인 동안에 마소를 몰아 넣어 오줌과 똥을 받아 토지의 비옥도를 높이는 전통생태적 지혜를 '바령'이라 하고 바령이 이루어지는 밭을 '바령팟'이라고 칭했다(고광민 2004, 39) 이즈미 세이치와 고광민의 연구는 사실상 숙종때 제주목사로 부임했던 이형상의 《남환박물》, 이건의 《제주풍토기》등에 남아 있는 기록을 근거로 하고 있다. 《제주풍토기》에서는 바령을 분전이라고 칭하고 있다. 그리고 《세종실록》에는 바령을 팔장(八場)으로 기록하고 있어 공히 바령과 바령팟을 제주의 풍토를 반영하는 고유한 농사법으로 인식하였다.

고광민(2004) 역시 이즈미 세이치가 분류한 목축의 세 번째 형태와 관련해 기록을 남겼다. 그에 따르면, 산에서 1년 동안 풀을 뜯으며 길러진 소와 말을 각각 제주방언으로는 곶쉐, 곶말이라고 부른다. 그리고 산방목을 곶치기라고도 한다.[3] 곶치기는 소나 말을 상잣담 위쪽 산초지에 풀을 뜯게 하여 한 달에 2~3번만 구경하는 것이다(고광민 2004, 294).

이들 소와 말은 대부분 해발 1300~1400m 이하에서 사육되지만, 한라산 정상 부근에서도 목격되는 경우가 있다. "곶쉐(야우)와 곶말(야마)은 계절에 따라 산비탈을 따라 수직으로 이동하곤 했다. …한여름에 산 정상의 분화

---

3. 또 다른 목장 방식은 번치기라고 하는데, 이는 농부들이 가축을 차례로 돌보는 것을 의미한다.

구까지 올라간다…(고광민 2004, 296)" 이렇게 높은 산에서 방목하는 것은 제주도의 문화적 전통이었는데, 1970년대까지도 상당부분 지속되었다.

네번째, 위에 기술한 내용과 연관된 상산방목의 전통이다. 강만익(2013)은 보통 1400~1950m 이상, 완만한 경사, 한라산 정상까지 이루어지는 상산 방목(上山放牧)의 중요성을 강조하고 있다. 그는 '상산방목(고산방목)'이라는 용어를 처음으로 만들어냈고, 몇몇 고령자들과의 인터뷰를 통해 1980년대까지의 풍습이 유지되어야 한다고 주장하는 논문을 발표했다. 강만익에 따르면, 상산 방목은 비록 그 비율은 적더라도 회원권을 내고 마을 목초지에 참여할 여력이 없는 가난한 농민들을 위한 가축 방목의 대안이라는 점에서 20세기 초에 더욱 중요해졌다는 것이다.(강만익 2013, 141).

상산방목은 마소를 사육하는 저렴한 방법일 뿐만 아니라 섬의 물리적 환경의 특성에 생태학적으로 잘 적응한 독특한 문화적 전통이었다. 다른 고지도에 비해 산줄기가 선명하게 표현된 대동여지도의 제주도부분을 보면, 이를 쉽게 이해할 수 있다(그림7 참조). 대체로 마소들은 중산간에서 한라산방향을 따라서 대체로 수직이동을 하도록 제약이 따르는 지형이라고 볼 수 있다.

상산방목의 전통은 1948년 4·3항쟁 때 거의 사라졌다. 곳쉐의 대부분이 빨치산에 의해 식량으로 활용된 것으로 보이며, 전후 상산방목이 서서히 재개되었다. 강만익의 『한라산의 목축생활사』에 따르면, 상산방목지는 여름철 기온이 낮아 진드기가 거의 없고 먹이가 풍부해 방목 우마들에게 이상향이었다.(강만익 2013, 150; 강만익 2017)

20세기 초 제주도를 찾았던 독일인 지크프리트 겐테는 한라산 부근에서 본 말들을 야생마라고 기록했다. "호숫가에는 난쟁이처럼 작고 튼튼해 보이는 야생마들이 풀을 뜯고 있었다. 육지에서 제주도는 야생마의 원산지로 유명하다.(권영경 역 2007, 277)"

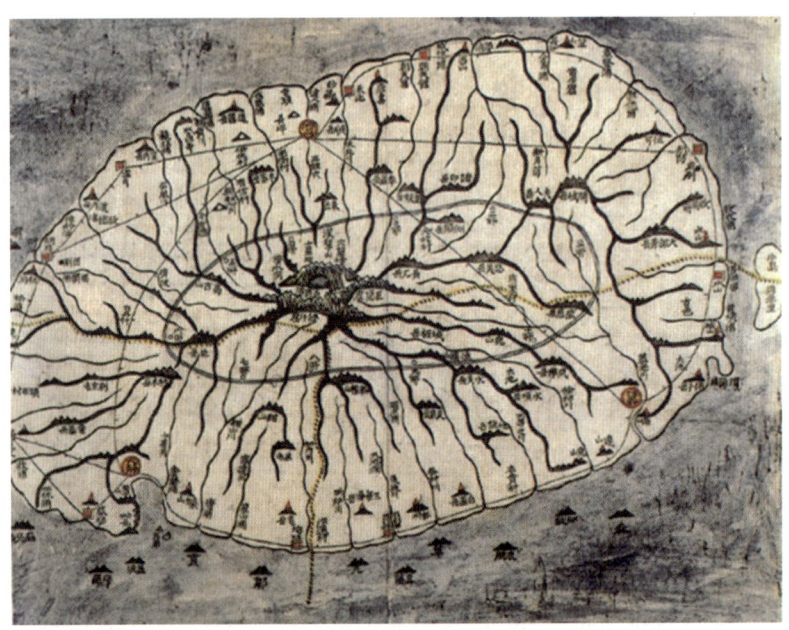

그림 7. 대동여지도의 제주도 부분

바령팟, 상산방목, 화입의 전통과 경관을 통해 살펴본 것처럼, 제주의 중산간초지경관은 최소한 수백년에 걸쳐 형성된 매우 완성도 있는 문화적응(cultural adaptation)의 경관이다. 중산간의 가옥과 목장, 농경지를 경계 짓는 잣담, 화입에 의해 관리되는 초지, 곳곳에 남아 있는 사라진 숲과 개간의 흔적들은 오랜 시간에 걸쳐서 제주 중산간의 생태환경에 생업과 문화를 최적화한 가시적 인공물이다. 그것은 자연생태와 문화의 유니크한 조합이며, 경관에 고유한 흔적을 남겼다. 육지와 고립된 제주이기에 현대에 이르기까지 비교적 온전한 형태로 보전될 수 있었던 전근대의 흔적이다. 동시에 외부로부터 유입된 '초유기체적(superorganic)' 문화의 흔적이기도 하다. 칼 사우어의 문화생태학적 이론에 의하면 이러한 초지경관은 목축문화의 제주유입과 함께 제주의 경관과 문화를 지배하게 되었으며, 그 이전의 문화의 흔적이었던 또 다른 고유한 경관-아마도 숲이 우거진 풍경이거나 농경지-을 온전히 포개어 덮었을(superimpose) 것이다. 그리고 사우어적 관점에서 다음단계의 전개를 예측한다면, 이후에 들어오는 새로운 문화는 목축경관과 문화를 대체하고 덮어씌우는 새로운 '총체로서의 단일한' 경관을 형성했을 것이다.

  그러나, 그런 일은 일어나지 않았다. 현대축산으로의 변화에서 전통적 생태와 적응을 지속가능하게 했던 조건이 하나씩 허물어졌다. 새로운 총체로서의 단일한 문화가 유입되어 가시적인 경관을 형성한 것이 아니라, 외부로부터 형성된 현대적인 사회경제적 변화는 제주사회와 경관을 외부에서 영향을 미쳤을 뿐더러 내부에서 근본적이고 복합적인 변화를 일으켰다. 제주사회와 경관의 외파(explosion)와 내파(implosion)가 동시에 일어났으며, 이는 사우어의 경관의 형태학(morphology of landscape)으로 더 이상 설명하기 힘들다. 특히 제주의 목축경관은 한편으로는 공동목장의 판매와 양도를 통해 사실상 해체 및 사유화되기 시작했고, 다른 한편으로는 국립공원의 지정과 새로운 경계설정으로 인해 상산의 목축이 금지되어 체계적으로 정부에 의해 관리되는 '국가-자연'이 되었다.

제4장 화입금지와 치산녹화:
중산간 경관의 '영토화'와 '국가-자연'

제1절 화입과 상산방목의 금지

4.3항쟁 이후 황폐화되었다가 회복중에 있던 중산간 목축경관은 1970년대부터 극적으로 변화하기 시작했다. 한라산은 1966년에 천연보호구역으로 가지정되었으며, 천연기념물 제182호로 지정되었다. 이후 1970년 3월에는 천연보호구역을 중심으로 한라산이 '국립공원'으로 지정되었다.4) 문화와 자연에 대한 이분법적 시각이 공간상에서 국립공원구역과 그 바깥으로 분할, 재현되었다. 임재영(2023)에 의하면, 당시 국립공원을 추진하는 정부의 관점은 동식물 등 자연을 보호, 보전하자는 자연경관적 측면에 국한되었다. "한라산을 신들의 거처인 신산, 제주를 수호하는 진산, 전설의 명산 등의 개념은 소거된 채 오로지 자연경관에 초점이 맞춰졌다. 이는 국립공원의 창설 배경인 미국의 자연관이 유입된 데에서 원인을 찾아볼 수 있다. 정부의 인식에서는 천-지-인이 유기적으로 연결된 전통적 자연관은 배제된 채 자연을 객체화, 사물화한 사고가 지배하게 된 것이다."(임재영 2023, 139-140)

한라산 국립공원 제도가 정비되면서 해발 약 1400m 이상의 고산 목초지(상산)에서는 말과 소의 방목이 금지되었다. 제주도의 소와 말의 대부분은 고산지대 아래 마을공동체 목초지에 내놓은 목장에서 사육되었다. 중산간 초지경관의 전통생태를 지속가능하게 했던 다양한 요소들이 정부의

---

4. 이 과정에 대해서는 임재영(2023)의 연구가 내용을 상세히 기술하고 있다. 특히, 정부 고위관료의 기고문을 분석하여 국립공원지정 당시 정부의 인식을 이해하는데 도움을 주고 있다.

정책 혹은 사회경제적 변화를 통해 해체되기 시작했다. 특히 중앙정부의 정책과 법/제도의 시행이 가장 큰 역할을 했는데, 대표적으로 화입의 금지와 조림사업 두 가지를 들 수 있으며, 사실상 이 두 정책은 내적으로 긴밀하게 연관되어 있었다.

먼저 화입금지에 대해 살펴보면, 다양한 인터뷰와 증언, 기록으로 볼 때 방앳불놓기는 1966년에 최초로 금지되었으며, 1970년대 초부터 강력하게 금지조치가 행해졌다. 직접적으로는 제주도에서도 적극적으로 실시했던 산림녹화-조림사업과 관련성이 있었다. 이러한 방침은 화입으로 인해 해마다 산림피해가 불어나고 있음에 비추어 취해진 것이다. 국립공원의 천연림 뿐만 아니라 중산간의 오름 등에 새로 심은 나무를 보호하기 위해 위협이 되는 화입이 금지되었다. 이전에 많은 공식적 기록과 인터뷰를 통해 과거 중산간경관에 대한 주민들의 기억을 복원해 보면, 1970년대 이전에는 지속적으로 해마다 화입이 있었던 탓에 나무가 크게 자랄 틈이 없어 시야가 탁 트인 평지와 구릉의 초원이 형성되어 있었다. 그러나, 숲을 조성하고 보호의 필요성이 생기면서 실제로 안전한 화입을 시행하기 위한 난이도가 높아졌다.

그림 8. 제주신문 1971.3.27.
"백해무익한 화입유습: 산불 해마다 140만 그루 태워"
- 올해부터 일절금지, 방화죄 적용키로-

그림 9. 제주신문 1971.4.17.
"화입 진드기구제에 무효"
- 산림피해도 막심, 4월 이후 화입은 목초에 큰 손실
  잡목제거 정도가 고작

그림 10. 제주신문 1971.1.27.
"화입 일체불허, 도, 산불피해 막기 위해"
- 70년 한해만도 46건에 4백여만원 손해
- 도는 올해부터 화입을 일체 허가하지 않을 방침이다.

     제주일보 등의 신문기사를 참고하면 화입이 본격적으로 강력하게 금지된 것은 1971년경부터이다. 치산녹화사업의 성공적 시행을 위해 행정력이 적극적으로 동원되었음을 짐작할 수 있다. 산화경방계몽, 부락별 좌담회, 현수막 등 행정체계를 통해 화입금지를 홍보했을 뿐만 아니라(영토화를 공고히 하는 프레이밍), 때로는 과학지식(통계적 근거, 식물학 지식 등)에 근거한 합리적 설득을 수반한다(중앙집권화에 기초한 프레이밍).

표 1. 제주언론에 실린 화입금지를 위한 주민설득과 예방조치

화입을 막기 위한 설득 및 예방조치	
(국유림을 감싸고 있는) 방화시설의 보수, 특수내화수종 식재	(제주신문 1971.1.22.)
산화경방에 대한 계몽, 부락별로 좌담회, 현수막, 입간판	(제주신문 1971.1.27.)
"2년 휴목하면 큰 효과, 진드기 구제에 새 보고" 초지를 2년간 놀리면 진드기의 96.9%구제	(제주신문 1971.2.13.)

[그림 8]기사에 의하면, '화입-전통적 목축-진드기구제효과'의 '토착적 지식'이 일본의 학술연구결과에 의하면 사실은 근거가 없다는 주장을 제시하면서, 토착적 지식과 보편적 지식을 대비시키고 있다. 제주도(청)는 화입이 과학적 근거 없는 버려야할 토착지식이라는 '중앙집권화된 지식/담론'을 수용하면서 관련법(방화죄)과 행정력을 통한 국가자연의 프레이밍과정을 수행하고 있음을 알 수 있다. 그러나, 이러한 법과 권리의 제약만으로 프레이밍을 설명하는 것은 제한적이며, '제주를 푸르게 만들자'는 재현적 프레이밍이 지속적으로 시도되었다.[5]

화이트헤드 등이 제시한 것처럼, '중앙집권화'는 '보편적 기초위에 표준화된 과학지식의 축적과 활용'을 의미하며, 1966년 한라산이 천연기념물로 지정된 이후 1967년과 68년 사이 최초로 실시된 한라산 천연보호구역 조사 등이 이에 해당한다. 그 시기 이후 한라산의 고유한 생태계와 지질, 지형, 식물상, 동물상 등에 대한 조사가 지속적으로 이루어졌다. 지식의 축적('중앙집권화')에 기초한 '자연의 프레이밍'은 제도의 보편적 시행의 정당화(일본, 육지, 제주에서 예외 없이 화입금지의 시행/정당화)를 의미한다. 중앙집권화에 기초한 프레이밍은 영토화(한라산 국립공원의 지정 및 경계설정)를 통해 실질적인 집행의 근거를 확보한다. 토착지식을 배제하는 프레이밍의 과정은 "자연을 광범위한 생태적 맥락에서 폭력적으로 추출하는 것"이라고 정의된다(Callon 1998, 253. Whitehead et al., 2007에서 재인용) 화이트헤드 등(2007)에 따르면, 자연을 지역적인 생태적 맥락과 분리시키는 것은 정부가 시행하는 자원조사의 일반적인 속성이다. '2년 휴목하면 진드기구제에 큰 효과가 있다'는 당시의 조사결과는 지방정부와 언론의 공식적인 대응이 제주의 전통적인 문화생태학과 주민의 생업에 대한 고려가 별로 없었음을 잘 보여준다.

---

5. 이는 다음 '산림녹화'편에서 다룬다.

이렇게 형성된 현대의 '국가-자연'은 생태환경과 그에 대한 문화적 적응의 고유한 조합 및 패턴에 관심을 갖기 보다는 각기 분절된 영역의 지식으로 간주한다. 즉, '국가-자연'에서 가정하는 '자연'의 개념은 문화 및 문화적 개입의 가능성을 배제하는 '본질주의적/순수한/불변의/영구적' 자연에 가깝다. 즉, '영토화'된 국립공원지역 내에서의 자연식생조사와 같은 중앙집권적 지식의 생산 및 축적의 과정은 경계짓기를 더욱 강화하며, 궁극적으로 '국가-자연'이 '순수한 자연'을 추구한 결과는 역설적으로 자연의 인공성의 강화로 귀결되어 생태적 위기 혹은 문제 상황을 초래한다.

사실상 현대이전에도 '순수한 자연'은 제주의 중산간에서도, 미국서부에서도 '상상적으로만' 존재했다. 후술하겠지만, 제주 한라산 국립공원내에서의 조릿대의 창궐과 생태적 악영향의 문제, 미국 캘리포니아에서 (숲의 지나친 밀림화로 인한) 대형산불의 빈발은 이같은 인공적 '국가-자연'이 직면하게 되는 역설적 효과를 보여주는 좋은 사례이다.

그림 11. 과거의 요세미티국립공원

그림 12. 현재의 요세미티국립공원

출처: "원주민의 '좋은 불good fire' 관행이 우리 숲의 번성에 어떻게 도움이 될 수 있을까?"[6]

---

6. https://www.universityofcalifornia.edu/news/how-indigenous-practice-good-fire-can-help-our-forests-thrive

즉, 영토화된 '국가자연'-한라산국립공원은, 자연을 '있는 그대로' 보전하기 위해 인간의 개입을 배제하였으며, 그 대표적 조치가 상산방목 금지, 화입금지와 같은 '근대적' 환경보전정책이었다. 캘리포니아의 대표적 국립공원인 요세미티의 환경보전정책 역시 동일하게 '순수한' 자연을 보전하기 위해 인간의 개입을 배제하고 보호위주의 정책을 펼쳤으나, 이는 [그림11]과 같이 예상치 못한 결과를 가져왔다. 원주민의 화전농업을 비롯한 문화적 소각(cultural burning)과 일체의 인간거주를 막고, 자연생태계의 순환적 사이클에서 자연적으로 발생하는 소규모산불을 인간개입에 의해 막은 결과, 100년이 넘는 시간동안 숲이 지나치게 빽빽해져 21세기에 대규모 산불이 빈발하는 원인이 되었다. 두 그림에서 확인할 수 있는 것처럼 경관 역시 크게 변화했다.

최근 10여년간 미국서부의 관련학계에서 토착지식으로서의 문화적 소각에 대한 사회적 관심과 연구에 대한 관심과 지원이 급격히 커졌다. 이같은 배경에서 진행된 현장실습의 사례로 2020년 초 UC Davis의 학생과 교수진은 지역의 부족과 협력하여 문화적 소각 프로그램을 요세미티국립공원의 남쪽 지역에서 진행했다. 토착지식에 근거한 화재는 문화적 소각, 저강도 소각(low intensity fire) 등으로 불린다. 원주민들의 문화적 소각에 대한 금지조치는 1770년대 현재의 미국서부에서 스페인인들에 의해 최초로 시작되었으며, 논쟁이 없지 않았지만 최근까지도 주류적 관점의 위치를 지켜왔다.

"과거 수천년 동안 캘리포니아와 서부에 있는 아메리카 원주민들은 문화적 소각 관행을 통해 화재를 자연 자원처럼 다루어왔다. 원주민이 아닌 사람들에게는 생소하지만, 이것은 방화를 파괴적인 것이 아니라 회복적인 것으로 보는 것이다... 산불이 매년 더 크고, 더 뜨겁고, 더 자주 발생함에 따라 주 및 지방 기관, 단체 및 토지 소유자는 화재와 함께 살아가는 방법에 대한 지침을 얻기 위해 원주민에게 의지하는 경우가 점차 늘고 있다. 역사적으로 캘리포니아에서는 자연발생적인 화재가 잦았지만, 그렇게 큰 불이 아니었으며, 토양과 물, 그리고 숲을 건강하게 유지시키는 결과를 낳았다. (부족의 원로인) 론 굿(Ron Goode)은 아침 기도 후, 하루의 일이 시작되기 전에 실습참여자들에게 '문화적 소각과 땅에 불을 지르는 것은 다르다. 우리는 불을 도구로 사용한다'고 말했다...아메리카 원주민이 이주하고 이주했을 때, 그들은 조상의 땅에 대한 접근을 잃었을 뿐만 아니라 문화적 불태우기 관행 자체도 금지당했다."[7]

또한 UC 데이비스 식물학과와 USDA 소속의 민족 식물학자인 캣 앤더슨(Kat Anderson)은 그녀의 책 《야생을 길들이기(Tending the Wild)》에서 미국국립공원의 창시자 존 뮤어가 요세미티에서 실제로 본 것은 대중적으로 알려진 것처럼 요세미티국립공원의 장엄한 경관이 하나님이 미국인을 위해 인간의 손길이 닿지 않은 채 하나님이 빚어놓은 태초의 모습 그대로 남아 있었던 '순수한' 자연이 아니었다고 주장했다. 앤더슨은 저서에서 '시에라 미워크와 밸리 요쿠츠 인디언의 비옥한 정원이 수세기 동안 수확, 경작, 파종, 가지치기, 불태우기를 통해 변형되고 생산적으로 변모한 것'이라고 기록했다.[8]

상산방목 역시 한라산의 국립공원 지정 이후부터 금지되기 시작했다. 이 같은 법적인 강제조치는 한라산의 자생식물 등 생태계의 훼손을 막고 목축활동과 관련하여 축주들이 한라산을 자유롭게 이동하는 것을 금지하는 단속이었다(강만익 2013, 181). 그리고 지자체와 주민간의 오랜 갈등 끝

---

7. https://www.ucdavis.edu/climate/news/rethinking-wildfire
8. https://www.ucdavis.edu/climate/news/rethinking-wildfire

에 상산방목은 1985년과 1988년 사이에 완전히 사라졌다(강만익, 같은글) 상산방목이 사라지기 전까지 제주도는 [국립공원 구역내 방목가축주 인적사항조사의뢰]를 작성하여 꾸준히 단속과 계도를 반복했다. 이 문서는 국립공원 구역 안에 가축을 방목하는 가축주들의 신원 및 인적사항(이름, 주소, 연락처 등)을 파악하기 위해 관련 부처나 기관에 공식적으로 협조를 요청하는 것이다. 「復命書」(1976.7.10.b)는 단속결과를 기록한 것인데, 한라산 5.16도로 성판악 등산로에서 정상까지 이루어진 순찰에서 모두 27마리의 무단방목을 적발했다고 확인하였다(강만익 같은글, 182).

한라산에서는 상산방목을 금지한 이후 수십년이 지나고 마소의 먹이였던 조릿대가 창궐하여 골칫거리가 되고 있다. 한라산의 해발 1400m이상의 아고산 지역 중 88.3%(19㎢)를 제주조릿대가 덮고 있는 것이다('제주조릿대는 억울해', 경향신문, 2021.9.20.) 30년 전과는 달리 점차 고지대로 생육범위를 넓혀 가고 있다. 한라산의 '국가-자연'관점에 기초한 정책은 전통적인 생태와 이항대립적으로 위치하여 현대적인 제도(국립공원), 현대 과학 지식/담론(자연환경보호 등)에 기초한 계도 및 법행정적 규제조치(상산방목 금지, 화입금지)를 토대로 작동했지만, 해결해야 될 과제를 남겼다. 캘리포니아주의 많은 연구기관들은 원주민들의 화입(firing)을 통한 토지관리/산림관리의 장점을 새롭게 연구하고 있다. 그리고 한라산에서 조릿대의 제거와 식물다양성의 증대에 대한 실험이 지속적으로 행해지고 있다.[10]

그러나, 화입 금지조치가 아주 쉽게 도민들에게 받아들여진 것은 아니었다. 화입금지는 짧은 시간에 쉽게 사라지지 않았으며, 90년대에도 주민들의 요구에 의해 잠시 되살아났다. 목축이 이미 현대축산화되고 조림이

---

9. https://www.khan.co.kr/article/202109201551001
10. 제주도는 (주)동북아생물다양성연구소에 의뢰해 2016년부터 2020년까지 '한라산 제주조릿대 관리방안 연구' 용역을 진행하였다. 조릿대를 제거했을 때 특산희귀식물이 다시 자라는 것을 확인하였다.(한국일보, 2020.10.3.https://www.khan.co.kr/article/202010031216001)

광범위하게 진행된 탓에 사실상 제주도 중산간지역 전체에 걸친 화입은 불가능해졌지만, 일부 목장지에 대한 화입요구는 여전히 남아 있었던 것으로 이해된다. 아래 기사는 마을공동목장에서의 시범적 화입에 대한 기사이다. 화입이 부분적으로 재연되면서 이는 새별오름들불축제에 대한 아이디어로 발전되었다.[11]

"전통적인 목초지 개간방식인 화입이 산불 위험 때문에 금지되어오다가 거의 15년 만에 다시 시작되고 있다. 애월읍 금덕리 마을공동목장에서 27일 오전 11시부터 실시된 화입은 목장조합원과 지도공무원이 참석하여 목장초지 24만평 중 11만평 가량을 태웠다. 화입을 하면 독초나 가시덤불 제거, 진드기 구제, 표토유실방지, 부루셀라병균 말살에 효과적이며 제주도에서는 오래전부터 초지개량방법으로 사용돼 왔다. 70년부터 금지돼왔으나 주민들이 마을공동목장의 황폐화를 들어 강력히 건의, 북제주군이 이를 받아들여 3곳을 시범으로 실시하게 된 것이다"(1990년 8월 27일 제민일보)

---

11. "목장용 초지만이라도 불놓기를 할 수 있게 해달라"는 양축 농민들의 민원이 그것이다. 그 시절 일부 농민들을 몰래 불놓기를 하다 적발돼 불가피하게 범죄자로 전락되는 경우가 있었다. 신 군수는 이를 모른 체 할 수 없었다. 산림청을 끈질기게 설득했다. 결국 산불 대책을 마련한 목야지에 한 해 불놓기가 허용됐다. 전국 최초였다. 한 발 더 나아가 신 군수는 불놓기로 관광객을 끌어모을 생각까지 했다. 어릴 적 봤던 '들불놓기 장관'을 재현한다면 충분히 가능할 것으로 판단했다. 그렇지만 노하우가 전혀 없었다. 오직 '노력하면 된다'강한 확신만 있었다. 산불을 담당한다는 이유로 산림과가 총대를 멨다. 그렇게 해서 탄생된 게 지금의 들불축제다."(제주일보 2015년 3월4일)(http://www.jejunews.com)

제2절 산림녹화

화입금지정책은 '조국근대화', '경관의 근대화'라는 측면에서 치산녹화정책과 뗄 수 없는 긴밀한 관계를 갖고 있었다. 화입금지의 직접적인 배경이 되었던 70년대의 치산녹화정책은 당시 제주에서 어떻게 시행되었고 어떤 의미를 갖고 있었을까? 사후 역사적 평가에서 많은 문제점에도 불구하고, 1970년대의 중앙정부주도의 조림정책은 민둥산을 푸르게 만들고 산사태의 피해를 막았으며, 부국으로 가기 위한 필수불가결한 국민적 (묵시적) 합의 속에 진행되었다고 평가받고 있다. 그러나, 제주에서도 과연 그러했는가에 대해서는 상당한 의문이 있다. 필자의 기존 연구에서도 주장했듯이 (진종헌, 2016a) 제주의 중산간경관에서 일종의 산으로 인식될 수 있는 오름은 숲이 없었음에도 민둥산의 폐해는 전혀 인식되지 않았다. 숲이 없이 초지만으로 구성된 오름에 산사태로 인한 피해가 있었다는 기록이나 증언은 거의 없다. 이는 필자가 수행한 주민들에 대한 인터뷰에서 여러 차례 확인되었다.

"근데 요즘 와서는 그 산림녹화라고 해가지고 나무를 심지 않으면 산이 전부 비에라도 씻겨내리고 그렇다고 해가지고, 우리 제주도 산은 그럴거 같지는 않았지만은 정부방침이 그렇다고 해서 이렇게 해왔고, 역시 지역에서 우리 가시리면 가시리 주민이 필요성을 느껴가지고 나무를 심어야겠다는 생각에서 심은 건 별로 없어요."(오○만, 가시리주민, 83세)

제주에서의 조림정책은 제주 중산간의 전통생태에 대한 이해, 토착지식에 대해 존중하는 태도 없이 하향식으로 중앙정부에서 모든 지자체로 하달되는 방식으로 제주에서도 시행되었다.

"산림녹화 없이 부국 없다. 식목의 노력보다 가꾸는 정성이 절실하다."
(경향신문 1975년 4월5일)"

반면에, 조림사업이 시행되는 과정에서 많은 제주도민은 의구심을 거두지 않았다. 필요성에 대해 육지의 조림사업만큼 공감하지 못했다는 점에 대한 많은 근거들이 존재한다. 행정적 강제조치와 함께 경제적 유인이 없었더라면 참여도와 성과가 더 낮았을 가능성이 크다.

"그 당시에는 사실 나무 심는데도 다 돈주고. 정부에서 막 지원했다는 거죠, 묘목도 그냥 주고 여기에 이 오름에 나무 심겠다고 하면 개인 땅에도 묘목대 주고 비료값도 대주고 인건비도 주고 진짜 활성화 되었죠. 저도 중학교때 우진제비에 삼나무를 심었는데, 그때 학생 때라도 가서 심으면 일당주고 이렇게 했으니까. 지금처럼 알바가 활성화되고 일이 많았던게 아니라 고작해봐야 농사짓는 일밖에 없는데...그때는 이게 심어서 어떻게 된다 이런게 아니었죠. 정부에서 산림녹화 정책을 펴니까. 지역에 이런 나무 심으면. 그때야 그거 해서 한푼이라도 벌수 있는 기회니까. 나중에 이렇게 그런 생각 없이 그냥 심은 거죠... "(김○수, 선흘리 주민, 53세)

"과거에는 아까 이야기했지만 우리 어릴 때 보면은 오름이 전부다가 목야지, 목초지로 사용했었어, 나무 하나도 없었거든. 그 이후에 유신헌법 당시에, 박정희 대통령 당시에 제주도에는 전부 산림을 녹지로 만든다 해가지고는, 한라산서부터 여기까지 쭉 오름에다가 주민들 동원해가지고 전부 나무를 심은 거라, 식재를. 지금 나무 큰 것들이 자연적으로 큰 나무들도 있지만은 대부분이 다 심었어요."(정○재, 가시리주민, 70대 후반)

단순하게 비교하면, '육지'에서는 민둥산에 나무를 심으면 산사태를 막고, 여러 가지 유용한 결과를 기대할 수 있었지만, 제주에서는 산사태의 위험성은 없었고, 오히려 목야지로 '유용하게' 사용되었던 초지를 없애는 결과를 초래한 것이다. 제주의 생태와 유리된 상명하달식 조림정책의 뿌리는 일제강점기로까지 거슬러 올라간다.

그렇다면 제주민들이 그렇게 필요성을 크게 인식하지 못했던 조림사업이 어떻게 상당기간 지속될 수 있었을까? 필자는 기존 연구에서 산림녹화의 국가적, 국민적 수행에 대해, 민족주의적 성격과 재현된 산림녹화의 도덕지리적 함의가 강하게 작동했기 때문이라고 분석하였는데(진종헌 2016a), 제주에서도 어느 정도는 의미 있게 작용하였을 것이다. 치산녹화사업에서 상징적 국토경관이미지로 제시된 "'푸른 산'의 의미는 '발전의 내셔널리즘'을 집약하는 상징경관이 되었다"는 것이다(진종헌 2016a). 푸른산의 상징경관은 '수출100억 불, 국민소득 1000불'등으로 상징되는 조국근대화의 목표지점이 풍요로운 국가적 미래일 것이라는 확신을 부여하는 민족의 상상적 지리학(imagined geography of the nation)으로 역할했다.

당시 권위주의 체제가 채택한 개발주의 노선에 대해 당시에도 이후에도 수많은 논쟁이 수반되었지만, 산림녹화정책과 그 성과물로 구현된 '푸르게 변신한 우리국토'의 비전과 이미지는 누구도 쉽게 문제제기할 수 없는 일종의 도덕지리적 경관(landscape of moral geography)이 되었다. 근대화(현대화)된 민족의 미래와 동일시되는 푸른산의 상징경관은 상명하달되는 조림사업을 장기간에 걸쳐 지속가능하게 하는 정언명령이 되었다.

"재현된 푸른 산은 일종의 도덕(지리)적 경관이었다. 푸른 산이 상징하는 사회의 밝은 미래상은 어느 누구도 녹화사업의 당위성에 대해 근본적으로 문제제기 할 수 없도록 하는 힘을 가지고 있었다. "(삼천리) 금수강산"이 국토

에 대한 심미적 정당화에 의한 민족정체성의 시각적 구현이라면, 푸른 산은, 특히 가난하고 자산이 없는 작은 나라의 국민들에게, 부국의 희망이자 미래의 비원을 담은 상상의 경관이자 이를 저해하는 많은 행동, 실천들을 '비도덕적'이고 반민족적인 것으로 정의하는 도덕적 경관이다. 도덕적 경관의 작동을 통해서, 푸른 산의 생태적, 문화적, 사회적 의미의 다양성은 사라지고, 모든 이들이 동의하거나 혹은 동의해야만 하는 민족의 단일한 열망을 담은 민족의 상징경관(symbolic landscape of nation)으로 해소되어버린다. 다양한 관점보다는 하나의 관점이 지배하는 가운데, 산림녹화사업이 권위주의 정부하에서 위로부터의 관료적, 강압적 방식에 의해 이루어졌다는 사실은 쉬 잊히거나 사소하게 다루어지고 정부의 정책과 주민들의 대응(실천)양태의 차이 혹은 다양성 또한 무시되고 망각되었다. 그리하여 '푸른 산'은 마치 '근대화'와 '발전'이 한국의 현대사에서 가졌던 민족적 과제 혹은 비전의 상징적 지위에 도달한다."(진종헌 2016a, 546)

그리하여, 산림녹화정책은 제주를 포함한 국토전체의 산을 전형적인 근대적 '국가-자연'으로 성공적으로 등재했다. 치산녹화사업의 예에서도 다시 한번 '국가-자연'의 형성에서 상징경관의 역할에 대한 강조가 필요하다. '자연의 프레이밍'은 조림이 가져오는 사회경제적 이득에 대한 합리적 지식, 수종에 대한 과학적 선택, 조림사업의 법적 행정적 기반구축과 시행 등의 '중앙집권화'와 실제 조림사업의 시행을 위한 물리적 경계설정인 '산림보호구역'이나 혹은 생태 및 경관자원보호를 통해 간접적으로 조림 혹은 산림보호와 관련된 '경관보호구역', '생태경관보전지역' 등 다양한 형태의 '영토화'의 두 가지 상호연관된 경향으로 대체로 이해된다. 이와 함께, 산림녹화사업의 근대화, 발전, 국부를 상징하는 '상징경관'의 민족서사가 미친 강력한 효과가 지속적으로 중요한 역할을 했음을 확인할 수 있다.

즉, 산림녹화정책의 사례에서도 '자연의 프레이밍'은 제도적, 과학적 프레이밍뿐만 아니라 재현적, 시각적으로 작동하여 효과를 배가시켰다. 제도적 장치를 통해 작동하는 것은 국가(state)의 행정력이지만, 이를 뒷받침하는 서사와 경관이미지는 민족(the nation)적 상징을 강화함으로써 '국가-자연'의 수행을 지원한다. 이같은 '재현적 프레이밍'은 제주에서도 강력하게 하향식으로 작동하였다.

"우리가 염원하는 그린아일랜드를 만들기 위해서...('푸른섬을 만드는 길', 제주신문 1971.2.3.)"
"산림은 국토를 보존하고 제반 산업발전의 원동력이 될 뿐만 아니라 직접간접으로 국민일상에 밀접한 관계가 있으며...금년도부터는 야산에 방화를 일체 금지하고 있으며...애림사상고취와 녹화운동으로 내 마을 내 강산을 푸르게 가꾸고자 거국적이고 범국민적 행사를 벌여온 지도 어언 25년..."
('푸른산을 만들자', 북제주군 산림과 근무 ○○○, 제주신문 1971.4.17.)

당시 제주도 산림과 공무원의 신문기고내용을 보면, 산림녹화로 '조국근대화'를 이루자는 국가적 근대화 프로젝트의 육지의 관점을 거의 그대로 수용하고 있음을 알 수 있다. 즉, 제주에서 하향식으로 진행된 주민들에 의한 조림사업은 행정적 계도 혹은 금전적 보상과 함께, 민족적 과제로서의 근대화정책으로 제시되었다. '푸른 산'의 상징경관에 각인된 '도덕지리학'은 제주도민에게 쉽게 거부해서는 안되는 것으로 민족적 과제로 던져졌다. 그러나, 프레이밍의 과정은 육지에 비해서 불완전하게 진행된 것으로 보인다. 앞서 가시리 오○만 노인의 인터뷰처럼 여전히 많은 도민들은 '푸른산을 만들자'는 공무원의 '국가-자연'적 관점과는 달리 조림사업에 대한 의구심을 쉽게 버리지 못했다. 생업의 과정에서 체득한 제주생태의 관점에서 볼 때 조림사업의 필요성은 제한적일 수밖에 없었다. 인터뷰에 응한 다수의 도민들은 비슷한 태도를 보였다.

물론, 적극적인 태도로 조림사업에 반대했다는지 하는 기록을 찾기는 쉽지 않지만, 결과적으로 육지에 비해서 제주의 조림사업은 불완전한 풍경으로 마무리되었다. 우리가 현재 확인할 수 있듯이, 다양한 조림패턴을 갖고 있는 오름경관은-조림된 숲으로 온전히 덮힌 오름, 조림을 하다가 말아서 반쯤은 초지로 남아있는 오름, 초지 그대로 남아있는 오름-은 역설적으로 '푸른산의 우리국토'의 도덕지리적 경관이 제주에서는 불완전하게 작용했다는 증거이기도 하다. 제주민이 가졌던 '푸른산'에 대한 의구심은, 당시 정부가 국가적으로 주도한 상징경관의 민족서사를 훼손하고 경합하여 '(녹화된) 국가-자연'의 형성을 육지보다 지체시키는 결과를 낳았다. 제주경관의 고유성이 완전히 사라지지 않았으니 오히려 다행스러운 귀결이라 할 수 있다.

제5장 김종철과 김영갑의 경관 낭만주의- 반(反) 국가-자연 프레이밍

제주에서 조림사업을 정당화하는 근대화 민족서사를 '재현적' 프레이밍의 중앙집권화 경향으로 해석할 수 있다면, 육지와 동일시되지 않았던 제주자연의 고유한 특징은 어떻게 재현되었을까? 위로부터가 아닌 아래로부터의 재현은 '국가-자연'의 프레이밍과 어떻게 차별화되었을까? 자연의 재현적 프레이밍은 국가적 아젠다를 강화하기 위해 동원될 수 있으며, 또한 국가의 근대적 개발주의에 저항하기 위한 장치로 활용될 수도 있다. 이 장에서의 논의는 아마도 후자에 가까울 것이다.

2000년 이후부터 현재까지 여행객들이 확인할 수 있는 제주중산간경관은 과거와는 크게 달라졌다. 무분별한 개발을 막고 중산간경관보호의 방향을 적절하게 설정하기 위해서도 과거 70년대 이전의 중산간 (오름) 경관의 원형이 어떠했는지, 어떤 경관상의 물리적인, 인식상의 변화가 있었는지에 대해 검토가 필요하다.

예를 들면, 대표저서 《오름나그네》에 제주오름의 심미적 가치에 대해 주목한 故김종철 작가(1927~1995)는 평생에 걸쳐 1000회 이상 한라산을 오른 언론인이자, 산악인, 작가로 잘 알려져 있다. 그는 오름의 경관적 가치가, 90년대 당시에도 이미 사라져 가고 있던 매끄러운 곡선미에 있음을 강조했다. 성산읍에 위치한 표고 53m의 소규모 오름인 '족은물뫼(小水山峰)'에 대해 다음과 같이 설명한다.

"지금은 소나무며 가시덩굴로 어수선하게 덮여 볼품은 없지만 나무가 없었던 예전에는 참으로 귀여운 오름이었을 것이다. 완만하고 부드러운 초지의 그것은 마소들의 낙원이었음에 틀림없다. 작은 몸집이나마 섬의 목축 발전에 한몫을 했던 오름이다.(김종철, 1995, 《오름나그네2》, 72)"

또한 현재에도 대표적 초지오름인 용눈이오름은 과거에 훨씬 매끄러운 곡선미를 갖고 있었으며, 故김영갑작가(1957~2005)의 사진과 김종철작가의 묘사(와 서재철작가의 사진) 모두에서(그림1~4 참조) 우리는 현재 경관과의 현저한 차이를 확인할 수 있다. 현재 시점에서 목축이 거의 시행되지 않고 화입의 전통은 사라져서 잡목과 가시덤불이 곳곳에 우거지고 바람에 의해 소나무가 듬성듬성 자연번식하여 과거의 곡선미는 아주 멀리 볼 때에만 유사하게 느껴진다. 김종철작가는 과거 용눈이 오름의 "너울거리는 능선의 기복"과 "굽이치는 굴곡선"에서 생동감이 느껴진다고 말하고 있다(《오름나그네1》, 104). 또한 《제주의 오름과 풍수》의 저자 신영대(2009, 163)는 제주오름의 진정한 상징을 '곡선미와 원형이 가져다 주는 원망성(遠望性)'이라고 주장했다(진종헌 2016b에서 재인용).

제주의 원형적 경관에 주목하며, 근대이전 중산간경관과 오름의 심미적 가치를 제주경관에서 고유하고 의미 있는 요소로 생각하는 이들은 대체로 초지오름의 매끈한 곡선미가 제주정체성을 반영하거나 구성하는 요소라는데 동의하는 듯하다. 그리하여 거문오름의 원시림생태계와 같은 천연림은 높은 경관가치를 인정받지만, 인공적으로 조림된 오름의 식생은 심미적 관점에서 애매하거나 부정적인 평가의 대상이 될 수 있다. 김종철작가는 산림녹화에 의해 인공적으로 조림된 숲에 대해 극히 부정적인 태도를 감추지 않았다.

"한라산의 자랑거리의 하나이던 산중 고원이 산림녹화라는 이름아래 20여년 전부터는 온통 거무칙칙한 인공림으로 화하고 말았다. 《오름나그네1》, 182"

김종철작가에게 족은 물뫼의 숲은 '소나무와 가시덤불로 어수선하게 덮여 볼품이 없는 오름'이며, 현재도 오름으로 여행객들을 안내하는 이승배 오름학교 교장은 이같은 변화에 대해 아쉬움을 표현한다. 그는 한편으로 숲으로 뒤덮힌 많은 오름들과 비교해서 용눈이 오름의 경관을 예찬하면서, 다른 한편으로는 머지않아 소나무숲으로 변하지 않을까 걱정한다.

"...억새와 띠의 서식지가 줄어들었고, 오름은 점점 울창한 숲으로 바뀌었다. 여기에 자연적으로 증식된 소나무도 합세해 지금은 초지대가 한 평도 없는 오름이 수두룩하다. 그러니 아직도 온통 풀밭인 용눈이오름의 존재감이야 말해 무엇할까!
그러나 최근 용눈이오름도 분위기가 심상치 않다. 바람을 타고 날아온 소나무 씨앗이 여기저기서 발아하며 몇 해 전과 비교해 눈에 띄게 소나무가 많아졌다. 아부오름과 백약이오름의 굼부리 능선이 하루가 다르게 소나무 숲에 잠식되어 가는 것처럼 용눈이오름도 그럴 날이 멀지 않은 것일까?" (이승태, 월간산, 2023년 9월6일)[12]

위 두 인용문에서 초지오름의 경관변화에 대한 인식은 제주의 '원형적 경관'을 상실해 간다는 아쉬움으로 볼 수 있다. '초원에서 여유롭게 풀을 뜯는 마소와 목동'의 풍경에 대한 기억이기에 이 경관의 원형성은 '문화-생태적'인 것이다. 오래전부터 유지되어온 경관의 형태와 속성이 사회변화 속에서 사라져가는 것에 대해 칼 사우어의 경관에 대한 낭만주의적 관점과 유사함이 있다. 사우어는 현대도시화의 과정에서 원래의 모습을 상실해가는 촌락경관에 대한 근본적인 안타까움을 가지고 있었다. 혹은 장소의 진

---

12. https://v.daum.net/v/20230906074505823

정성을 중시했던 에드워드 렐프의 '무장소성(placelessness)' 개념을 통해 해석하는 것도 가능하다. 제주 중산간의 본질적이고 원형적인, 그리고 진정성 있는 경관은 초지경관이었고, 안타깝게도 원래의 경관형태를 점차 상실해가고 있다는 식의 해석이 될 것이다.

이러한 경관낭만주의는 한층 더 외부인의 시각에 가까운 김영갑 사진작가에게 보다 완성된, 극적인 형태로 표현된다. 그에게 오름을 포함한 중산간 초원경관은, 절대적인 매력으로 인식되었다. 충청도 부여태생인 그가 죽는 날까지 오름과 중산간을 떠나지 않고 생사의 기로에서도 끊임없이 사진을 찍었던 것은 육지에서 볼 수 없는 고유한 제주경관의 심미성과 이국성을 발견했기 때문일 것이다. 그가 추구한 것은 문화생태학적인 경관이상이라기보다는 순수자연의 이미지에 가깝다. 그런데, 그에게 제주 중산간 경관은 대상화된 피사체라기보다 세상과 그의 영혼을, 제주 땅과 그의 세계를 연결하는 유일하고도 절대적인 매체였다. 그는 오름과 중산간 초원에서 본질적이고 영원히 변치 않는 진정한 자연을 만난다. 그리고 그가 느낀 자연의 영원성은 그에게 생명의 의지의 양분이 된다. 관찰자로서 관조하는 아름다움을 넘어서, 그는 제주중산간 자연과 일체가 되는 길을 택했다. 그래서 그가 자연의 아름다움에 대해 느끼는 경외감은 자연에 절대적인, (준)종교적 의미를 부여하는 낭만주의의 감성의 본질에 가깝다. 미국국립공원의 창시자 존 뮤어가 요세미티의 장엄한 풍경 앞에서 느낀 종교적 경외감과, 낭만주의 회화의 거장 카스파 다비드 프리드리히[Caspar David Friedrich]의 〈안개바다위의 방랑자〉에서 뒷모습을 보인 채 산정에 홀로 서 있는 남자가 끝없이 펼쳐진 산봉우리들과 안개가 펼쳐진 장엄한 자연의 바다앞에 직면해 있는 장면을 떠올리게 한다.

그러나, 일견 유사함에도 불구하고 김영갑작가가 제주의 자연의 생명력에서 체감한 경외감은 그들의 것보다 훨씬 겸손한 태도였을 것이다. 존 뮤어 혹은 〈안개바다위의 방랑자〉에서 표현된 자연에 대한 경외감은 장엄한 경관이 신(하나님)의 솜씨로 빚은 것이라는 믿음이 근저에 있기 때문이며, 그렇기에 (하나님의) 청지기로서 자연을 지켜야하는 소명과 연결된다. 이 때 자연은 인간의 위에 있는 것이기도 하며, 동시에 인간의 보호를 필요로 하여 인간의 품속에 있어야한 하는 존재이기도 하다. 이에 반해, 김영갑 작가의 자연에 대한 태도는 매우 범신론적인 태도에 가까우며, 제주자연의 무한하고 본질적이고 영속적인 생명의 바다 속에 아주 작은 자신의 존재를 미약하게 연결시키고 있을 뿐이다. 이 모두를 경관낭만주의로 통칭할 수 있지만 그것이 함축하는 바는 상당히 다르다. 경관이 어떻게 개인과 집단 정체성의 형성 매개체가 되는지를 김영갑작가의 사진과 텍스트를 통해 유추할 수 있다. 제주의 자연을 향하는 그의 시선은 (좁은 의미에서의) '국가-자연'의 대척점에 있다. 이같은 의미에서 그의 사진작업은 국가-자연의 프레이밍을 해체하고 생태적 맥락을 회복하는 과정이다.

"초원에도 오름에도 바다에도 영원의 생명이 존재한다. 대자연의 신비와 경외감을 느낌으로써 나는 신명과 아름다움을 얻는다. 나는 자연을 통해 풍요로운 영혼과 빛나는 영감을 얻는다.(김영갑 2004, 85)"

"눈으로 보아도 보이지 않고 귀로 들어도 들리지 않고, 잡으려 해도 잡을 수 없는 것, 형상도 없는데 사람을 황홀하게 하는 그 무엇이 중산간 광활한 초원에 존재한다. 이 세상에 존재하는 최고의 것은, 사람을 황홀하게 하는 그 무엇이다. 그것을 깨닫기 위해 나는 중산간을 떠나지 못한다." (김영갑 2004, 84)

제6장 글을 마치며

　필자는 이전 연구에서 주로 문화지리학의 경관연구를 통해 제주의 오름경관을 보는 새로운 시선(심미적 관점)과 실천(오름등반)이 대체로 90년대 이후에 나타났다고 강조했다(진종헌 2016a; 2016b; 2021). 앞서 본론부분에서 살펴본 것처럼 1970년대를 기점으로 제주 중산간경관은 큰 변화를 겪었으며, 특히 초지오름경관의 전통생태는 해체되거나 고유성이 크게 약화되었다. 또한 이러한 변화를 인식하는 과정에서 크게 제주정체성과 문화경관의 가치를 중시하는 '문화생태학(정치생태학적?) 관점'과 '환경주의/생태주의' 관점의 차이와 경합에 주목하는 것은 의미 있다. 앞서 설명한 것처럼 제주출신이거나 제주에서 오랜 기간 활동한 지식인 혹은 예술가들의 관점은 대체로 문화생태학적 경관낭만주의에 가깝다. 작가 김종철, 사진작가 서재철 등 과거 오름경관의 진정성에 무게를 두는 관점이 그에 해당한다.

　오멸감독의 영화《지슬: 끝나지 않는 세월2》 역시 비슷하면서 매우 강렬한 사례로 들 수 있다. 영화 속에서 (용눈이) 오름의 고유한 능선은 제주민들만이 이해할 수 있는 고통스러운 역사의 상흔을 상징하는 상징경관으로 재현된다. 피난행렬에서 낙오한 마을 처녀 순덕이 토벌대에 붙잡혀 유린당하고 있을 때 구하러 갔던 마을청년 만철과 상표는 삼엄한 경계로 인해 포기하고 돌아서 울부짖으면서 오름의 능선을 뛰어올라간다. 멀리서 촬영한 그 장면에서 두 사람이 뛰어 올라가는 오름의 능선은 천천히 순덕의 얼굴로, 신체로 어렴풋이 전환된다.

　그는 인터뷰에서 직접적으로 오름능선의 고유한 형태와 섬의 여성성, 대지의 신화적 의미를 상처와 죽음을 극복하는 상징적 힘의 원천으로 이해

한다고 말한다. 일종의 변형된 대지모사상이 현대사의 굴곡을 통해 제주의 땅에 적나라하게 표현되었다.

"제주도에 살다 보면 이 섬은 '여신의 섬'이라는 걸 깨달을 수밖에 없어요. 변덕스러운 날씨, 오름의 능선(이 보여주는 곡선미), 해녀들…. 이 섬은 강한 여성성을 지니고 있어요…그러면서 여성성이 우리에게 '땅'이라는 것, 그 위에서 우리가 살고 있다는 것, 그러한 어머니들에게서 태어났다는 것 등을 표현하고 싶었어요. 표면적으로는 이데올로기적인 면이 드러나겠지만, 그것을 통해 인간들이 경험한 슬픔과 고통은 신화적인 이야기로 풀고 싶었던 거죠. 죽음으로만 느낄 게 아닌, 그 죽음이 또 다른 생명을 위한 밑거름이 된다는 걸 이야기하고 싶었고요." (오멸감독 인터뷰)[13]

제주작가 현기영의 《변방에 우짖는 새》에서 오름은 제주의 고유한 땅의 형태-경관이면서, 동시에 제주사람들의 심성과 어울리는 것으로 묘사된다.

"이어진 산맥도 없이 평지에 불룩 솟아오른 이 야산들을 산이라 하지 않고 오름이라는 부드러운 말로 부른다는데, 이 얌전하게 생긴 야산에는 퍽 어울리는 호칭인 듯 싶었다. 산세를 좇아 사람이 난다고 했으니 이 섬 백성들이 다른 변경 지방과 달리 풍속이 순박하다고 일컬어지는 것도 이러한 산세 때문인 듯 싶었다." (현기영, 2013 제1권: 59)

이들은 모두 공통적으로 오름의 매끄러운 곡선에서 제주 고유의 지형뿐만 아니라 문화와 원형적 의식의 상징을 읽어냈다. 중산간경관의 고유한 생

---

13. http://movie.naver.com/movie/mzine/cstory.nhn?nid=1679

태와 형태를 제주정체성과 연결지으려는 제주문화인과 지식인들(담론생산자)의 지속적인 시도와 노력이 있었다. 제주풍수 연구자 신영대(2004, 9)에 의하면, 오름은 마소를 방목하는 생업의 공간이었으며, 부락이 형성되는 모태였고, 지역을 구분하는 근거였으며, 죽어서 땅으로 돌아가는 못자리였다. 제주사람들에게 오름은 삶과 죽음의 공간인 동시에 신앙의 장소였다는 것이다.

이러한 문화적 배경에서 1990년대 이후 오름답사는 제주사람들 사이에 보편적인 주말레크리에이션이 되었고, 그 시기는 우연히도 백두대간의 '재발견'이 이루어지고, 백두대간의 전통적 지식이 《산경표》의 한글판 출간(《태백산맥은 없다》)과 함께, 민족경관담론이 형성되는 시기와 겹친다. 1990년대말 백두대간의 민족경관 담론이 형성되었을 때 제주와 한라산이 위치할 공간은 마땅치 않았다. 현대의 백두대간담론에서 '백두산에서 시작한 산줄기가 지리산에서 끝난다'로 많은 이들이 인식하고 있는데, 조선시대로 거슬러 올라가면 제주와 한라산 또한 조선의 풍수적인식 체계와 산줄기인식에 포함되어 있었다. 이수광은 《지봉유설》(1614)에서 "백두대간의 맥이 바다로 이어져 주위의 섬이 된다"는 남사고의 말을 인용하면서 한라산을 그 예로 들었다.

이같은 배경에서 1990년대 이후에 제주 오름경관보호 및 오름답사에 대한 제주민들의 관심이 커진 것은 여러 가지로 의미가 있다. 한편으로는 제주경관이 가진 이국성(異國性)-육지에서는 거의 사라진 형태의 경관낭만주의-에 대한 매력을 재발견하는 것이면서, 다른 한편으로는 '백두에서 한라로 이어지는' 국토의 산줄기의 한 부분이라는 인식을 '정동적으로' 회복하는 의미가 있다. '한라산국립공원'에 채 온전히 담기지 않는 한라산의 문화역사적 의미는 한라산과 360여개의 오름의 하나의 연결된 산줄기로 인식하는 것이며, 이는 제주도를 사실상 한라산과 동일시했던 전통적인 관점을 회복하는 것이기도 하다.

한편, 개발로 인해 파괴되는 오름과 중산간 경관을 생태를 보전하고자 하는 제주사회 시민운동의 기저에는 생태정치와 생태주의적 관점이 강력하게 작동하고 있으며, 이에 대해 정영신(2021)은 비자림로 공사를 둘러싼 제주시, 지역주민, 제주시민단체 등간의 갈등에서 '아름다운 경관자원'을 넘어서는 숲의 가치, 숲에 대한 권리와 책임을 강조하는 커먼즈의 생태정치로 나아갔다고 분석한다. 또한 서두에 언급했던 제주들불축제의 불놓기 행사를 중단시킨 가장 강력한 힘 역시 생태주의적 방향의 시민운동과 지역정당(녹색당)의 역할에 기반한 것으로 인식된다. 제주에서 중산간경관보전을 위한 생태정치와 시민사회운동의 강화는 골프장, 리조트, 도로건설 등 다양한 개발의 위협 속에 노출되어 있는 제주경관의 보호를 위해 바람직하다.

그러나, 문화경관의 관점을 사실상 포기하거나 배제하는 것이 적절한지에 대해서는 재고해 볼 필요가 있다. 생태정치의 관점을 협소하게, 배타적으로 적용한다면, 길가의 삼나무 한그루든, 오름에 불규칙하게 번식한 소나무 한그루든 쉽게 제거하기 어렵다. 제주환경을 보호하는 생태주의적 관점에, 제주문화와 경관의 역사에 대해 성찰적인 문화생태학적(혹은 정치생태학적)관점을 더할 수 있다면 바람직하지 않을까. 이같은 수렴을 위해서는 지금껏 논의한 제주의 '원형적 경관'에 대해서도 보다 근본적인 질문을 던지는 것도 가능할 것이다. '원래부터' 제주 중산간의 고유한 경관이었던 것처럼 쉽게 인식되는 초지경관은 사실상 지난 천년사이에 역사적으로 형성된 것이며, 부단한 문화적 개입에 의해 유지된 '문화경관'임을 이미 밝힌바 있다. 동시에, 그러한 '인공적' 경관으로부터 제주인의 정체성의 뿌리를 형성해 온 것 또한 사실이기에, 문제설정이 단순하지 않은 것이다.

비자림로 삼나무숲의 사례에서, 관광객의 시선(Tourist Gaze)에서 여행지의 숲경관을 대상화하여 일종의 픽처레스크 풍경 심미학의 관점에서 비자림로 숲의 '아름다움'을 평가하는 것이 충분히 적절한 관점이 아니라면, 제주의 경관에서 어떤 '아름다움'과 '매력'을 찾아야 하는지, 제주의 문화, 정체성과 숨쉬며 호흡하는 매력적인 경관을 어디서 만들어갈 것인지, 이를 위해 중산간 혹은 오름경관 보전의 방향을 어떻게 설정할 수 있을지에 대해서 긴 호흡으로 답을 찾아야 할 것이다.

참고문헌

강만익, 2017, 《한라산의 목축생활사》, 제주특별자치도 세계유산본부 한라산연구부.
강만익, 2013, 〈근현대 한라산 상산방목의 목축민속과 소멸〉, 《탐라문화》, 43, 137-195.
고광민, 2004, 《제주의 생산기술과 민속》, 대원사.
권영경 역, 2007, 《독일인 겐테가 본 신선한 나라 조선》, 1901, 책과 함께(Wegener, B., 1905, Korea: Schilderunge von Dr. Siegfried Genthe, Berlin: Allgemeiner Verein für Deutsche Literatur).
김동전·강만익, 2014, 〈제주도 목축문화의 실태와 보전·활용방안〉, 제주학연구9, 제주발전연구원.
김상호, 1979, 〈한국농경문화의 생태학적 연구〉, 《사회과학논문집》, 4, 81-122.
김석준, 2016, 〈제주도 척박성 담론의 재검토〉, 《탐라문화》, 54, 45-65.
김영갑, 2004, 《그 섬에 내가 있었네》, 휴먼 앤 북스.
김일우, 2005, 〈고려시대 탐라 주민들의 생업활동과 그 유형〉, 《국사관논총》, 106, 1-41.
김종철 역, 2014, 《제주도 1935~1965: 일본 문화인류학자의 30년에 걸친 제주도 보고서》, 여름언덕(泉靖一, 1966, 濟州島, 東京大學出版會).
김종철, (고길홍 사진), 2020, 《오름나그네 1,2,3》, 다빈치(개정판).
김종철, 1995, 《오름나그네1,2,3》, 높은 오름.
김준수, 2018, 〈한국의 도시화와 '국가-자연' 관계의 재조정: 감응의 통치를 통해 바라본 도시 비둘기〉, 《공간과 사회》, 28(1), 55~100.
김지영, 2024, 〈자연의 발전주의적 동원: 지리산 국립공원 생산과정에 대한 역사지리적 연구〉, 《대한지리학회지》, 59(2), 143-162.
박정재·진종헌, 2019, 〈제주 중산간 지역의 과거 경관 변화와 인간 그리고 오름의 환경사적 의미〉, 《대한지리학회지》, 54(2), 153~163.
송성대, 1996, 《제주도의 해민정신》, 제주문화.
송원섭, 2023, 〈문화지리교육에서 환경결정론 교육내용에 대한 비판적 고찰〉, 《대한지리학회지》, 58(3), 330~343.
신영대, 2009, 《제주의 오름과 풍수》, 백산.
신영대, 2004, 〈제주문화속의 오름-자연풍수관을 중심으로〉, 《탐라문화》, 24, 1-38.

이상헌, 2019, 〈녹색성장경관의 생산과 소비: 4대강 살리기 사업 홍보동영상 분석을 중심으로〉,《공간과 사회》, 29(1), 57~92.
임재영, 2023,《국가의 한라산 인식과 이용관리에 대한 변천연구》, 제주대학교 박사학위논문.
정광중, 2023,《제주의 용암숲, 곶자왈의 인문지리》, 한그루.
정영신, 2021, 〈제주비자림로의 생태정치와 커먼즈의 변동〉,《ECO》, 25(1), 257-299.
제주학연구센터, 2017,《제주학개론》, 제주연구원
조석필, 1997,《태백산맥은 없다: 이 땅의 산줄기는 백두대간이다》, 사람과 산.
진종헌, 2023, 〈제주를 보는 근대적 시선의 형성〉,《문화역사지리》, 35(1), 49-68.
진종헌, 2021, 〈제주의 상징경관으로서의 영주십경의 형성과 변화-제주를 보는 새로운 방식〉,《국토지리학회지》, 55(1), 27~42.
진종헌, 2016a, 〈발전의 상징경관으로서의 푸른 산: 산림녹화정책에 대한 비판적 연구〉,《국토지리학회지》, 50(4).
진종헌, 2016b, 〈제주 오름에 대한 미학적 시선의 출현과 오름 경관의 형성〉,《문화역사지리》, 28(4), 1-14.
황진태·박배균, 2013, 〈한국의 국가와 자연의 관계에 대한 정치생태학적 연구를 위한 시론〉,《대한지리학회지》, 48(3), 349~365.
현기영, 2013,《변방에 우짖는 새》, 창비.
Callon, M., 1998, An essay on framing and overflowing: economic externalities revisited by sociology, The Sociological Review, 46(1), 244-269.
Cosgrove, D., 1998, Social Formation and Symbolic Landscape, University of Wisconsin Press.
Daniels, S. 1993: Fields of vision: landscape imagery and national identity in England and the United States. Oxford: Polity Press.
Grudffud, P., 1995, 'Remaking Wales: nation-building and the geographical imagination, 1925-50', Political Geography, 14, 219-40.
Jordan-Bychkov T., et al., 2012, Fundamentals of the Human Mosaic: A Thematic Introduction to Cultural Geography, W. H. Freeman and Company.
Olwig, K.,. 2002. Landscape, Nature, and the Body Politic. From Britain's Renaissance to America's New World. With a foreword by Yi-Fu Tuan. The University of Wisconsin Press, Madison (WI).
Whitehead, M. Jones, R. A., and Jones, M. R., 2007, The Nature of the State: excavating the political ecologies of the modern state, Oxford University Press. (Kindle edition) available from https://read.amazon.com/kindle-library

08

한라산의
생업

진관훈
제주문화유산연구원 연구위원

제1장 한라산의 화전

제1절 제주도 화전의 역사적 변천

1. 제주도 화전의 유래

제주도 화전에 관한 최초의 조사 연구는 1987년 소농(素農) 오문복(吳文福) 선생에 의해 이루어졌다.[1] 한학자이며 제주학의 선구자인 소농 선생은 제주 화전에 대해 다음과 같이 설명하고 있다.

"태초에 신농씨(神農氏)[2]가 쟁기(耒)와 보습을 만들었고, 후직(后稷)[3]이가 농사를 시작하였다고 한다. 이는 곧 쟁기와 보습을 사용한 농사는 벌써 소의 힘을 빌었다는 말이다. 그 이전에는 어떠한 형태의 농사였을까? 아마도 화전농업(火田農業)이었을 것이다. 제주도의 화전 농업은 왜정치하(倭政治下)가 되자 공토(公土)가 일본인에 의해 관리되면서 몰락하였으나 무자년 난리('제주 4.3') 때까지 일반농가에서 부업으로 남아 있었다.

화전(火田) 명칭은 지방마다 다르다. 목안(현 제주시) 지방에서는 '캐운밧'이라 하고 정의(현 서귀포시 동부)에서는 '남친밧', '불큰밧', 대정(현 서귀포시 서부) 지방에는 '친밧', '멀왓'이라 불렀다."

"화전이란 '곶'(藪)[4]의 평지에다 불을 지른 다음 그곳에 곡식을 씨 뿌려 짓는 농사이다. 한라산 밀림에다 불을 지르면 불길이 한없이 번져 산야가

---

1. 오문복(1987),〈화전민들의 생활과 경작형태〉,《성주》3호, 고씨종문회총본부.
2. 중국 전설에 나오는 삼황(三皇)의 하나, 사람들에게 농사짓는 법 가르쳤으며, 팔괘(八卦)를 겹쳐 육십사괘(六十四卦)로 점을 보는 방법을 만들고, 오현금(五絃琴)을 만드는 등 농업, 의약, 음악, 점술, 경제의 시조로 알려져 있다.
3. 후직(后稷)은 전설상 주나라 희씨의 조상으로 신농과 함께 중국의 농업의 신으로 숭배되고 있다.
4. 한라산의 밀림.

전부 타버릴 것 같지만 밀림 속에는 매년 떨어져 쌓인 나뭇잎이 두껍게 쌓여 있어서 언제나 습기가 있으므로 멀리 불이 번져 나가지 아니한다. 또 나무들도 모두 낙엽수이기 때문에 불이 붙지 않았다. 그래서 마음 놓고 불을 놓을 수 있었다. 그리고 옛날에는 밀림이 아닌 산야에는 해충을 죽이고 부드러운 풀이 자라서 우마가 뜯어먹기 편하게 하려고 전부 방화하여 태웠다."

"화전 농사는 농업의 시발이요, 농경문화의 원초임을 짐작할 수 있다. 가축을 사용한 경전(耕田) 이전에는 따비로 밭을 일구었다"라고 주장한다. 쟁기(耒)의 뜻도 원래는 소로 밭을 가는(牛耕) 쟁기가 아니라 손으로 밭을 가는 구부러진 나무(手耕曲木)의 뜻이다. 그러니 신농씨의 가래와 쟁기를 만들기[5] 이전에는 농업 경작방법이 화전이다. 그리고 농기구도 '뫼호미'[6], 따비, 돌도끼, '낭갈래죽'[7]이었다."

이어 소농 선생은 돌도끼가 수렵에만 사용되었다고 단정하기 쉽지만 줄기가 굵은 강낭콩 넝쿨을 돌도끼로 베어냈으며, 지금도 들에서 연장이 없을 때 칡이나 다른 넝쿨을 돌로 잘라 쓰는 풍습이 남아 있다는 점을 유의해야 한다고 강조하고 있다.

계속하여 그는 "우리 제주인은 화전민의 후예인 셈이요, 또 화전민의 피가 우리의 핏줄 한 가닥에 흐르고 있다고 봐도 망언이 아닐 것이다. 화전이야말로 아무런 꺼릴 것도, 구애받을 일도 없는 순박하고 무구한 착하디착한 자연인 그대로의 삶이었다."라고 하여 제주 농경문화의 뿌리가 화전이며 모든 제주인은 다 화전민의 후예(後裔)라고 자부하고 있다.

---

5. 가래와 쟁기를 만들기=작뢰사(作耒耜)
6. 뫼호미=미호미=메호미=찍어서 나무 따위를 자르는 낫 비슷한 연장, 나대=나타(なた, 鉈)
7. 거친 땅을 일구거나 쟁기와 따비 따위로 갈아엎은 흙을 떠올려 두둑과 고랑을 짓는 농사 도구

그 근거로, "세상이 문명하고 인지가 발달 됨에 따라 무위이화(無爲而化)[8]하던 화전민들도 점점 사라져갔고 그와 비례하여 '곶(藪)' 속의 순풍도 변하여졌다. 씨 뿌려 얻어지면 다행이오, 얻지 못하여도 누구를 원망하지를 않았고 원망할 이유도 없었다. 화전에 씨 뿌릴 때는 꼭 얻어지기를 바라서 뿌리지 아니하였기 때문에 가을에 곡식 한 알의 수확이 없어도 걱정거리가 될 수 없었다. 무엇을 얻기를 바라서 하였다가 얻지 못하면 근심거리가 되고 얻어지지 않기를 바라다가 얻어지면 또 근심거리가 됨을 화전농에서 배울 수가 있다."라며 제주지역 화전 문화의 중요성을 강조하고 있다.

한편, 김상호 교수는 (1979) 생태학적 농경문화 연구에서 화전 농업의 원류로 근재형(根栽型) 화경(火耕) 농업이 존재했다면서, 그 근거로 제주도의 '우녕 밭'[9]을 들고 있다. 제주도 우녕 밭이 화경 농업의 정원경작(garden cultivation)에 대비된다는 논리이다. 이는 여자 농경 활동과 남자 어로작업 같은 성별분업에 있어 동남아시아 경우와 비슷하다고 유추했다.

계속하여 김상호 교수는 『동국여지승람(東國輿地勝覽)』에서 보는 탐라는 량(良)·고(高)·부(夫) 세 씨족집단이 분거(分居) 하는 일·이·삼도(都, 徒)가 모여 이루어진 촌락이라 근재형 화경 농업의 개척단위와 극히 유사해 보인다. 이뿐만 아니라 토란(土卵)과 마(薯)는 그간 주요 치포(治圃) 작물[10]로 여겨져 왔는데, 이들이 근재형 화경 농업 2대 작물인 타로, 얌에 각각 대비될 수 있다고 했다. 이어 《신증동국여지승람(新增東國輿地勝覽)》38권 제주목 <건치연혁조(建治沿革條)>를 인용하여 제주도 개척은 화전 농업을 축으로 이루어져 왔다고 했다.[11]

---

8. 아무것도 하지 않음으로써 교화한다. 인위적인 꾸밈이 없어야 백성들이 진심으로 따르게 된다는 말이다. 이 말은 《노자(老子)》57장에 나온다. 노자는 이 글에서 금지하는 일이 많으면 백성들이 가난해지고, 편리한 문명의 도구가 많을수록 나라는 혼미해지며, 지혜와 기술이 향상될수록 도적이 많아진다고 말하면서, 인위의 폐해를 지적하며 자연의 순리에 따르는 무위의 교화를 설명했다. '무위자화(無爲自化)'라고도 한다.
9. 제주도의 전통 텃밭
10. 채소류와 화초류·담배·약초류
11. 김상호, 1979,〈한국 농경문화의 생태학적 연구〉,《서울대 논문집》제4집, p. 96.

이에서 보면 신라와의 관계가 시작될 무렵 제주도는 제주읍 등 일부 지역에서 농업 정주(定住)가 이루어졌으며, 이 지역을 고 씨라는 존장(尊長)이 통솔하고 있었다고 추측할 수 있다. 이 지역은 삼분되어 각각 동일 씨족에 의해 분거(分居) 하고 있었으며, 주변 촌락에는 농경 양축지(養畜地)가 분포했다. 그리고 당시 토지이용 역시 경목교체방식(耕牧交替方式)[12]이 진행되었다고 추측된다.

이뿐 아니라 당시 그런 농경을 이끈 생업단위가 정주(定住) 가구라 씨족 단위가 기능하였다. 나아가 '탐라'와 같이 씨족 단위를 모은 촌락 단위를 기반으로 기능하는 형식이었다고 보아 진다.

이는 지연적 공동체를 나타내고 있으며 근재형(根栽型) 화경 농업의 개척 거주 단위이었다고 할 수 있다.[13] 그리고 이런 지연공동체에서 가족 중심 개척단위가 분화되면서 거주지 주변에서 이루어지는 개척형 화전 농업으로 진행되었다. 이처럼 제주도 초기개척은 신라 시대는 물론 그 이전에도 화전 농업을 중심으로 이루어져 왔다고 할 수 있다.

또한 《고려사고기, 高麗史古記》를 인용하여, 제주도 주민들의 농업 정주가 이루어지고 촌락이 형성되고 난 뒤 촌락 주변에는 농경 목축지가 분포하고 있었다고 한다. 그러나 촌락 주변 농경 목축지가 어떻게 경영되었는지는 확실치 않다. 다만 경목교체방식이 이루어져 왔기 때문에 당시 토지이용 역시 경목교체방식으로 진행되었을 가능성이 크다고 짐작할 뿐이다.

당시 농경을 이끈 생산 단위는 정주 가구이면서 씨족 단위가 기능하고 있었다. 나아가 정주지 주변의 윤경(輪耕) 화전 확대를 가져오는 형태에 앞서, 1차로 이동에 의해 거주 정착과 경지 개간을 이루는 화전경영 단계가

---

12. 농경과 목축, 방목을 동시 혹은 번갈아 가며 행하는 생산양식을 뜻한다. 이는 제주지역 잣성(場城) 출현과 밀접한 관련이 있다. 여름에는 중잣성 위로 우마를 올려 방목한 뒤 중잣성 아래 하잣성 지역에서 농사를 짓고 겨울에는 다시 하잣성으로 우마를 내린다.
13. 김상호, 1979, 전게 논문, p. 101.

있었다. 후자를 씨족 단위 이상의 촌락 단위가 이끌었다. 이는 지연적 공동체를 나타내고 있어, 근재형 화경(火耕) 농업이 개척 거주 단위였음을 말해주고 있다. 그런 지연공동체에서 가족 중심 개척단위가 분화되며 거주지 주변에서 이루어진 농업이 제주도에 있었던 개척형 화전 농업이다.[14]

이후 제주도 화전 진행 과정에서도 한라산 목장지대에 대한 농경지화(農耕地化) 정책으로 경목교체방식이 쓰였다고 볼 수 있다. 이런 경목교체의 사례는 농경 진화단계에서 매우 흥미로운 경우이다(久間健一, 1946).

2019년, 박정재·진종헌[15]은 물영아리오름[16] 화구호 습지 4m 깊이까지 퇴적물을 확보해 2cm 간격으로 화분과 세립 탄편[17]을 분석했다. 그 결과, 탄편(炭片) 유입량이 1150년부터 가파르게 증가하다가 1250~1300년 정점을 보인 뒤 감소 경향을 보였다. 이는 고려 말 중국 원나라가 제주에 주둔해 목마장을 조성하면서 중산간(해발 200~600m)에 불을 질러 나무를 없애는 대규모 화입(火入) 때문으로 파악했다.

이 분석 결과를 토대로 화전 개간으로 이미 조성된 초지(草地)가 목축에 적합했기 때문에 제주도에서 우마 사육이 활발하게 이루어질 수 있었다는 김상호(1979) 교수의 주장과 다른 의견을 제기했다. 이어서, 김상호가 화전 농경으로 조성된 초지를 몽골인이 목장으로 이용했다고 추정했지만, 원 점령 이전 이미 제주도에서는 목축행위가 활발하게 이루어지고 있었다. 원 점령 이전부터 존재했던 초지가 물론 일부 화전에 의해서 일수도 있지

---

14. 제주도 마을이 씨족이나 혈족 단위가 아니라 '본향당' 중심이라는 점도 이 주장을 뒷받침하고 있다.
15. 박정재·진종헌. 2019, 〈제주 중산간 지역의 과거 경관 변화와 인간 그리고 오름의 환경사적 의미〉, 《대한지리학회지》제54권 제2호, pp. 153~163.
16. 물영아리는 해발 508m로 '수령산', '수령악'으로 불리며 '물의 수호신'이 산다는 말이 전해져 내려오는 곳으로 산 정상 둘레 약 1km, 분화구 깊이 40여m, 2100~2800년 전에 퇴적된 습지 퇴적층의 깊이가 최대 10m에 이르는 습지 오름이다. 또 다양한 동, 식물 서식지로 식물은 82과 198속 등 304 분류군과 총 202종 야생동물과 으름난초·백운란·팔색조·삼광조·말똥가리 등 멸종위기종 6종이 서식한다. 물영아리오름 습지는 2006년 국내 5번째로 람사르 습지로 지정되었다.
17. 불에 탄 조각

만 주로 목축 결과라고 생각된다고 반박하였다.

당시 제주 농경민들은 화전 농경을 통해 충분한 양의 식량을 확보하기가 힘들었다고 보아 진다. 그래서 상당수가 농경기술을 버리고 대신 어로나 수렵 채집으로 생활했을 가능성이 크다. 농경을 포기한 이들 가운데 일부가 중산간 지대에 점점 분포하고 있는 초지 오름을 보면서 목축 가능성을 발견했을 수 있다. 이후 인구 밀도가 높아지고 가축 수요가 증가하면서 오름뿐 아니라 중산간 전 지역에 방목 필요성이 강력하게 생겨났다. 이로 인하여 인위적인 대형 화입이 이어졌다고 이 연구에서는 주장하고 있다.

제주도는 1105년(고려 숙종 10년) 고려의 군현 체제로 편입되었다. 1153년 (고려 의종 7년) 본격적으로 현령관이 본토로부터 파견되면서 고려 정부는 제주도를 직접 통치하기 시작했다. 그러므로 인해 당시 늘어난 고려 조정의 조공 압박 때문에, 제주도민들의 화입이 더욱 늘어났을 가능성도 있다.

이 조사에 의하면, 1250년 이후 세립(細粒) 탄편 유입량이 최정점에 이르렀다. 이는 몽골 군대가 제주도를 점령한 후 말 목장을 조성하기 위해 대규모 화입을 작업한 결과로 판단된다고 한다. 목장이 대규모로 조성되던 시기와 기후가 건조했던 시기와 맞물리면서 당시 사람들의 화입에 따라 환경 변화가 더욱 극명하게 나타났다고 보아 진다.

그러나 탐라 목장 기 후반에 들어서면서 세립 탄편 유입량이 뚜렷이 감소하는 모습을 볼 수 있는데 이는 습윤한 기후와 관련이 있다. 하지만 무엇보다 목초지를 새로이 조성하기 위해 많은 나무를 제거해야 했던 전반기와 달리, 후반기는 이미 조성된 초지를 유지하기만 해도 목축 활동에 부족하지 않았기 때문으로 여겨진다.

후반기 세립 탄편 양이 급격히 감소하는 모습은 이 시기 광범위한 목초지 형태가 거의 갖춰졌음을 의미한다. 이후 15세기 중반 즈음 10개 목장으로 구성된 한라산 목장이 중산간 지역에 설치된다. 원 점령기에 넓은 목초지가 이미 조성되었기 때문에 이후 대규모로 화입을 할 필요가 없었다. 이외에 당시 습윤(濕潤)했던 기후도 산불을 억누르는 역할을 했다고 보아 진다.

　이들 연구를 종합해 보면, 제주도 화전의 가장 의미 있는 기원은 경목교체방식과 아울러 고려 시대 목장설치라고 생각된다. 고려 시대 중간구목장지대(中間舊牧場地帶) 설치와 중간구목장지대의 농경지화 과정을 고찰함으로써 제주도 화전에 대한 역사적 설명이 가능하다. 즉, 구목장지대[18] 설치와 중간구목장지대 농경지화 과정 고찰을 통해 제주도 화전 기원의 실체를 찾을 수 있다.

　탐라에서 삼별초 군을 평정한 몽골은 충렬왕 2년 탑자적(塔刺赤)을 탐라 다루하치(達魯花赤)에 임명하고 이곳에 목장을 설치했다(《고려사》권 57, 志 11 地理 2 탐라조). 당시 목장 설치장소는 수산평(水山坪)이었다(《동국여지승람》권 38, 제주목고적조(濟州牧古跡條). 이렇게 시작한 목장설치는 몽골 의도에 따라 점차 확대하여, 고려 성종 24년 산 중턱(山腰) 아래 국영 십소장을 설치하기에 이르렀다.

　탐라에서 삼별초 군을 평정한 몽골은 충렬왕 2년 제주에 목장을 설치(《동국여지승람(東國輿地勝覽)》권 38, 제주목고적조(濟州牧古跡條)했다. 한라산 산요부(山腰部)를 돌며 국영목장이 설치됨으로써 목장지대가 형성되었다. 그러나 제주도 전역을 방목지로 조성하다 보니 도민 식량 확보에 대한 부담이 늘어나, 이에 대책이 시급한 상황이 되었다.

　급기야 조선 세종 때에는 한라산 목장과 구목장을 일부 풀어 경작하게 하자는 건의가 생겼다. 넓은 지역을 필요로 하는 방목 중심 정책은 늘어나는 인구와 그들을 부양할 식량 확보 차원에서 농경지 확보가 시급하였기

---

18. 토지이용 관계를 고려해서 산간(산요, 山腰) 구(舊) 화전 지대라고 했으며 해안지대는 해안 농경 지대, 중간지대를 중간 구목장 지대라고 했다(김상호, 1979).

때문이다.《세종실록》 97권 세종 24년 7월 29일 정해 다섯 번째 기사에,

> 兵曹據濟州敬差官李鳴謙啓本啓: "本州人多地窄, 若新舊牧場, 竝皆禁耕, 則居民生理可慮 請漢 山牧場及舊牧場, 聽民耕種, 互相陳荒, 移放馬匹, 則民生馬政, 兩得其宜" 從之

제주도 옛 목장에서 방목을 허락하여 주시길 병조에서 아뢰다. 병조에서 제주 경차관(敬差官) 이명겸(李鳴謙)의 계본(啓本)에 의거하여 아뢰기를, "본 주는 사람은 많고 땅은 좁습니다. 만약 신구목장을 한꺼번에 다 경작을 금지한다면 주민의 생계가 걱정됩니다. 청하옵건대, 한라산 목장과 옛 목장을 백성에게 경종(耕種) 하도록 허가하고, 서로 교대하여 묵혀서 마필(馬匹)을 방목하게 한다면 민생과 마정(馬政) 양쪽이 다 마땅하게 되겠습니다." 하니, 그대로 따랐다.

다음, 1653년 당시 제주 목사 이원진(李元鎭)이 펴낸《탐라지(耽羅誌)》<풍속조(風俗條)[19]>에,

> ……耽羅地瘠民貧 墾田必驅牛馬 以踏之 連耕二三年 穀穗不實 不得已又墾新田 功倍穫小 所以民多困難

라고 나와 있는데 이는 "탐라는 땅이 박하고 백성은 가난하여 개간하는 데 반드시 우마를 구하여 전토(田土) 해야 한다. 그래도 연경(連耕) 2~3년이면 부득이 새로운 토지를 개간해야 하는데, 그렇게 되면 공은 두 배 들지만, 수확은 적어 많은 백성이 곤란에 처해 있다"라는 의미이다.

---

19. 당시 제주 목사 이원진이 전라도 제주목·정의현·대정현의 연혁·인문지리·행정 등을 수록하여 1653년 편찬한 지방지, 읍지, 풍속조에 외지인이 본 제주도 독특한 환경 및 풍습이 기록되어 있다.

그리고 전통적으로 "제주도 속전(粟田) 경작에 있어 새로운 토지를 경작할 때 우마를 구하여 전토를 답지(踏之)하는 농법이 파종 후 소나 말로 경토(耕土)를 진압(鎭壓)하는 풍습"[20]으로 이어지고 있다. 제주에서 우마를 이용하는 농경풍습이 언제부터 있었는지는 불분명하다. 다만《삼국지한전(三國志韓傳)》에 우마에 관한 기록이 있는 점으로 미루어 볼 때, 제주도에 일찍부터 말이 있었으며 이를 이용해 왔다고 미루어 짐작할 수 있다.

아무튼, 제주도 자연환경과 결부되어 나타난 이런 농경풍습은, 한라산 폭발로 발생한 화산회토 입자가 아주 미세하여 이곳 바람에 날리기 쉽고 수분 보전에도 부적당하여 좁 씨 발아에 필요한 수분을 확보하기 위해 나타난 경토 진압 혹은 마필(馬匹) 이용이 경목교체방식의 토지이용을 촉진시켰다고 보고 있다.[21] 그리고《성종실록》14권, 1472년 성종 3년 1월 30일 정묘 다섯 번째 기사에는,

濟州點馬別監事目: "一 濟州四面濱海, 獨一漢拏山中峙, 如二連木, 安息香, 柚子, 榧子木, 國用最切, 而皆出於此山 近來田夫厭舊務新, 斫而耕之, 實爲可慮 請令牧官親審, 定限立標, 禁耕伐, 務令滋息

라고 나와 있다. 이는 제주 점마별감의 사목(事目)에 이르기를, "제주는 사면이 해변이고 홀로 하나의 한라산만이 가운데에 우뚝하여 두 개의 연한 나무(連木)와 같은데, 안식향(安息香)·유자(柚子)·비자목(榧子木)은 국용(國用)에 가장 절요(切要)하여, 모두 이 산에서 나옵니다. 근래에 들어 농부(田夫)들이 옛일을(본래의 토지에서 농사짓기를) 싫어하고 새로운 일에(새

---

20. 강우량이 적은 우리나라 관서 지방에서 봄철 가뭄 때에 관개시설 없이 행해지는 건조 농법, 보리나 조 등이 성장을 시작하는 봄철 토양의 수분 증발을 최소화해서 작물 뿌리가 마르지 않도록 소나 말로, 혹은 사람이 끄는 섬피로 땅을 밟아준다.
21. 김상호, 1979, 전게 논문, p. 97.

로운 토지를 만들려고) 힘써 나무를 베어내고 경작(개간)을 하니, 실로 염려할 만합니다. 청컨대 목관으로 하여금 친히 살피어 한계를 정하여 표지를 세워 경작(개간)하고, 벌목하는 일을 금하여 육림(滋息)에 힘쓰게 하소서" 라고 하고 있다.

이어《영조실록》13권, 영조 3년 10월 9일 신묘 4번째 기사에는,

濟州武士洪鎭夏等上疏, 陳本州廢牧場起耕之請, 又陳本島人收用, 一如西北之例 又陳前日試才文科李龜濟拔去之 又請申飭二軍門將官, 各一 收用本島之人 批日: "疏陳令該曹稟處 李龜濟事, 疏請猥濫矣"

라고 나와 있는데, 여기에서 제주 무사 홍진하 등이 제주의 목장을 폐지하고 경작지로 개간해 주기를 청하다. 제주의 무사 홍진하(洪鎭夏) 등이 상소하여 본주(本州)의 목장을 폐지하고 경작지로 개간하게 해주기를 청하고, 또 진달 하기를, "본도 사람도 한결같이 서북 사람의 예에 따라 수용할 것을 청합니다."하고 있다.

이 기사는 한라산 목장과 구목장을 풀어 농사짓도록 하자는 건의문이다. 넓은 지역을 요구하는 방목 중심으로 인해 여말선초, 제주지역 인구가 거의 포화상태에 놓이게 되자 농경지화 정책, 경목교체방식을 쓸 수밖에 없었다는 의미이다.

예전부터 제주도 중간지대는 수목 생장에 기본이 되는 기온이나 땅의 습기로 보아 산간지대 못지않은 지대인 만큼(산간지대 자연식생은 삼림지대), 중간지대 이하 역시 삼림지대라고 할 수 있다. 한라산 중간지대 초지화(草地化)는 적어도 고려 충렬왕 시기 인위적으로 이루어졌다고 볼 수 있다. 이 인위적 초지화로 화전 농업이 전개되었다고 한다.[22]

한라산 기슭 구목장 지대 위로 조금 올라가면 바로 산간지대 화전지역이 있다. 여기에 예전부터 화전마을이 있어 왔다.[23] 또 구목장 설치 이전 중간지대, 산간지대를 통틀어 화전 개척이 진행되어 윤경 초지대가 이루어졌다. 이를 근간으로 중간목장지대가 설치되었으며, 산간지대에서는 화전 농업이 반복해 이어졌다고 여겨진다. 따라서 제주도 개척은 자연스럽게 중간, 산간, 해안지대 모두 화전 농업을 중심으로 이루어졌다고 볼 수 있다.[24]

이후 19세기에 와서 본격적으로 중산간 지대의 목장전과 화전을 개간해 나갔다. 원래 중산간 지대는 국마(國馬)를 양성하는 목장으로 경작이 엄하게 금지되었으나 이 시기에 이르러 위에서 열거한 이유 등에 힘입어 공식적으로 목장전과 화전경작이 허용되었다. 이로 인하여 19세기 중반 이후 화전을 개간하러 중산간지대로 이주하는 주민들이 늘어남에 따라 화전동(火田洞)이 형성되기 시작했다(《제주군읍지》〈제주지도〉, 1899). 한편 제주무어사(撫御使) 박천형(朴天衡)의《서계(書啓)》(1777~1794년) 49~53면에 의하면, 산둔(山屯) 삼장(場)은 둘레가 구십 리이고 지세가 평탄하여 물은 여섯 군데에 있고 간간이 숲이 있으나 백성들이(入耕者) 들어가 경작하는 곳도 많으니 마필(馬匹)이 살찌지 않고 수가 줄어 육백여 필 밖에 안된다. 목장 범경(犯境)은 국법으로 금하는바, 제멋대로 목장 안에 들어가 경작하는 폐단을 없애 주기를 조정에 건의하였다.

당시 제주도민들은 제주도 전 지역의 목장화로 인한 토지 부족과 그로 인한 농업생산 감소 문제를 해결하기 위해 중산간 구목장 지대 토지를 불법적으로 개간하여 경작하는 사례가 늘어났다. 이처럼 목장 안에서 불법으로 경작하는 토지를 '목장전', '장전(場田)'이라 부르고 공한지나 황무지를 다시 개간하여 경작하는 토지를 '가경전(加耕田)'이라 했다.

---

22. 김상호, 1979, 전게 논문, p. 99.
23. 久間健一, 1946, 전게서, pp. 455~456.
24. 김상호, 1979, 전게 논문, p. 100.

일반적으로 화전은 중산간 지대의 숲이나 나무를 불태워 경작하는 토지로 만약 매년 경작하면 정규 전세 부과 대상이지만 부정기 경작을 할 때는, 경작할 때만 납세하는 수기수세(隨起隨稅) 대상이다. 이 세목이 바로 '목장세(牧場稅)', '가경세(加耕稅)', '화전세(火田稅)'이다. 1894년 공마(貢馬) 제도가 폐지되면서 목장토 개간이 더욱 활발해져 제주도 전 중산간 지역에 마치 띠를 두르듯이(이를 말발굽형이라고도 함) 화전이 확대되어 갔다.

실제, 1841년 제주 목사 이원조(李源祚, 1792~1871년)는《탐라록(耽羅錄)》〈삼천서당폐장가획절목서(三泉書堂幣場加劃節目序)〉에 당시 화전세(稅)를 받아 서당 경비로 썼다고 기록하였다. 이는 그 당시 제주도에서 화전이 합법적으로 이루어졌음을 말해 주고 있다.

일제강점기초까지만 해도 화전이 유지되었다. 1919년 화전 면적은 601,200평이었으나, 이후 점차 감소하여 1924년에는 423,900평으로 나타났다. 구한 말(대한제국)과는 달리 일제 식민지로 전락한 1910년대부터 일제는 전국에서 화전을 일구는 행위에 대해 식민지 당국의 사전 허가를 받도록 강제했다. 일제는 조선의 삼림 보호를 명목으로 관계 당국의 화입 허가를 받지 못하면 화전경작이 불가능하게 하여 토지를 소유하지 못했던 빈민층의 생계유지를 어렵게 했다.

일제는 삼림령(1911) 제18호에 근거해 관할 경찰서에서 화입 허가증을 받도록 했으며, 화입 하려는 사람은 반드시 화입 허가증을 휴대하도록 명시했다. 화입 허가증에는 화입 기간, 화입자 주소와 이름, 화입 장소의 행정구역, 허가 년월일, 허가증 취급 관서를 기록했다.

2. 제주군읍지에 나타난 화전마을

제주도를 표시한 고지도에는 〈탐라순력도〉(1703), 〈탐라지도〉(1706),

〈탐라지도병서〉(1709), 〈제주삼읍도총지도〉(18세기 전반), 〈제주삼현도〉(18세기 중반), 〈대동여지도〉(제주도지도, 1861), 〈제주삼읍전도〉(1872), 《제주군읍지》〈제주지도〉(1899) 등이 있다. 이들 지도 모두에 중산간 지대 국마장(國馬場)이 등장하고 있다. 국마장에서 생산된 우수한 말을 골라 조정에 진상하는 일이 제주 목사의 가장 중요한 책무였기 때문에 제주도 국마장 위치를 한눈에 파악할 수 있도록 고지도에 나타냈다고 볼 수 있다.

1899년 5월, 전국 읍지(邑誌) 편찬의 일환으로 작성된 『제주군읍지』[25] 중 「제주지도」에 목장의 '상잣성' 위쪽으로 아홉 군데에 '화전동(火田洞)'이 표시되어 있다. 아울러 지도 뒤 읍지 본문에는 화전세를 수세(收稅)했던 기록이 있다. 이를 통해 산장(山場)이 있던 곳에 화전촌이 형성되었으며 이들에게 별도 세금을 거두었음을 알 수 있다.[26] 이렇듯 제주에는 마을 단위 집단 거주 화전민이 상당수 존재했었다.

이 지도에 한라산은 풍수 지도인 산도(山圖)처럼 맥세(脈勢)를 강렬하게 표현하였고 오름도 독립된 형태로 상세히 묘사되어 있다. 무엇보다 목장이던 십소장 경계가 '상잣성'과 '하잣성'을 중심으로 명확하게 그려진 점이 이전 지도와 다른 특성이다. 하천도 상세하게 기록했으며 군 경계를 구분하기 위해 점선으로 처리하기도 했다. 또 해안에는 도로만 그려져 있으며 해안선 표시가 없는 점이 특징이다. 그래서 해안에 그려진 일부 섬을 통해 해안선 윤곽을 짐작할 수밖에 없다.

십소장과 자목장(子牧場) 체제로 이어져 내려왔던 제주도의 마정(馬政)은 1895년(고종 32년) 지나친 공마와 연이은 흉년으로 인해 공마제를 혁파

---

25. 〈제주지도〉는 전래의 지도를 참조하면서 새로 변한 사회적 상황을 반영한 대표적 읍지의 부도(附圖)이다. 지도에는 1895년 행정구역이 모두 군(郡)으로 변경된 사실이 반영되어 있다. 읍지에 첨부된 지도지만 규격이나 수록된 내용이 매우 자세하다. 전체 윤곽은 다소 왜곡되어 있으나 이는 책의 규격때문인 듯 하다. 여기서도 이전 시기 독립된 형태의 제주도 지도처럼 남쪽을 지도 상단으로 배치하였다. 그러나 이전 지도에서 보이는 24 방위표시나 외국지명들과 남해안, 그리고 고사이 섬들은 제외되었다.
26. 제주도민속자연사박물관, 1996, 《제주의 옛 지도》 도판 해설.

하고 돈으로 바꾸어 상납하도록 하는 조치가 행해짐에 따라 국영목장의 기능을 상실하게 되었다. 아래 지도에 표시된 화전동 표식은 바로 이러한 사회적 상황을 반영하고 있다. 이를 미루어 보면 산마장(山馬場)에서부터 화전 개척이 이뤄지고 있었음을 알 수 있다.

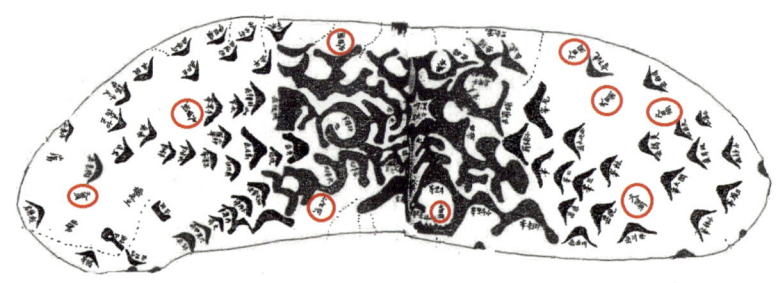

그림 1. 「제주군읍지」「제주지도」(1899) 9개 화전동(상잣 이상만 표시)

조선 후기 제주도 고지도에 '화전동'이 나와 있는 지도는 제주지도(1899)가 유일하다. 이는 1899년(광무 3년) 5월 대한제국 정부가 발간한 제주군읍지(濟州郡邑誌) 첫머리에 수록되어있다. 대한제국 정부가 전국 화전민을 대상으로 화전세를 징수하던 상황이었기 때문에 화전세 징수 대상인 화전민이 어디에 살고 있는지 한눈에 파악해보려는 의도에서 화전동 위치를 표시했다고 짐작할 수 있다.

당시 화전동은 국마장 위쪽 경계선인 상잣성 넘어서 있었다. 〈제주지도〉(1899)가 대한제국기 제주도의 국마장과 산마장 분포 및 화전동 위치를 나타내어 제주도의 목축문화와 화전 문화를 동시에 알려주고 있다는 점에서, 이 지도의 역사 문화적 가치를 높게 평가할 수 있다. 이 지도에는 상잣성 위에 분포했던 화전동이 9개 있다. 국마장 상한선인 상잣성보다 상부인 해발 300~600m 일대를 중심으로 제주목 지역에 4개, 대정현 지역에 3개, 정의현 지역에 2개 화전동이 존재했었다.

가. 산북지역(제주시) 화전동

(1) 일소장 위 산장 화전동

이 화전동은 일소장(一所場)[27] 상잣 북쪽의 넓은 산장(山場) 내에 있다. 성불오름(成佛岳)과 구두리오름(狗頭岳) 일대에 펼쳐진 산장은 3개 산장(녹산장, 상장, 침장) 가운데 상장(上場)에 해당한다. 산장은 1659년(효종 10년)부터 등장한 특별목장으로, 숙종 연간에 녹산장, 상장, 침장(針場)으로 정비되었다. 현재 이곳은 제주 경주마 육성목장과 제동목장이 위치하며 천미천 지류가 통과한다.

산장에 있는 교래리에는 산마장 관리처 역할을 했던 객사(客舍), 《탐라순력도》의 〈산장구마〉가 있었다. 이를 통해 교래리가 산장 중심지였다고 할 수 있다. 경사가 완만한 지형환경을 품은 교래리 역시 원래는 화전마을로 설촌(設村)이 되었다.

(2) 삼소장 위 삼의악 북쪽 화전동

이 화전동은 조선 시대 제주목 관할 국마장이었던 삼소장(三所場)[28]에 있는 삼의악 북쪽 상잣성 넘어에 위치했다. 조선 후기 삼소장 서쪽 경계선은 '한천'이다.

화전동 동쪽에는 하천(현재 조천에 해당)이 존재하며, 화전동 남쪽에는 용강리, 월평리 등이 나타난다. 따라서 두 마을 주민 일부가 화전동을 만든

---

27. 조선 후기 일소장은 구좌읍 송당리~덕천리 중산간에 형성된 국마장 지대를 말한다. 《제주읍지》에 의하면, 일소장의 폭원(幅圓)은 55리였다. 이곳에는 마감 2명(동장과 서장 각 1명)의 책임 아래, 군두와 목자를 합해 64명이 878필을 관리했다. 《탐라고사》에 삽입된 〈목장도형〉에 보면 일소장 둘레가 동서 20리, 남북 18리였다. 1 소장에 소속된 목자들은 덕천리와 송당리에 거주했다고 나와 있다.
28. 《제주읍지》에 의하면, 삼소장 둘레는 50리에 해당하며, 마감 2명의 책임 아래, 군두와 목자를 합하여 42명이 429필을 방목했다. 《탐라고사》의 〈목장도형〉에는 삼소장 둘레가 동서 20리, 남북 15리로 기록되고 있다. 삼소장 내 위치한 하천명 중 '삼솟내'는 삼소장을 남북으로 흐르는 하천으로, 현재 제주시 화북동과 삼양동의 경계선에 해당한다. 삼소장의 대표적 오름인 삼의양오름 부근에 아라동 공동목장이 있다.

주체일 수 있다. 현재 제주시 아라동 공동목장 위에는 동서 방향으로 길게 돌담(상잣성일 수 있음)이 남아 있으며, 이 돌담을 따라 화전 흔적과 집터들을 확인할 수 있다.

(3) 사소장 위 능화동 서쪽 화전동

이 화전동은 해발 900m 일대에 있는 제주도에서 해발고도가 가장 높은 '하늘 아래 첫 동네'다. 이곳은 두리봉[북](斗里峯, 큰두레왓, 1630.7m), 소두리봉[서](小斗里峯, 족은 두레왓, 1343m), 능화봉(菱花峯, 971.7m)[동] 그리고 천산림[남](千山林)으로 둘러싸인 분지(盆地) 모양의 지형 내에 있다.

해발 1500~1600m에 자리 잡은 두리봉(큰두레왓)은 인근 마을 주민(능화동 화전 주민 등)들이 소와 말을 산에 올려 방목했던 상산(上山) 방목지였다.[29] 그러나 이곳은 해발고도가 높고 비바람과 눈이 많은 장소라 사람들이 살기에는 부적합했다. 이 지도에 표시된 화전동은 지금도 화전민 집터와 다른 흔적들이 남아 있는 능화 오름 아래 화전동으로 보인다.

(4) 오소장 위 안천악 북쪽 화전동

이 화전동은 오소장(五所場)[30] 상잣 북쪽 안천악(安川岳, 안천이오름, 해발 736m)과 한대봉(閑大奉, 한대오름, 해발 914m) 사이에 펼쳐진 완경사지에 있다. 오소장 내에는 생천악(生泉岳, 산세미오름, 해발 652m), 대록고산(큰녹고메, 해발 837m), 소록고산(족은 녹고메, 해발 775m)이 위치한다. 대록고산과 소록고산까지가 오소장에 해당함을 알 수 있다. 화전동 남쪽 오

---

29. 제주지역에서는 해발 1400m 이상의 고산지대에서 방목이 이루어졌으며, 이를 "상산에 올린다"라고 했다. 상산(1400~1950m)은 해발고도가 높아 여름철 기온이 낮고 바람이 많아 진드기 피해가 적은 곳이었다. 상산 방목은 한라산 산정부의 지형조건과 기후 및 식생 환경을 인식한 주민들에 의해 이루어졌다.
30. 오소장은 애월읍 광령리 외도천~금성리 금성천 중산간 목장지대에 해당한다. 오소장 둘레는《제주읍지》에 의하면, 60리에 해당하며, 마감 2명 책임 아래, 군두와 목자를 합하여 78명이 1,094필을 방목했다.《탐라고사》의〈목장도형〉에 근거할 때, 오소장 공간 범위는 동서 25리, 남북 20리로 기록되고 있다.

소장 아래에는 금덕리(애월읍 유수암리)와 유신동(애월읍 광령리)이 위치해 두 마을 사람 일부가 이곳 화전동을 개척했다고 여겨진다.

나. 산남지역(서귀포시) 화전동

(1) 칠소장 위 대병악 동쪽 화전동

이 화전동은 칠소장(七所場)[31] 상잣 위쪽 천서악과 대병악 사이에 있다. 행정구역상 안덕면 동광리, 상천리, 광평리, 서귀포시 색달동에 해당한다. 안덕면 광평리와 상천리를 연결하는 화전 지대에는 창고천이 통과하고 있어 화전민들이 이 물을 이용했다. 또 이곳은 강제검과 방성칠이 민란을 일으켰던 발발지였다.

팔소장(八所場)[32] 상잣 위쪽 녹하악 서쪽에도 화전동이 위치한다. 1918년에 제작된 제주도 지형도에는 모라이악(색달동 산 16번지) 일대에 집들이 있었다.

팔소장 내에 있는 오름(측화산) 아래 '법하(法河)'는 오름 이름이 아니라 고려 시대 사찰인 법화사에 해당한다. 이 오름은 하원동에 있는 구산봉이다. 팔소장 녹하지 동쪽에도 다른 화전동이 있다. 1918년에 제작된 제주도 지형도에는 화전마을인 '녹하지'가 실제 있었다. 조선 시대 칠소장 내에 형성된 화전마을인 상천리(모록밭)와 팔 소장 위의 녹하지(상문동 지경)를 연결하는 지대에 광범위한 화전 농경지와 화전마을이 존재해 상호 연락망을 구축했었다고 보인다.

---

31. 칠소장(七所場)은 안덕면 동광리부터 서귀포시 색달동 우보악까지이다. 《제주읍지》에는 칠소장 주사면(周四面)이 10리이며 군두와 목자를 합하여 28명이 440필을 방목했다고 기록되어 있다.
32. 팔소장은 서귀포시 중문동~영남동~고근산까지였다. 행정구역상 서귀포시 중문동·대포동·회수동·하원동·도순동·영남동 초지대가 해당한다. 목장면적이 작아 조선 후기 말 사육 필수가 중산간 10개 목장 중 가장 적었다.

(2) 구소장 위 처암 동쪽 화전동

구소장(九所場)³³) 상잣 위쪽, 각씨바위(妻岩) 동쪽에 화전동이 있다. 이 화전마을 남쪽에는 서홍리와 동홍리가 있다. 이곳 화전동은 두 개 하천 사이에 있으며, 또한 화전동 북쪽의 오름은 겨울철 차가운 북서풍을 막는 역할을 했다. 바다로 흘러가는 두 개 하천 중 좌측 하천은 연외천(솜반내), 우측 하천은 동홍천일 가능성이 크다. 두 하천의 위치와 아랫마을 이름을 가지고 화전동을 비교하면 서홍동의 생수동과 동홍동의 연자골일 가능성이 크다.

(3) 산장 위 두한봉 일대 화전동

구소장(九所場)과 산장의 상잣 위쪽 두한봉(斗漢峰) 일대에 화전동이 등장한다. 구소장과 산장(山場)의 경계선은 한남리에 있는 하천 즉, 현재 서중천에 해당한다. 산장의 상잣 위에는 마체봉(馬體峰, 머체오름), 거인악(巨仁岳, 거린오름), 두한봉(말한이오름, 마은이), 보한봉(保漢峰) 등이 있다. 특히 거인악과 두한봉 동쪽 완경사지에 화전동이 등장한다. 현재 이곳은 남원읍 수망리 산 179번지 일대로, 마흐니오름(두한봉)과 물영아리오름, 민오름, 거인악 사이 형성된 완경사지에 화전이 이루어졌다고 보인다.

1918년 제작된 제주지형도(1:5,000)에는 물영아리오름과 민오름 서쪽 완경사지에 빗몰르(上橺旨), 새빗므르(新橺旨洞), 먹물(墨旨)이라는 마을이 등장한다. 민악산 북쪽 영아악은 현재 물영아리오름에 해당한다.³⁴)

---

33. 구소장은 서귀포시 호근동 고근산~남원읍 한남리 서중천까지의 중산간 목장지대를 말한다. 『제주읍지』에 의하면, 구소장의 둘레는 70리로, 동서 길이가 가장 넓었던 국마장이었다. 마감 2명의 책임 아래, 군두와 목자를 합하여 51명이 함께 514필을 방목했다.
34. 1918년 지형도에 등장한 민악산 북쪽 영아악과 영아동 위치는 실제와 다르다. 민악산과 인접한 오름은 실제로는 영아악(영아리오름-분화구에는 물이 없다)이 아니라 물영아리오름이다. 영아악은 물영아리오름과 떨어져 있으며, 화전마을인 영아동도 마찬가지이다. 그러나 1918년 일제가 제작한 지형도에는 오류가 종종 발견되기 때문에 100% 신뢰할 수 없다는 점을 유의해야 한다

제2장 한라산의 양봉업(養蜂業)

제1절 양봉의 유래

　인류는 오래전부터 길들인 꿀벌을 이용하여 채밀(採蜜)해왔다. 동서양 모두에서 성행하였다. 초기 미국 개척자들은 야생 꿀벌들이 속이 빈 통나무를 벌집으로 선호한다는 사실을 관찰을 통해 알게 된 후, 속이 빈 통나무로 만든 벌통을 개발했다. 한쪽 끝은 벌집을 걷어낼 수 있도록 했다. 유럽 양봉가들은 '스켑(skep)'을 발달시켜 바구니를 뒤집어 놓은 모양의 짚으로 엮은 벌통을 만들었다. 바닥을 통해 벌집을 제거할 수 있도록 했다. 17세기 무렵 유럽 양봉가들은 벌통에 구멍을 만들고 짚이나 나무로 만든 상자를 위에 올려놓았다. 벌들은 이 상자에 꿀을 가득 채워 놓는다.
　미국은 19세기 중반에 이루어진 두 가지 획기적 발전을 통해 현재 양봉 기술에 이르게 되었다. 그 하나가 퀸비가 고안한 계상식(多層式) 벌통으로 한 개 벌통 위에 구멍을 뚫고 그 위로 또 다른 상자를 차례로 올려놓는다. 그렇게 되면 위에 있는 상자에 꿀이 가득 차, 이를 제거해도 주 벌통에 영향을 주지 않게 된다. 또 1851년, 랭스트로스 신부가 이동식 틀이 있는 벌통을 발명했다. 꿀벌들이 이를 토대로 벌집을 만들고 여기에 꿀이 가득 차면 손쉽게 다른 통으로 바꾸어 낄 수 있게 했다.
　이러한 모양의 벌통에서 몇 가지 점이 개선되어 오늘날 세계적으로 사용하고 있는 형태가 되었다. 이 벌통은 밑판과 벌통 몸체, 그리고 계상(1개일 때는 단상이라고 함)이라고 하는 하나 또는 그 이상의 분리 가능한 부분과 비바람을 막아주는 뚜껑으로 이루어졌다. 벌통 몸체는 틀에 끼워진 형태의 육아실(育兒室)이다. 여왕벌은 여기서 산란을 하고 어린 벌들을 키운다.

계상 역시 틀에 끼워져 있는 형태로 이곳은 꿀을 저장하는 장소이다.

대부분 벌통에 여왕벌 출입을 막는 격리(隔離) 판이 있다. 여왕벌보다 몸집이 작은 일벌만이 이 작은 구멍을 통과하여 육아실과 위층을 오르내릴 수 있다. 여름철 꿀벌 세력이 왕성할 때 꿀이 꽉 찬 벌통의 계상(繼箱)을 빈 통으로 갈아주어야 한다. 이로써 지나치게 벌 밀도가 높아지는 현상을 막을 수 있다. 궁극적으로 분봉(分蜂 : 새로운 군체 형성)을 막게 된다. 분봉을 위한 준비로 일벌들은 몇 개의 애벌레를 선발하여 장차 여왕벌이 되도록 기른다.

먼저 있던 여왕벌이 사라진 후 로열젤리로 잘 길러진 새 여왕벌들이 나타난다. 이 몇 마리 여왕벌들은 벌통에서 최고 자리를 차지하기 위해 마지막 하나만 남을 때까지 싸운다. 수벌은 여왕벌들과의 교미(交尾)만을 목적으로 태어나 교미 후 곧 죽는다. 양봉에서 분봉은 바람직하지 않다. 왜냐면 분봉 후 만들어진 벌떼는 새로 태어난 일벌들을 기르느라 여분 꿀을 생산하지 못하기 때문이다. 분봉을 막기 위해 여왕벌 방을 제거하거나 벌통을 늘려야 한다.

양봉가들을 위한 특별한 장비로 복면포, 벌집을 자르기 위한 하이브 툴, 벌을 진정시키기 위한 훈연기(燻煙機) 등이 있다. 훈연기는 벌통을 열기 전 그 속으로 연기를 불어넣을 수 있도록 했다. 그러면 벌들은 불이 났다고 생각하고 다시 벌집을 지을 준비를 위해 많은 양의 꿀을 먹게 된다. 이렇게 하여 포만감을 느끼게 된 벌들은 훨씬 다루기 쉽고 잘 쏘지 않는다.

현대 양봉에서는 채밀기(採蜜器)를 이용하여 꿀을 완전히 떠낸다. 이 채밀기는 원심력을 이용하여 벌집을 망가뜨리지 않은 상태로 꿀을 떼어낼 수 있어서, 벌들은 다시 꿀을 생산하기 위해 새로운 방을 만들 필요가 없다.

채밀한 꿀은 약간의 열을 가해 불필요한 밀랍(蜜蠟)을 위로 뜨게 해 제거해야 한다. 63도가 조금 넘는 더운물에 벌통을 넣으면 벌통으로부터 밀랍이 녹아 나오게 된다. 녹은 밀랍은 표면으로 떠오르게 되므로 쉽게 골라 낼 수 있다. 벌통을 유지·관리하는 문제 외에도 봉군을 질병과 침입자들로부터 보호해야 하는 문제가 있다. 꿀벌들은 기생충, 응애류, 곰팡이 등에 감염되기 쉽다. 이 밖에 도마뱀, 쥐, 너구리, 조류 등에 해 입을 수도 있다. 벌통 모양이나 채밀(採蜜)하는 방법 등과 같은 전문적 양봉기술은 각 나라의 전통 양봉 방식이나 양봉 규모에 따라 다르다.

한국에서 양봉의 기원은 고구려 동명성왕 때이다. 원산지 인도로부터 중국을 거쳐 재래종 벌인 동양 꿀벌이 들어왔다고 한다. 이어 고구려, 백제, 신라 순으로 양봉이 시작되었다. 실제는 이보다 훨씬 이전이었다고 추측이 된다. 즉 구석기시대부터 사냥하거나 나무 열매를 따다가 바위틈 등에서 자연산 꿀을 발견하게 되었으며 농경시대에 이르러 사유재산 개념이 생겨 꿀벌 소유와 양봉으로 발전했다고 추측된다.

643년, 백제 태자 여풍에 의해 현재 일본에서 키우고 있는 벌이 전해졌다고 한다. 하지만 꿀이 주요 수출품으로 기록된 사실로 보아 한국에서 자생하고 있다고 짐작되는 양봉이 계속 발전하고 있었음을 알 수 있다.

고려 시대 양봉업은 더 넓은 지역에서 진행하고 벌통 관리를 더욱 합리적으로 하고 있었으며 꿀 생산량이 훨씬 늘어났다. 1041년 1월 삼사(三司)의 제의(提議)에 따라 지방관들이 관할 주, 군에서 해마다 국가에 바치기로 한 세공에 꿀 한 섬이 포함되어있었다. 해마다 주, 군, 현에서 한 섬 되는 꿀을 바치게 했다. 그만큼 양봉업이 보편화하여 상당한 양의 꿀을 생산하고 있었음을 알 수 있다.

《고려사》'형지'에 의하면 12세기 말 통치자들 사이에서 사치한 풍조가 만연되어 공적으로나 사적으로 연회를 '승벽 내기'로 잘 차리는 일이 벌어졌다. "낟알을 진흙처럼 보고 유밀과를 만들면서 꿀을 뜨물처럼 낭비"하는 현상이 생겨났다. 공급량을 훨씬 넘는 꿀의 수요로 1192년(명종 22) 궁중 이외 일반 가정이나 사찰에서 꿀을 사용하지 못하도록 금령(禁令)이 내려지기도 하였다. 이후 1282년과 1310년에 두 번이나 유밀과(油蜜果)의 사용을 법적으로 금지하는 조치가 취해졌다.

유밀과는 고려 시대 찹쌀가루를 꿀에 반죽하여 기름에 구워낸 일종의 과자다. 고려 시대 유밀과를 만드는 데에 꿀을 널리 사용되었으며, 더욱이 꿀을 물 쓰듯 하여 국가가 유밀과의 사용을 금지하기까지 하였다는 사실은 그만큼 꿀이 많이 생산되고 있었음을 말해 주고 있다.

조선 시대 세종 때 편찬된《향약집성방(鄕藥集成方) 1433》, 선조 때 편찬된《동의보감, 1613》등에 꿀, 밀랍, 꿀벌의 번데기 등이 영약(靈藥)으로 기록되어 있다. 또 벌꿀의 산지, 양봉기술에 관하여 문헌에 기록되어 있다. 숙종 때 홍만선이 쓴《산림경제(山林經濟)》에는 호봉법(護蜂法), 할밀법(割蜜法) 등에 대해 다루고 있다. 그러나 이 시대의 양봉기술은 대체로 원시적이었다. 벌집을 쥐어짜서 걸러 내거나 불을 붙여 꿀이 흘러나오면 걸러내는 등 채밀방법도 불량하여 번식과 생산이 저조하였다.

조선 후기에 와서 양봉업은 그 전 시기보다 보편화하고 더욱 성행하였다. 이는 1808년 편찬된《만기요람》〈공상조〉등의 기사(記事)를 통해 알 수 있다. 이 책이 편찬된 19세기 초, 국왕과 왕비에게 매일 각각 청밀 10말 6되 2홉, 매달 황밀(개꿀)을 국왕에게 288근, 왕비에게 120근, 생일이나 명절날은 청밀 1말 8되씩을 공급하고 있었다. 이처럼 국왕과 왕비에게 많은 양의 꿀을 공급하도록 했다는 사실은 이 시기 꿀이 그만큼 대량으로 생산되었음을 간접적으로 말해 주고 있다.

근대에 이르러 벌통·소초(巢礎)·원심분리기(遠心分離機)에 의한 채밀방법 등 근대 양봉의 3요소가 소개되었으며 선교사들에 의해 개량종 벌이 도입되기 시작하였다. 토종벌은 양봉보다 몸집이 작고 배는 검은색에 흰 띠가 둘러싸여 있어 회색으로 보인다. 토종벌은 비교적 온순하지만 한번 성나면 사납게 덤벼든다. 분봉 벌은 세고 도망을 잘 치며 큰 떼를 이루지 못하는 단점을 가지고 있다. 그러나 내한성이 강하여 겨울나기를 잘하며 밀랍 분비 능력이 높은 장점이 있으며 꿀의 약효가 높다.

그러므로 지금까지 우리 선조들은 이 토종벌을 많이 쳐왔고 지금도 일부 산간지대에서 계속 치고 있다. 보통 토종이라고 하는 재래종 벌인 동양 꿀벌은 이탈리안벌, 카니올란벌, 코카시안벌과 같은 서양 꿀벌보다 여러 가지 결점이 있었으므로 사양봉군(飼養蜂群) 수가 줄어들었다. 현재는 이탈리안벌, 코카시안벌이 주로 양봉되나 토종인 동양 꿀벌이 전체 40%를 차지한다.

제2절 한라산의 양봉

한라산 양봉의 기원은 한 일 합방 후 일로 1910년 완도군으로부터 정의면에 재래종 3군을 옮긴 때로부터 시작된다. 또 양종(洋種)벌(사이프리안 및 이탈리안 종계 잡종)은 1919년에 서귀포 가와사키(川崎)라는 일본인이 일본으로부터 반입이 최초로 여겨지고 있다. 한라산 양봉은 온난한 해양성기후의 혜택을 받고 있어 특히 산남지역은 한라산 남사면에 있어서 따뜻하여 사계절 모두 양봉에 적합하다. 아울러 지형, 지질 관계상 밭이나 목장이 많은 관계로 밀원(蜜源)식물이 풍부하여 농가 부업으로 아주 적합하다고 여겨져 왔다. 1923년부터 3년간 일본 기후현에서 황금 종봉 146군을 공동으로 사들였다. 그 후 계속해서 확대를 거듭하여 1920년에 불과 15군에 불과하던 규모가 1931년 2,959군으로 확대되었다.

밀봉 분포는 산남지역에 많다. 그중에서도 산남지역 중앙부인 중문과 안덕이 가장 많고 산북지역에는 적은 편이다. 이 지역은 기후가 도내에서 가장 온화하다. 겨울철에도 완두, 유채, 동백 등 밀원이 풍부한 곳이다. 특히 동백은 방풍을 목적으로 농가 주변에 심겨져 있다.

밀원(蜜源)으로 되는 주요 식물의 분포는 해안지대는 주로 자운영, 유채, 단향목, 감귤류, 벚나무, 복숭아나무, 면화 등이 있다. 중간지대는 메밀, 자골, 크림손 클러버, 대소두 등이 있다. 산간지대는 9월에서 12월 중순에 이르는 건조기에 치도 향유[35]가 밀생(密生)하여 자홍색 꽃이 만발하다. 다른 지역에서는 최성기를 봄으로 여겨 가장 중요시한다. 제주도는 이와 반대로 계절 향유의 꿀을 가장 중요시하고 있다. 이 밖에 산림지대에 조, 칡, 억새 등이 있으며 산림지대에 진달래밭이 있다.

한라산에 분포하는 밀원으로 9월부터 12월 중순에 이르는 건조기 양질의 꿀을 저장하는 향유(香薷)가 대표적이다. 그 밖에 삼림지대에 밤, 싸리, 덩굴풀 등이 있으며 삼림지대 상부에는 철쭉밭이 펼쳐져 있다. 양봉가는 해안지대 개화기가 끝날 즈음부터 벌통을 한라산 고지대로 이전하여 십수일간 천막생활을 하며 벌통을 관리한다. 향유 초에서 채밀을 하기 위해 관음사(觀音寺)까지 이동했다.

우리나라 봉군 관리는 봄부터 가을까지 유밀기에 이루어지고 있다. 겨울철에 월동에 들어간다. 제주지역은 온화한 기후조건으로 육지부보다 봄철 일찍부터 시작하여 가을철 늦게까지 봉군 관리가 이루어지고 있다. 한라산에서 꿀벌 기르기 작업을 살펴보면, 1군의 꿀벌 수는 2만 마리 정도다.

---

35. 쌍떡잎식물 통화식물목 꿀풀과 여러해살이풀이다. 학명은 Elsholtzia splendens이고, 붉은향유, 해주향유, 향여(香茹), 반변소(半邊蘇), 야소(野蘇), 야어향(野魚香), 노야기, haichow-elsholtzia 라고도 불리운다. 꽃향유의 향유는 '꽃이 아름다운 향유'나 향기가 있는 식물이라는 의미이며, 향유와 비슷하지만 꽃색이 진하고 꽃이 아름다워 꽃향유라 불리운다.

정상적인 봉군인 경우 1마리 여왕벌이 있다. 그 외 대부분 일벌로 봉군 생활에 필요한 모든 일을 한다. 숫 벌은 무정란(無精卵)으로부터 발달하며 번식기만 생존하는데 수백 수천 마리다. 이 중 한 마리만이 처녀 왕벌과 결혼 비행하며 교배한다. 나머지 다른 숫 벌들은 무위도식(無爲徒食)한다. 교배한 숫 벌은 생식기(生殖器)가 이탈(離脫)되어 교배 후 바로 죽고 나머지 숫 벌 역시 꿀이 적은 시기에 일벌에 의하여 추방되거나 관리인에 의하여 폐기된다.

벌 상자에는 소방(벌방) 집합체인 난소(卵巢) 대부분은 직경 약 6mm의 일벌 방(房)으로 되어 있다. 봉군 세력은 꿀벌 수, 육아수, 저밀량(貯蜜量), 꽃가루 등을 종합하여 강군과 약군으로 분류된다. 봉군 증식은 봄이 되어 기온이 상승하고 밀원이 풍부해지면 산란, 육아가 촉진된다. 이때 분아(粉芽)가 나타나기 전 빈 벌통에 소비(巢脾) 2~4 정도를 넣어 분봉(分蜂)하고 있다.

제주지역에서 생산되는 벌꿀은 유채꿀, 밀감꿀, 잡화꿀이 주종을 이루고 있다. 이외 상당량의 참깨꿀, 메밀꿀, 때죽나무꿀, 선인장꿀 등이 생산되고 있다. 솔비나무꿀이나 꽃향유꿀은 거의 생산하지 못하고 있다.

2018년 현재 제주에는 총 480호가 총 72,449군의 양봉을 하고 있다. 꿀벌 품종은 대부분 개량종으로 전체의 90% 이상을 차지하고 있다. 재래종은 10% 미만 농가만 사육하고 있다. 개량종 사육 형태는 고정 양봉은 10.6%, 이동 양봉은 79.4%로 대부분을 차지하고 있다. 이 같은 결과는 규모 확장과 더불어 전업화(專業化)에 따른 현상이다. 이동 양봉 농가 중에는 내륙지방까지 이동하는 농가들도 있다.

현재 도내 양봉 농가에서 생산되는 주 생산물은 모든 농가가 벌꿀이고 로열젤리를 생산하는 농가와 화분 생산 농가도 일부 있다. 최근 프로폴리스를 생산하는 농가도 있다. 또 시설재배 농가의 확산으로 이른 봄철에 시설 재배되는 과채류의 화분(花粉) 매개용 봉군(蜂群)을 증식해 분양(分讓)하는 양봉 농가도 많이 생겼다.

한편 제주 양봉산업은 이상기후와 병해충 등으로 꿀벌이 사라지는 등 위기에 직면하고 있다. 그래서 지자체에서는 우수 벌꿀 인증 시범사업 등에 사업비를 투입하여 농가소득 증대 및 꿀벌 생산성 향상을 유도해 나가고 있다. 주요 내용으로는 벌꿀 시험성적 의뢰비용, 포장재, 종봉(種蜂) 화분(꽃가루), 소초광(인공 꿀벌집), 우수 여왕벌 보급사업 등, 채밀기·개량 벌통 등 기자재 지원사업을 지원해 생산비 절감을 통해 제주도를 종봉 생산기지로 만들어 나갈 방침이다.

특히 꿀 등급제 시행에 따른 우수 벌꿀 인증 시범사업을 통해 제주지역에서 생산된 벌꿀에 대한 검사비용을 지원해 양봉 산물이 고품질의 지역 특산품으로 인정받을 수 있게 홍보를 강화할 방침이다. 또 기후변화 대응 꿀벌 질병 및 수년 동안 양봉 농가에 막대한 피해를 준 낭충봉아부패병 등 기생충 피해 예방을 위해 양봉 농가에 꿀벌 질병 3종(응애, 노제마, 낭충봉아부패병)에 대한 구제 약품도 지원하고 있다. 한편 양봉 농가나 양봉 영농조합(농업회사)에서는 꿀벌을 이용한 다양한 체험을 하고 있다. 예를 들면 마슐프로그램, 벌 모형 조립 체험, 뷰티 허니 프로그램(시즌제), 꿀벌들과 만나는 시간 등으로 벌들과 친해지며 꿀을 재료로 한 립밤, 핸드크림 등을 직접 만들기도 한다. 이는 양봉업의 6차 산업화라고 할 수 있다.

제3장 표고업(蕈菰業)

제1절 표고버섯 재배의 역사

표고버섯의 인공재배는 상당히 오래전부터라고 한다. 최초 기록은 1313년 왕정이 기술한 농서(農書)에서 처음 등장한다. 왕정은 여기서 마을 사람들이 나무에 도끼 자국을 내고 흙을 넣은 뒤 도끼로 두드려주며 버섯을 재배하는 모습을 기술하였다. 한국에는 1766년 유중임이 쓴《증보산림경제》에서 처음 등장한다. 여기서 나무를 벌채하고 음지에 둔 후 짚이나 조릿대로 덮고 물을 뿌려주면서, 이를 잘 두드려 그냥 놔두며 표고버섯을 기른다는 기록이 남아 있다. 일본에는 이로부터 30년 뒤인 1796년, 사토 세이유우의 저서《경심록》에서 처음 등장한다. 그 재배방법은 중국과 한국 재배방식과 같다. 이런 재배법을 '충격(衝擊) 재배법'이라 부른다.

표고버섯의 인공재배는 1922년인 일제 강점기 임업시험장의 이원목이 표고 인공증식시험을 착수한 게 시초였다. 이원목은 한반도 표고 발생 조사 과정에서 각 지역에 전파되고 있던 여러 재배법을 비교, 조사하였다. 이 과정에서 종목 혼입법이 가장 효과적이라는 사실을 밝혀내고 이를 전국 농가에 보급했다.

오늘날 가장 흔한 인공재배 기술인 톱밥 종균(種菌) 기술은 1936년 일본 기타시마(北島君三) 박사가 최초로 주목했다. 처음에는 실패했으나 이후 1943년 모리 키요시 박사가 이를 보다 발전시켰고 끝내 1947년에 가와무라 류타로가 이를 특허청에 신청해 특허를 획득했다. 이와 별개로 실제 이러한 재배법이 매우 일반화된 때는 1980년이다.

표고버섯(Lentinus edodes)은 민주름 버섯목 송이과에 속하는 식용버섯이다. 야생에서 동남아지역 참나무 등 활엽수 고사목에 주로 발생하다. 인공재배 역사는 10세기 중국부터 시작되어 현재 한국을 비롯한 일본, 중국 등 동양에서 재배되고 있다.

Lentinus속 버섯은 전 세계적으로 분포하며 수십 종이 기록되어 있다. 표고(蕈菰)와 잣버섯이 인공 재배되고 있다. 표고버섯은 항암 성분인 렌티난을 함유하고 있으며 항(抗)바이러스 작용, 혈압 강하(降下)작용도 확인되었다. 최근 식용버섯보다 건강식품으로서 관심이 더 큰 버섯으로 미주지역은 물론 유럽지역에서 재배와 소비가 급증하고 있다. 표고버섯은 색깔, 형태, 육질 크기에 따라 화고(花菰), 동고(冬菰), 향고(香菰), 향신(香信) 등으로 나눌 수 있다.

표고버섯은 비록 초기 투자가 많이 드는 단점이 있기는 하지만, 병충해에 강하고 연작(連作)피해가 적으며 관리가 비교적 쉬운 작물이다. 표고가 건강에 좋은 식품이고 무공해 식품이라는 점이 널리 알려지면서 국내 소비도 해마다 증가 추세에 있다. 버섯 골목(骨木)은 2년 동안 재배하면 썩어서 폐기되므로 과잉 소지가 다른 작목보다 적다. 또 생(生)표고, 건(乾)표고로 유통되므로 생표고의 과잉 생산 시 대처할 수 있다. 동양권인 대만, 중국, 일본에 생표고, 건표고를 모두 수출할 수 있으며 세계 각지 동양권 사람들의 소비 또한 만만치 않아 표고버섯 소비시장 전망이 밝아 보인다.

표고버섯의 갓은 처음에는 반구형이지만 자라면서 점차 우산 모양으로 펼쳐진다. 자루가 굵고 짧으며 나무에 붙어 있는 상태에 따라 한쪽으로 기울어지는 특징이 있다. 느타리버섯과 마찬가지로 폐목 농장에 기르는데, 톱밥 파리가 버섯농장에 많이 꼬인다. 요즘은 폐목에 기르기보단 톱밥을 틀로 찍어내 메주 같은 덩어리로 만들어 여기에 기르기도 한다. 갓이 오므라들고 육질이 두꺼우며 색깔이 선명할수록 고급이다.

표고버섯 중에서도 갓 표면이 그물 모양으로 갈라져 있으면 이를 '화고

(花菰)'라고 부른다. 일반적인 버섯은 동고(冬菰)라고 부른다. 화고는 습도에 따라 흑(黑)화고와 백(白)화고로 나뉘는데, 습도가 낮은 상태에서 자라면 백화고가 되는데 보통 표고버섯보다 값이 비싸다. 반대로 습도가 높아지면 흑화고가 된다. 동고는 100g 단위로 포장되어 마트 등에서 팔린다. 화고는 정갈히 포장돼서 선물상자 등으로 소비가 많이 되는 편이다. 영양분 차이가 없으며 건조하면 맛 차이도 별로 없다.

제2절 제주도의 표고버섯 재배

제주도의 표고 재배는 1453년 윤회, 산장 등의 편찬한《세종실록지리지(世宗實錄地理志)》에 경상도 12개소, 전라도 13개소, 제주도 등 26개소가 표고 주산지로 기록되어 있다. 또한《세종실록지리지》전라도 제주목(濟州牧)에 공물로 바치던 제주 토산물, 토공(土貢) 중 하나로 비자, 감귤, 옥두어를 비롯해 표고가 있었다는 기록이 있다. 이어 1769년(영조 45년)《영조실록》113권에 나와 있는 '신회가 제향에 쓰이는 비자·표고를 선혜청에서 진배(進排)하는 일에 대해 아뢰다'라는 기사에 따르면 '제향(祭享)에 쓰이는 비자(榧子)·표고(蔈菰)는 제주(濟州)에서 봉진(封進) 하던'이라고 했다.

한라산 표고 재배는 1905년 일본인들이 산도식(山刀式)이 포자(包子)접종법을 사용하여 처음 재배를 시작하였다. 초기 한라산 동남부 화전 위쪽에서 일본인들에 의해 성행하였다. 일제 당시 재배법을 살펴보면, 벌목 후 3년째 가을부터 차츰 수확을 시작하여 그 후 3년간 정도는 왕성하게 생산이 되고, 그로부터 차츰 생산이 떨어져 10년쯤 되면 생산이 없어진다. 벌목은 매년 10월경이다. 나무 영양 상태를 잘 살펴 일제히 도끼질해야 한다. 그해는 그냥 지나고 다음 해 4월경부터 장마철까지는 입목(笠木) 이라고 부르는, 가지 잘라내고 높이 1척 7~8촌(寸) 정도 침목(枕木)을 세운다.

이와 동시에 도끼로 거리 5촌 정도로 나무 표피에 선형으로 깊은 홈을 낸다. 그리고 입목한 나뭇가지들을 상목 위에 얹힌다. 이 갓 모양의 입목은 가뭄이 심할 때 차양(遮陽)용으로 비가 많이 올 때 비 가림막이 되어 서리나 눈을 막는다. 벌목(伐木) 후 3년째가 되면 골목 아래쪽 풀을 베어주고 입목을 알맞게 조절하면 가을에 자연 발생적으로 표고버섯이 소량 산출된다. 4년째가 되면 장목(長木)법을 쓰는데 벌목은 그냥 둔다.

단목법이란 그 긴 골목을 길이 3~4척 정도로 통나무인 상태로 잘라내고 같은 크기 못을 파서 빗물을 담아 그 속에 넣은 뒤 하루 밤낮을 지내고 인부가 연못에 들어가 나무토막으로 절구 부근을 4~5차례 두들겨준다. 이 같은 절목(折木) 과정이 끝나면 천연 입목 즉, 입목의 밑으로 운반해서 '우목' 이라고 불리는, 가로 눈 나무에다 양쪽을 받쳐 세운다. 이 작업은 4년째 4월 상순부터 추자(秋子, 가을 표고) 발생 전 40일까지 종료된다.

장목법의 골목도 역시 이 무렵 비 온 뒤에, 그 위치 그대로 타목(打木) 해주면 된다. 타목 후 1주일이 되면 표고균의 발아(發芽)가 시작된다. 장목(長木)법은 전적으로 기후에 지배되는 대신 표고가 오래 발생하는 장점이 있다. 단목(短木)법은 강우를 기다리지 않고 못 속에 놓아두면 타목이 되기 때문에 인력으로 조절이 된다. 하지만 그 대신 생산기간이 짧고 벌목 후 7~8년으로 끝나게 된다. 수확한 표고는 너비 2간(間), 길이 8간 정도 건조실에 뜨거운 숯불을 피워놓고 선반 위 '에비라'라고 불리는 기구에 넣어 '불집'으로 말린다.

현재 이러한 표고 재배법은 이와 조금 다르다. 현재 표고 재배법을 살펴보면, 표고버섯은 참나무 원목을 11월~2월까지 벌채된 나무를 길이 1.2m, 직경 15cm 정도 되게 잘라 드릴로 원목을 뚫는다. 그곳에 종균(種菌) 심기한 다음 장마 전 뒤집기를 1~2차례 한 뒤, 다음 해 수확을 한다. 수확 시기는 품종에 따라 다르다. 건 표고는 봄에는 보통 5~6월 가을에는 9~10월에 많이 수확한다. 품종에 따라 차이가 있다. 보통 5월부터 작업을 시작한다. 물을 주며 표고목을 쓰러뜨리고 2~3일 충분히 물주고 버섯 발아가 시작되면 다시 세우기 한 뒤 적기에 수확한다. 수확 후 휴면기간을 20~30일 이상 충분히 기간을 두어야 충실한 버섯을 생산할 수 있다.

일제 강점기인 1936년 표고 총생산량은 2,800kg, 1938년 3,500kg에 비하여 1968년 71,380kg, 1973년 100,680kg, 1977년 61,589kg 등으로 광복 후 생산량이 늘어났다. 이렇게 생산된 표고는 주로 동남아, 일본 등지로 수출하였다. 1973년 표고 수출액은 112만 7,935달러로 당시 전국 생산량의 절반을 웃돌 정도로 제주도에서 비중이 큰 농가 소득원이며 수출산업이었다. 1980년 이후 표고 생산량은 1980년 72,602kg, 1985년 63,090kg, 1990년 39,709kg, 2000년에는 155,000kg을 생산했다.

표고버섯은 버섯균을 키우는 재배방법이다. 따라서 농약을 사용하지 않고 유기농 방식으로 재배해 안전한 건강식품이다. 표고버섯에 함유된 베타글루칸과 비타민 D는 바이러스 면역력에 강하고, 혈압을 낮추고 당뇨병 예방에도 효과적인 자연식품으로 인기가 높다.

그러나 기존 원목을 이용한 표고버섯 재배는 매년 가을철과 다음 해 봄철에 두 번 정도 수확이 가능하다. 비가 많이 오는 시기는 수분조절이 어려워 상품 생산이 어렵다. 최근 냉난방 시설을 갖춘 톱밥 시설재배로 표고버섯의 연중 생산이 가능하게 되었다. 임업 농가에는 소득을 만들어 주고 소비자들에게 신선하고 다양한 먹거리를 제공하고 있다.

제주 도내에서 2020년 기준 연간 약 500톤(생표고 버섯 기준) 가량의 표고버섯이 생산되고 있다. 이중 약 60%는 건조해 판매하고 약 40%는 생표고버섯으로 유통된다. 제주도는 2019년 제주 표고버섯 공동브랜드와 상품디자인 5종을 개발했다. 이어, 2020년 제주대학교 지역혁신센터와 협력해 마케팅을 지원하고 한라산 국유림 지대에 표고 재배장(場)을 산림문화자산으로 등재(登載)를 추진하고 있다.

현재 제주 도내 곳곳에는 표고버섯 재배농장이 여러 곳 있다. 이 표고버섯농장들은 단순히 표고버섯만 생산하는데 그치지 않고 체험을 운영하며 6차 산업과 연결하여 미국 수출까지 하고 있다. 원물 그대로의 맛을 살리면서 영양분 손실을 막기 위해 '저온 진공 프라잉' 기법을 개발해 2019년 특허를 내기도 했다.

한편 제주지역 어느 마을 주민들이 영농조합을 결성해 표고버섯을 본격적으로 재배하여 표고버섯을 제주도 대표 특산품으로 육성하고 있다. 특히 서귀포는 지형과 자연여건 등이 표고버섯 재배 최적지라 예로부터 버섯 재배가 활발히 이뤄져 왔다. 그 품질이 우수하다고 전국적으로 정평이 나 있다.

실제로, 예전부터 표고버섯을 재배하던 주민들이 법인체를 결성하여 해발 400~500m의 마을 공동목장 약 6만 평을 임대해 본격적으로 표고버섯 재배에 나섰다. 제주도에서 지정한 최초의 표고버섯 재배단지로 개발 조성했다. 잡초와 자갈돌이 무성한 공동목장을 표고버섯 재배단지로 가꾸기 위해 조합원들은 초창기에 땀과 열정을 쏟았다. 이 영농조합의 표고버섯은 참나무에서 생산되는 버섯으로, 저(低) 칼로리 고(高)단백질의 무공해 자연식품이다. 비타민과 미네랄, 식품 섬유 등이 다량 함유돼 있어 성인병 예방과 암세포 증식 억제, 고혈압 당뇨병 예방에 탁월한 효과가 있다고 나타나고 있다.

또 나쁜 피를 없애고 가래를 삭이며 기를 다스리는 효과가 입증된 자연의 선물이다. 한국과 중국, 일본, 대만 등 동양권에서는 표고버섯을 버섯 중의 으뜸으로 치고 있다. 최근 웰빙 시대를 맞아 표고버섯에 대한 인기가 높아지면서 불로장생 식품으로도 관심받고 있다.

　제주의 옛말에 '부모님이 돌아가더라도 버섯은 제대로 가꿔야 한다'라는 말이 있을 정도로 표고버섯 재배는 성가실 정도로 일손이 많이 뒤따른다. 최근 표고버섯 재배여건이 갈수록 악화하면서 조합원들은 새로운 활로 모색을 위해 골머리를 앓고 있다. 표고버섯 재배의 첫 단계인 육지부 참나무의 반입 물량은 점차 줄어들고 있으며 농가 고령화 추세로 노동력 확보가 시급한 과제로 떠오르고 있다.

　이러한 시점에서 최근 표고버섯 배지(培地) 재배가 침체 분위기에 휩싸인 조합원들에 새로운 의욕을 불어넣고 있다. 배지 재배방식은 2011년부터 제주도에서 시범 도입된 재배방식으로 참나무 톱밥을 일정 단위 규격용기에 담아 종균(種菌)을 배양해 재배하는 방식이다. 최근 배지 재배를 도입한 이후 노동력 절감과 더불어 원목 재배에 못지않은 품질 유지 효과를 누리고 있다. 또 재배공간이 적게 들고 재배 기간이 짧으며, 무엇보다 연중 생산이 가능해 앞으로 원목 재배를 대체하는 새로운 소득원으로 한껏 기대를 모으고 있다.

　최근 표고버섯을 선호하는 중국인들의 국내 관광 사례가 급증하고 있고, 국내에서도 웰빙 식품으로서 수요가 높아져 무척 고무적이다. 이처럼 표고버섯에 대한 인기와 관심이 높아지는 추세에서 제주산 표고버섯이 제주를 대표하는 특산품으로 자리매김하고 있다.

제4장 한라산 숯 굽기

　예전부터 제주에서는 숯 만드는 일을 '숯을 굽는다', 또는 '숯 묻는다'라고 했다. 숯 재료로 사용된 나무는 목질이 단단한 '촛낭'(참나무, 상수리나무)을 최고로 쳤다. 그밖에 참나무 종류인 갈참나무, 졸참나무, 물참나무, 줄참나무, 서어나무와 마을 주변에 흔한 소나무, 예덕나무, 참식나무 등도 이용했다. 참나무와 달리 잡목으로 만든 숯은 불 피우기는 쉽지만, 빨리 타버리는 약점이 있다. 낮에 나무를 준비해 두었다가 밤에 숯가마에 불 지폈다.
　농한기인 11월 말 또는 12월에 많이 했다. 잘 구워진 숯은 연기가 나지 않으면서 화력이 세고 오래 탄다. 양질의 숯을 구우려면 목재에 따라 숯 굽는 방법이 적절해야 하고 정성을 들여야 했다.
　숯을 구을려면, 먼저 숯 굽는데 필요한 나무 준비부터 시작해야 한다. 숯 재료는 '촛낭'과 밤나무, 쿤낭, 가시낭, 틀낭, 서어낭, 볼레낭, 소리낭 등이 쓰였다. 숯 굽는 나무는 목질이 질긴 나무가 최상이다. 숯불 기운이 오래가기 때문이다. 숯 묻을 나무가 준비되면 본격적인 숯 굽기 작업에 들어간다. 숯은 숯가마를 이용하지 않아도 만들 수 있지만 대체로 공기가 차단된 숯가마에서 구워낸다.
　한라산 숯 굽기는 겨울철 부업으로서 먼저, 삼림에서 잘려 나온 활엽수를 길이 1척 정도로 잘라서 모양이 반듯하고 별로 굵지 않은 나무로 조종(弔鐘) 모양의 외곽을 쌓는다(직경 1.8m, 높이 1.5m). 그 속에 규칙적이고 바르게 통나무를 쌓아 올려서 물로 반죽한 찰흙을 밑으로 발라오려 정상부에 직경 30cm 정도의 굴뚝과 하부에 60cm에 30cm 정도의 화입구를 열어 거기에 점화한다. 연기가 나오는지를 점검하고 먼저 정상부의 굴뚝 다음에 화입구를 진흙으로 막아 하루 정도를 그냥 놔뒀다가 지나면 흙의 벽을 부순다. 주로 고정된 숯 굽기 아궁이를 만들지 않고 수시로 이와 같은 숯 구을 아궁이를 만들었다(泉晴一, 1966).

제주도에서 행해졌던 제탄법(製炭法)은 4가지 방법이 있다. 무개(無蓋) 제탄법, 퇴적(堆積) 제탄법, 갱내(坑內) 제탄법, 축요(築窯) 제탄법이다. 무개 제탄법은 가장 원시적 방법으로 평지 또는 오목한 곳에 주로 지조(枝條)재를 쌓고 연소시키면서, 차례로 원재료를 쌓아 불완전연소로 탄화시키며 흙으로 소화(消火)한다. 갱내 제탄법은 숯과 타르를 동시에 얻기 위하여 땅속에 깔대기 모양의 구멍을 파고 탄(炭)재를 넣은 후 상부를 흙으로 덮고 밑에서부터 점화시키며 적당한 구멍을 통하여 하부로부터 통풍시켜 탄화시키는 방법으로서 품질이 불량하고 수량이 적다.

퇴적 제탄법은 유럽에서 옛날부터 사용해 오던 방법(Meiller법)으로, 탄재를 세로나 가로로 쌓고 그 위를 지조재나 수피(樹皮)로 덮은 후 다시 바깥쪽을 흙으로 덮어 공기유통을 제한하고 배연구를 하나 설치한 다음에 제탄한다.

축요 제탄법은 숯가마를 쌓고 그 안에 목재를 넣어 굽는 방법으로 검탄과 백탄은 이 방법으로 만든다. 한국, 일본, 중국 등지에서 예전부터 사용해 오던 방법으로서 토석(土石), 연와(煉瓦), 내화벽돌 등으로 제탄요(carcoal kiln)을 구축하여 탄화시키며 질이 좋은 숯을 만들 수 있다.

제주도에서 전문적으로 숯을 구워 장에 내다 팔거나 생계를 이어가는 사람들은 숯가마를 이용해서 많은 양을 구워낼 수 있는 축요 제탄법을 이용했다. 이처럼 제주에는 숯을 굽던 숯가마가 있다. 숯가마는 과거에 대부분 중산간 지역 숲속에 터를 잡고 주변에 서식하는 굴참나무, 졸참나무, 가시나무 등을 재료로 숯을 구어 내던 곳이다. 특히 숯가마는 재료나 연료 취득의 특성상 곶자왈 지역 내에 터를 잡아야 했다. 숯의 원료가 되는 참나무과 수종들이 많은 곶자왈 지역이 숯가마를 만드는데 최적지였기 때문이다. 선흘, 교래, 함덕, 대흘, 신평, 저지, 청수, 상창, 서광, 상도, 세화리 등 곶자왈을 끼고 있는 마을이나 그 주변 마을이 숯 굽기 흔적을 오래 간직하고 있는 대표적 마을들이다.

　제주의 숯가마는 다소 규모는 작지만, 외부형태는 지면에서 현무암으로 둥글게 쌓아 올린 아치형을 취하며 나무 재료를 넣고 숯을 꺼내는 출입구와 천정 혹은 출입구 반대편 하단에 배연 시설을 갖추고 있다. 그리고 가마 내부는 고운 진흙으로 매끈하게 발라, 열기가 밖으로 빠져나가지 못하도록 고안하고 있다. 숯가마를 축조하는 일은 주변 지형을 이용해야 하고 또 돌과 고운 흙이 있어야 해서, 쉽지 않은 작업이었다.

　일반적으로 보리, 조 수확 또는 촐 베기 끝나면 숯을 만든다. 숯 묻을 철이 되면 산에 오른다. 작은 솥이나 냄비 등 간단한 취사도구를 가지고 가서 산에서 밥 지어 먹으며 산에서 노숙하는 기간이 대개 1박 2일이다. '숯 굽기'는 날씨가 흐리거나 안개 낀 날이 좋다. 무엇보다 연기 나는 걸 숨길 수 있어서 들킬 염려가 적었기 때문이다.

<참고문헌>

高橋 昇, 1997, 《朝鮮半島の 農法と 農民》, 未來社.
고시홍, 1998, 〈숯 굽는 이야기〉, 《제주학》창간호, 제주학연구소.
久間健一, 1950, 《朝鮮農業經營地帶의 硏究》, 동경농업종합연구소.
宮塚利雄, 1980, 〈韓國 火田民에 관한 史的 硏究〉, 《단국대학술논총》제4집, 단국대학교.
김상호, 1979, 〈한국농경문화의 生態學的 연구 : 기저 농경문화의 고찰〉, 《사회과학논문집》4, 서울대학교.
남인희, 1985, 《제주농업의 백년》, 태화인쇄사.
松山利夫, 1986, 《山村の文化地理學的硏究》, 古今書院.
오문복, 1987, 〈화전민들의 생활과 경작형태〉, 《성주》 3호, 고씨종문회총본부.
진관훈, 2004, 《근대제주의 경제변동》, 도서출판 각.
진관훈, 2022, 《제주의 화전 생활사》, 제주특별자치도 문화원 연합회.
泉靖一, 1971, 《濟州島》, 東京大學出版會.

09

한라산 지역
수자원 부존 특성과
개발·이용사

고기원
제주곶자왈공유화재단 연구소장

고은희
제주대학교 지구해양과학과 교수

제1장 들어가며

　제주도는 180만 년 전부터 고려 목종 5년(1002년)과 10년(1007년)까지 이어진 화산활동에 의해 형성된 화산섬이다(고기원 등, 2021). 전 지구적인 지질시대에 비추어 보면, 제주도는 방금 태어난 신생아에 비유될 만큼 매우 젊은 화산이다. 45.4억 년의 지구 나이에서 제주도는 0.018억 년 밖에 안 되기 때문이다. 그렇지만, 인간의 평균 수명이 100년도 안 된다는 것을 생각하면, 180만 년은 상상하기조차 어려운 까마득한 태고의 시간이다.

　180만 년 동안 이어진 화산활동으로부터 1,950m 높이의 한라산, 360여 개의 단성화산, 180여 개의 화산동굴 등 화산섬 제주를 상징하는 화산지형이 만들어졌다. 그중에서도 '한라산'은 제주민의 정신적 지주로서, 수원지로서, 생활자원(목재·약초·열매·식량·목축 따위)의 공급원으로서, 사냥터로서, 등산 또는 등람(登覽)(고윤정, 2013) 등의 기능을 갖춘 제주민의 삶의 터전이 되어 왔다.

　수리지질학적 관점에서 한라산은 제주의 젖줄이다. 한라산 정상지역은 기상학적으로 비나 눈구름이 잘 형성되는 고도(altitude)를 이루고 있어 연평균 강수량이 해안지역보다 2~3배 더 많다. 이는 산꼭대기에 엄청나게 큰 저수지가 있는 것과 같은 효과를 나타낸다. 따라서, 한라산 정상지역은 제주도 구석구석으로 물을 공급하는 자연 저수지라 할 수 있다. 또한, 한라산 정상지역에 내린 강수로부터 지하수 함양이 시작되므로 이곳이 곧 제주 지하수의 원천이자, 발원지라 할 수 있다.

　한편, 화산활동이 끝나면서부터 시작된 풍화·침식작용은 탐라계곡, 돈내코 계곡, Y계곡 등 200~300m 깊이의 계곡을 만들었다(고기원 등, 2021). 특히, 유수에 의한 침식작용은 땅속에 감춰졌던 대수층(주수 대수층; perched aquifer)을 지상에 드러나게 함으로써 대량의 지하수가 솟아 나는 용천이 생겨났다. 한라산 고지대의 계곡이나 오목지 등에서 솟아나 는 용천은 제주의 물 부족 문제를 해결하는 수원지로서 뿐만 아니라, 한라 산을 오르내리는 사람들에게 약수터가 되었다. 아울러, 한라산은 산북과 산남 지역 간 기온, 강수량, 풍속 등의 차이를 발생시키는 지형적 장벽 역할 도 한다.

　제주도민은 한라산이 주는 많은 혜택을 누리며 살아가고 있다. 이 글에 서는 한라산으로부터 제주민이 받는 혜택 중 최대의 혜택이라 할 수 있는 수자원에 관해 살펴봤다. 우선, 제주지하수의 원천인 강수량 분포를 살펴 보고, 수자원 부존 특성, 지하수의 수질 및 순환시스템, 용천수 현황, 한라 산 지역 수자원 개발·이용 과정 등에 대해 서술하였다.

제2장 수자원 현황

제1절 강수량

제주도는 한반도 남쪽 아열대 해상에 위치해 있고, 섬의 중심에 해발고도가 1,950m에 달하는 한라산이 자리 잡고 있어 해발고도와 사면의 방향에 따라 다양한 기후 특성이 나타난다(제주지방기상청, 2023). 이 같은 기후 특성으로 제주도 해안지역 30년(1991~2020년) 평균 강수량은 1,676mm로 남한 전체 종관기상 관측지점 평균(약 1,361mm)보다 약 325mm 더 많다(김오진·최광용, 2021). 이처럼, 제주도는 우리나라에서 비가 많이 내리는 지역이며, 이를 더 구체적으로 살펴보기 위해 1994~2023년까지 30년간 제주도 내 55개 지점에서 관측된 강수자료를 분석하였다(55개 관측소 중 30년 관측자료를 보유한 지점은 34개소이고 나머지 21개소는 관측기간이 8~28년임) (표 1 및 그림 1 참조). 55개 관측소의 좌표, 해발고도, 연평균·연최대·연최소 강수량, 관측자료 기간은 <표 1>과 같다.

표 1. 한라산 정상지역을 포함한 주요 관측지점의 강수량(1994-2023)

지역	관측소명	좌표 E(Bessel)	좌표 N(Bessel)	해발고도 (m)	강수량(mm) 연평균	강수량(mm) 연최대	강수량(mm) 연최소	자료기간 (년)
동부 (11)	종달	126 54 03.98	33 29 24.91	7.0	1,609	2,328	967	15
	구좌	126 52 47.134	33 30 59.930	17.2	1,668	2,557	817	30
	성산	126 52 56.132	33 23 00.717	20.3	2,021	2,658	1,364	30
	표선	126 49 07.872	33 21 01.185	80.5	2,108	3,032	1,289	30
	토산1리	126 46 04.00	33 19 23.55	86.0	2,325	3,117	1,413	30
	수산(성산)	126 51 12.085	33 26 48.622	102.5	2,078	3,022	1,314	30
	성읍1리	126 47 58.93	33 23 12.35	131.0	2,519	3,419	1,708	30
	송당	126 46 52.503	33 28 02.432	196.6	2,339	3,814	1,035	30
	교래	126 41 56.37	33 24 57.99	400.0	2,878	4,374	1,648	30
	성판악	126 37 17.171	33 22 54.600	760.5	4,228	5,958	2,197	30
	진달래밭	126 33 27.831	33 21 59.515	1488.6	5,607	7,688	3,193	18

지역	관측소명	좌표		해발고도 (m)	강수량(mm)			자료기간 (년)
		E(Bessel)	N(Bessel)		연평균	연최대	연최소	
서부 (11)	대정	126 13 41.887	33 14 15.789	2.6	1,348	2,129	826	30
	신창	126 11 09.56	33 20 48.30	14.0	1,228	1,848	721	30
	고산2리	126 11 27.87	33 17 55.50	24.0	1,151	1,875	643	30
	한림	126 15 36.380	33 23 21.968	38.8	1,279	1,999	781	30
	상대	126 17 45.56	33 24 16.37	70.0	1,238	1,749	712	15
	고산	126 09 53.268	33 17 25.890	71.4	1,192	1,875	697	30
	산양	126 14 32.56	33 18 19.13	80.0	1,458	1,853	651	15
	청수	126 14 58.13	33 18 53.28	101.0	1,442	2,384	838	30
	서광	126 18 28.833	33 18 04.773	188.4	1,584	2,247	968	27
	동광	126 20 30.38	33 18 15.37	283.0	1,592	2,383	877	30
	금악	126 19 32.559	33 19 46.304	319.8	1,508	2,305	731	28
남부 (11)	남원	126 42 23.195	33 16 26.116	25.9	2,092	3,125	1,350	30
	효돈	126 37 02.80	33 15 36.10	42.0	2,025	3,212	1,325	30
	서귀포	126 34 02.392	33 14 34.506	51.9	1,993	2,971	1,087	30
	중문	126 24 28.863	33 14 46.030	63.6	1,686	2,535	1,067	30
	하례	126 36 34.65	33 17 05.84	141.0	2,478	3,880	1,682	30
	태풍센터	126 40 49.949	33 19 41.258	244.3	2,847	3,684	1,894	16
	돈내코	126 35 12.01	33 17 48.81	255.0	2,693	4,266	1,775	30
	화순	126 20 56.446	33 18 44.016	375.0	1,601	2,335	1,019	30
	색달	126 25 27.548	33 17 16.886	425.0	2,315	3,264	1,473	26
	천백고지	126 27 52.11	33 21 14.87	1098.0	2,847	4,553	1,685	23
	영실	126 29 54.333	33 20 42.107	1260.2	4,634	5,745	2,214	11
북부 (22)	애월	126 19 46.243	33 27 45.516	5.2	1,244	1,978	621	30
	조천	126 38 10.61	33 31 52.26	6.0	1,348	2,068	729	30
	도두동	126 28 12.94	33 29 58.90	9.0	1,364	2,266	724	15
	제주	126 31 54.226	33 30 39.053	20.8	1,487	2,526	773	30
	제주(공)	126 28 30.00	33 30 10.00	27.0	1,341	1,875	694	17
	신제주	126 29 58.82	33 29 06.54	97.0	1,496	2,346	754	30
	덕천	126 46 23.15	33 30 06.13	123.0	2,008	3,056	1,122	15
	어음	126 19 56.78	33 24 49.33	127.0	1,288	1,933	719	30
	대흘	126 39 05.543	33 29 51.165	144.4	1,964	2,902	972	30
	항파두리	126 24 33.72	33 26 55.59	165.0	1,332	2,004	612	30
	선흘	126 42 39.761	33 28 43.837	251.1	2,434	3,487	1,035	27
	노형	126 29 17.33	33 26 34.94	285.0	1,635	2,583	872	30
	산천단	126 34 02.036	33 26 37.825	378.5	2,451	3,462	945	22
	유수암	126 23 41.702	33 24 23.893	425.2	1,983	2,809	729	27
	오등	126 32 45.349	33 25 13.937	513.0	1,679	2,701	833	30
	관음사	126 33 06.63	33 25 06.11	578.0	2,847	4,470	1,153	30
	한라생태숲	126 35 59.406	33 25 36.978	588.2	3,124	4,468	1,455	15
	어승생	126 29 11.34	33 24 35.98	612.0	2,513	4,025	1,058	30
	어리목	126 29 52.533	33 23 23.045	967.8	3,385	4,896	1,607	24
	사제비	126 30 00.094	33 22 21.838	1392.7	4,769	6,346	2,078	8
	삼각봉	126 31 57.104	33 22 25.078	1499.4	6,334	8,097	3,166	8
	윗세오름	126 31 12.460	33 21 32.513	1665.7	5,556	7,537	2,578	18

※ 55개 관측소 중 30년(1994-2023) 관측자료를 보유한 관측소는 34개소이고, 21개 관측소는 8~28년임(≧30년: 34개소, ≧20년~≦30년: 8개소, ≧10년~≦20년: 11개소, ≦10년: 2개소)

성판악을 비롯하여 한라산국립공원 내에 위치한 진달래밭, 영실, 윗세오름, 삼각봉, 사제비 등의 지점은 연평균 4,000~6,500mm, 연최대 5,000~8,000mm의 강수를 기록했다. 또한, 연최대 강수량에서 연최소 강수량을 뺀 값 즉, 강수량 변동량은 상기 한라산국립공원 내 지점은 연평균 강수량 대비 70~90%를 나타내어 강수량 변동 폭이 크다는 것을 알 수 있다.

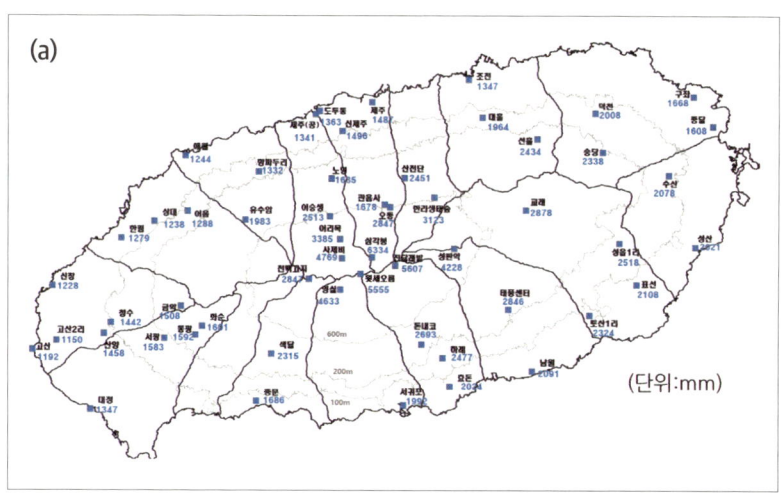

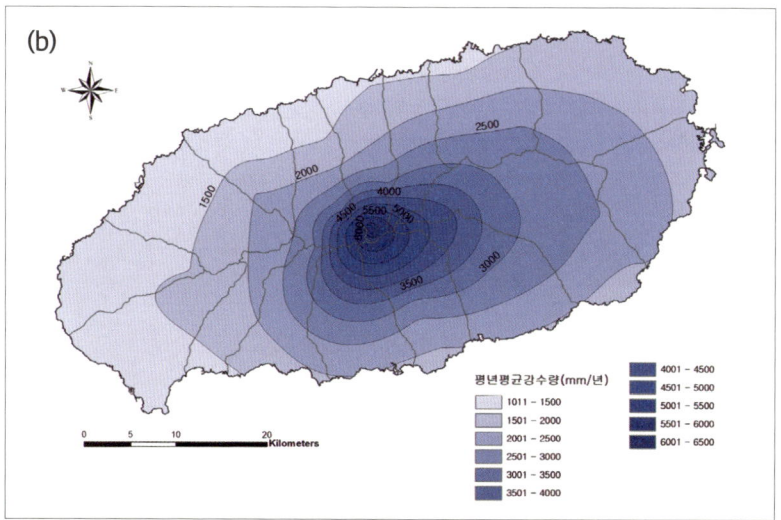

그림 1. 제주도 주요 지점의 연평균(1994-2023) 강수량(a)과 등우선도(b)

55개 관측지점의 연평균 강수량(그림 1-a)과 이를 등우선도(그림 1-b)로 나타내 보면, 연평균 3,000~6,000mm의 다우지(high rainfall zone)는 백록담 남쪽 및 남동사면에 비교적 넓게 존재하는 반면, 북쪽 및 북서사면에는 백록담 주변에 한정된 분포를 나타낸다. 또한, 한라산 백록담을 기준으로 남-남동부가 북-북서부보다 연평균 강수량이 많은 특징을 나타낸다.

　한편, 제주도는 한라산의 지형적 영향으로 인하여 해안에서 백록담 쪽으로 해발고도가 높아짐에 따라 강수량도 많아지는 특징을 나타낸다(윤혜선 등, 2009). <표 1>에 제시된 55개 지점의 해발고도와 연평균 강수량과의 상관관계 도시(그림 2)에서 R^2=0.8219로 높은 상관성을 보여주고 있다.

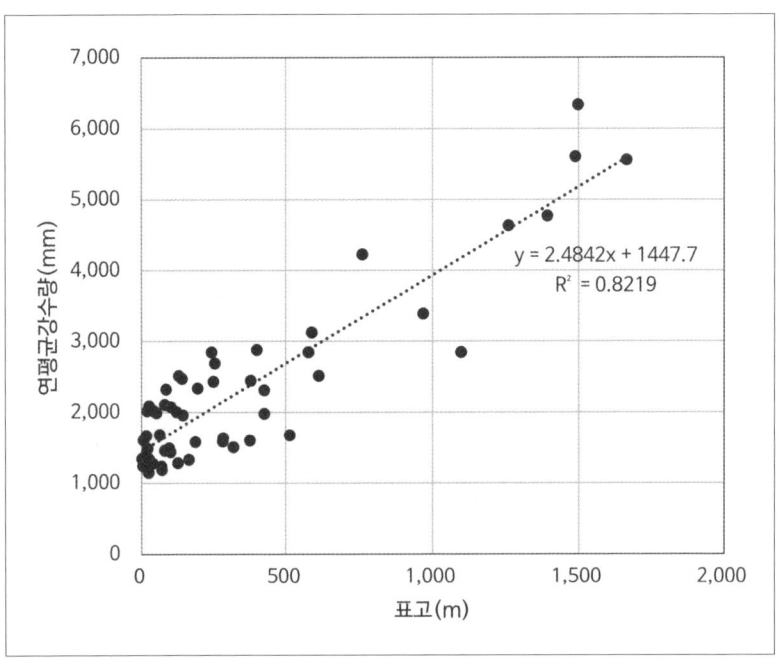

그림 2. 제주도 전역(55개 관측소)의 연평균 강수량-표고와의 관계

제2절 용천수

한라산국립공원과 그 주변에는 모두 20개의 용천수가 있다(표 2 및 그림 3). 백록담 주변에 5개의 용천수(윗세물, 노루샘, 백록샘, 오름약수, 방아오름물)가 위치해 있으며, 이들 중 '윗세물'이 가장 높은 지점(해발 1,670m)에 있다. 또, 백록담을 기준으로 북쪽 사면에 용진각물을 비롯하여 Y계곡물('이끼폭포물'이라 부르기도 함), 선녀폭포 등 다수의 용천수가 분포하고 있다. 반면, 남쪽 사면에는 국립공원경계를 벗어난 지점에 선돌물과 돈내코물이 있다.

표 2. 한라산 고지대 지역 용천수의 위치와 용출량

용천수명	표고(m)	용출량(㎥/일)			
		1999년	2010년	2014년	평균
윗세물	1,670	50	-	12	31
노루샘	1,663	30	30	10	23
백록샘	1,656	210	300	14	175
오름약수	1,629	50	55	8	38
방아오름물	1,587	10	5	2	6
용진각물	1,456	4,000	1,000	54	1,685
사제비물	1,400	500	2	10	171
영실물	1,341	2,000	200	82	761
사라악약수	1,283	500	40	303	281
Y계곡물	1,104	22,500	200	15,000	12,567
원점비물	1,050	12	8		10
영실계곡물	1,024	699	3		351
어승생물	1,009	10		5	8
성널샘	902	3,500	8	192	1,233
고망궤왓물	850	5,000	4	0	1,668
선녀폭포	726	2,835	7	16	953
천아계곡물	673	5	30	0	12
열안지물	557	500	10	519	343
선돌물	363	4,567	200	4,781	3,183
돈내코물	289	7,333	10,000	917	6,083

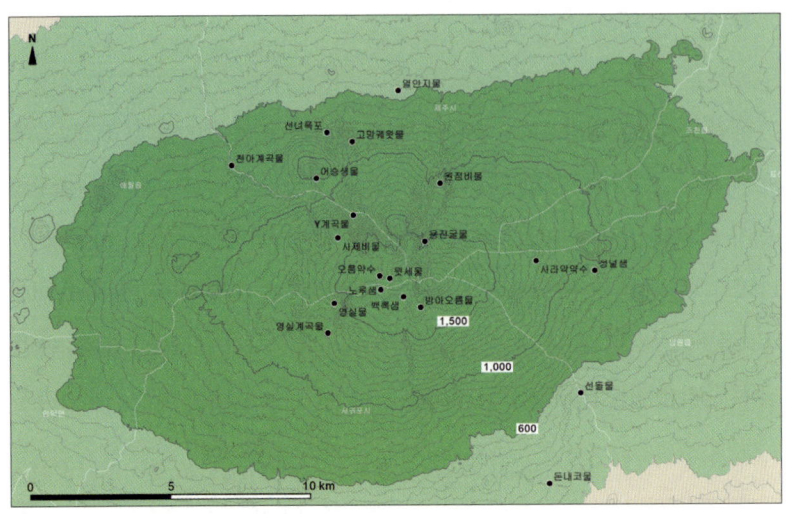

그림 3. 한라산국립공원 및 그 주변에 위치한 용천수 위치도

용천수의 평균 용출량은 편차가 매우 커서 어승생저수지 수원으로 이용하는 Y계곡물이 12,567㎥/일로 가장 많은 반면, 방아오름물은 6㎥/일로 가장 작다. 또, 평균 용출량이 1,000~6,000㎥/일 사이의 용천수로는 용진각물, 성널샘, 고망궤왓물, 선돌물(3,183㎥/일), 돈내코물(6,083㎥/일)을 들 수 있으며, 나머지 용천수들은 1,000㎥/일 이하이다.

한편, 등산로 주변에 위치한 용천수(사제비물, 오름약수, 노루샘, 방아샘, 용진각샘, 성널샘, 사라샘)는 탐방객들이 먹는물로 이용해 왔다. 그러나, 2017년 조사 결과 일반세균, 총대장균군, 분원성연쇄상균 등이 검출되었다. 특히, 차세대 염기서열 분석기술인 NGS을 이용하여 분석한 결과, 분변오염 중 대부분은 사람에 의한 것으로 분석되었다(제주특별자치도·한국지질자원연구원, 2017).

제3절 화구호(Crater lake)

제주도에는 백록담을 비롯하여 화산 분화구에 물이 고여 호수 혹은 못을 이루는 곳이 여러 군데 있다. 백록담을 제외하면 모두 분석구(오름) 정상의 분화구에 형성되어 있어 지형학적 측면에서는 '산정호수, 산정호'로, 습지학(Wetlands)적 관점에서는 '○○오름습지'로 부르고 있다. 제주도의 수자원에 대한 최초의 조사보고서인 <제주도 수원조사 개보(공업용수조사 제4보)(1938)>에는 제주도의 일반적 수원 중 하나로, 사라악과 수장올(물장오리) 등에 형성된 늪지를 '분화구호'로 분류했으며, 이 글에서는 '화구호(crater lake)'로 표현했다.

그림 4. 만수가 된 사라오름 화구호(2011. 05. 14. 촬영)

한라산국립공원 내 화구호는 백록담(1,950m), 사라오름(1,324m), 물장오리(물장올; 938.4m)를 들 수 있으며, 화구호의 물은 빗물과 분석구 내부로 침투한 빗물에 기원한다. 스코리아가 주를 이루는 분석구는 투수성이 높은 편이지만, 화산분화 과정에서 분출된 세립질(화산회 및 화산사) 물질과 낙엽 등이 오랜 시간 비바람에 의해 분화구 바닥으로 이동해 쌓이게 되는 경우, 이 퇴적층은 투수성이 불량한 차수층(遮水層) 역할을 하여 물이 고일 수 있는 환경이 만들어지게 된다. 특히, 화구호를 가진 사라오름, 물장올, 물찻오름(718.5m), 물영아리(508m)는 비가 많이 내리는 백록담 동쪽 및 북동쪽 지역에 위치하는 공통점이 있다.

사라오름 화구호(그림 4)는 백록담에서 동쪽으로 약 3.6km 떨어진 해발 1,324m 지점에 위치해 있으며, 2011년 명승으로 지정되었다(지정 면적 62,863㎡). 습지 내부 면적은 10,690㎡이나 바닥을 드러내는 일수가 많다(고석형 등, 2016). 물장오리 화구호(그림 5)는 백록담 북동쪽 8.52km 떨어진 해발 938.4m 지점에 위치하며 2010년 천연기념물로 지정(지정 면적 53,813㎡)되었으며, 2009년에는 람사르습지로도 지정(지정면적 610,471㎡)되었다. 담수가 유지되는 습지 내부 면적은 12,270㎡이다(고정군·고석형, 2008).

한라산천연보호구역 기초학술조사(임재수 외, 2017, 2018)에서 사라오름과 물장오리 화구호 퇴적층의 탄소연대 측정이 이루어졌다. 사라오름 화구호 퇴적층에 대한 탄소연대 측정결과, 표층(0.05m)에서 1554±25 cal yr BP를 나타냈고, 3.95m에서 9189±50 cal yr BP를 나타내 현재 모습의 사라오름 분화구는 적어도 10,000년 전 이전에 만들어졌다(임재수 등, 2018). 물장오리 중앙부에서 회수된 약 8m 깊이의 퇴적층에 대한 탄소연대 측정 결과, 7.52m 깊이에서 발견된 식물편의 연대가 8080±120 cal yr BP를 나타내어 약 8100년 전에 살았던 식물이 퇴적층 하부에 쌓여 있는 것으로 해석되었다(임재수 등, 2017). 한편, 고석형 등(2016)이 수행한 사라오름과 물장오리 화구호 퇴적층(물)에 대한 탄소연대 측정연구에서 사라오름 화구호 197.5~200cm 깊이의 퇴적물은 4290±130 cal yr BP(보정연대)를, 물장오리 화구호 퇴적층 198~200cm 깊이의 퇴적물은 4160±80 cal yr BP(보정연대)가 보고되었다.

그림 5. 물장오리 화구호 전경(사진: 정희준)

제3장 수자원 부존 특성

제1절 상위지하수

한라산국립공원과 그 주변에 발달한 20개의 용천은 제주도의 지하수 부존 형태(상위지하수, 기저지하수, 준기저지하수, 기반암지하수)에서 상위지하수에 해당한다. 상위지하수(high level groundwater)는 대수층이 평균 해수면보다 높은 위치에 발달하는 지하수체로 정의된다. 상위지하수는 △비포화대에 존재하는 부유지하수(또는 주수, perched water), △암맥저류지하수(dike-compounded water)로 세분할 수 있다(고기원 등, 2017). 한라산 고지대 지역에서 땅속으로 스며든 빗물은 비포화대를 거쳐 포화대에 도달해 지하수로 생성된 후 해안지역으로 이동하게 되는데, 상위지하수는 땅속으로 침투한 빗물이 포화대에 도달하기 전 땅 밖으로 유출(중간유출이라 함)되는 물이다.

1. 부유지하수(주수)

비포화대는 투수성이 양호한 용암류로 이루어져 있으나, 용암류 사이에는 투수성이 낮은 치밀질 용암류, 열변질 점토층, 퇴적층, 암맥 등이 불규칙하게 분포하며, 이 같은 저투수층은 빗물의 하방침투를 지연시키거나 방해하는 역할을 하므로 국지적으로 포화대가 형성될 수 있다(그림 6). 이처럼, 비포화대 내의 치밀질 용암이나 점토층 또는 퇴적층 상부를 따라 일시적으로 형성되는 포화대를 '부유대수층 또는 주수대수층'이라 부르며, 그 물을 부유지하수(주수 지하수)라 말한다. 부유지하수는 저류량이 작을 뿐 아니라, 가뭄의 영향을 쉽게 받기 때문에 용수공급원으로서의 중요성은 낮지만, 국지적인 소규모의 용수공급원으로 이용할 수 있다.

부유지하수는 한라산 고지대 지역을 비롯하여 제주도 전역에 발달한다. 한라산국립공원을 포함한 고지대 지역에 분포하는 용천수의 대부분은 이 유형의 지하수이다. 수질은 대체로 빗물에서 조금 진화된 조성을 나타내며, 얕은 층을 따라 흐르는 경우에는 야생동물의 분변 등이 혼입될 수 있다. 부유지하수에 기원을 둔 용천수들은 수량과 수질 변화가 매우 심하다. 강수량에 따라 용출량의 변화가 매우 크고, 비가 내린 후 탁도가 증가할 뿐 아니라, 전기전도도도 높아지는 현상을 보인다. 부유지하수의 저류량은 강수량, 함양지역 면적, 저투수층의 분포 규모 등에 영향을 받으며, 대체로 부유지하수에 기원을 둔 용천수들은 지형이 급작스럽게 변하는 지점에 주로 발달한다.

그림 6. Y계곡물 용출지점 하위의 저투수성 퇴적층. 1990년에는 하상에 조금 노출되었으나(a), 2020년에는 하상의 세굴로 퇴적층 전체가 드러나 있음(b).

2. 암맥-저류지하수

제주도에서 암맥-저류지하수(dike-compounded water)는 고기원 등(2017)에 의해 처음으로 소개된 바 있다. 오아후섬을 비롯한 하와이주의 여러 섬과 카나리제도 테네리페섬 등 화산체 중앙부에 암맥이 발달한 화산지대에서는 이 유형의 지하수가 발달한다(Takasaki and Valenciano, 1969; Ecker, 1976).

그림 7. 용진교관입암(a), 스코리아층과 관입암 접촉부(b), 용진각물(c).

암맥-저류지하수는 암맥 사이에 저류되어 있는 지하수를 일컫는데, 지하수의 측방 흐름이 암맥에 의해 차단되거나 방해를 받는 모든 지하수체를 암맥-저류지하수라 한다. 암맥은 지하수의 측방 흐름을 방해하는 역할을 하므로 암맥에 의해 절단되거나 칸칸이 구획된 투수성이 높은 용암 내에는 막대한 양의 지하수가 저류하게 된다. 하와이주에서 암맥-저류지하수 라는 용어는 1960년대부터 사용되었으며, 그 이전에는 "암맥-피압지하수(dike-confined water)"또는 "암맥지하수(dike water)"라 표현해 왔다(고기원, 2001). 고기원 등(2017)은 한라산 백록담 북측 용진교 부근에 암맥-저류지하수가 부존하고 있음을 보고한 바 있다. 용진교에서 백록담 방향 우측 약 25m 지점 하천 변에 높이 10여 미터, 연장 약 15m의 관입암체의 절리틈을 통해 지하수가 조금씩 스며 나오며, 이것이 모여 용진각물 용천을 이룬다(그림 7).

3. 용천수의 수리지구화학적 특성과 순환

가. 수리지구화학적 특성

한라산국립공원 및 주변의 용천수(백록샘, 노루샘, 방아샘, 영실물, Y계곡물) 5개소와 강수 6개 지점 수질 자료를 제주연구원 제주지하수연구센터(제주지하수연구센터, 2023)에서 제공받아 분석하였다. 용천수 및 강수 시료의 수질분석은 2021년과 2022년 4월에 각 1회씩 2회 수행되었다.

수질분석 결과(표 3), 용천수의 평균 pH 값은 강수 평균(4.8)보다 높은 중성값(7.3)을 나타냈다. 물속 용존이온 함량을 지시하는 전기전도도(EC)는 강수 및 용천수 모두 30 μS/cm 이하의 낮은 값을 보이지만, 용천수(22 μS/cm)가 강수(9 μS/cm)보다 다소 높다. 주요 음양이온 성분 또한 강수에서는 평균 1 mg/L 이하의 매우 낮은 농도를 보이는 반면, 용천수는 평균 0.13~7.03 mg/L의 함량을 나타내 강수가 땅속으로 침투한 후 지하 매질 속을 이동하면서 미약한 물-암석 반응이 일어나고 있음을 보여준다.

Koh et al.(2009) 또한 제주도 고지대(해발고도 600 m 이상)에 위치한 용천수는 50 mg/L 이하의 매우 낮은 TDS(총용존고형물질) 농도와 함께 강우 지배적인 화학 성질을 보이며, 인간 활동에 의한 수질 영향이 없는 자연상태(pristine) 수질을 나타냄을 보고하였다. 그러나, 2017년 조사 결과 일반세균, 등산로 주변의 용천수에서 총대장균군, 분원성연쇄상구균 등이 검출되었고, 대부분 사람에 의한 것으로 분석되었다(제주특별자치도·한국지질자원연구원, 2017).

한편, 용천수의 음 양이온 성분들은 해안가에서 한라산 쪽으로 표고가 증가할수록 농도의 감소가 뚜렷하며(표 4), 질산성질소(NO_3-N) 중탄산염(HCO_3^-) 칼슘(Ca^{2+})은 해발 300m를 기점으로 농도의 변화를 보여준다(제주도, 1999). 특히, 중탄산염을 제외한 성분들은 해발 300m 이상에 위치한 용천수에서 강우의 조성에 가까운 농도를 나타내 수질 진화가 거의 진행되지 않은 지하수가 용출하는 것으로 해석된다. 이 같은 현상은 지하수의 순환 속도가 매우 빨라 지층 내에서 물-암석 반응이 이루어지지 않고 있음을 의미한다.

표 3. 한라산국립공원 내 강수 및 용천수 수질 특성

(EC : μS/cm, 음양이온 성분 : mg/L)

구분		pH	EC	Ca	Mg	Na	K	HCO_3	Cl	NO_3-N	SO_4
용천수 (5개소)	평균	7.3	22	1.47	0.59	2.22	0.53	7.03	2.74	0.13	1.27
	표준편차	0.7	14	1.09	0.47	1.15	0.21	5.54	1.13	0.13	0.50
	최대	8.1	42	2.84	1.26	3.59	0.83	14.79	4.34	0.34	1.95
	최소	6.3	11	0.59	0.19	1.21	0.30	2.60	1.73	0.02	0.79
강수 (6개소)	평균	4.9	9	0.11	0.06	0.12	0.55	0.02	1.13	0.07	0.65
	표준편차	0.1	8	0.08	0.06	0.27	0.16	0.01	0.27	0.06	0.08
	최대	5.1	24	0.26	0.17	0.67	0.86	0.04	1.63	0.13	0.80
	최소	4.8	4	0.03	0.03	0.00	0.43	0.02	0.95	0.00	0.58

표 4. 한라산 및 중산간지역 용천수의 주요 음양이온 함량

표고(m)	mg/L							
	Cl-	NO_3-N	SO_4^{2-}	HCO_3^-	Na^{2+}	K^+	Mg^{2+}	Ca^{2+}
200~300	13.8	6.6	3.1	32.1	9.4	3.2	5.4	11.5
300~400	7.3	0.5	1.5	25.1	4.8	1.0	0.9	2.1
400~600	8.6	0.2	1.0	25.3	5.5	1.0	2.0	3.7
600~1,000	3.6	0.1	1.6	20.7	2.8	0.7	0.9	2.0
1,000~1,500	5.0	0.1	1.2	19.8	3.2	0.8	0.8	2.0
1,500 이상	2.5	0.1	1.2	13.8	1.9	0.4	0.4	1.1

<출처: 제주의 물 용천수(1999) 일부 변경>

파이퍼(Piper) 다이어그램에 의해 용천수의 수질 유형을 분석한 결과(그림 8), 강수는 Na+K-Cl 형으로 나타나는데, 이는 제주도가 사면이 바다로 둘러싸인 섬 지역으로 바다의 염분이 강우에 녹아들어 강우 내에 다른 이온 성분에 비해 높은 Na와 Cl 함량을 갖기 때문이다(Moon et al, 2011). 용천수는 Na+K(Ca)-HCO_3 수질유형을 보여 강우에 가까운 수질 특성을 가지나 물-암석 반응에 의해 Ca 및 HCO_3 이온 함량이 강우보다 높아지는 양상이 나타낸다.

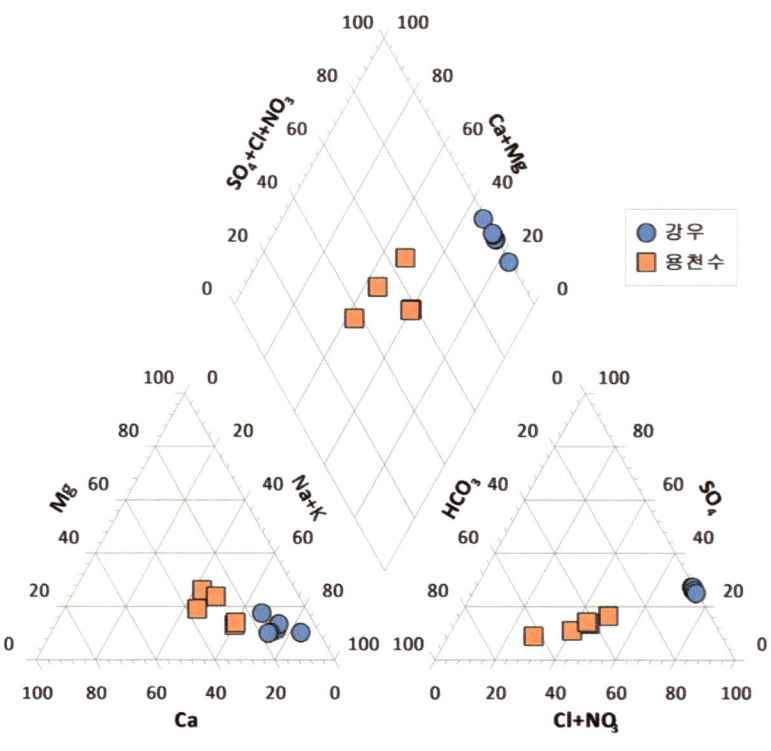

그림 9. 한라산 일대 강우 및 용천수 파이퍼(Piper) 다이어그램.

나. 용천수의 함양과 순환 특성

물의 안정동위원소인 $\delta^{18}O$-δD를 이용하여 지하수의 함양기원과 함양고도를 추정할 수 있다(Clark와 Fritz, 1997). 용천수의 $\delta^{18}O$와 δD 관계 그래프(그림 9)를 살펴보면, 한라산 지역 용천수의 $\delta^{18}O$와 δD 범위는 -10.3~-8.8‰ 및 -61~-50‰로 제주도 지하수의 $\delta^{18}O$(-8.5~-7.1‰)와 δD 범위(-48~-43‰; 제주지하수연구센터, 2023)보다 가벼운 동위원소 조성을 나타낸다. 이는 한라산 용천수는 해발고도 900 m 이상의 고지대에 위치하여 지하수에 비해 가벼운 $\delta^{18}O$와 δD 조성을 갖는 고지대 강우에 의해 주로 함양되고 있음을 의미하는 것이다.

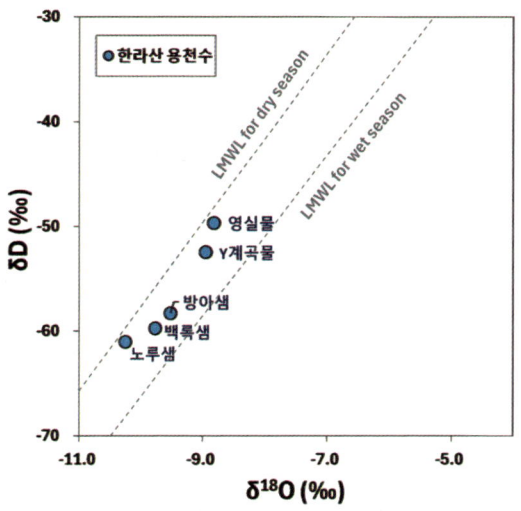

그림 9. 한라산 일대 강우 및 용천수 파이퍼(Piper) 다이어그램.

또한, 한라산 지역 용천수 중에서 노루샘이 가장 가벼운 $\delta^{18}O$와 δD 조성을 보이고 있는데, 이는 다른 용천수보다 높은 고도에 내린 강우에 의한 함양이 우세하다는 것을 시사한다. 제주도 지하수의 $\delta^{18}O$와 δD은 대체로 우기의 지역순환수선에 가깝게 도시되어 여름철 강우에 의한 함양(제주지하수연구센터, 2022)이 주로 나타나지만, 한라산 지역 용천수는 우기보다는 건기의 지역순환수선에 가깝게 위치하는 것을 보아 시료가 채취된 시기(4월) 이전에 내린 건기 강우에 의한 함양 영향이 즉각적으로 용천수 물 안정동위원소 조성에 나타난 것으로 판단된다.

한라산 용천수에서 측정된 $\delta^{18}O$ 값을 제주도 강우의 지역별 고도-$\delta^{18}O$ 관계식(한국지질자원연구원, 2011)에 대입하여 함양고도를 추정한 결과, 평균 1,300~1,950 m의 함양고도가 추정되어 한라산 고지대에 내린 강우가 한라산 용천수의 주요 함양원임을 알 수 있다.

한편, 한라산 지역 용천수에 대한 연령 측정연구는 1960년대부터 시작되었다. 한국원자력연구소와 국제원자력기구(International Atomic Energy Agency; IAEA)는 1965~1969년까지 제주도의 수문환경에 대한 환경동위원소 연구를 공동으로 시행하였는데, 조사에 참여했던 이창군과 Davis는 연구결과를 3회에 걸쳐 보고한 바 있다. Davis et al.(1970)은 24개소(용천수 14개소, 관정 8개소, 하천 2개소)에서 채취된 시료에 대해 삼중수소 이중수소 산소 동위원소분석을 실시하고, 제주도 지하수의 평균 체류기간을 2~9년이라 밝혔다. 특히, 이들의 연구에서는 고지대에 위치한 용천수(선녀폭포물, 성널샘)의 평균 체류기간은 2~2.5년이고 중산간 지역의 용천수(산천단물, 선돌물)는 3~7.5년, 해안 용천수(옹포, 금산물)는 8.5년인 것으로 제시하였다. 김종훈 안종성(1992)은 삼중수소에 의해 제주도 용천수와 지하수의 연대측정 연구를 통해 삼양 중문 일과리 용천수의 연령은 1.7년, 제주시 용담동의 용천수는 8.36년, 한경면 청수리의 관정 지하수는 28.9년인 것으로 제시하였다.

제주도(2001)는 제주도 수문지질 및 지하수자원 종합조사의 일환으로 한라산 일대 용천수에 대한 연령 측정 연구를 수행했다. Y계곡물(그림 10, S-8)과 영실물(그림 10, S-9)의 연령은 1~2년으로 추정되어 함양과 배출(용출)에 걸리는 시간이 매우 짧은 순환시스템임을 알 수 있다. 이는 용천수 함양 특성과도 일치하는 결과이며, 한라산 고지대에서는 강수에 의한 함양과 용출지점에서의 배출(용출)이 아주 짧은 시간을 통해 이루어지는 용천수 순환 시스템이 작동되고 있음을 시사한다.

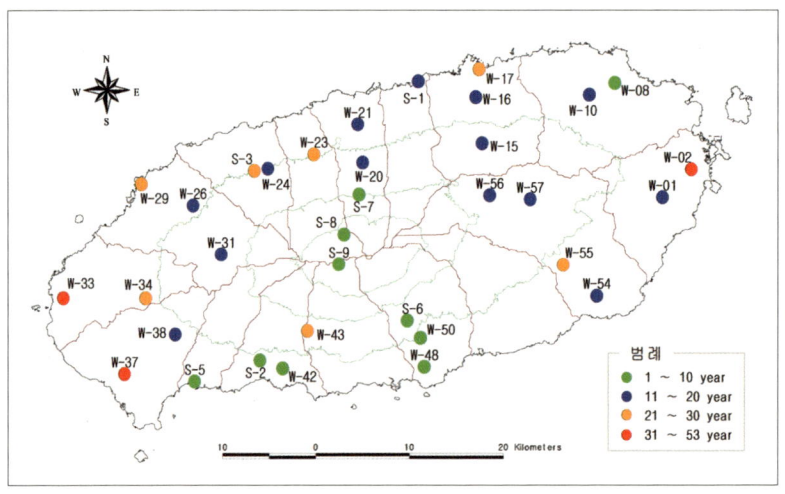

그림 10. 제주도 지하수 및 용천수의 겉보기 연령 분포(출처: 제주도, 2001).

제4장 수자원 개발·이용

제1절 수자원 이용을 위한 수원조사

한라산국립공원과 그 주변에 분포하는 용천수는 용출량이 어느 정도 유지되는 경우, 자연유하에 의해 먼 거리까지 급수할 수 있어 전력이 공급되지 않아도 수원으로 이용이 가능하다는 장점이 있다. 이 같은 고지대 용천수의 장점을 활용하기 위한 수원조사는 일제 강점기와 1960년대에 집중되었으며, 요약하면 다음과 같다.

1. 일제 강점기: 일본 중앙공업시험소의 조사

제주도 수자원에 대한 최초의 조사보고서는 1938년 일본 중앙공업시험소가 발간한 <공업용수 조사(제4보)-제주도 수자원조사 개보>이다. 1937년 9월~10월까지 일본 중앙공업시험소의 무로이 와타루(室井渡), 츠카모토 마사오(塚本正夫), 구바리노 마츠오(配野松雄)는 제주도 현지에 대한 조사를 실시했다. 이 조사에서는 제주도 각지의 지형 및 지질구조를 조사하고, 당시 식수로 이용하는 용천수·우물·봉천수를 포함한 60여 개소의 식수원에 대한 수질조사도 실시했다. 지역별 수자원 확보 방안으로 제주읍 어승생악 남쪽 해발 920m 부근 표류수(Y계곡물 용천수)를 취수해 자연유하에 의해 공급하는 방안이 제시됐다. 용천수·우물·봉천수에 대한 수질조사 결과, 표류수와 용천수의 염소이온 농도가 300㎎/ℓ를 초과하고, 우물물도 해수와 혼합이 이루어지는 곳에서는 120~500㎎/ℓ에 이르는 것으로 나타났다. 일본 중앙공업시험소는 대정(굴착심도 30m), 성읍(굴착심도 100m), 송당(굴착심도 100m)에 지하수를 찾기 위한 시추조사를 실시할 것을 제안했다.

2. 1960년대 : 제주도 고산지대 수원 이용계획 조사 등

1965년 건설부는 제주도의 심각한 급수난을 해결하기 위하여 고지대의 이용 가능한 산정부(山頂部) 용천수원을 파악함과 아울러, 개발 이용계획을 수립하기 위하여 '제주도 고산지대 수원 이용계획 조사' 용역을 (주)우일설계공사에 의뢰하였다. 1965년 6월 23~12. 17일까지 진행된 용역에서는 어승생, 구구곡, 영실, 성판악의 4개 용천수에 대한 용출량 측정 및 이용 가능량 산정, 용천수별 급수구역 및 시설 규모 등 이용계획 수립, 경제성 평가, 대량 저수 지점의 토질조사 등이 이뤄졌다(표 5). 이 용역에서는 어승생 및 구구곡수원을 이용하여 해안 저지대의 상수도와 농업용수를 공급함과 아울러, 수력발전을 통한 전력생산 방안까지도 제시되었다. 즉, 댐수로식 발전계획과 유입식계획 2개 안에 대해 검토하였다. 또한, 댐수로식 발전계획에서는 단일 발전소 설치계획과 2개 발전소 설치계획을 검토하고, 2개 발전소 설치계획이 유리하다고 판단하여 댐수로식 2개 발전소 설치계획과 유입식 계획 2가지 방안이 제시되었다. 이 조사에서 고지대에 위치한 용천수의 평균 용출량은 성판악 용천수(성널샘) 1,995㎥/일, 영실물 2,381㎥/일, 99곡물 3,770㎥, 어승생(Y계곡물) 29,442㎥/일로 조사되었다. 그러나, 이들 용천수는 강수량에 따라 큰 폭으로 용출량이 감소하는 것으로 조사되었다.

1959년 7월 당시 손창환(孫昌煥) 보건사회부장관이 제주도를 방문했을 때, 전인홍(全仁洪) 도지사가 수원 개발과 생활환경 개선사업을 지원해 주도록 건의했다. 이를 계기로 보건사회부는 '제주도주택위생대책위원회'를 구성하여 주택 위생사업에 필요한 기초자료 조사에 착수했다. 이 조사는 향토질병, 주택개량, 생활개선 3개 부문으로 나누어 실시됐고, 조사 결과 제주도민의 문화생활에 전제되는 것은 '물의 해결'이라고 판단했다. 대책위는 보사부, 대한적십자, 대한주택공단, OEC의 기술진 등으로 구성되어 현지

조사를 실시했다. 1959년 10월 7일에는 보사부 위생과장 박승규(朴升圭), OEC 관계관 스티븐슨 등 일행 4명이 제주에 내려와 수원지 조사를 했다. 조사반은 산천단수원을 비롯해서 열안지, 명도암, 발이악수원을 조사했으며, 이 조사에서 산천단 수원(산천단물) 하루 용출량은 1,400㎥, 열안지수원(열안지물) 5,000㎥으로 측정했다. 그해 10월 17일부터 20일 동안 진행된 측량에서는 산천단수원과 열안지수원의 집수정, 공동급수정, 배수정, 그리고 각 급수시설들 간의 배수관 매설 노선 등을 측량했다. 이 현지 측량반은 이듬해인 1960년 2월 6일부터 한 달 동안 제2차 현지 측량을 했다.

표 5. 1960년대 상수원 이용 대상 용천수 및 용출량

읍면	동리	용천수명	용출량(㎥/일) 평균	최대	최소	측정기간
구좌읍	평대리	대수굴물	1,007	1,273	679	65.7.5-10.1
남원읍	태흥리	개말물	5,920	6,160	5,170	65.7.9-10.3
	남원리	건드리물	610	682	528	65.7.9-10.3
	하례리	성판악	1,995	16,848	691	65.7.1-9.30
대정읍	일과리	서림물	4,111	5,486	2,307	65.7.8-10.2
	일과리	절간앞물	1,213	1,356	1,045	65.7.9-10.3
서귀포시	색달동	대왕수물	3,235	3,707	2,186	65.7.9-10.3
	영천동	돈내코	3,246	3,587	2,953	65.7.9-10.3
	호근동	속골물	3,538	4,131	3,019	65.7.10-10.4
	하원동	영실	2,381	24,192	864	65.7.1-9.30
	법환동	조이통물	4,892	5,258	4,370	65.7.10-10.4
	중문동	천제연물	22,694	25,462	20,598	65.7.10-10.4
	강정동	큰강정물	35,280	36,789	34,102	65.7.10-10.4
성산읍	신산리	말물	28,462	29,637	26,935	65.7.8-10.2
	신산리	분드리물	6,342	7,267	5,245	65.7.8-10.2
	오조리	안카름물	761	891	638	65.7.8-10.2
	시흥리	큰물	818	893	734	65.7.8-10.2
안덕면	창천리	남당물	72	527	41	65.7.9-10.3
	사계리	큰물	1,259	1,771	136	65.7.9-10.3
애월읍	하귀리	미수물	1,070	1,270	962	65.7.5-10.1
	하귀리	하물	9,540	10,817	7,733	65.7.5-10.1
제주시	오라동	99곡물	3,770	43,632	778	65.7.1-9.30
	해안동	어승생	29,442	280,800	11,232	65.7.1-9.30
	도두동	오래물	5,072	5,841	4,372	65.7.5-10.1
	외도동	절물	2,145	2,367	1,918	65.7.5-10.1
조천읍	함덕리	고도물	2,771	7,010	2,369	65.7.5-10.1
	신촌리	큰물	3,486	4,089	2,444	65.7.5-10.1
	조천리	큰물	4,137	4,393	3,485	65.7.5-10.1
표선면	토산리	새미물	382	461	292	65.7.9-10.3
한경면	신창리	아랫새물	430	431	420	65.7.8-10.2
한림읍	옹포리	마근물 등	54,456	58,994	50,000	65.7.8-10.2
	옹포리	외다리물	14,501	15,362	13,833	65.7.8-10.2

<출처: 제주도 산업지기초조사보고서(1965), 제주도 고산지대 수원이용계획조사보고서(1965)>

제1수원인 산천단수원은 제주시 동부 중산간 7개 마을(영평, 회천, 월평, 오라, 봉개, 도련, 용강)에 급수하고, 제2수원인 열안지수원은 정실, 연동, 노형지역에 급수하며, 제3수원인 발이악수원은 금덕·소길·장전 마을에 급수하는 것으로 계획되었다. 1959년 12월 시작된 제1수원지 시설공사는 정국 혼란(4.19혁명)으로 중단되었다가 1962년 4월에 재개되었다. 또한, 제3수원지(1일 50㎥, 급수인구 약 2,000명) 공사는 1960년 12월에 착공되었으나 1961년 4월에 중단되었다가 역시 1962년 4월에 재개되었고, 제2수원지는 제3수원지 공사가 준공 후에 착공하는 것으로 추진되었다.

그림 11. 1960년 제주시 내에 가설된 간이상수도. a: 열안지물 수원지, b: 산천단 간이수도 집수정, c: 봉개동에 설치되었던 마을 공동급수탑

3. Y계곡 용천수를 이용한 수력발전 계획

Y계곡 용천수를 이용한 '어승생수력발전' 계획은 일제 강점기 때 수립되었다. 일제는 제주시 해안동 소재 어승생악의 남쪽 계곡인 도근천(都近川) 물줄기의 상류 폭포를 막아 수로로 물을 끌어들여 발전한다는 계획을 세웠다. 도수로에는 578m 길이에 철관을 묻어 물을 끌어들이고, 200m의 낙차를 이용해 평균 300kW(최대전력 600kW)의 전력 생산이 가능한 것으로 검토되었다. 또, 이에 필요한 공사비는 4억여 원으로 추산되었고, 공사기간은 6개월로 예정했다. 수력발전은 자연유하식의 물 에너지를 이용함으로써 별도의 연료 사용없이 경제적으로 운영되고 공사비도 화력발전소 건설비 보다 절약되는 것으로 분석됐다. 이 계획은 남선전기가 1941년 착공할 계획으로 추진되었으나 광복이 되면서 무산됐다.

광복 후, 제주도는 어승생수력발전소 건설의 필요성을 절감하고 1958년 1월 어승생수력발전소를 건설하면, 현재 사용 평균 전력량 250kW의 두 배에 가까운 436kW의 전력을 생산할 수 있다고 정부에 건의했다. 이러한 계획은 해방 직전 남선전기에서 어승생수력발전소 건설 공사를 착공할 단계에서 중단된 점을 밝히고 전력 확보만이 제주도 개발을 촉진하게 된다는 점을 강조했다. 정부는 제주도의 건의를 받고 국무회의를 열어 제주개발위원회를 구성하도록 하고, 이 위원회에서 어승생수력발전소 개발업무를 담당하도록 했다. 이러한 계획 과정에서 1958년 5월 27일에는 상공부 전기국 실무과장 2명을 포함한 현지조사단이 내려와 어승생수원을 조사하고 제주도의 현황 보고를 받은 후 돌아갔다.

1960년 3월 제주도의회 고병효(高柄孝)의원 외 7명이 날로 심각해지는 제주시 전력난 해결을 상공부와 남선전기 본사, 제주출신 민의원들에게 "항구적인 전력 문제를 해결하기 위해 어승생의 천연수력을 이용한 수력발전시설을 추진해 줄 것"을 요청했다. 또 당초부터 이 수력발전소 공사를 추진하던 남선전기측에서도 제주출장소에 계획의 타당성을 다시 조사 보고하도록 하여 이 사업은 다방면에서 검토가 시작되었다.

　제주도는 어승생수력발전소 건설에 대한 집념을 갖고 1961년 3월 17일 재차 수력발전소 건설 필요성을 정부에 건의했다. 그러나 상공부는 5.16 직전인 그해 5월 3일 △건설에 소요되는 재원을 확보할 수 없고, △남선전기에서 현지 조사 결과, 발전에 필요한 수량이 부족한 것으로 확인되어 수력발전소 건설이 불가능하다고 회신함으로써 20년 가까이 추진해 온 어승생 수력발전소 계획은 좌절되었다.

　또한, 1965년 건설부가 시행한 '제주도 고산지대 수원 이용계획 조사'용역에서는 어승생 및 구구곡수원을 이용하여 해안 저지대의 상수도와 농업용수를 공급함과 아울러, 수력발전을 통한 전력생산 방안까지도 제시되었다. 즉, 댐수로식 발전계획과 유입식계획 2개 안에 대해 검토하였다. 또한, 댐수로식 발전계획에서는 단일 발전소 설치계획과 2개 발전소 설치계획을 검토하고, 2개 발전소 설치계획이 유리하다고 판단하여 댐수로식 2개 발전소 설치계획과 유입식 계획 2가지 방안이 제시되었으나 실행되지 않았다.

제2절 수자원 개발

1. 어승생저수지 건설

가. 일제의 Y계곡 용천수 개발계획

　어승생저수지 주 수원은 Y계곡 용천수(이끼폭포)이며, 용출량이 많고 수질이 깨끗하여 1930년대부터 상수원으로 개발 이용하기 위한 방안이 모색되었다(그림 12 참조). 1938년 일본중앙공업시험소가 발간한 <제주도 수

원조사 개보>에는 이 용천수 개발 방안을 아래와 같이 제시되었으나, 실행되지는 않았다.

○ 수원지
제주읍 해안리의 한라산록 어승생악 남쪽 표고 920m 부근의 표류수(유량은 풍수기 평균 0.96톤/초(1일 82,944톤), 한발기 평균 0.4톤/초(1일 34,560톤)를 혼응토(콘크리트) 집수정에 취입하여 자연유하에 의해 공급

○ 송수방법
집수정의 저수위는 해발 917.5m로, 정수 양수정의 수위는 46m로, 송수관은 125mm 및 100mm 보통 철관을 사용하고, 낙차가 크므로 압력발접합정(壓力拔接合井) 12개소 설치

○ 정수장
읍내 오라리(해발 46m 부근)

그림 12. 큰 비가 내린 후 용출량이 많아진 Y계곡물(a, b)과 애월읍 광령리 소재 광령저수지(c)

나. 1930년대 광령저수지 수원으로 이용

Y계곡 용천수는 1930년대에 광령리 지역 논농사에 이용된 것으로 알려져 있다(그림 12 참조). 1987년에 발간된 「향토지-애월지역」에는 광령저수지 건설 공로자로 일신학교(현 구엄교) 설립자 백창유(白昌由, 1889~1948)에 관한 내용이 실려있다. 즉, 백창유는 1930년대 광령리 지역에 논을 경작할 계획을 세우고, 일본 자본가와 함께 어승생 물을 끌어다 광령·해안·외도·하귀에 이르는 수로설치와 함께 광령저수지를 만들었다.[1] 그러나, 저수지를 만든 후 5년여 동안 적자운영으로 포기하였고, 1953년에 정부에서 투자하여 이듬해인 1954년에 현재의 광령저수지가 준공되었다(제민일보 2004, 11. 24). 1965년 건설부가 발간한 '제주도 고지대 수원이용 계획 조사보고서'에 의하면, 어승생수원 용출지점으로부터 1.5km 하류에 서부토지개량조합에서 농업용수로 이용하기 위한 콘크리트 취수언(언제 높이 1.74m, 언제 길이 25.2m)이 있었고, 도수로를 통해 광령저수지(光令池, 51,000㎥ 규모)로 도수되어 애월읍지구에서 이용하는 것으로 서술되어 있다.

다. 1950년대부터 어승생저수지 건설사업 거론되기 시작

제주도의 심각한 물 문제를 해결하기 위한 어승생수원 개발은 1950년대 말부터 거론되기 시작했다. 어승생수원 개발을 처음 정부에 요청한 것은 당시 북제주군 출신 김두진 국회의원으로서, 그는 1958년 8월에 국회 예산결산위원회에서 제주의 급수난을 해결하기 위해 어승생수원을 개발할 것을 정부에 촉구했다. 김의원은 이날 발언에서 "제주시는 동력으로 양수하여 일부 지역에만 급수하고 있으나, 어승생수원을 개발하면 자연유하

---

1. 일부에서는 백창유가 광령저수지 공사와 연관은 있지만 계획을 구상하고, 자본을 투자한 것은 일본인이고, 물을 끌어온 곳도 어승생수원이 아니라 노루오름이며, 그는 일본 자본가와 제주 주민들을 연결하는 통역 정도였다고 주장하기도 한다.

식으로 경제성이 높다"는 점을 강조했다. 정부는 김의원의 요청에 따라 즉시 현지 조사에 착수했다.

1958년 8월 9일 내무부 관계관과 OEC 관계관 일행이 제주 현지 수원을 조사했고, 1959년 10월에는 보건사회부 관계관들에 의해 현지 조사가 실시되었다. 그러나, 제주시의 급수 대책은 어승생수원 개발 보다 간이급수시설에 비중을 두었고, 이 계획은 보건사회부 사업으로 추진되었다.

1960년 4·19혁명으로 민주당정부가 수립되고 양원제의 새로운 국회가 구성되었다. 그해 7월 29일 실시된 국회의원 선거에서 민의원 의원으로 고담용(高湛龍), 홍문중(洪文中), 김성숙(金成淑) 3명이 당선되고, 참의원 의원으로 강재량(康才良), 강경옥(康慶玉) 2명이 당선되었다. 제주출신 민의원 3명은 1961년 2월 그해부터 시행되는 정부의 국토건설사업계획에 포함시켜주도록 '제주도 개발사업추진에 관한 의견서'를 정부에 제출했다. 이 개발 의견서에는 ① 수원 개발사업과 ② 제주도 남북직통도로 정비안이 제시되었다. 수원 개발사업은 어승생, 발이악, 장오름, 열안지, 삼의악, 장원리, 민오름, 성판악, 영주악, 영실 등 수원지 10군데를 제시했다. 수원개발 방안으로는 용천수의 상·하류를 적당히 시추하여 지하 누수를 막고 하류쪽으로 여러 단계의 수로를 만들어 그 낙차를 이용하여 관개용수나 상수도 용수를 공급할 것을 제시했다. 이로서 어승생수원 개발 방안은 두 번째 국회에서 논의 되었다.

라. 1966년 제주시도 어승생수원 개발계획 수립

1964년 제주도는 극심한 가뭄을 겪었다. 봉천수가 바닥을 드러낸 것은 물론이고 우물과 용천수의 용출량이 줄어들어 전 지역에서 물난리를 치렀다. 금산수원도 격일제 급수를 했고, 급수 시간도 하루 2~3시간으로 제한했다. 이러한 급수난을 해결하기 위해 제주시는 새로운 수원개발을 서둘러야 했다. 장기적인 급수대책으로 착안된 대안이 도두동 오래물수원과 어승생수원 개발이다. 제주시 실무진들은 다섯 차례에 걸쳐 현지답사를 하고, 1965년 1월 서울 소재 우일설계연구소(宇一設計硏究所)에 어승생수원 개발공사 설계를 의뢰했다. 제주시는 새로운 수원 개발로 기존의 금산수원은 낮은 지역 도심지에만 급수하고 어승생수원은 광양 일대 높은 지역, 도두동 오래물수원은 용담지역에 급수한다는 기본 방향을 세웠다.

이듬해인 1966년 2월 완료된 용역에서 어승생수원의 용출량은 하루 2만㎥에서 최대 5만㎥으로 추산하고, 인구 20만 명에게 급수할 수 있는 수량이며, 금산수원 용출량의 열 곱절에 해당하는 것으로 분석했다. 공사 내역은 수원지 현지에 취수정을 만들고 배수관 13km를 묻어 해발 1,000m의 구배를 자연유하식으로 물을 끌어들이는 것이다. 물이 흘러내리는 과정에서 일어나는 수압과 급류 현상을 조절하기 위해 군데군데 조절정을 만들고, 급수지역 근접지 변두리에 침전지, 여과지, 배수지를 설치하는 것이 제시되었다. 이에 소요되는 공사비는 1억 4천만 원으로 추정됐다. 제주시는 3년에 걸친 어승생수원 개발계획을 세웠으나 막대한 예산을 확보할 수 없어 중앙 절충에 나섰고, 당시 제주시는 1967년도 국고에서 지원을 기대했으나 좌절되었다.

마. 건설부에서 고지대 용천수 이용방안 수립

건설부는 제주도의 심각한 급수난을 해결하기 위하여 1965년 6월 23~12. 17일까지 산정부(山頂部) 용천수원 조사를 (주)우일설계공사에 의뢰하였다. 이 용역에서는 어승생, 구구곡, 영실, 성판악의 4개 용천수에 대한 용출량 측정 및 이용 가능량 산정, 용천수별 급수구역 및 시설규모 등 이용계획이 수립되었다. 특히, 이 용역에서는 어승생 및 구구곡수원을 이용하여 해안 저지대의 상수도와 농업용수를 공급함과 아울러, 수력발전을 통한 전력생산 방안까지도 제시되었다. 즉, 댐수로식 발전계획과 유입식계획 2개 안에 대해 검토하였다. 또한, 댐수로식 발전계획에서는 단일 발전소 설치계획과 2개 발전소 설치계획을 검토하고, 2개 발전소 설치계획이 유리하다고 판단하여 댐수로식 2개 발전소 설치계획과 유입식 계획 2가지 방안이 제시되었는데, 주요 내용은 다음과 같다.

□ 수력발전 계획

○ 댐수로식
- 언제(堰堤) : 중력식 콘크리트, 높이 27m
- 저수지 : 만수면적 246천㎡, 총저수량 2,400천㎡, 유효저수량 1,788천㎡
- 제1발전소 : 최대출력 650kw, 상시출력 278kw, 연간발전량 3,055천KWH
- 제2발전소 : 최대출력 1,010kw, 상시출력 505kw, 연간발전량 5,284천KWH

○ 댐수로식유입식
- 어승생 취수언 : 하상 표고 1,020m, 頂長 30m
- 구구곡 취수언 : 하상표고 959.4m, 頂長 30m
- 도수로 : 어승생 취수언에서 구구곡 콘크리트 관입구까지 콘크리트관 900m, 구구곡에서 수조까지 콘크리트관 1,850m
- 사용수량 : 최대 25,900㎡/일, 상시 14,400㎡/일
- 출력 : 최대 490kw, 상시 282kw, 연간 3,707천KWH

□ 급수계획

○ 상수도
- 수력발전 후 방수(放水)를 상수도로 공급
- 급수 계획구역 : 제주시, 애월읍
- 급수 계획인구 : 82,380명, 계획 급수량 11,100㎡/일
- 1일 1인당 급수량 : 제주시 120~200리터, 애월읍 85리터

○ 농업용수
- 수력발전 후 방수(放水) 중 일부를 농업용수로 공급
- 관개면적 : 애월읍 광령리·귀엄리 등 250 町步(약 2,500천㎡, 751천평)
- 연간 필요수량 : 7,929,750㎡/일(일평균 21,721㎡)
- 계획 저수량 : 900,000㎡(1 정보 당 3,600㎡)
  - 수산지구 : 관개면적 154 정보, 필요 수량 554,400㎡(기존 수산저수지 용량이 681,200㎡이므로 추가적인 저수지 건설없이 어승생수원에서 필요 수량만 보충)
  - 광령지구 : 관개면적 147 정보, 필요수량 529,200㎡(기존 광령저수지 용량이 51,000㎡이므로 약 500,000㎡ 부족하여 해안리에 100,000㎡과 50,000㎡ 규모의 저수지를 각 1개소씩 만들고, 광령리에는 350,000㎡ 규모의 저수지를 건설)

바. 박정희 대통령이 그린 제주도수자원개발 기본 구상도

1966. 1. 10일 제주도를 방문한 박정희 대통령은 '물 문제를 근본적으로 해결하기 위해서는 고지대의 수자원을 개발하는 것이 가장 효과적이므로 예산상으로 무리는 있지만 무진장 물이 숨어 있는 한라산 고지대의 어승생(Y계곡물) 구구곡 성판악수원 개발방안을 연구하도록' 지시했다. 또한, 1966년 6월 18일 제주도를 방문한 박정희 대통령은 당시 제주관광호텔 메모지에 '제주도 수자원개발 기본구상'(그림 13)을 직접 그려 정우식 도지사에게 건네주면서부터 어승생저수지 건설사업이 시작되었다. 박정희 대통령은 한라산 계곡에서 흘러내리는 물을 막아서(취수언) 파이프로 저수지까지 도수한 후 중산간 목장과 마을에 급수하는 방안을 그림으로 그려준 것이었다.

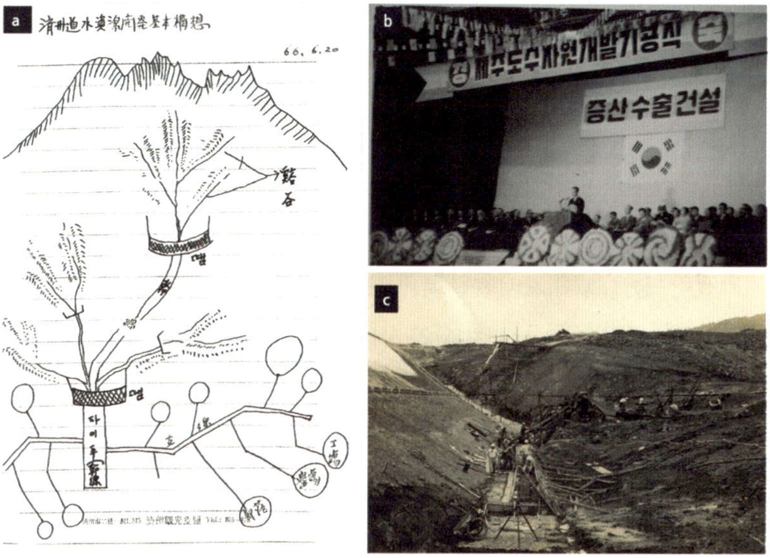

그림 13. 박정희 대통령이 직접 그린 제주도수자원개발기본구상(a), 어승생저수지 건성공사 기공식(b), 저수지 건설공사 진행 모습(c)

사. 실시설계와 건설공사 기공식

박정희 대통령의 기본 구상에 따라 건설부에서 전체 사업계획을 수립하였다. 1966. 8. 4~12. 20일까지 (주)우일설계공사와 대한기술공단에 의해 어승생수원과 구구곡수원 계통의 실시설계가 이루어졌는데, 이때 제시된 저수지 규모는 높이 23m, 길이 306m, 저수용량 375,000㎥이었다.[2] 또한, 1966. 11. 22~12. 24일까지 (주)우일설계공사와 대한기술공단에서 저수지 차수에 사용될 토질조사 용역이 진행되었고, 1967. 5. 5~12. 15일까지 (주)우일설계공사와 대한기술공단에 의해 어승생수원 계통 용수개발 실시설계가 이루어졌다.

---

2. 최초 실시설계에서는 용천수(Y계곡물 및 선녀폭포물)와 홍수시 하천 유출수를 저수하기 위해 총 3750,000㎥ 규모로 저수지를 건설하는 것으로 제시되었으나, 예산확보 및 투자효율을 고려하여 106,000㎥ 규모로 축소되었음

주요 내용을 보면, 취수를 위해 Y계곡과 구구곡에 취수언(取水堰)을 각각 20m(높이 1m)와 8m(높이 1m)로 시설하고, 100,600㎥ 용량의 저수지를 건설하기로 확정했다. 또한, 도수로는 Y계곡물에서 5,770m, 구구곡수원에서 1,830m를 각각 시설하고, 구경 200~450mm 송수관로를 48,170m(동부 26,790m, 서부 21,380m), 19개 지선 225.9km를 건설하기로 계획됐다. 총 1,020,200천원(국비 617,868천원, 교부세 128,000천원, 기체 176,000천원, 지방비 98,332천원)의 사업비를 투자하는 것으로 계획되었다. 그러나, 2차례 발생한 함몰사고 복구공사 등의 추가되어 최종 총사업비는 1,129,914천원이 투입되었다. 어승생수원을 이용한 수력발전계획도 검토되었으나 경제성 등의 이유로 반영되지 않았으며, 급수는 용출량을 고려하여 분기별로 차등을 두는 것으로 계획하였는데, 1970년 기준 1분기(1~3월)에 11,900㎥/일, 2분기(4~6월) 17,300㎥/일, 3분기(7~9월) 11,950㎥/일, 4분기(10~12월) 11,900㎥/일을 급수하는 것으로 계획하였다.

1967. 4. 20일 관계부처 장관, 제주도내 기관장, 지역인사, 시민, 학생 등이 참석한 가운데 '제주도수자원개발기공식'으로 열렸다(그림 13). 기공식에 조음하여 지역 언론에서는 "…수자원 개발이 소기의 성과를 거두어 현재 17만 여의 급수인구가 23만 여에 달할 것을 기대한다. 이 거대한 공사가 제주도민에게 새로운 희망을 안겨줄 수 있고, 산수 좋은 관광지로서 이 고장을 지켜올리는 데 또 하나의 계기가 되어줄 것을 기대한다…"고(제주신문. 1967. 4. 19, 사설 일부) 논평했다.

아. 박정희 대통령의 특별한 관심 속에 공사 진행

당초 이 사업은 5개년 사업으로 계획되었으나, 박정희 대통령의 특별지시에 의해 공사기간이 2년으로 단축되고, 4억 2,000만원의 정부 예산도 1969년도에 모두 반영되었다. 그러나, 2차례의 저수지 바닥 함몰사고 복구

공사 등으로 공사가 지연되어 1971. 12. 17일 최종 준공됨으로써 공사 기간은 5년이 소요되었다. 또한, 1967년 9월 유관기관 회의에서 수력발전은 낙차가 적어 경제성이 없기 때문에 계획에서 제외함과 아울러, 저수지 용량도 100,600㎥으로 최종 확정되었다. 저수지 누수방지에 대한 설계 보완도 2차례나 진행되었다.

건설부는 한국과학기술연구소에 의뢰(1968. 11. 25~12. 27일)하여 저수지 누수방지공법에 관한 기술연구를 수행하고, 댐 차수는 아스팔트 판넬로, 바닥은 점토로 차수, 사면차수는 아스팔트 판넬로 처리하는 것으로 결정했다. 또한, 건설부는 국립건설연구소(1969. 3. 17~12. 4일)에 저수지 누수방지 공법연구를 의뢰하여 저수지내 원지반 25개소에 오가보링(Auger boring) 및 투수시험, 지내력 조사를 실시하고, 바닥에 두께 1.5m 이상 점토로 처리하기로 결정했다.

어승생수원 개발에 깊은 관심을 두었던 박정희 대통령은 1968년 11월 2일 서귀포 선일포도당공장 준공식 참석차 제주 방문길에 어승생저수지 공사 현장을 시찰하고(그림 14), 관련 사항들을 지시했다. 박대통령은 저수지와 도수로 공사 현장을 1시간 동안 시찰하면서 구자춘(具滋春) 도지사에게 저수지에서 물이 새는 일이 없도록 만전을 기하라고 지시하고, 제주시와 어승생, 산천단을 잇는 3각 지역의 광활한 목야지를 개발하기 위해 제주시와 어승생 간 13㎞의 도로를 우선 포장할 수 있도록 계획을 세우라고 지시함으로써 제2횡단도로 포장 공사도 구체화되어 나갔다.

Y계곡과 구구곡 취수보·도수로·지선 공사가 끝남에 따라 저수지 공사 마무리에 앞서 바이패스(bypass)를 통한 급수를 시작하기로 결정하고, 1969년 7월 11일 통수시험을 성공적으로 마무리했다. 또한, 1969년 10월 12일 오후 2시, 제주시 산천단에서는 구자춘 도지사, 양정규 국회의원, 지역주민 등 5000 여명이 참석한 가운데 역사적인 어승생저수지 통수식이

성황리에 열렸다. 착공 2년 만에 송수관로 2,700m에 대한 통수시험이 산천단에서 열린 것이다. 그해 10월부터는 도수로에서 바이패스를 통해 부분급수를 시작했고, 1970. 3월부터는 67개 부락 56,000여 명에게 급수가 시작됐다.

그림 14. 어승생저수지 공사현장을 찾은 박정희 대통령(a), 저수지 건설공사에 투입된 국토건설단(b), 저수지 바닥 함몰사고(c), 저수지 바닥 비닐시트 차수 시공(d).

자. 저수지 건설공사에 '국토건설단' 투입

어승생저수지 건설사업에는 전국에서 검거된 폭력배가 '국토건설단'이란 이름으로 공사 현장에 투입되었다. 어승생과 99곡 두 군데에 14인용 천막 막사 35개가 설치되고, 경찰 경비부대 주둔 막사도 설치됐다. 의사 1명과 간호원 8명으로 구성된 의료반과 경비경찰 62명이 배치되었다. 건설단원들에게는 일하는 날에는 하루 노임 2백 82원을 시공업자가 지급하고, 급식은 하루 쌀 2홉, 정맥 4홉, 부식비 42원 33전을 정부에서 지급했다.

1968년 6월 24일 1차로 210명이 부산-제주 여객선 편으로 제주도에 도착, 오후에 공사 현장에 투입되었다. 뒤이어 목포-제주 안성호 편으로 81명이 6월 29일 도착하였고, 3진 204명은 부산-제주 여객선 편으로 6월 30일 도착함으로써 총 495명이 어승생저수지 건설사업과 제2횡단도로 건설공사 현장에 투입되었다(그림 14, 제주일보, 1968. 6. 24. 기사).

그러나, 국토건설단 중 일부가 탈주하는 사건이 발생한 것을 비롯하여 감기, 설사에 따른 의약품을 제대로 공급해주지 않는다는 불만이 쌓여 3백여 명이 집단 항의하는 소동도 벌어졌다. 또 주도권 다툼을 벌이던 지역별 건설단원 사이에 삽과 칼을 들고 집단 난투극을 벌여 경찰이 공포탄을 쏘며 겨우 진압하는 등 공사 현장에서 크고 작은 소동이 끊이지 않았다. 이들이 체류한 123일 동안 비, 안개 등 궂은 날씨로 쉬거나 현지 적응이 어려운 단원들의 질병 등으로 실질적으로 작업한 날짜 수는 60일 정도에 그쳤다. 물갈이로 인한 설사 환자가 가장 많았고, 10월 들어 기온이 섭씨 3~4캘로 내려가면서 하루 평균 35명의 감기 환자가 발생했다.

제주에 투입된 495명 가운데 탈주, 폭력사건 등으로 22명이 구속되고, 질병 귀향 42명, 입영 7명, 광복절 특사 37명, 개천절 특사 141명 등 262명이 일찍 귀향하고, 해단식까지 남은 인원은 254명이었다. 이들은 도수로 굴착 7.6km와 제2횡단도로 개설 13km를 끝내고, 그해 1968년 10월 25일 제주시 내 대한극장에서 국토건설단 해단식을 하고 전원 귀향했다.

차. 두 차례 함몰사고와 저수지 준공

○ 첫 번째 함몰사고

1967년 4월 20일 착공된 이후, 도수로 및 저수지 축조공사 등 공종별 공사가 예정대로 진행됨에 따라 1970년 8월 23~29일까지 저수지에 물을 채워졌다. 그러나, 그다음 날(8월 30일) 저수지에 채워졌던 물이 누수되는 사고가 발생했다(그림 14). 8월 31일 건설부에 피해 보고를 함과 아울러, 저수지 물을 완전히 배수한 후 확인한 결과, 저수지 댐 우안 바닥에 구경 3.8m, 깊이 3.5m의 함몰이 확인되었다. 토질 전문가 등으로 피해조사반을 구성하고, 현지 조사를 실시한 결과, 저수지 바닥 점토층 하부 소류로 유하 함몰이 생긴 것으로 밝혀졌다. 사고원인이 밝혀짐에 따라 1970년 9월 18일 건설부·제주도·시공사·현장감독 등이 참석한 복구대책회의를 통해 10월 15일까지 복구를 완료하기로 결정됐고, 1970년 9월 24일에는 '빌리호' 태풍 피해 현장 시찰차 내도했던 박정희 대통령이 저수지 사고 현장을 방문했다. 함몰지점에 맹암거를 설치하는 등의 복구가 1970년 10월 27일 완료되었고, 저수지에 다시 물을 채우기 시작, 11월 5일까지 별다른 일은 생기지 않았다.

○ 두 번째 함몰사고

그러나, 11월 6일 저수지 물이 누수되는 2차 사고가 발생했다. 저수지의 물을 완전히 배수시켜 확인한 결과, 저수지 서측에 직경 2.5~3.5m, 깊이 1.4m 타원형 함몰이 또다시 생겼다. 함몰지점을 통해 누수된 물은 저수지 하류 270m 떨어진 화산암층 틈을 통해 1일 3만㎥ 이상 용출되었다.

11월 23일 건설부 기획관리실장을 위원장으로 하는 11명의 학계와 사회 저명인사로 복구대책위원회가 구성되어 대책회의가 열렸고, 12월 1일 사고 현장을 답사하여 사고원인을 분석하였다. 또, 건설부는 소양강댐 기술용역에 참여 중인 일본 공영 기술자를 포함한 대책반을 구성해 운영하였고, 대책회의에 참석한 박정희 대통령이 6가지 복구방안을 검토하도록 지시함에 따라 대책위원회에서는 1971년 2월 6일 회의를 열어 검토하였다.

1971년 3월 5일 박정희 대통령의 지시에 따라 내무부가 1억 6,000만 원의 기채를 승인(4월 19)함으로써 보수공사비가 확보되었다. 대책위원회가 확정한 차수벽과 뷰틸·비닐로 차수 시공과 함께 지반보강을 위해 옥석콘크리트 및 그라우팅을 추가로 실시하고, 지하수 처리용 유공관을 설치하는 등의 복구공사가 1971년 10월 31일 마무리됐다(그림 14).

○ 저수지 건설공사 준공

11월 3일 저수지에 물을 저수하기 시작했으나, 가뭄으로 용출량이 7,000㎥/일 수준으로 떨어져 한 달이 지난 12월 13일에 10만㎥의 물을 저수지에 채워졌고, 12월 16일까지 누수가 발생하지 않음에 따라 1971년 12월 17일 4년 8개월에 걸친 어승생저수지 건설공사가 마무리됐다(그림 15).

4년 8개월에 걸친 어승생저수지 건설공사(1967. 4. 20.~1971. 12. 17.)가 마무리되고 본격적인 급수가 시작되었지만, 운영 과정에서 크고 작은 사고들이 끊이질 않았다. 가장 많이 발생한 것은 누수로 인한 단수와 제한 급수였다. 또, 폭설과 집중호우로 도수로가 매몰되는 사고도 발생했다.

그림 15. 1971년 준공되어 이용 중인 어승생저수지(a), 2007년 9월 준공 이후 처음으로 물을 모두 배수한 저수지 모습(b), 박정희 대통령이 써준 '한밝 저수지'를 새겨서 만든 저수지 표석(c)

도수로는 Y계곡 취수보에서 저수지까지 5,770m와 구구곡수원에서 저수지까지 1,830m가 시설되었는데, 모두 뚜껑이 없는 개수로(開水路)로 시설되어 매몰사고와 낙엽 등 이물질도 자주 발생했다. 또, 용출량 부족으로 인한 제한 급수도 빈번했다. 1972년 3월 초에는 용출량이 1일 8,500㎥ 수준으로 떨어져 3일제 제한 급수에 돌입하기도 하였다. 이뿐만이 아니다. 겨울철에는 어승생 지선이 동결되거나, Y계곡 용천수가 얼어붙어 용출량이 급감하기도 했다. 이 같은 운영 초기에 나타난 문제점들은 시간이 지나면서 개선되어 제주도민의 젖줄로 자리매김했다.

어승생저수지 건설사업은 제주도에 '물의 혁명'을 가져왔다. 조상 대대로 이어져 온 물 기근과 비위생적인 물 이용으로 인한 참혹했던 슬픈 역사를 하루아침에 해결되는 대변혁이 일어난 것이다. 만화책에서나 볼법한 일이 4년 8개월이라는 짧은 시간에 현실이 되었다. 아침저녁 '물허벅'으로 물을 길어오는 일을 숙명으로 여겨왔던 부녀자들의 등에서 '물구덕과 물허벅'을 내려놓게 되었다. 특히, 근대식 상수도 시설로부터 식수 공급을 받을 수 있게 됨으로써 비위생적인 식수로 인한 수인성 전염병과 풍토병 감염 걱정으로부터 해방되는 계기가 만들어졌다. 장구벌레가 우글거리는 봉천수에 의존해 살아온 중산간 지역 주민들은 어승생저수지 준공에 맞추어 마을 잔치를 열고 기쁨을 함께 나눴다.

어승생저수지는 동쪽으로 구좌읍 송당리까지, 서쪽으로는 안덕면 동광리에 이르는 동·서부지역 15개 지선(197,252m)에 송수관로를 깔아서 깨끗한 원수를 공급했다는 점에서 '광역상수도'와 같은 역할을 담당하는 제주도 상수도의 중추적 시설로 자리 잡게 되었다. 어승생저수지 건설은 무엇보다도 박정희 대통령의 강한 의지가 있었기 때문에 가능한 일이었다. 5.16 이후 제주도를 방문할 때마다 박정희 대통령은 제주도 개발을 촉진하기 위해서는 "도로와 물을 뚫어야 한다"는 것을 강조하면서 5.16 횡단도로와 일주도로 포장, 제2횡단도로 건설, 어승생저수지 건설, 강정수원 개발, 지하수 개발사업 등을 적극적으로 지원했다. 박정희 대통령은 이 저수지를 '한밝저수지'라 친필로 이름을 지어주었고, 저수지 입구에 표석이 세워져 있으나(그림 15), 이 이름 대신 저수지 남쪽의 어승생악 이름을 따서 '어승생저수지'로 불러오고 있다.

카. 저수용량 50만㎥ 규모 제2어승생 저수지 건설

2010년 제주특별자치도의 상수도 시설용량은 21만 5,625㎥/일로 확대됐다. 취수원도 용천수 13개소에 17만 7,200㎥/일, 지하수 관정 271공에 31만 6,700㎥/일, 어승생수원 1만 5,000㎥/일, 도서지역의 해수담수화시설 4개소 2,225㎥/일 및 저수지 5개소로 증가하였다. 또한, 정수장도 18개소에 41만 500㎥/일의 정수능력을 갖추었고, 가압장 10개소에 13만 8,811㎥/일의 능력을 갖추게 되었다.

그러나, 해발 200m 이하의 저지대 지역 급수는 광역상수도가 건설되어 별문제가 없었지만, 중산간지역 급수는 어승생저수지 취수원인 Y계곡물과 선녀폭포 용천수의 용출량 변동이 크고, 저수지 규모도 작아(시설용량 10만 6,000㎥) 잦은 격일제 급수 문제가 현안으로 부각되었다.

어승생저수지는 주수원인 Y계곡물 용천수는 강수량에 따른 용출량 변동이 매우 큰데 반해 저수지 규모가 작아서 안정적 용수 공급이 어려웠다. 격일제 급수 사례를 보면, 1995년 15일, 1996년 33일, 1997년 21일, 2001년 16일, 2007년 20일 등 거의 매년 격일제 급수가 되풀이됨으로써 중산간지역 주민과 목장, 관광시설 등에서는 큰 불편을 겪고 있었다. 특히, 정수되지 않은 원수를 공급함으로써 수질적인 문제도 상존하고 있어 어승생저수지에 대한 근본적인 보완대책이 필요했다.

제주특별자치도는 강수량이 많은 하절기 어승생저수지 및 Y계곡 취수보에서 월류되는 용천수(연간 약 840만㎥)를 50만㎥ 규모의 제2저수지를 건설하여 기존 저수지와 연계시켜 운영함으로써 안정적인 용수 공급을 도모한다는 구상 아래 제2저수지 건설사업을 2001년부터 추진하기 시작했다. 2001년에 수립된 제주도 수자원종합개발계획 보완계획에 어승생 제2저수지 개발 방안을 포함시킨 것을 시작으로 어승생 제2저수지 건설에 대한 사업 타당성검토(2004. 1.~2006. 9.), 타당성 조사 및 기본계획 수립(2007. 2. 23~12. 19), 타당성 조사 및 기본계획에 대한 분석연구(2007. 12), 어승생 제2저수지 기본 및 실시설계 용역(2008. 5. 13~2009. 12. 18) 등 일련의 행정절차를 마무리하였다.

  이 사업은 총사업비 458억 7,500만원(국비 229억 3,700만원, 지방비 229억 3,800만원)을 투자하여 저수용량 50만㎥ 규모의 저수지를 건설함과 아울러, 1만㎥ 처리능력의 정수시설과 도 송수관로 20.5㎞를 포설하는 것으로 계획됐다. 2009년 6월 1일 착공되어 2013년 3월 20일 완공되었다(그림 16). 제2어승생저수지 건설사업이 완료됨에 따라 용수 공급량은 종전보다 1만㎥/일이 늘어난 2만 5,000㎥/일의 용수를 중산간 29개 마을 2만 5,690명에게 급수(종전 11개 마을 8,627명)할 수 있게 되었다(양팔진, 2023).

그림 16. 제2어승생저수지 건설공사(a)와 준공 모습(b)

2. 성널샘(성판악 수원)

성판악 수원개발사업은 '성널샘' 용천수를 이용하기 위한 사업으로서, 1965년부터 시작되었다. 건설부는 한라산 고지대에 이용 가능한 산정부(山頂部) 용천수원 조사 및 이용계획수립 용역을 1965. 6. 21~12. 17까지 (주)우일설계공사에 의뢰해 진행했다. 이 용역에서는 어승생수원을 비롯하여 구구곡, 영실, 성판악의 4군데 용천수에 대한 지형 지질조사, 용출량조사, 토질조사, 수문분석, 이용계획수립, 상수도공급 계획수립, 경제성 분석 등이 수행되었다.

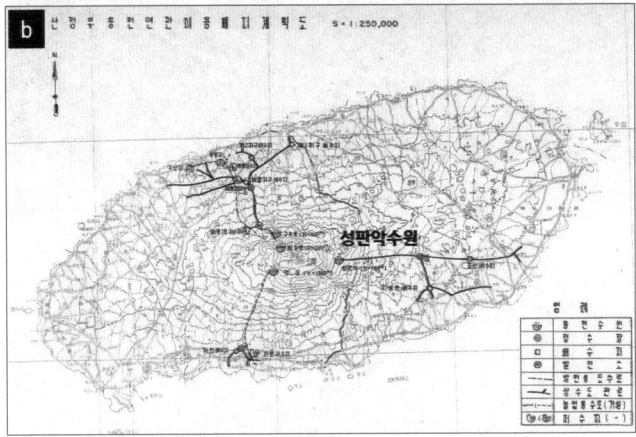

그림 17. 성판악수원(성널샘) 집수정(a)과 급수계획도(b; 출처: 제주도 고지대 수원이용계획 조사보고서, 건설부, 1965)

성판악수원은 한라산 동남측 남원읍 신례리 신례천 상류 해발 980m에 위치한 '성널샘' 용천수를 말하며, 5.16도로 제2논고교에서 약 4km 거리에 위치한다. 용출량은 최소 691㎥/일이며, 800m 하류 하천에 높이 약 12m 수직절벽에서 폭포수를 이루어 여름철에 '물맞이' 장소로 이용되었다. 용역기간 중에 측정된 일평균 용출량은 7월 2,670㎥/일, 8월 2,199㎥/일, 9월 1,086㎥/일이었다.

성판악수원은 남원, 표선, 성산 일부 지역의 9,130명을 대상으로 1일 550㎥을 급수하기 위해 수원지에서 하류 500m 지점에 높이 1.5m, 연장 28m의 마제형 콘크리트 취수언(取水堰)을 시설하였다. 또한, 취수장에서 남원배수지(해발 170m, 120㎥)까지 관경 75mm 파이프를 4km 포설하고, 그 중간에 수압조절정 1개소도 설치하였다. 표선배수지(해발 120m, 140㎥)까지 7.9km 구간은 관경 100mm 파이프를 시설함과 아울러 수압 조절정 1개소도 설치하였다(그림 17). 배수관은 수망리 소재 남원배수지에서 용흥리, 토산리를 거쳐 세화1리까지는 50~75mm 파이프로 7.8km 포설하고, 한남리 의귀리 가시리 하천리 지역에는 50mm 파이를 7.9km 시설하였다. 성널샘 용천수는 현재 한라산국립공원 성판악관리사무소에서 이용하고 있다.

3. 영실물 수원

하원저수지는 영실물 용천수를 하원동 541-1번지 일대 151ha의 논과 밭에 농업용수로 이용하기 위하여 1959년에 착공하여 1968년 2월 준공하였다. 이 사업은 총 6,500만 원을 투자하여 12만㎥의 물을 채울 수 있는 저수지와 도수로(11km) 등을 건설했다. 그러나 △영실물 용천수의 용출량 부족, △영실에서 하원저수지까지 물을 끌어오기 위한 도수로에서의 누수, △저수지 바닥을 통한 누수 등에 의해 저수지에 물이 채워지지 않아 이 사업은 실패로 돌아갔고, 1970년대 중반에 매립되어 저수지가 있던 자리는 과

수원으로 사용되고 있다. 영실에서 하원저수지로 물을 끌어오기 위해 시설했던 도수로는 지금도 일부 지역에서 그 흔적이 남아 있다(그림 18).

그림 18. 영실물 용천수를 하원저수지로 끌어가기 위해 시설했던 취수언(a)과 도수로(b). 도수로 가운데 파이프는 서귀포자연휴양림에서 이 물을 이용하기 위해 시설한 송수관이며, 사진은 1999년 촬영한 것임

한편, 제주도 고지대 수원이용계획 조사보고서(건설부, 1965)에 당시 영실물 용천수 이용 현황을 다음과 같이 기재되어 있다.

> 본 수원은 한라산 서측 남제주군 중문면 하원리 지역 내 도순천 상류 등고 1,360m에 위치하며, 수량은 최소 864㎡/day로서 중문면 하원리 국도변에서 약 15km 지점, 한라산 정상과 불과 4km의 거리에 있는 본 영실은 예부터 영실기암의 오백나한이라 불리는 관광지로도 널리 알려진 곳으로서, 관광객과 등산객을 위한 휴게소까지 설치된 곳이다. 관광지 지역 내에 위치하는 본 수원은 2개의 용출수원이 용출지점으로부터 500m 하류 지점에서 합류하여 하나의 수계를 이루고 있으며, 용출지점에서 약 2.5km 하류 지점에는 남부토지개량조합에서 농업용수 공급을 위하여 Concrete 취입언(언고 2.2m, 언장 26.0m)를 설치하여 도수 도중(취입언에서 3.0km 하류) 지류에 또 하나의 취수언(비고 1.2mm 비장 20.0m)을 설치하였으며, 도수로 연장 10,320m와 용수로 연장 36,550m 중 4,650m는 이미 준공되고, 잔여 연장은 금 년 말까지 준공 목표로 공사 시행 중에 있다. 본 수원의 유역 삼림 현황은 침활엽수목이 혼성되어 있으며, 도수로의 구배는 1/10 정도이고, 현재까지 본 수원은 농업용수 계획 이외에는 이용되지 않고 있는 실정이다.

4. 돈내코 수원

가. 상효간이수도

돈내코 용천수를 이용한 간이수도 시설사업은 1926년부터 추진되었다. 1926년 겨울, 신효리에 정착하려는 일본인 中原太郎 이 가구당 연간 40전(당시 여자 1명의 1일 김매는 품삯 20전)을 납부하는 내용의 유료 수도가설계획을 주민들에게 제시했다. 그러나, 일본에 거주하는 청년들이 반대로 중단됐다. 청년들은 이해관계에 밝은 일본인을 믿을 수 없다 는 입장을 제시하는 한편 수도가설 비용 모금계획을 고향에 제시했다. 신효·하효·토평 주민들은 돈내코 나는물도 용천수를 수원으로 개발하기로 하고, 1927년 1개 마을당 200원씩 600원을 자체적으로 마련했다. 또 당시 서귀면장 김찬익씨가 600원을 지원함에 따라 주민들은 상수도 업무를 관장하던 전라남도청에 1,200원을 공탁, 상수도 가설 허가를 신청했다.

그림 19. 1932년 준공된 돈내코 간이수도 기념비(a), 돈내코물을 상효저수지로 끌어가기 위해 만들었던 취수보(b)와 법호촌 마을을 지나는 도수로(농골) 모습(c)

주민들이 제출한 허가서류는 1927년 여름 휴가차 서귀포를 방문한 일본인 조선총독부 기사 谷田部義之 씨의 도움으로 작성됐다. 谷田部義之씨는 무료로 설계도를 작성하는 한편 철관 규격은 경비가 적게 드는 2.5인치(65㎜)를 사용토록 조언도 해줬다. 주민들의 상수도 가설사업은 다른 지역에 거주하는 토지주의 방해로 허가신청서가 4년 동안 보류됐다. 주민들은 허가서류가 처리되지 않자 1931년 여름 출장차 서귀포를 방문한 신임 전라남도 내무과장에게 상수도 가설 필요성을 설명, 승낙을 받아냈다. 주민들은 1931년 12월 18일 허가서가 발급되자 12월 27일 착공식을 열고 이듬해인 1932년 7월 30일 준공하여 1일 200㎥의 물이 3개 마을에 공급됐다.

돈내코 수원지 암벽에는 당시 수도시설 공사와 관련한 수도기념(水道記念)' 기록이 새겨져 있다(그림 19). 일본중앙공업시험소가 1937년 9~10월간 도내 수원을 조사한 「제주도 수원조사 개보」는 돈내코 수도시설 공사비를 1만 9000원으로 기록하고 있다.

나. 상효저수지

1960년대에 제주도 내에는 모두 8개의 농업용 저수지가 있었으나 지금은 애월읍 수산·광령저수지, 한경면 용수저수지만 남아 있고, 안덕면 대평저수지, 한경면 두모·고산저수지, 서귀포 상효저수지 등은 모두 매립되었다. 상효저수지는 옛 서귀농업고등학교 목장 입구 다리 아래쪽 하천에 보(洑)와 수문을 만들어 돈내코 용천수를 모은 다음, 하천가를 따라 시설한 개수로를 통해 동상효 저수지까지 물을 끌어왔다. 개수로가 통과했던 법호촌 주민들은 개수로(법호촌 마을에서는 '농골'이라 부름)에서 물을 길어다 생활용수로 사용하였고, 개수로 옆에 빨래터와 목욕탕을 만들어 이용하기도 하였다(그림 19).

1941년 결성된 신효수리조합은 돈내코 물을 끌어다 논농사를 지으려는 꿈을 갖고 출발하였다. 저수지 후보는 '동큰굴'로 예정됐으나 공사가 어려울 것 같아 지금의 월라산 서북쪽 상효 지경으로 정하고 1년가량 공사를 하다가 자금 사정으로 공사를 중단했다. 1944년 다시 공사를 시작하여 저수지를 만드는 공사를 계속하여 1947년 완공되어 저수지 앞 '가는도람위'와 '도람앞'에 논을 만들고 벼를 심었다. 가는도람위에는 그런대로 벼농사가 되었으나 도람앞은 화산회토라서 물 빠짐이 심하여 벼농사에 적합하지 않았다. 1950년대에 들어서 도람앞 논은 밭으로 조성되고, 가는도람위에서만 벼농사를 지어오다 귤나무 식재 붐을 타고 모든 논이 과수원으로 바뀌었다. 따라서 저수지도 밭으로 일구어 현재 시설재배 농사를 하고 있다 (新孝마을, 1999).

5. 선돌 수원

선돌물 용천수는 남원읍 하례리 5.16도로 남서교 북쪽 약 1.5km 지점의 효돈천 변에서 솟아나는 용천수로서, 예부터 하례2리 마을 사람들이 여름철 물맞이 장소로 이용되었다. 선돌물은 하례2리 양마단지와 신례리 지역에 상수도로 급수하기 위한 시설공사가 1968년 이뤄졌고, 1일 200㎥ 공급할 수 있는 규모의 배수지가 시설되었다(그림 20).

그림 20. 5.16도로 남서교 다리 북쪽에 위치한 선돌물 용천수를 이용하기 위한 취수보(a), 하례2리 마을 급수와 저수지 건설에 이용됐던 고살리물 용천수(b, c)

하례2리(학림동) 주민들의 급수를 위해 학림교 북쪽 하천에 위치한 '고살리물' 용천수를 간이상수도로 시설하기 위한 공사가 1966년 6월 7일 착공하여 같은 해 12월 31일 준공(시설용량 250㎥/일)되었다(그림 20). 고살리물 용천수는 고구마를 가공하기 위한 전분공장에서도 이용되었다. 전분공장이 1960년대 말에 양마단지 입구에 세워졌다. 고구마 세척과 전분 생산에는 많은 양의 물이 사용된다. 공장 가동에 필요한 물을 고살리물에서 끌어오기 위해 하천 동측 부지에 양수펌프동을 설치하고, 전분공장을 운영하였으나 얼마 오래가지 않고 문을 닫았다.

사시사철 흘러내리는 고살리물을 이용해 하례리에 논농사를 짓기 위한 저수지 건설사업이 1952년부터 진행되었다. 학림교 아래쪽 93m 지점에 둑(洑)을 만들어 고살리에서 내려오는 물을 가두고, 수로 통해 저수지까지 보내는 관개수로사업이었다. 수로는 효돈천 동측을 따라 만들어졌고, 하례1리 1462번지 일대에 만들어진 저수지까지 약 2km 연결되었다. 그러나, 저수지 바닥을 통한 누수가 심하여 물이 채워지지 않아 결국 저수지 건설사업은 실패했다. 그러나, 당시 6.25 한국전쟁이 진행되고 있던 상황에서 경제적 어려움을 겪고 있던 마을 주민들은 저수지 건설사업에 참여해 노임을 받아 생계를 잇는 데 큰 보탬이 되었다고 한다(하례1리 현관종씨 증언).

6. 실패로 끝난 천아수원 개발

1989년 12월 마무리된 한국수자원공사의 '제주도 및 울릉도 수자원 개발 타당성 지질조사'에서는 열안 천아 미악저류지(댐) 예정지에 대한 지질조사와 대규모 수원 개발 적지를 탐색하기 위하여 수산광령 신촌 강정 하도지역에 대한 조사도 함께 이루어졌다. 조사 결과, 열안 천아 미악저류지는 분포 암석의 투수성이나 수리지질학적 측면에서 저류지(댐) 건설 적지가 아니라는 결론이 내려지고, 이에 대한 대안으로 '천아수원개발' 방안이 제시됐다. 1991년 2월 건설부, 제주도 관계관, 한국수자원공사 등이 참석한 유관기관 회의가 열렸고, 이 자리에서 건설부는 한국수자원공사에게 '천아수원개발' 타당성 조사를 실시할 것을 지시했다. 건설부의 지시에 의해 '제주도 중산간 용수개발 기본계획 및 실시설계' 용역이 1991년 7월 착수되어 1992년 5월에 완료되었는데, 현지조사 등 전반적인 용역수행은 (주)동인엔지니어링에 의해 수행되었다. 이 용역에서는 천아계곡에 부존하고 있는 상위지하수(주수, perched water)를 수직 및 수평 집수터널 방식으로 개발하여 갈수기 평균 5,000㎥, 풍수기 10,000㎥의 용수개발이 가능한 것으로 제시되었다.

천아수원개발에 대한 기본 및 실시설계가 완료됨에 따라 건설부는 1992년 7월 열안저수지 개발계획을 백지화하는 대신 외도천 상류 해발

670m 천아계곡의 상위지하수를 개발하는 '천아수원개발계획'을 확정하고, 1992년 10월 16일, 건설교통부 제주개발건설사무소에 의해 공사가 착수되었다. 시공은 대림산업주식회사가 맡았고, 두산엔지니어링에서 감리용역을 수행했다. 총공사비는 73억 원이 투자되었으며, 터널공사는 아래와 같이 진행됐다.

○ A수직구 : D=7.0m, H=38.0m(원형단면)
○ B수직구 : D=6.0m, H=32.0m(원형단면)
○ 수평터널 : D=3.5m(마제형), L=426.0m
○ 취수공
  • Drain Hole : 2인치 × 50m × 80공(총 4,000m)
  • Drop Hole : 5인치 × 35m × 42공(총 1,470m)

공사는 1995년 9월 7일 준공되었고, 그해 12월 23일 천아수원 시설물 관리가 제주도로 이관되었다. 그러나, 준공 이후 1일 취수량이 당초 계획에 훨씬 못미치는 1일 300~500㎥ 수준에 머물러 기대를 모았던 중산간지역 급수난 해소계획은 사실상 무산되었다. 이에 따라 제주도는 1996년 9월 5일 건설교통부 제주개발건설사무소에 원인 규명을 해주도록 요청했고, 9월 12일 제주도, 한국수자원공사, 시공사, 감리 등이 참석한 회의가 열렸고, '96년 강수량이 887mm로 평년 대비 크게 부족한 상황이므로 좀 더 지켜보자는 데 의견이 모아졌다. 그로부터 1년이 지나도 상황이 호전되지 않았다. 건설교통부는 천아수원 활용가치 및 경제적 타당성 검토 등 대책을 마련하기 위해 2002년 5월 조사비 1억 원을 제주도광역수자원관리본부에 지원했다. 광역수자원관리본부는 (사)한국지하수토양환경학회에 조사를 의뢰하여 2002년 5월 23일부터 2003년 5월 22일까지 조사를 수행하였다. 조사 결과, 천아수원은 수원으로 활용 가치가 없으므로 용도 폐기하는 것이 바람직하다고 제시됐다. 제주도광역수자원관리본부는 건설교통부 등 유관기관과의 협의를 거쳐 2003년 용도 폐기함으로써 수원개발 실패를 둘러싼 논란은 종지부를 찍었다.

천아수원을 수직터널 및 수평 취수터널 방식에 의해 개발한다는 구상은 미국 하와이주의 터널방식(수직터널, 수평터널, 경사터널)에서부터 비롯되었다. 즉, 1989년 12월 한국수자원공사가 발간한 '제주도 및 울릉도 수자원 개발 타당성 지질조사 보고서'와 1990년 12월 발간한 '제주도수자원조사 보고서'에서는 하와이주의 터널수원 사례를 토대로 제주도에 적합한 수자원개발 방안으로 터널공법과 집수정 공법이 제시되었다. 그러나, 제주도와 하와이주는 화산암 분포지역이라는 공통점은 있지만 용암류의 두께 및 관입암의 발달, 대수층의 규모 및 위치, 지하수 부존형태 등 수문지질학적 측면에서 매우 다른 양상을 하고 있음이 간과되었다. 또한, 얕은 층에서 흐르는 상위지하수(주수)는 강수량에 따른 수량 변화가 매우 커서 안정성이 떨어진다는 점도 충분히 고려되지 못하였다. 더욱이, 집수터널은 지하수 흐름방향에 평행하게 설치되어야 함에도 계곡을 따라 지하수 흐름에 거의 직각 방향으로 설치됨으로써 유량 확보에 실패하였으며, drop hole을 통해 상위지하수를 터널내로 집수시킨다는 것도 상식 밖의 시공이었다. 특히 수평 집수터널 시공 과정에서 터널의 안정성을 고려하여 차수벽 시공을 과다하게 진행한 것도 상위지하수의 유로를 변경시키는 결과를 초래했다. 결국, 제주도의 지질구조와 지하수 부존 특성에 비춰어 볼 때, 터널공법에 의한 대량의 지하수 개발은 어렵다는 교훈을 얻었다.

7. 태풍 나리에 의한 Y계곡 도수관 절단

2007년 9월 제주도에 유래없는 대홍수가 발생했다. 제11호 태풍 나리(NARI)가 통과하면서 퍼부은 폭우 때문이었다. 태풍 나리는 2007년 9월

13일 일본 오키나와 남동쪽 먼 해상에서 발생해 서북진하여 오키나와 남쪽 해역을 거처 9월 16일 제주도 성산포를 지나 우리나라 남해안으로 상륙한 다음, 9월 17일 경상북도 안동 남서쪽 약 80km 육상에서 소멸하였다.

 태풍 나리가 제주도를 통과하기 이틀 전부터 제주지방에는 100~300mm의 많은 비가 내렸으며, 나리가 통과한 16일에 200~600mm에 달하는 폭우가 쏟아짐으로써 하천들이 범람하는 초유의 홍수 사태가 발생하였다(표 6 참조). 과거의 강우기록을 보면, 1981년 9월 2일 태풍 에그니스 때에는 제주시에 225.7mm의 비가 내렸으며, 1961년 이후 제주시 일 최대 강우량은 248.7mm(1985. 6. 27)이었다. 태풍 나리(Nari)가 통과하면서 제주시 지역에 12시간 동안 420mm에 달하는 폭우가 쏟아졌고, 대홍수가 발생해 12명이 사망하고, 1천여억 원의 막대한 피해가 발생하였다.

표 6. 2007년 태풍 나리가 통과한 날(9.16)과 2일 선행 강우량(단위: mm)

관측소명	09.14	09.15	09.16	합계	관측소명	09.14	09.15	09.16	합계
제주	83	87	420	590	구좌	31	138	190	358
오등	124	125	483	731	가시	46	158	146	350
유수암	23	124	387	534	고산	5	111	114	229
선흘	79	122	234	434	마라도	17	39	144	200
서귀포	55	49	266	369	한림	7	109	297	412
중문	39	29	225	292	모슬포	9	45	135	188
하원	85	69	429	582	가파도	16	45	123	184
서광	8	65	210	283	어리목	105	138	455	697
남원	44	126	250	419	성판악	176	98	556	830
성산포	71	148	177	396	윗세오름	142	86	564	792

태풍 나리는 어승생저수지 Y계곡 도수관을 절단시켜 어승생수원 급수에 큰 차질을 가져왔다. Y계곡 취수보에서 저수지 방향으로 하천 우측을 따라 매설된 350mm 구경의 콘크리트 흄관(도수관) 약 70m가 거센 물살에 하천 변이 세굴되면서 함께 절단되는 사고가 발생했다(그림 21). 또, 20m 길이 취수보 절반 가까이가 큰 바위들로 쌓이는 현상이 발생했다. 수자원본부는 절단된 도수관 응급복구를 함과 아울러, 취수보에 쌓인 토사를 제거하는 등의 긴급조치를 취해 단수 사태는 발생하지 않았다. 이를 계기로 어리목-Y계곡 취수보까지의 통행로를 긴급 사태 발생시 공사용 차량이 출입할 수 있는 너비로 확장함과 아울러, 도수관을 교체하고, 세굴된 곳을 정비하는 등의 보강공사를 진행했다.

그림 21. 2007년 9월 16일 제11호 태풍 나리의 집중호우에 의해 쓸려나간 Y계곡 취수보로 연결된 도수관(a, b)과 응급복구 공사 장면(c)

8. 일제, 토관을 묻어 아흔아홉골 용천수 운반

제주도수자원개발사업소는 용천수 현황과 실태를 파악하기 위한 '용천수 전수조사'를 1998년 2월부터 1999년 12월까지 수행하고, <제주의물 용천수, 1999> 책자를 발간했다. 이 조사를 수행한 고기원 박사는 제주대학교 박물관 고광민 학예사로부터 "어승생오름 동쪽 아흔아홉골에 물을 운반하기 위해 매설해 놓은 토관이 있다"는 이야기를 듣고, 1998년 5월 현지조사에 나섰다.

제주시 어승생공설공원묘지 남쪽 경계인 걸쇠오름(728.6m)에서 아흔아홉골로 이어진 오솔길을 따라 약 1km쯤 올라가면, 하천에 '고망궤왓물'이라 불리는 작은 폭포가 있다. 폭포 물웅덩이의 물을 북쪽(공설묘지 방향)으로 옮기기 위해 만들어 놓은 콘크리트 구조물 흔적들이 그때까지 남아 있었다. 하천을 벗어난 능선부에는 길이 43.5cm, 두께 1.5cm의 토관이 묻혀있었다. 토관은 한쪽이 넓고(13cm) 반대쪽은 작은(9cm) 깔때기 모양으로 물이 새지 않도록 고안되어 있었다. 토관은 지표에서 약 20~30cm 깊이로 얕게 매설되어 있었으며, 공설묘지 입구 근처까지 확인되었다(그림 22).

토관이 누기, 언제, 어떤 목적으로 매설한 것인지? 아직도 규명되지 않았지만, 당시 제주도수자원개발사업소 전문직 공무원이었던 박윤석 씨 부친에 의하면, 일제 강점기 때 하귀리 주민들이 아흔아홉골 토관 묻는 공사에 동원되어 부역을 했다는 얘기를 동네 어른들로부터 들었다고 한다. 또, (사)한국동굴안전연구소·(사)제주도동굴연구소가 2021년 펴낸 <제주도 일본군 동굴진지(요새) 현황조사 및 증언채록 보고서>에 의하면, 제주시 연동 소재 '노루손이오름' 남쪽에 일본군 복곽진지가 구축되어 있었다. 이 같은 정황으로 미루어 볼 때, 일제 강점기 때 노루손이오름에 주둔했던 일본군의 급수를 위해 아흔아홉골 '고망궤왓물'을 간단한 집수시설과 함께 토관을 묻어 주둔지까지 끌어당긴 것으로 추정된다.

그림 22. 일제가 일본군 주둔지(제주시 노루생이오름) 용수 확보를 위해 토관으로 아흔아홉골 용천수를 운반할 때 포설한 토관(a, b)과 관련 신문기사(c)

한편, 2022년 발간된 <한라산의 지명>에는 이 용천수를 '당뽕물'이라 기재하고, 노형동 현○종 씨의 증언을 토대로 일제강점기에 영남목장을 거쳐 현 한라수목원에 있던 일본군 진지에 사용하기 위해 토관을 묻어 이 물을 끌어왔다고 소개하고 있다.

제5장 맺음말

일반적으로 지하수의 수질은 물-암석(광물) 간의 상호작용, 지층 내에서의 체류시간, 대수층으로 함양되는 물(대부분 빗물)의 수질조성, 인간의 활동 등 여러 가지 요인들에 의해 결정된다. 이러한 여러 요인 중에서도 자연적인 지하수의 수질은 지층을 구성하는 암석(광물)의 종류에 의해 결정되므로 구성 지질은 매우 중요하다. 예를 들어, 화강암이나 변성암 분포지역의 지하수에는 이들 암석으로부터 유래한 자연방사성 물질이 현무암 분포지역보다 많이 포함되어 있으며, 석회암 지역 지하수에는 칼슘(Ca)이 많이 함유되어 있다.

땅속으로 스며든 빗물은 지층에 발달된 틈을 따라 이동하면서 암석과의 반응을 일으키며, 이 반응을 통해 풍화된 암석의 광물로부터 이동성을 갖는 알칼리(나트륨, 칼륨) 및 알칼리토류 원소(칼슘, 마그네슘)들과 미량원소들이 지하수에 녹아 들어간다. 현무암과 같은 염기성(실리카 함량이 낮은) 화산암이 분포하는 지역의 지하수는 알칼리 이온 대 알칼리 토류이온의 비율이 낮은 값을 나타내는 반면, 유문암 따위의 산성(실리카 함량이 높은) 화산암지역에서는 높은 값을 나타낸다. 그런 까닭에, 현무암질 용암류 분포지역 지하수에는 칼슘과 마그네슘 함량이 나트륨과 칼륨 성분보다 많다. 또한, 감람석이 많은 화산암 지역 지하수에서는 마그네슘(Mg)이 다량 함유된다. 일반적으로, 현무암 지역 지하수는 칼슘-마그네슘-중탄산염($Ca-Mg-HCO_3$) 수질유형을 보이지만 유문암과 같은 산성 화산암 분포지역 지하수는 나트륨-중탄산염($Na-HCO_3$)의 수질유형을 나타내 구성암석에 따른 수질특성이 다르다.

제주도는 약 180만 년 전부터 시작된 오랜 화산활동으로부터 형성된 화산섬이다. 섬의 대부분은 규소(SiO_2) 함량이 45~53% 범위를 나타내는 현무암질 용암류 누층(累層)으로 이루어져 있다. 평균 3~5m 두께의 용암이 시루떡처럼 겹겹이 쌓여 있으며, 용암층 사이에는 화산재, 점토, 모래, 자갈 등으로 이루어진 퇴적층이 불규칙하게 분포하는 지질구조를 이루고 있다. 또한, 지하에는 화산활동이 진행되는 과정에서 만들어진 스코리아층(송이층)도 분포하기도 하며, 수성화산분화에 의해 형성된 응회암층도 존재한다. 이 같은 누층의 지질구조는 빗물을 깨끗하게 걸러주는 필터 역할을 할 뿐 아니라, 빗물이 이들 층을 통과하면서 규소, 칼슘, 마그네슘, 바나듐, 나트륨, 중탄산염 등의 미네랄 성분들이 녹아들어 맛있는 지하수로 탄생한다.

수리지질학적 관점에서 한라산은 '물 공장이다'. 지표수도 만들고, 지하수도 만드는 재주꾼이다. 동서남북, 사방팔방, 물 공장 힘(수압)이 미치지 않는 곳이 없다. 까마득한 옛날, 고양부 삼을라가 이 땅에 터를 잡아 살기 시작하면서부터 물 공장이 보내주는 물에 의지해 살아왔다. 결국, 제주의 역사는 한라산의 역사인 셈이다.

"화산은 제주민의 삶의 터전 한라산을 만들었고,
한라산은 제주민의 먹고 살아갈 생명수를 만든다"

참고문헌

건설부, 1965, 제주도 산업지기초조사 보고서, p.1~143
건설부, 1965, 제주도 고지대 용수 이용계획 조사보고서, 119 p.
고기원, 2001, 하와이주의 수문지질과 지하수 관리. 제주도광역수자원관리본부, p 313.
고기원·박준범·문덕철, 2017, 화산섬 제주도의 지질과 지하수.
　　제주특별자치도개발공사·제주권국토교통기술지역거점센터, 하나출판, 262 p.
고기원·김범훈·박준범·손영관·윤석훈·문덕철, 2021, 한라산의 지형과 지질(한라산총서 개정 증보판).
　　제주특별자치도·한라산생태문화연구소, p. 333.
고윤정, 2013, 조선시대 한라산 유산기와 등람 연구. 제주대학교 대학원 석사학위 논문, p. 80.
고석형·김경범·신창훈, 2016, 한라산 물장오리 및 사라오름 고산습지의 퇴적물에 관한 연구. 한라산
　　조사연구보고서 15호, p. 323-334.
고정군·고석형. 2008. 한라산 고산습지의 학술적 가치조명과 과제 - 한라산 고산습지의 현황 및 식물상.
　　제주특별자치도 환경자원연구원 학술심포지엄자료집. p. 1-21.
김오진·최광용, 2021, 한라산의 기후와 기후변화(한라산총서 개정 증보판).
　　제주특별자치도·한라산생태문화연구소, p. 261.
(사)한국동굴안전연구소·(사)제주도동굴연구소, 2021, 제주도 일본군 동굴진지(요새) 현황조사 및
　　증언채록 보고서. 90 p.
안종성·한정상·이정호·정창조·유장걸, 1984, 동위원소를 이용한 제주지역 수자원에 관한 연구.
　　수문학회지 제17권 p.72~79.
양팔진, 2023, 광역상수도 시대의 개막. 제주를 변화시킨 행정 시책, 제주특별자치도, 226-237 p.
윤혜선·엄명진·조원철·허준행, 2009, 지역빈도해석 및 다중회귀분석을 이용한 산악형 강수해석.
　　한국수자원학회논문집, 42(6), p. 465-480.
임재수·홍세선·이춘호·이진영 등, 2017, 201년 한라산 천연보호구역 기초학술조사 용역, 제주특별자치도
　　세계유산본부·한국지질자원연구원, 614 p.
임재수·홍세선·이춘호·이진영 등, 2018, 2018 한라산 천연보호구역 기초학술조사 용역, 제주특별자치도
　　세계유산본부·한국지질자원연구원, 589 p.
제주도, 1999, 제주의 물 용천수. 경신인쇄사, 392 p.
제주도. 2001. 제주도 수문지질 및 지하수자원종합조사(Ⅰ), 378 p.
제주지방기상청, 2023, 2000~2019 제주도 상세기후도, 61 p.
제주특별자치도·제주지하수연구센터, 2022, 용천수 순환체계 및 생태학적 가치 연구(1차년도), 122 p.
제주지하수연구센터. 2023. 용천수 순환체계 규명 연구(Ⅱ), 212 p.
제주특별자치도 세계유산본부 한라산국립공원관리소·한국지질자원연구원, 2017, 한라산 먹는물(샘물)
　　수질역학조사, 356 p.
제주특별자치도·제주발전연구원, 2012, 제주 상수도 50년, 477 p.
한국지질자원연구원. 2011. 제주워터 지속이용 가능량 평가 및 기능성 지하수 발굴, 577 p.
한상봉, 2022, 한라산의 지명, 제주특별자치도 세계유산본부, 491 p.

Clark, I. and Fritz, P., 1997. Environmental Isotopes in Hydrogeology. CRC Press, New York. 342 p.

Davis, G. H., Lee, C. K., Bradley, E. and Payne, B. R., 1970, Geohydrologic interpretation of a volcanic island from environmental isotopes, Journal of Water Resources Research, Vol. 6, p. 99-109

Ecker A., 1976, Groundwater Behavior in Tenerife, Volcanic Island(Canary Island, Spain). Journal of Hydrology, v.28, 73-86.

Koh, D.C., Chae, G.T., Yoon, Y.Y., Kang, B.R., Koh, G.W., Park, K.H. 2009. Baseline geochemical characteristics of groundwater in the mountainous area of Jeju Island, South Korea: Implications for degree of mineralization and nitrate contamination. Journal of hydrology, 376(1-2), 81-93.

Lee, S., Shimada, J., I. Kayane. 1999. Stable isotopes in precipitation in the volcanic island of Cheju, Korea. Hydrological Processes, 13, 113-121.

Moon, S.H., Lee, J.Y., Lee, B.J., Park, K.H., Jo, Y.J. 2012. Quality of harvested rainwater in artificial recharge site on Jeju volcanic island, Korea. Journal of hydrology, 414, 268-277.

Oki, Delwyn S. and Anne M.D. Brasher, 2003, Environmental Setting and the Effects of Natural and Human-Related Factors on Water Quality and Aquatic Biota, Oahu, Hawaii: U.S. Geological Survey Water-Resources Investigations Report 03-4156, 98 p.

Takasaki, K.J. and Valenciano, S., 1969, Water in the Kahuku area, Oahu, Hawaii. U.S. Geological Survey Water-Supply Paper 1874, 59p.

室井渡·塚本正夫·配野松雄, 1938, 제주도 수원조사 개보(공업용수조사 제4보). 일본중앙공업시험소 17-11, 38 p.

10

세계유산 한라산의 문화경관적 가치 보존 방안

김숙진
건국대 지리학과/대학원 세계유산학과 교수

제1장 서론

　제주도는 2007년 '제주 화산섬과 용암동굴(Jeju Volcanic Island and Lava Tubes)'이라는 이름으로 유네스코 세계유산으로 등재되었다. 자연유산으로는 한국 최초로 등재되었으며 세계유산으로 지정된 지역은 한라산 천연보호구역, 성산일출봉, 거문오름용암동굴계이다. 세 구역으로 이루어진 유산의 총면적은 188.5㎢로 제주도 전체 면적의 대략 10%를 차지한다. 세계유산협약은 유형의 부동산 유산을 대상으로 하고 있으며, 문화유산과 자연유산을 구분해 지정하고 있다. '제주 화산섬과 용암동굴'은 세계유산 등재 기준 중 자연유산에 해당하는 기준, 즉 (vii) 최상의 자연 현상이나 뛰어난 자연미와 미학적 중요성을 지닌 지역, (viii) 생명의 기록이나, 지형 발전상의 지질학적 주요 진행과정, 지형학이나 자연지리학적 측면의 중요 특징을 포함해 지구 역사상 주요 단계를 입증하는 대표 사례인 점에 근거해 그 가치를 인정받았다.

　제주도는 약 180만 년 전 일어난 화산 활동으로 만들어진 화산섬이며, 그 중심에 우뚝 솟아있는 해발 1,950m의 한라산은 유동성이 매우 큰 현무암질 용암이 화구로부터 사방으로 흘러나와 방패 모양의 완만한 경사를 이룬 순상 화산이다. 한라산 정상부는 높은 점성을 가진 조면암질 용암이 분출하여 용암이 멀리 흐르지 않고 화구 주변에 쌓여 둥그런 돔(dome) 형태를 이룬 종상 화산이다. 세계유산으로서 한라산의 자연적 가치가 기술된 부분을 보면, 한라산은 폭포, 다양한 모양의 암석, 주상절리 절벽, 분화구에 호수가 있는 우뚝 솟은 정상 등 경관이 수려하며(vii), 세계에서 보기 드물게 움직이지 않는 대륙 지각판 위 열점에 생성된 대규모 순상 화산으로 특별한 가치를 가진 것(viii)으로 나와 있다. 한라산이 가지는 자연유산적 가치는 과학적으로 전문가들에게 인정되었고 지형학적 발전 과정과 특징이 세계적으로 드문 사례로 특별함과 중요성을 가진다.

여기에 더해, '제주 화산섬과 용암동굴'이라는 명칭에서도 알 수 있듯이, 한라산의 형성과정은 제주도라는 화산섬 전체의 형성과정과 동일하며, 역사적으로 사람들의 인식 속에서도 한라산은 곧 제주도를 의미하고, 제주도는 곧 한라산이라는 점에서 한라산은 특별한 의미를 가진 존재임을 알 수 있다. 이러한 인식은 제주도민들뿐만 아니라 한국인에게도 해당되며, 이는 한라산이 사람들에게 특별한 장소감과 상징성을 가진 문화적 존재이기도 하다는 점을 의미한다. 실제로 이 책에 실린 다른 글에서 보여주는 것처럼, 한라산은 신앙과 예술, 문학 등 다양한 문화적 실천에 있어서 깊은 영감의 원천이 된 것을 알 수 있다. 한라산은 한라산신제가 실행되는 제의 장소이며, 많은 이들이 수행했던 수행굴들이 존재한다. 또한 영실기암과 오백나한은 불교와 깊은 관련이 있고 경관이 빼어나 명승으로 지정된 바 있다. 사라오름은 제주도의 오름 중 가장 높은 곳에 있는 분화구에 형성된 호수로 경관이 뛰어날 뿐만 아니라 풍수지리적으로 명당으로 알려져 있어 명승으로 지정되었다. 또한 한라산과 관련된 무수한 설화와 한라산 유산기 자료 등 많은 문학 작품과 예술 작품이 존재한다.

한라산은 특별한 장소감과 상징성을 가진 영감의 원천일 뿐만 아니라 사람들의 흔적이 남아있는 문화경관이기도 하다. 한라산 중산간 지대는 과거 목축이 행해지던 장소로 목축경관을 이루었다. 잣성은 우마를 기르기 위해 설치된 국영 목마장의 경계선을 구분하기 위해 만든 석성으로 중요한 문화유산이다. 목축에 종사하는 목자인 테우리는 국영 목마장이나 인근 마을에 거주하며 국마 생산과 관리에 종사한 사람들로 고유한 전통 지식을 보유하며 마소의 번식을 기원하는 목축 의례인 '테우리 코시'를 행했는데 이 또한 보존이 필요한 무형의 문화유산이다. 근현대에도 한라산에는 목축이 방목의 형태로 이루어졌는데 백록담 남쪽의 선작지왓, 움텅밭, 백록담 북서쪽의 사제비~만세동산, 큰두레왓, 가메왓, 개미등이 한라산의 목축지였다(강만익 2013). 한라산이 1970년 국립공원으로 지정된 후 방목이 전면 금지되면서 방목과 관련된 전통적 관습과 문화가 소멸하는데, 이는 한라산의 자연적 가치에만 치중하여 한라산에 의존해 살아왔던 제주도민들의 삶의 방식과 활동을 금지함으로써 이곳의 문화적 흔적이 사라져가는 상황이라 할 수 있다. 그러나 아이러니하게도 한라산의 '자연 상태'를 보존하고 유지하기 위해 인간의 활동을 전면적으로 금지한 것이 오히려 한라산의 생물다양성을 위협하는 상황을 초래하였다. 한라산의 목축을 인위적으로 금지하면서 우마들의 먹이였던 조릿대가 무성하게 번식하면서 제주 고유종인 시로미, 산철쭉, 털진달래 등 20여 종의 자생식물이 생장하는데 방해가 되어 문제가 되고 있다.

한라산은 1966년 국내 최초로 천연보호구역으로 지정된 이래 1970년 국립공원, 2002년 생물권보전지역, 2007년 세계유산(자연유산), 2009년 세계지질공원으로 지정되면서 자연적 측면에서만 그 가치가 조명되어 왔다. 그러나 한라산은 제주도민과 한국인들에게 정신적 영감을 주는 원천이자 사람들이 살아온 공간으로 문화적 가치 또한 그 중요성이 크다. 이러한 한라산의 문화적 가치, 문화경관적 가치를 보존하는 데 앞서 지정된 국립공원, 세계유산(자연유산) 등의 자연보호구역 지정 및 보호관리 접근법만으로는 많은 부분을 놓칠 수 있다. 따라서 본고에서는 한라산의 문화적 가치 또는 문화경관적 가치를 보존하기 위한 전략을 두 가지 측면에서 고려해보고자 한다. 하나는 문화유산과 자연유산을 함께 보존하는 유일한 국제적 도구인 세계유산제도에서 기존의 문화유산과 자연유산 외에 자연과 문화의 상호작용으로 생긴 문화경관으로 재등재를 시도하는 방법이고, 다른 하나는 세계유산 보존관리에서 최근 등장한 자연-문화 통합보존관리 접근법을 적용하는 것이다. 이를 위해 세계유산제도에서 문화경관이 도입된 과정과 문화경관 등재 관련 세부 사항을 살펴보고, 문화경관으로 재등재된 사례로 기존에 자연유산이었다가 문화경관으로 재등재한 사례와 문화유산이었다가 문화경관으로 재등재한 사례를 소개하고자 한다. 다음으로 세계유산에서 최근에 자연-문화 통합보존방법이 등장한 경위와 이를 적용하고 있는 사례를 살펴보고자 한다.

제2장 세계유산 문화경관 유형과 등재 사례

제1절 세계유산 문화경관의 도입과 등재과정

　세계 문화 및 자연유산 보호협약(Convention concerning the Protection of the World Cultural and Natural Heritage, 이하 세계유산협약)은 인류가 다음 세대에 전승할 만한 탁월한 보편적 가치(Outstanding Universal Value)를 가진 세계유산을 선별하여 이를 보존, 관리하고자 1972년 유네스코 제17차 정기총회에서 채택한 국제협약이다. 세계유산협약은 문화유산과 자연유산을 함께 보존하는 유일한 국제적 도구로 칭송받기는 하지만, 세계유산을 문화유산과 자연유산으로 구분하고 있으며 협약 제1조에서 문화유산으로 간주하는 유산을, 제2조에서 자연유산에 해당하는 유산의 종류를 명시하고 있다. 문화유산과 자연유산의 이러한 이분법적 구분은 유산을 생성하게 한 근원이 인간(문화)인지 혹은 자연인지에 따른 것으로 서구 근대 사상에 뿌리 깊게 자리 잡은 데카르트적 전통에 기인한다. 자연과 문화의 이분법이 유산 분류에 적합한 보편적이고 타당한 구분이라기보다 유럽과 근대라는 특정한 지역과 시기의 산물이라는 점을 고려하면 자연과 문화가 상호작용하여 생긴 유산은 반영하지 못한다는 한계를 지닌다.

　이런 한계에 주목하여 협약 초기부터 자연과 문화의 분리로 인한 고민과 이에 대한 논의가 있었다. 1977년 세계유산위원회의 기록을 보면 문화적, 자연적 특성이 결합 되어 인간과 자연 간 상호작용을 보여주는 유산을 포함하기 위한 노력이 필요하다는 내용이 명시되어 있다. 1984년에는 세계유산위원회에서 문화유산과 자연유산의 특성을 모두 가지고 있는 유형에 관해 운영지침에 명확한 안내가 없다는 문제 제기가 있었다. 이러한 문제의

식에 더해 1990년대에는 세계유산 목록이 유럽의 역사적 유적지와 기념물, 엘리트주의적 건축물로 주로 구성되면서 등재 유산의 지리적 불균형뿐만 아니라 유산의 유형, 시대별 유산목록의 불균형 문제가 대두되었는데 이를 시정하기 위한 노력으로 문화경관 개념의 도입이 이루어졌다. 1992년 문화경관 개념이 채택되고 1994년 운영지침에 반영된 것은 유산 개념이 유럽중심주의를 탈피하여 자연과 문화의 연결성을 드러내는 유형까지 포괄한 것이라는 점에서 의의가 있다. 또한 문화경관은 유형유산과 무형유산의 연결뿐만 아니라 유산과 지역공동체의 밀접한 관계를 인식한 결과이다. 최초로 문화경관으로 등재된 세계유산인 뉴질랜드 통가리로 국립공원(Tongariro National Park), 호주의 울루루-카타 추타 국립공원(Ulruru Kata Tjuta), 필리핀의 계단식 논(Banaue Rice Terraces)은 모두 아시아와 태평양 지역에 위치해 있다.

운영지침은 문화경관의 정의를 기술하고 있다. 제47항에 따르면, "문화경관은 문화재이자 협약 제1조에 지정된 '자연과 인간의 합작품(combined works of nature and of man)'을 나타낸다. 문화경관은 자연환경에서 주어지는 물리적 제약 및/또는 기회, 그리고 외부와 내부에서 주어지는 연속적인 사회적·경제적·문화적 힘의 영향 아래에서 오랜 세월에 걸친 인간 사회와 정주지의 진화를 잘 보여준다"(운영지침 제47항). 문화경관은 세 유형으로 나눌 수 있는데 첫째, 인간이 의도적으로 설계, 창조한 경관으로 예술적으로 조성된 정원이나 공원 풍경이 이에 해당한다. 둘째, 유기적으로 진화한 경관인데 이는 갑자기 또는 일정 기간에 걸쳐 과거 특정 시점에서 진화과정이 끝난 경관이지만 중요한 특징이 여전히 물질적 형태로 남은 잔여(또는 화석)형 경관, 그리고 전통적 생활방식과 밀접한 관련을 맺고, 현대 사회에서 능동적인 사회적 역할을 담당하고 있으며 진화과정이 여전히 진행 중인 지속형 경관을 포함한다. 마지막으로 연상적 문화경관으로 이는 미미하거나 심지어 부재할 수도 있는 물질적 문화적 증거보다 자연 요소와 연관되는 강력한 종교적, 예술적 또는 문화적 연관성을 뜻한다.

문화경관은 자연과 문화의 상호작용을 보여주는 새로운 유형으로 도입됐지만 문화유산과 자연유산을 명확히 구분하고 있는 세계유산협약의 경직성과 한계로 제3의 유형으로 자리매김하기보다 문화유산의 특수한 유형으로 규정되었다. 그 결과 독자적인 등재기준 대신 문화유산의 등재기준에 해당하는 (i)~(vi)을 적용해야 한다. 특히 등재기준 (vi)은 사건이나 실존하는 전통, 사상이나 신조, 보편적 중요성이 탁월한 예술 및 문학 작품과 직접 또는 가시적으로 연관되는 경우인데 문화경관의 세 유형 중 연상적 문화경관에 적용된다.

문화경관의 등재 과정은 일반적인 세계유산의 그것과 동일하지만 다소 까다롭고 모호한 측면이 있다. 문화유산에만 적용되는 진정성(재질, 기법 등에서 원래 가치 보유)의 경우 문화경관에는 별도의 조건을 규정하지 않고 있지만, 완전성의 경우 "문화경관에 존재하는 관계성과 역동적인 기능도 유지되어야 한다"는 점이 추가되었다(운영지침 제89항). 운영지침과 부록에는 문화경관의 지리적 범위와 보존관리에 관한 사항도 기술하고 있다. 지리적 범위는 경관의 기능성(functionality)과 명료성(intelligibility)과 관련되며 선택된 표본은 해당 문화경관의 총체성(totality)을 적절히 나타낼 만큼 본질적이어야 함을 명시하고 있다. 보존관리 또한 등재기준과 함께 등재 과정에서 필수적인 부분인데 문화경관의 경우 일반적 기준에 더해 경관에 나타난 모든 범위의 문화적 자연적 가치에 주의를 기울이는 것이 중요하며, 지역공동체와 협력하고 그들의 전적인 승인을 받아야 함을 강조하고 있다.

제2절 문화경관 사례와 한라산에 가지는 함의

세계유산 등재를 추진하는 실무적인 측면에서 보면 문화경관 개념 자체가 다소 모호한 측면이 있고 자연과 문화의 상호작용을 증명하는 것이 까다롭게 느껴질 수 있긴 하지만 문화경관으로 등재된 사례를 보면 기존의 문화유산이나 자연유산 유형으로는 담을 수 없는 것을 포함하고 있다는 점을 알 수 있다. 먼저 자연유산으로 등재되었다가 문화경관으로 재등재된 사례로 뉴질랜드 통가리로 국립공원(Tongariro National Park)과 오스트레일리아의 울루루-카타 추타 국립공원(Uluru-Kata Tjuta National Park)이 있다. 통가리로 국립공원은 화산과 호수, 빙하로 남서 태평양에서 장관을 이루는 화산지역이다. 1990년 세계유산으로 등재되었으며 당시 자연유산 등재기준인 (ii) 진행중인 지질학적 과정에 대해 뛰어난 장소 (iii) 뛰어난 자연의 아름다움으로 기준을 충족해 자연유산으로서의 가치만이 인정되었다. 통가리로 국립공원은 마오리족에게 신성한 의미를 지닌 장소였지만, 당시 문화유산의 기준은 사원, 거주지 등 유산의 문화적 사용에 대한 유형적 증거가 있어야 한다고 규정했기 때문에 비물질적인 문화적 가치를 인정받기 어려웠다. 이후 뉴질랜드 측은 세계유산위원회에 문화적 연관성이 무형적인 유산도 포함하는 것이 정당함을 설득하였다. 즉 태평양과 아시아 전역에서 많은 산과 다른 장소가 신의 거처로서 문화와 오랫동안 연관되어 왔으며 신성한 지역으로 여겨졌다는 것이다. 느가티 투와레토아(Ngati Tuwharetoa)와 느가티 랑기(Ngati Rangi)에게 통가리로 산은 항상 영적, 문화적 실체로 여겨져 왔다. 이러한 노력의 결과 세계유산위원회는 1993년 연상적인 문화적 가치를 위한 기준을 추가하였고 1993년 통가리로 국립공원은 최초의 문화경관으로 등재되었다. 이때 통가리로 국립공원의 가치로 추가된 부분은 문화유산의 등재기준인 (vi)에 해당하는데, 통가리로 국립공원의 중심부에 있는 산이 마오리족에게 큰 문화적, 종교적 의미를 지니고 있으며, 이 인간 공동체와 자연환경 사이의 근본적인 영적 연결을 강력하게 상징한다는 내용이다.

울루루-카타 추타 국립공원은 주변 평야에서 갑자기 솟아오른 가파른 언덕과 여러 암석 돔으로 이루어진 곳으로 아난구족이라 불리는 원주민이 오랜 기간 거주하던 곳이다. 19세기 측량가 고스가 이 거대한 바위산을 오스트레일리아 초대 수상인 헨리 에이어(Henry Ayers)의 이름을 따 '에이어 바위-올가 산(Ayers Rock-Mount Olga)'으로 명명하였고, 이후 이 지역은 백인 거주민들에게 오스트레일리아의 대표적 관광지가 되었고, 등산객들이 바위 정상에 오르는 것이 일상적 활동이었다. 그러나 아난구족들에게 울루루와 카타 추타의 거석은 그들의 조상이 살았던 상징적 장소이며 신성시되는 공간, 숭배의 공간이었기 때문에 관광객들의 등산 행위는 이 장소의 참된 모습을 해치는 것으로 여겨졌다.

울루루-카타 추타 국립공원은 1987년 자연유산으로 등재가 되었는데 적용된 등재 기준은 제주도와 동일한 등재 기준이었다. 즉, 당시 자연유산 등재기준 중 (ii) 울루루와 카티 추타의 거석이 지각 및 지형 과정의 뛰어난 사례인 점(현재 등재 기준으로 (viii)에 해당), (iii) 울룰루 거석의 엄청난 크기와 올가 산의 광택이 나는 도르네 모음이 웅장한 경치를 만들어내는 점(현재 등재 기준으로 (vii))에 근거하였다. 그러나 우리가 주목해야 할 점은 등재평가서에 이 유산이 원주민들의 종교적, 신화적 신념이 관련되어 문화적 가치가 중요하다는 점이 인식되었다는 것이다. 세계유산으로 등재되기 전인 1985년에 원주민인 아난구족의 거주지로서 이들의 전통적 소유권도 인정된 바 있다. 그러나 세계유산으로 등재될 때에는 유산의 다양한 가치 중 자연적 가치만이 선별적으로 고려된 것이다.

1994년 문화경관으로 확장 등재되었을 때는 문화유산 등재 기준인 (v)

번복할 수 없는 변화의 영향으로 취약해졌을 때 환경이나 인간의 상호 작용이나 문화를 대변하는 전통적 정주지, (vi) 사건이나 실존하는 전통, 사상이나 신조, 보편적 중요성이 탁월한 예술 및 문학작품과 직접 또는 가시적으로 연관되는 점이 추가되었다. 구체적 내용은 다음과 같다. (v) 울루루-카타 추타 국립공원의 문화적 경관은 원주민 아난구족의 전통 사냥, 채집 및 기타 고대 관습을 잘 반영한 것으로, 사람과 환경 사이에 친밀한 관계를 형성한 점, (vi) 문화적 경관이 차쿠르파의 영웅적 조상인 말라, 룽카타, 이차리차리, 리루, 쿠니야의 창조물로 인식되고, 땅과 원주민 간의 관계를 명시하는 텍스트로 읽히며, 울루루와 카타 추타의 거석은 영웅의 행동과 그 존재 자체를 생생하게 보여주는 증거로 여겨진다는 점이 인정되었다.

이와 반대로 문화유산으로 등재되었다가 문화경관으로 재등재(확장등재)된 사례 또한 존재한다. 노르웨이의 뢰로스 광산촌은 1644년 덴마크-노르웨이 국왕이 뢰로스 주변 지역(the Circumference)에 구리광산 개발을 허용하면서 개발되어 1977년 폐쇄될 때까지 333년간 존재했던 광산을 중심으로 형성된 마을로 1980년 문화유산으로 세계유산목록에 등재되었다. 마을의 목조 건물은 1700년대와 1800년대 노르웨이 전통 건축을 대표하고 마을 구조는 스칸디나비아의 가장 완벽한 격자패턴 도시를 보여준다는 점에서 문화적 가치가 높은 것으로 평가되었다. 1980년 당시에는 마을만 세계유산으로 등재되었으나 2010년에는 뢰로스 광산촌 주변 광산 지역과 농업 경관, 페문스휘타(Fermundshytta) 제련소와 '겨울 운송로(winter transport route)'를 유산구역에 포함하고, 덴마크-노르웨이 국왕이 광산회사에 하사한 일종의 특권 지역인 주변 지역(the Circumference)을 완충구역으로 포함해 확장 등재되었고 명칭도 '뢰로스 광산촌과 주변 지역(Røros Mining Town and the Circumference)'으로 변경되었다. 유산구역의 확대는 역사적 마을과 이와 연관된 문화경관으로서 가치를 인정받기 위한 것으로 뢰로스 광산촌과 주변 지역의 탁월한 보편적 가치가 산악 평원, 추운 기후, 구리 광석, 호수와 강의 네트워크 등과 같은 자연환경과 밀접하게 연결된 것으로 보았기 때문이다. 즉, 뢰로스의 척박한 자연환경, 그리고 고립된 위치성에 인간이 적응하고 상호작용한 것이 뢰로스에 독특함을 주었고, 뢰로스 광산촌과 구리 작업장과 관련한 문화경관 형성의 배경이 된 것이라 본 것이다(김숙진 2022).

위의 사례들은 한라산이 자연유산으로 등재되면서 누락된 문화경관적 가치를 재조명하고 보존하는 방안으로 참고할 만하다. 한라산은 한국인들에게 영감의 원천으로 상징적 공간으로 여겨지기 때문에 연상적 문화경관으로 가치를 갖는다. 따라서 자연유산에 적용된 자연유산 등재기준 두 가지에 연상적 문화경관에 해당하는 등재기준 (vi)을 추가해 재등재하는 방안을 고려해 볼 수 있다. 또는 한라산 중산간지대에서 지역주민이 한라산이라는 자연환경에 적응, 상호작용해 형성되었던 목축경관과 같은 문화경관적 요소들을 발굴해 문화유산 등재기준 중 (v) 번복할 수 없는 변화의 영향으로 취약해졌을 때 환경이나 인간의 상호 작용이나 문화를 대변하는 전통적 정주지로서의 가치를 추가할 수도 있을 것이다. 현재 세계유산으로 지정된 부분은 자연적 가치에만 치우쳐 한라산 전체가 아닌 해발 800m 이상의 천연보호구역에 해당하는 지역인데 노르웨이 뢰로스 사례처럼 문화경관을 포괄할 수 있는 지역을 추가해 확대하는 것도 방법이다.

제3장 자연-문화 통합보존방법과 한라산에의 적용

제1절 자연-문화 통합보존방법

인간과 환경의 상호작용으로 만들어진 문화경관이 1992년 유산의 새로운 유형으로 도입된 것은 괄목할만한 발전이었고, 2005년 운영지침 개정 시 등재기준 (v)에 "인간과 환경의 상호작용(human interaction with the environment)" 문구가 추가되기는 했지만, 문화경관을 문화유산의 특수한 유형으로 위치시킴에 따라 이는 한계를 지닌 것이었다. 여전히 자연과 문화의 이분법에 기반해 유산의 등재 기준, 가치평가, 보존관리를 설정하고 운영했는데 이러한 협약의 이행과 작동방식은 사실상 유산 현장의 상황과 괴리되는 것이었다. 즉 자연유산, 혹은 문화유산으로 분류되었더라도 보존관리 과정에서 문화적 측면과 자연적 측면의 복잡한 상호작용을 간과할 수 없는 상황이 자주 나타났다.

이러한 상황에서 세계유산위원회 세계유산 자문기구인 세계자연보전연맹(International Union for Conservation of Nature, IUCN)과 국제기념물유적협의회(International Council on Monuments and Sites, ICOMOS)는 세계유산 현장에서 보존관리의 자연-문화 이분법 극복을 위해 2013년 10월 "키넥팅 프렉디스(Connecting Practice)" 프로젝트를 시작하였다. 이 프로젝트는 세계유산협약 이행과정에서 문화와 자연을 통합적으로 고려하기 위한 새로운 관리 접근법을 개발하기 위해서 개념과 실천의 조화가 가능한 중간지대 기반의 연구로 구체적인 세계유산 지역에서 실무자와 유산기구, 전문가들의 현장조사, 그리고 전문가 워크샵이 중심을 이루었다. 이와 함께 IUCN과 ICOMOS는 공동으로 "자연-문화 여정

(Nature-Culture Journey)"을 조직하였는데 이는 전 세계의 전문가, 실무자, 기관들이 자연-문화 통합적 보존관리를 위해 어떤 노력을 해왔는지 서로의 경험을 나누는 일종의 플랫폼 역할을 하였다. 세 차례의 회의를 통해 자연-문화 여정은 많은 경관과 해양경관에서 자연유산과 문화유산이 밀접하게 연결되어 있으며 그러한 장소의 지속적인 보존은 계획과 관리의 모든 측면에서 이 연결된 차원의 보다 나은 통합에 달려있다는 것을 보여주었다. 이 여정이 의미를 갖는 것은 사람과 자연환경과의 관계가 우리의 물리적 환경과 신념 체계 모두를 형성한다는 인식에 기반하여 유산에 접근하게 되었다는 것이다. 자연-문화 여정은 또한 생물학적 자원, 경관, 지질학적 다양성, 문화적 장소 및 관행, 전통 지식 체계를 포함하는 유산의 복잡성을 포용하는 것이었다.

커넥팅 프렉티스와 자연-문화 여정은 자연과 문화가 복잡하게 얽힌 유산에 대한 인식 증진, 그리고 자연-문화가 연계된 유산통합보존관리로 나아가는 데 있어 큰 모멘텀이 되었다고 할 수 있다. 이 두 사업은 이론적 논의와 경험 및 실천의 공유 단계에 머물지 않고 국제문화재보존연구소 (International Centre for the Study of the Preservation and Restoration of Cultural Property, ICCROM)와의 협업을 통해 더욱 구체적인 단계로까지 이어진다. 먼저, ICCROM은 IUCN과 공동으로 2017년 세계유산 보존관리에 있어 "자연과 문화의 연결(Linking Nature and Culture, LNC)"을 강조하는 역량강화 사업을 진행했고, 이후에는 기존의 역량강화 사업에서 채택했던 사람 중심 접근법과 자연과 문화의 통합적 접근법을 아울러 "People Nature Culture (PNC)" 라는 주제로 역량강화 사업인 세계유산 리더쉽 프로그램을 실시하여 현재에 이르고 있다. 또한 ICCROM은 기존에 각각 독립적으로 존재하던 자연유산관리 매뉴얼과 문화유산관리 매뉴얼을 통합하여 자연유산과 문화유산을 총체적으로 관리

할 수 있는 통합매뉴얼을 작성 중이다(김숙진 2022; 2024).

이러한 흐름은 많은 유산 장소에서 자연유산과 문화유산이 밀접하게 연결되어 있으며 이러한 장소의 지속적인 보존은 계획과 관리 측면에서 이 둘의 보다 나은 통합에 달려있음을 보여주는 것이다. 그리고 이러한 흐름은 세계유산 등재 과정에서 유산의 탁월한 보편적 가치로 선정되지 못했지만 해당 국가나 지역 주민들이 중요하게 여기는 다른 가치들(other values)에도 주목해 이런 가치들 또한 보존하고 관리하고자 하는 세계유산의 최근 경향에도 부합한다. 따라서 한라산의 경우 문화경관으로의 (확장)재등재가 어렵다면 자연-문화 통합보존관리 접근법을 도입함으로써 한라산의 문화적 가치, 문화경관적 가치를 보존할 수 있을 것으로 본다.

제2절 바덴해 사례와 한라산에의 함의

자연과 문화의 통합적 보존관리를 실행하고 있는 사례 중에 자연유산으로 세계유산에 등재되었지만 문화유산과 문화경관에 대한 보존도 함께 통합적으로 실행하고 있는 바덴해 사례는 한라산의 문화적 가치를 재조명하고 이를 보존하는데 중요한 함의를 가진다. 바덴해는 네덜란드, 독일, 덴마크 해안에 걸쳐 있고 면적이 1,143,403ha에 달하는 세계에서 가장 넓고 훼손되지 않은 조간대 모래 및 갯벌 체계이다. 2009년 자연유산 등재기준인 (ⅷ) 지형 발전상의 지질학적 주요 진행 과정의 대표적 사례, (ⅵ) 생태학적, 생물학적 주요 진행 과정을 입증하는 대표적 사례, (ⅹ) 생물학적 다양성의 현장 보존을 위해 중요한 자연 서식지라는 점을 충족하여 세계유산으로 등재되었고 2014년 확장 등재되었다. 이 지역 대부분은 역동적이고 자연적인 변화과정이 방해받지 않고 진행되어 다양한 해안 퇴적 지형들이 존재하며, 이러한 지질학적·지형적 특징은 생물물리학적 과정과 연관되어 풍부한 생물종이 서식할 수 있는 환경을 만들어 철새들의 동대서양 이동 경로(East Atlantic Flyway)의 중간기착지일 뿐만 아니라 아프리카-유라시아(African-Eurasian) 대륙을 이동하는 물새들의 보호에 중요한 역할을 하고 있다는 점에서 그 가치를 인정받아 세계유산이 되었다.

    1960년대 이 지역은 심각한 환경적 압박 아래 있었고 간척사업은 바덴해 자체의 존속을 위협하고 있었다. 이런 상황에서 바덴해의 자연 지역으로서의 국제적 중요성이 인식되었고 네덜란드, 독일, 덴마크 각 국가는 국립공원과 자연보호지역 설정을 통해 보호 조치를 취하였다(Enemark et al., 2018). 이와 더불어 3국에 걸쳐 있는 광활한 면적과 지역의 특성상 3국이 이미 1978년부터 공동으로 바덴해 보호와 보존을 위한 협력(Trilateral Wadden Sea Cooperation, TWSC)을 논의하여 1982년 바덴해 보호를 위한 공동 선언문을 채택하였다. 바덴해 보존을 위한 3국의 공동 협력은 바덴해가 세계유산으로 등재되는 과정에서 유산 전체에 대한 포괄적인 보전 및 관리와 3국 사이의 조율을 위한 전체적인 기본 틀과 구조를 제공하는 것으로 여겨져 보존관리 체계로 인정되었다.

    바덴해가 세계자연유산으로 등재되는 과정에서 유산의 가치는 세계 다른 지역에서는 볼 수 없는 '(인간에 의해) 방해받지 않고' 진행되는 자연적인 과정과 그로 인한 생물다양성에 초점이 맞춰짐으로써 바덴해의 자연적 가치만이 선택되었고, 유산구역의 설정도 독일 니더작센(Lower Saxony area)과 같은 일부 지역을 제외하고는 바다만 포함하고 섬과 본토에서 사람이 거주하는 지역을 제외함으로써 문화(육지)와 자연(해상) 사이에 인위적인 경계를 만들었다(그림 1). 그 결과 제방 바깥의 자연자산은 유네스코의 가치 아래 보호하고, 제방과 사구 뒤의 지역은 그 반대, 즉 농민들이 큰 영향을 주는 문화경관으로 간주하였다(김숙진 2024).

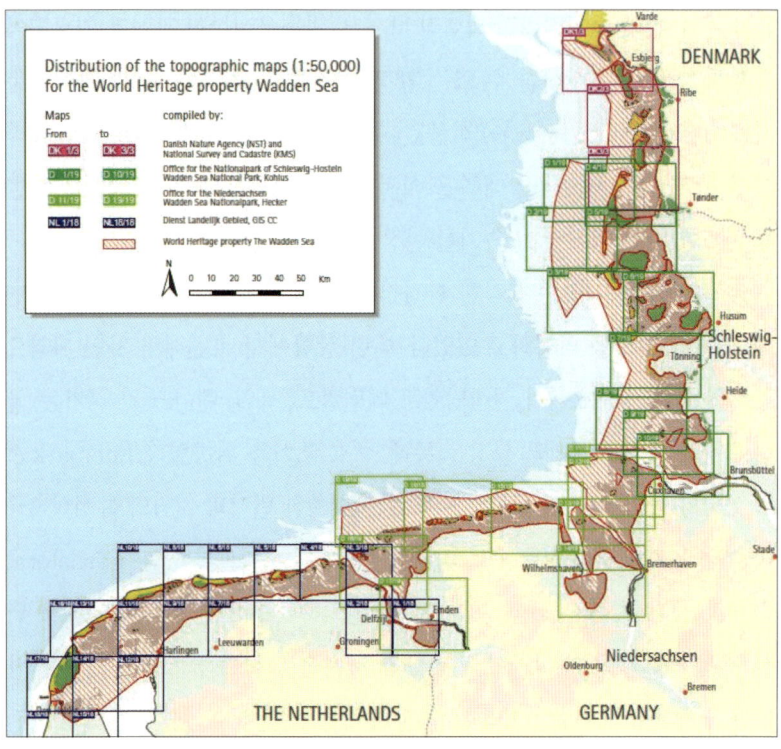

그림 1. 바덴해 세계유산 구역 (출처: 유네스코 바덴해 등재신청서)

 바덴해 지역이 인간의 손길이 닿지 않은 '순수 자연(pure nature)' 지역만은 아니었다. 중석기시대 이미 소규모 그룹의 사냥꾼, 어부, 채집인들이 이곳에 살았다. 이후 해수면 상승으로 넓은 조간대 지역이 형성되고 내륙 지역에서 광범위한 이탄지대(peatland)가 나타나면서 기원전 5천 년경에는 농업과 가축사육으로 점진적인 전환이 이루어진 것으로 보고 있다. 이러한 전환은 다양한 문화적 전통의 일부를 형성했으며 그중 일부는 해안 거주자들에게만 나타나는 것이었다. 선사시대 후기나 로마 시대에는 염습지 지역에 사람이 거주하면서 경작지 보호를 위해 제방을 쌓았고 인구가 증가해 개별 농장, 작은 마을, 마을과 같은 거주지 계층이 점진적으로 출현했었다(Bazelmans et al, 2012). 바덴해 지역의 문화경관 및 문화유산적 가치가 존재하고 이에 주목하는 연구들도 존재하였으나 생태적 가치에 주목한 과학 분야의 연구성과에는 한참 미치지 못하는 것이었고, 바덴해를 '순수 자연'으로 바라보는 시각이 일반 대중의 인식에 큰 영향을 미쳐 각국 정책과 3국 공동 정책에서 문화적 역사와 인간의 활동이 간과되는 결과를 가져왔다. 이런 흐름이 세계유산 등재 과정에서도 이어진 것이다.

그러나 최근 이러한 상황에 변화가 생기는데 네덜란드, 독일, 덴마크 3국이 바덴해 보호를 위해 1982년 채택한 공동 선언문을 2010년에 개정한 것에서 확인할 수 있다. 1982년 공동선언문은 바덴해의 자연적 가치에 초점을 맞춰 생태계와 생물학적 요소들만 보호하는데 목표를 두었다면, 2010년 선언문은 공동 협력의 목표로 '바덴해의 경관과 문화유산의 유지'를 포함하였고, 협력 부문으로 '바덴해의 자연적 가치, 경관 및 문화유산을 유지하고 강화하기 위한 계획, 정책 및 프로젝트의 개발 및 실행,' '연안 지역 통합관리 개념의 적용,' '자연적, 문화적 가치를 고려한 바덴해의 지속가능한 발전 가능성 확보'를 포함하였다(TWSC 2010). 이 공동선언문은 경관 및 문화유산에 대한 협력이라는 특별한 목적을 위해 문화적 실체가 발견되는 바덴해 지역(the Wadden Sea Area)과 그 너머 지역을 포함하는 지도를 부록으로 제시하였다(그림 2). 이 지도는 LANCEWAD(Landscape and cultural heritage of the Wadden Sea Region) 프로젝트의 결과 만들어진 것으로 바덴해의 경관과 문화유산을 보존해야 할 필요성이 인식되기 시작한 시점은 LANCEWAD 프로젝트가 진행되었던 시기까지 거슬러 올라간다고 할 수 있다. LANCEWAD 프로젝트는 정부 및 비정부 이해당사자들이 협력하여 바덴해 지역의 초국경 경관 및 문화유산의 개발, 관리 및 지속가능한 이용을 확장하고 강화하는 것을 목표로 하여, 1999~2001년, 2005~2007년 두 차례에 걸쳐 진행되었다. 첫 번째 LANCEWAD 프로젝트는 인간과 자연의 상호작용을 상징하는 주거용 둔덕, 둑길, 물방 앗간, 제방, 등대 및 제방과 같은 과거 흔적들을 지도화하였고, 두 번째 LANCEWADPLAN 프로젝트에서는 지속가능한 발전과 문화경관과 유산 의 보존을 위한 전략 개발을 목표로 문화경관과 유산의 관리와 계획 이슈 에 초점을 맞추었다(CWSS, LANCEWADPLAN leaflet). 우리가 주목할 것은 이 프로젝트에서 경관을 과거로부터 주어진 것으로 인식하는 것이 아니라 현재에도 사람들이 살고 있고 끊임없이 변하고 있는 '살아있는 (역 사)경관'이라고 본 것이다. 이러한 관점은 경관의 원형 보존만을 고집하는 것이 아니라 변화와 발전을 관리하고, 지역에 살고 있고, 일하며, 방문하는 사람들의 참여를 독려한다(김숙진 2024).

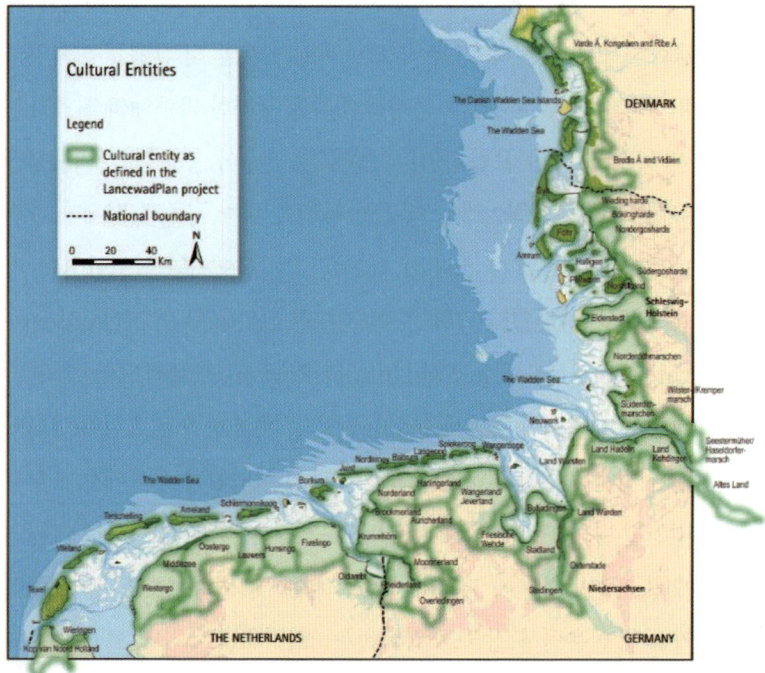

그림 2. 바덴해의 문화유산 (출처: LANCEWAD project)

세계유산 바덴해의 보존관리체계의 핵심인 '바덴해 3국 공동관리'가 2010년 개정된 공동선언문을 통해 협력의 목표로 바덴해의 경관과 문화유산을 보존관리의 대상으로 포함하고, 협력 부문으로 자연적, 문화적 가치를 고려한 바덴해의 지속가능한 발전 가능성 확보를 포함한 것은 바덴해가 자연유산으로 등재가 되었지만 실질적으로 유산 장소의 현장에서는 자연유산과 문화유산을 이분법적으로 나누어 어느 한 가지만 보존관리하기가 어려운 현실을 반영한 것이라 볼 수 있다. 이는 자연-문화 통합보존관리의 대표적 사례로 2009년 세계유산 등재 당시 지형과 생물학적인 특성 중심의 탁월한 보편적 가치 외의 다른 가치, 즉 문화·경관적 가치와 지역공동체의 지속가능한 발전을 포괄했다는 점에서 의의가 있다.

바덴해 사례는 한라산의 문화·경관적 가치를 재조명하고 보존하는데 중요한 함의를 지닌다. 한라산이 세계유산으로 등재될 때 자연적 가치만이 포함되었고 자연유산에 적용되는 조건을 충족시키기 위해 유산구역을 기존의 한라산 천연보호구역으로 설정하였는데 이는 바덴해가 세계유산 등재될 당시 네덜란드, 독일, 덴마크 각 국가가 기존의 국립공원과 자연보호지역을 토대로 사람이 거주하는 지역을 제외함으로써 문화와 자연 사이에 인위적인 경계를 만들었던 것과 흡사하다. 또한 한라산 역시 바덴해처럼 한라산의 문화적 가치를 조명하는 수많은 연구가 존재한다. 여기에 더해 LANCEWAD 프로젝트처럼 한라산의 문화적 가치를 조명한 기존의 연구성과들을 집대성하고 자료를 축적하며 사라진 문화적 요소와 문화경관을 지도화하는 체계적인 작업이 진행되어야 할 것이다. 물론 추가적으로 문화경관적 가치를 탐색하고 발굴하는 작업도 필요하다. 이런 자료와 연구성과를 기반으로 제주도와 제주세계자연유산센터와 협력하여 자연-문화 통합보존관리 계획을 수립하고 실천하는 것이 바람직하다.

제4장 결론

　본고에서는 한라산이 제주도민뿐만 아니라 한국인들에게 특별한 장소감과 상징성을 가진 영감의 원천일 뿐만 아니라 사람들의 흔적이 남아있는 문화경관이라는 인식하에 한라산의 문화·경관적 가치를 보존하기위한 방안을 모색해보았다. 첫째, 한라산이 세계자연유산으로 등재되면서 누락된 문화경관적 가치를 재조명하고 보존하는 방안으로 문화경관으로 확장 재등재하는 방안이다. 통가리로 국립공원은 지질학적이고 생물학적인 측면에 치우친 자연적 가치로 세계유산에 등재되었지만 마오리족의 영산이라는 가치를 내걸어 문화경관으로 재등재가 되었고, 울루루-카타 추타 국립공원 역시 자연적 가치에 주목해 세계유산으로 등재가 되었지만 유산이 원주민들의 종교적, 신화적 신념과 관련되어 문화적 가치가 중요하다는 점을 인식하여 문화경관으로 재등재되었다. 문화유산으로 등재되었다가 문화경관으로 재등재되었던 뢰로스 광산촌은 역사적 마을의 형성과정이 뢰로스의 자연환경과 고립된 위치성과 밀접하게 연결된 것으로 보고 그 가치를 재평가한 것이다. 두 번째 방안은 세계유산 보존관리에서 최근 등장한 자연-문화 통합보존관리 접근법을 적용하는 것이다. 세계자연유산인 바덴해는 바덴해의 경관과 문화유산을 보존관리의 대상으로 포함하고, 자연적, 문화적 가치를 고려한 바덴해의 지속가능한 발전 가능성을 도모하고 있다는 측면에서 주목할만하다. 한라산의 경우도 한라산의 생물학적, 지질학적 특성뿐만 아니라 문화적 장소 및 관행, 전통 지식 체계를 포함하는 유산의 복잡성을 포용하여 한라산의 문화적 가치, 문화경관적 가치를 보존해야 한다.

참고문헌

Bazelmans, J., Meier, D., Nieuwhof, A., Spek, T., Vos, P. 2012. "Understanding the cultural historical value of the Wadden Sea region: The co-evolution of environment and society in the Wadden Sea area in the Holocene up until early modern times (11,700 BC-1800 AD): An outline", Ocean & Coastal Management 68, pp. 114-126.

김숙진, 2024, 〈지속가능한 발전을 위한 세계유산의 장소 중심 자연-문화 통합보존관리: 한국의 갯벌을 사례로〉, 《한국경제지리학회지》, 27(3), 223-239.
김숙진, 2022, 〈인류세 시기 세계유산의 자연-문화 연계 통합보존관리를 위한 장소 중심 접근법의 필요성〉, 《문화역사지리》, 34(3), 36-49.
김숙진, 2021, 〈세계유산의 계보학과 지리학적 함의〉, 《한국도시지리학회지》, 24(1), 149-160.
유네스코, 1994, 2005, 《운영지침》
유네스코, 1972, 《세계유산협약》
유네스코, 1980, 2010, 《뢰로스 광산촌과 주변지역 등재신청서》
유네스코, 1990, 1993, 《통가리로 국립공원 등재신청서》
유네스코, 1987, 1994, 《울루루-카타 추타 국립공원 등재신청서》
유네스코, 2009, 2014, 《바덴해 등재신청서》

11

지리산 문화경관의 세계유산적 가치 연구사례

최원석
경상국립대 교수/명산문화연구센터장

제1장 들어가며

이 글은 지리산 문화경관이 지닌 세계유산적 가치에 대한 한 연구의 사례로서, 지리산권문화연구단이 수행한 결과를 요약한 것이다.[1] 이하 내용의 구성은 개요를 비롯하여 조사지역의 범위와 유산가치의 개관, 경관유산의 현황 및 가치, 해외 유사 세계유산 비교, 기타 유산 관련 자료 개요로 이루어져 있다. 그 중에서 특히 내용의 주가 되는 경관유산의 현황 및 가치에는 역사경관, 종교·문화경관, 생활경관, 자연생태경관으로 세분하여 요소들을 구성했다. 우선 지리산 문화경관의 세계유산적 가치를 요약하여 개요를 제시하면 아래와 같다.

지리산은 높이 1,915m, 동서길이 50㎞, 남북길이 32㎞, 둘레 약 320㎞의 산으로서 한국의 대표적인 명산이다. 1967년 12월 국립공원 제1호로 지정되었으며, 공원 총면적은 483.022㎢이다. 행정구역상으로는 3개도(경상남도, 전라남·북도), 1개시, 4개군, 15개 읍·면의 행정구역이 속해 있다.

한반도 남부의 중앙에 자리잡은 지리산의 지리적 위치와 드넓은 산지는 지리산이 고대로부터 한반도의 주요한 역사, 종교, 생활의 무대가 되게 하였다. 천왕봉에서 노고단에 이르는 주능선 25.5km는 동서로 가로지르는 거대한 장성이자 경이로운 신앙의 대상이었고, 1,500m가 넘는 20여개의 봉우리와 계곡에서 발원하는 수많은 물줄기는 둘레가 320여km에 달하는 지리산 지역을 풍요롭게 해주는 생명의 근원이었다.

지리산에는 수많은 사람들의 오랜 생활문화의 터전으로서 많은 역사유

---

1. 이하 본문은 『지리산 세계유산 등재 연구용역 요약보고서』(2011) 일부를 수정 보완한 것이며, 필자는 당시 용역에서 경상대의 책임연구원을 수행했다. 당시 참여연구원은 경상대에서 최원석(책임연구원), 장원철, 강정화, 박용국, 전병철, 김지영, 우정미 교수, 순천대에서 김봉곤(책임연구원), 남호현, 조계중, 서정호, 김기주, 김아네스, 박찬모, 문동규, 김진욱 교수였다. 연구책임자는 최현주 교수가 맡았다.

적과 종교경관, 생활경관이 남아있다. 지리산의 문화경관은 산의 신령한 장소성과 사람의 생활문화터전이 통합된 새로운 지평의 산악문화경관의 개념을 제시한다. 지리산은 예부터 '신성한 어머니산'으로 여겨져 고대로부터 많은 사람들이 거주하였고 신성시되었다. 삼국시대의 산성과 가야 고분을 비롯한 각종 역사 유적이 남아 있고, 국가적인 산신제의가 행해진 곳으로 현재까지 '남악제'로 이어지고 있다. 화엄사·천은사·연곡사·실상사, 쌍계사 등 불교 사찰에는 수많은 문화재가 있고, 현재까지 불교신앙이 성행하여 지리산의 살아있는 문화전통을 유지한다. 그리고 다양한 풍수경관이나 다랑이 논 등의 생활경관도 함께 존재하면서 역사, 종교문화 등과 어울려 지리산 문화경관의 모자이크를 이루고 있다.

지리산의 자연환경과 지리적 조건을 배경으로 형성되고 진화된 역사경관과 종교경관은 지리산의 문화적 전통을 대변하는 특출한 증거가 된다.

지리산의 운봉지역은 고원지대로서의 요새적 지형과 비옥한 토지를 바탕으로 가야소국이 형성, 발달하였으며, 5, 6세기에 축조된 80여기의 고분과 아막산성과 팔량산성이 현존하고 있다.

종교경관으로서의 지리산은 산악신앙의 원형성과 복합성을 나타낸다. 지리산에는 산신신앙의 고대적 원형으로서 여산신이 나타난다. 유, 불, 선, 무교, 민간신앙, 풍수도참 등이 지리산에 집결되어 상호 교섭하였다. 지리산에는 6세기부터 9세기에 걸쳐서 중국에서 불교가 유입되면서 한국적인 특색을 가진 많은 사찰이 건립되어 산신신앙과 함께 숭배되었다. 그리고 지리산 산청에 있는 덕천서원은 산악문화의 영향을 받아 예의와 절의를 숭상하는 독특한 유교적 기풍을 이룬 남명사상의 근거지이자 남명학파의 무대였다. 아울러 기독교의 초기 한국선교사를 알 수 있는 종교사적도 있어서 한 마디로 세계적인 종교다양성의 보고이다.

지리산의 생활경관은 온대 중위도권에서의 독특한 미작문명 등의 산지

이용과 관계된 탁월한 사례가 된다. 아울러 인간과 환경의 상호작용을 대표적으로 보여준다.

지리산의 산촌마을인 단천, 의신 등의 마을경관은 17-18세기 이후 산지취락의 형성과 발달 과정을 나타낸다. 지리산지에 발달한 계단식 논과 벼농사 경관에는 산지환경의 적응과 지속가능한 토지이용의 전통적 기술이 집약되어 있다. 지리산권 마을의 풍수문화는 산지환경에서의 문화생태적 적응과 자연과 인문의 결합을 반영하는 자연-인간관계의 독특한 코드이다. 구례의 운조루는 풍수지리상의 길지에 자리 잡은 조선후기 양반가옥의 전형이다.

지리산은 인류무형문화유산걸작인 판소리, 조선시대 유학을 대표하는 남명사상, 한국의 대표적인 산신신앙 제의인 남악제, 조선시대 유교지식인의 유산문학, 청학동 이상향이 탄생된 산실이었다.

동편제 판소리는 지리산에 거주하는 사람들의 삶과 문화를 배경으로 탄생하였으며, 지금까지도 이곳 사람들이 널리 애창하고 있다. 또한 유학의 절의를 숭상하는 남명사상과 남명학파가 지리산권에서 발달하였으며, 덕천서원에는 오랫동안 유교적 제의와 강학이 진행되었다. 지리산 남악제는 통일신라에서 시작되어 천 년을 이어온 국가적인 산악신앙의 의례예술이다. 지리산 유람문학은 조선시대 500여 년 간 유교지식인의 사상적 수양적 성찰을 목적으로 한 유산문화를 형성하였다. 100여 편의 유람록, 수천 편의 유람시는 지리산 관련 기록문화유산으로서의 훌륭한 가치를 지닌다. 지리산의 청학동 이상향은 한국의 이상향을 대표하며 동아시아 산지형 유토피아의 전형적인 사례이다.

지리산에는 약 5,000종의 동식물이 서식하는 생물다양성의 보고이며, 서식지 규모가 남한에서는 가장 큰 483㎢이다.

지리산은 토산(土山)으로 고산, 계곡, 습지 등이 분포하여 다종다양한 생물종이 서식할 수 있는 자연환경을 갖추었다. 지리산에는 지리산 국립공원 특별보호구 17개 구역 166.30㎢ 및 생태·경관보전지역 20.20㎢ 등 합계 186.50 ㎢가 관계법령에 의하여 보호되고 있다. 이러한 자연적 가치를 인정받아 지리산은 2007년에 IUCN 카테고리 Ⅱ 지역으로 인증되었다.

제2장 조사지역의 범위와 유산 분포 현황

 지리산은 높이 1,915m, 동서길이 50㎞, 남북길이 32㎞, 둘레 약 320㎞의 산으로서 백두대간 최남단에 위치하고 있으며, 섬진강을 경계로 호남정맥 최남단의 백운산과 마주하고 있다. 1967년 12월 국립공원 제1호로 지정되었으며, 공원 총면적은 483.022㎢로서 설악산국립공원의 1.2배, 한라산국립공원의 3배, 속리산국립공원의 1.5배, 가야산국립공원의 7.5배로 규모가 가장 크다. 행정구역상으로는 3개도(경상남도, 전라남·북도), 1개시, 4개군, 15개 읍·면의 행정구역이 속해 있다.

 지리산권역은 경상남도 산청군·하동군·함양군, 전라남도 구례군, 전라북도 남원시 등 5개 시·군을 이룬다.

 산청군은 산청·단성향교, 덕천서원을 비롯한 16개 서원, 법계사·내원사·대원사 등의 사찰, 지리산 성모상, 삼장면 유평리의 이영회 부대 아지트를 비롯한 빨치산 은신처 6곳, 지리산 국립공원 일대를 포함하였다.

 하동군은 하동향교, 종천서원을 비롯한 5개 서원, 쌍계사와 칠불사, 고소성(姑蘇城)과 고성산성(高城山城), 정개산성(鼎蓋山城) 등의 산성, 화개면 의신 빗점골의 빨치산 대장 이현상 최후 격전지, 지리산 국립공원 일대를 포함하였다.

 함양군은 함양·안의향교, 남계서원을 비롯한 13개 서원, 벽송사와 영원사, 팔령산성(八嶺山城), 상림, 지리산 국립공원 일대, 마천면 하백무 마을의 인민군 총사령부 터를 비롯한 빨치산 은신처 4곳, 지리산 국립공원 일대를 포함하였다.

 구례군은 구례향교, 방산서원 등 4개 서원, 화엄사, 천은사, 연곡사의 사찰유산과 산신각, 남악사, 노고단 일대의 선교사휴양촌, 석주관성, 운조루,

지리산 국립공원 일대를 포함하였다.

　남원시는 남원·운봉향교, 영천서원을 비롯한 17개 서원, 실상사, 여원치 마애불과 민속자료. 운봉고원의 아막성(阿莫城)과 가야고분군, 광한루, 빨치산 은신처인 박영발 비트, 지리산 국립공원 일대를 포함하였다.

　이상 조사지역의 주요 유산 분포 현황을 지도로 나타내면 다음과 같다.

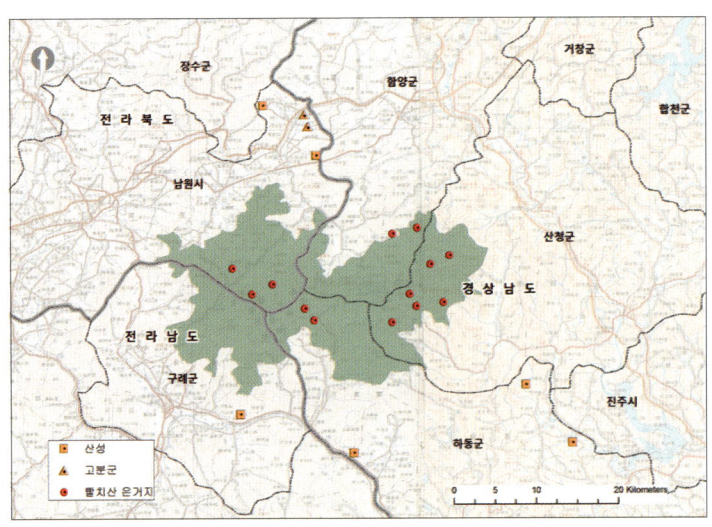

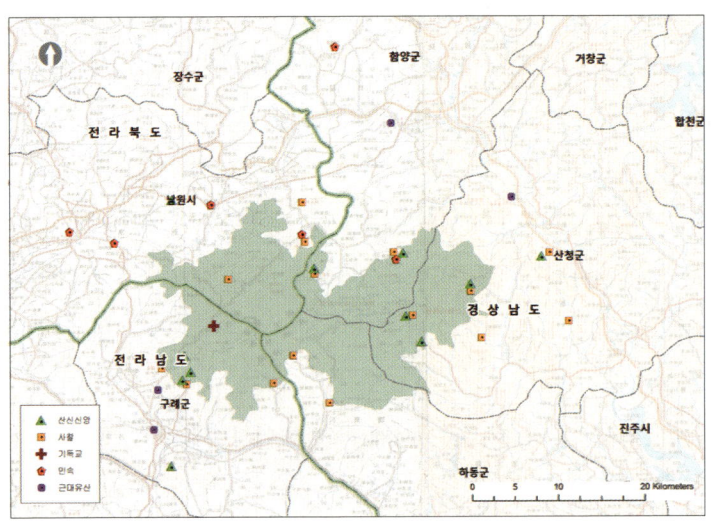

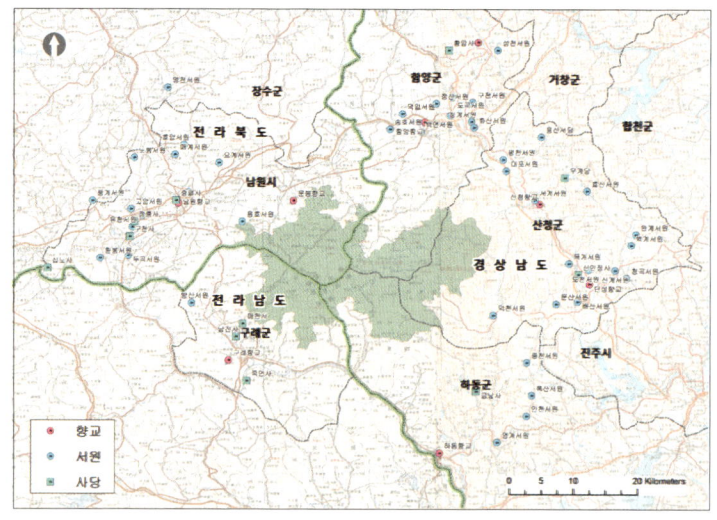

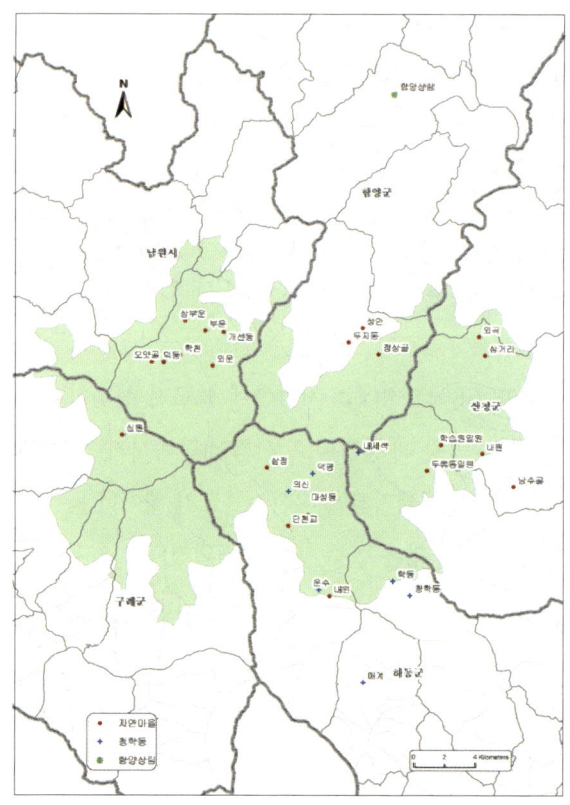

제3장 유산 가치의 개관

지리산은 오랫동안 수많은 사람들이 지리산을 생활문화의 터전으로 살아온 한국의 대표적이고 전형적인 명산으로서, 자연과 문화의 상호작용으로 빚어진 문화경관의 형성을 탁월하게 반영하고 있다. 따라서 지리산의 세계유산 등재전략은 문화경관이라는 통합적 범주의 틀이 적합하다. 지리산의 문화경관은 동아시아 산악문화의 문화생태적 적응과 조화라는 전형을 제시하는 것으로, 인간과 환경 간 상호작용의 다양성, 복합성, 결합성, 조화성을 탁월하게 드러내는 세계유산적 가치(OUV)의 사례로 평가될 수 있다.

지리산에는 신석기 시대부터 사람이 살기 시작하였다. 고대 국가 형성기에는 가야문화권에 속하였으며, 이 지역을 둘러싸고 신라와 백제의 각축전이 벌어지기도 하였다. 신라가 이 지역을 점령한 이후에는 진주와 남원을 중심으로 통치하면서 지리산을 남악(南岳)으로 삼아 중사(中祀)를 지냈다. 이후 지리산신은 시대에 따라 마고할미, 성모천왕, 마야부인, 위숙왕후 등으로 불리워지면서 통일신라, 고려, 조선시대를 거쳐 지금까지도 치제(致祭)하고 있다.

산신신앙에 이어 8세기경에는 지리산에 불교가 성행하게 되었다. 화엄도량인 화엄사가 경덕왕 때 중창되고, 산청에 단속사가 창건되면서 불교가 크게 일어나게 되었다. 9세기경에는 선종불교가 일어나 남원의 실상사, 하동의 쌍계사 등 곳곳에 많은 선종 사찰이 세워졌으며, 하동과 구례의 사찰 부근에 차가 많이 재배되어 지리산 일대가 우리나라 차 문화의 중심이 되었다. 고려시대에도 이 지역은 불교가 성행하여 천태종이나 조계종의 많은 승려들이 배출되었다. 조선시대에도 벽송, 서산, 부휴, 벽암, 설파 등 훌륭한 승려들이 다수 배출되었으며, 최근에는 돈오돈수를 주장한 성철 스님이 배출되기도 하였다.

　조선시대에는 불교 뿐만 아니라 유학이 성행하였다. 나라에서 유학을 장려한 결과 일두 정여창이나 남명 조식을 비롯해서 사재당 안처순, 옥계 노진 등 많은 유학자들이 배출되었으며, 충효에 기반을 둔 유교적인 기풍이 장려되었다. 특히 조식은 경의(敬義)를 모태로 하여 실천적인 윤리를 제창하여 주변에도 큰 영향을 끼쳤다. 지리산 동부지역을 비롯해서 섬진강을 따라 호남의 순천, 남원까지 문인들이 배출되기도 하였다. 이들 유학자들에 의해 이 지역은 충효와 의리 정신이 크게 고양되어 왜란이 일어나자 나라를 구하기 위해 많은 의병들이 일어나서 왜군과 맞서 싸웠다.

　조선후기에는 난이 자주 일어나자 이 지역은 정감록 신앙 등에 의해 피난지지인 십승지(十勝地)의 땅으로 여겨지기도 하였고, 풍수지리상의 길지라고 여겨진 곳에는 많은 취락들이 형성되었다. 1862년 무렵에는 중앙과 지방의 부당한 조세착취에 항거하여 지리산 곳곳에 민란이 일어났고, 1894년에는 다시 동학농민운동이 일어나서 부패한 봉건적인 요소를 척결하고 외세의 침략을 배격하고자 하였다. 대한제국 말기에는 일제 침략으로 한국병합이 노골화되자 지리산은 일제침략에 항거하는 장기적인 의병기지가 되어 수많은 의병들이 지리산을 무대로 일제에 항거하였다. 1910년에는 일제에 의해 한국이 강제로 병합되자 당대의 애국시인이자 유학자였던 매천 황현 등이 자결하였으며, 1919년 3·1운동 때에는 일제의 식민통치에 항거하여 곳곳에서 만세시위운동이 일어났다.

　해방 이후로는 좌,우익이 크게 대립하기도 하였다. 1948년 여순사건으로 인해 좌익세력의 일부가 이곳에서 활동하였으며, 1950년 6·25전쟁 때는 지리산 곳곳에서 빨치산 활동이 전개되기도 하였다.

　이러한 오랜 역사와 종교활동이 전개되었던 지리산은 가야와 삼국 시대 이래 80여개에 달하는 수많은 고분과 운봉이나 하동 등 지리산 산자락의 길목에 위치한 많은 산성이 남아 있다. 그리고 6.25 전쟁을 전후하여서는 이곳이 세계적인 이념의 충돌지역이 되어서, 지금도 지리산 곳곳에 빨치산과 토벌대와의 격전지와 빨치산 은신처가 다수 남아 있다.

또한 지리산은 국가의 신앙처이자 선도성모와 노고할미, 위숙왕후 등 민간의 정신적 숭배처로서, 그리고 불교 신앙의 중심지로서 발달해 왔다. 이 땅이 불교와 무관한 나라가 아니라 본래부터 불국토이었다는 불국토신앙으로 발전하게 되면서 통일신라 이후 지리산에는 수많은 명찰이 건립되고 나라와 개인의 태평과 안녕을 빌었다. 이리하여 오늘날에도 이곳에는 화엄사, 연곡사, 천은사, 실상사, 쌍계사, 대원사, 벽송사 등에는 세계적으로 뛰어난 가치가 있는 석탑과 부도 등 많은 사찰 유산이 남아 있다. 조선시대에 들어와서는 이곳은 유학이 성행하였다. 수 많은 학자들이 배출되었고, 곳곳에 향교, 서원, 제각, 누정들의 건축물이 축조되었다. 1백 여 년 전부터는 이 지역에 기독교가 보급되면서 노고단에 선교사 휴양촌이 조성되기도 하였다.

또한 이곳은 풍수지리설의 영향으로 풍광이 뛰어나고 길지라고 여겨진 곳에는 수많은 마을들이 형성되었다. 이들 마을은 당산을 비롯한 민간 신앙을 숭배하면서 많은 민속자료가 남아 있고, 지리산의 비탈진 산을 개간하여 농경지로 확보하는 과정에서 자연과 인간이 결합한 특이한 형태의 다랭이 논이 곳곳에 만들어지기도 하였다.

이 밖에도 지리산에는 수천 년에 걸쳐 수 많은 사람들이 걸었던 길이 있다. 지리산을 삶의 터전으로 삼아 올랐던 민중의 길, 불가의 승려나 무속인 등 종교인들이 신앙과 구복을 위해 올랐던 구원의 길이 있고, 또 조선시대 선비들이 관조와 성찰을 위해 올랐던 구도의 길이 있으며, 근·현대 시기에는 의병과 빨치산이 남긴 생존의 길이 있다. 이처럼 지리산에는 오랜 세월 동안 수많은 역사, 종교, 생활 유산을 남기고 있으며, 인간이 자연에 적응하면서 남긴 문화경관이 즐비하다.

지리산은 문화유산 외에도 자연경관이 뛰어나며, 다양한 생태계의 보고이다. 지리산은 최고봉인 천황봉(1,915m)에서 노고단에 이르는 종주능선이 병풍처럼 솟아 고산 영봉의 자태를 보이고 주능선을 경계로 북쪽의 칠선계곡, 심원계곡, 뱀사골 계곡, 남쪽의 대성계곡, 피아골 계곡, 화엄사 계곡을 중심으로 수 많은 계곡이 펼쳐져 있다. 계곡 부근에는 수 많은 암석군과 불일 폭포 등 많은 폭포, 소 등이 가을의 단풍, 겨울의 설경과 어우러져 장관을 이루고 있으며, 천왕봉의 일출, 노고단의 운해, 반야봉의 낙조 등도 빼놓을 수 없는 뛰어난 경관자원이다.

뿐만 아니라 뚜렷한 사계절과 함께 16억년이 된 토산으로서의 지리산은 고도 변화에 따라 다양한 생태계를 이루고 있다. 산저부는 소나무림을 비롯한 난대성 상엽활엽수와 온대성 식물이 분포하고 고지대에는 구상나무림을 비롯한 냉대 및 한대성 식물까지 분포한다. 이 들 지역에는 다른 곳에서는 쉽게 볼 수 없는 주목이나 구상나무를 비롯해서 고사리 등 특산식물 107종을 포함한 1,517종에 달하는 많은 식물이 다양한 군락을 이루고 서식하고 있다. 고산으로서의 다양한 지형적 요소와 함께 깊은 계곡의 사계절 내내 풍부한 수량, 곳곳의 습지 등은 지리산의 다양한 식생이 유지될 수 있는 조건이 되기도 한다. 또한 이러한 풍부한 식물자원은 야생동물이 서식하기에 적합한 환경을 제시해주고 있다. 지리산에는 반달가슴곰이나 수달을 포함한 멸종위기 야생동물이 35종에 달하며, 포유류, 조류, 양서류, 파충류, 어류, 곤충 등 2808종의 다양한 동물이 활동하고 있다.

제4장 경관유산의 현황 및 가치

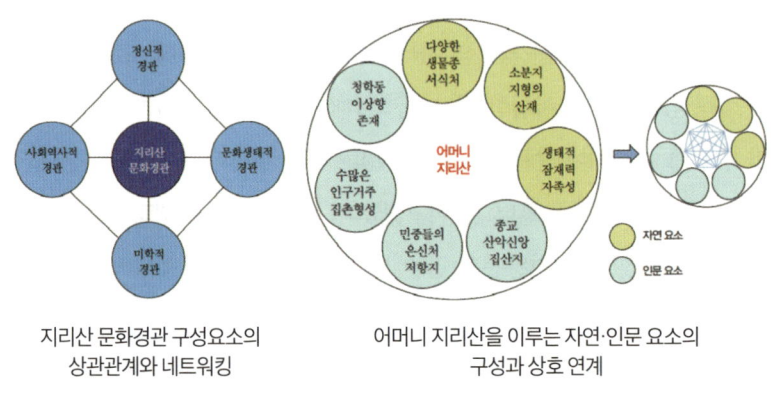

지리산 문화경관 구성요소의
상관관계와 네트워킹

어머니 지리산을 이루는 자연·인문 요소의
구성과 상호 연계

지리산 문화경관의 구성관계와 구성요소

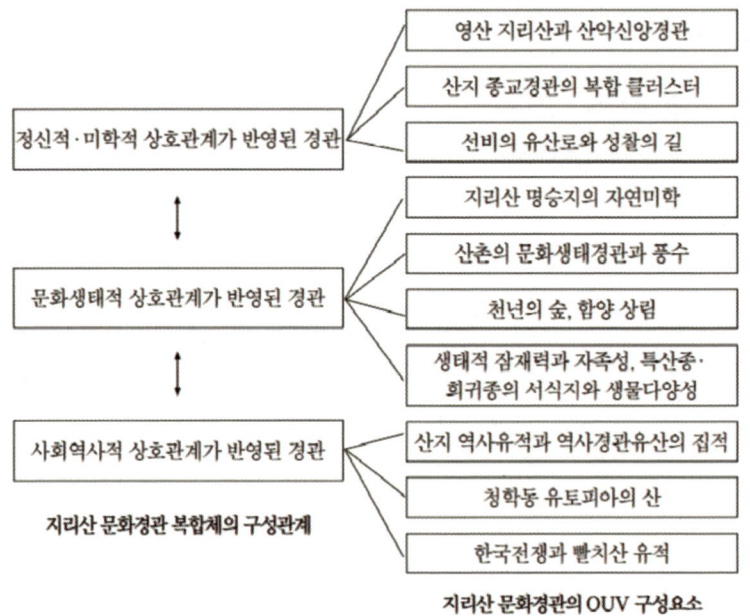

제1절 역사경관

　지리산은 높고 거대한 산 봉우리와 계곡에서 발원하는 수많은 하천이 있으며, 이 물줄기는 낙동강과 섬진강으로 흘러들어가 인근에 비옥한 평야지대를 형성하고 있다. 이처럼 지리산권 일대는 물과 자원을 쉽게 얻을 수 있기 때문에 구릉지에 많은 마을이 자리잡게 되었고, 이 지역의 자원과 사람들을 둘러쌓고 고대로부터 전쟁이 잦았다. 천왕봉에서 노고단까지 동서로 뻗어 있는 거의 40km에 이르는 거대한 장성에 다름이 없었으며, 장성을 둘러싼 영·호남의 문화 소통은 그 장성의 산자락을 중심으로 이루어져 주요한 옛길을 만들었으며, 그 옛길에는 어김없이 관방으로서 산성이 자리하고 있다. 이들 산성은 지리산의 신성과 일상을 지키는 역할을 하였던 것이다. 그러므로 지리산의 산성은 동서로 뻗은 거대한 장성같은 지리산을 인간이 만든 방패로서 지키는 형국으로 표현하여도 결코 지나치지 않을 것이다.

　이 지역은 청동기 문화와 농경문화를 바탕으로 한 작은 정치체제가 운봉, 하동, 악양지역을 중심으로 성장하였으며, 지리산권 토착세력은 여러 가야세력과 물자교류를 통한 대등한 관계를 형성하고 있었으나 5세기 이후 급격한 변화를 겪었다. 섬진강 수계와 남강 수계의 지리산권의 고분과 토기에 대가야의 영향이 강하게 나타나고 있다. 특히 운봉고원의 가야계 중대형 고총 고분 80여 기는 운봉고원에 기반을 둔 가야계 수장층과 관련된 분묘유적으로서 세력집단의 발전과정을 알려주는 고고학적 지표이다. 아막성은 가야계통의 국가단계의 정치체의 존재를 암시해 주는 고고학적 증거이기도 하다. 무엇보다 운봉고원에 80여 기에 달하는 고총의 분포수와 30m 이상 되는 초대형급을 포함하여 봉토의 직경이 대부분 20m 이상에 달하는 외형적인 속성은 고령 지산동 고분군 서쪽에서 최대 규모를 이룬다. 이렇게 본다면 지리산 가야유적의 역사경관은 사실상 고분의 입지와 외형의 봉토로 대변된다. 또한 고분은 내부구조와 부장유물과 함께 가야 사회의 총체적 반영이라고 보고 있다.

통일신라와 고려 시대에도 이 지역은 여전히 중요하였다. 특히 후삼국의 패권을 장악하기 위해 왕건과 견훤은 이 지역 일대를 점령하기 위해 심혈을 기울였으며, 고려 말에는 바다 건너 일본으로부터 쳐들어오는 왜구를 막기 위해 많은 산성이 축조되었다. 또한 조선 시대에 이르러서는 1592년부터 1598년까지 일본군의 침입을 막기 위한 주요 거점이었다. 진주성과 남원성을 둘러쌓고 치열한 항전이 계속되었으며, 이 과정에서 수 십만에 달하는 인명이 살상되고, 포로로 끌려갔으며, 중요한 문화재가 약탈되었다. 이 중 남원의 도공들이 일본에 끌려가 일본의 도자기 산업을 발달시킨 주요한 원동력이 되기도 하였다. 또한 조선조 말에는 지배층과 지방 관리들의 가혹한 수탈에 맞서 이 지역 전체가 항전하였으며, 이후 동학농민운동이 일어나자 남원과 구례 일대는 평등하고 정의로운 세상을 만들기 위해 많은 사람들이 피를 흘렸다 그리고 1905년부터는 일제 침략으로 한국병합이 노골화되자 지리산은 일제침략에 항거하는 장기적인 의병기지가 되어 수많은 의병들이 지리산을 무대로 일제에 항거하였다. 1910년에는 일제에 의해 한국이 강제로 병합되자 당대의 애국시인이자 유학자였던 매천 황현 등이 자결하였으며, 1919년 3·1운동 때에는 일제의 식민통치에 항거하여 곳곳에서 만세시위운동이 일어났다.

해방 이후에는 이 지역의 좌익 세력들이 미군정의 정책과 탄압에 맞서 입산하여 무장 유격대를 조직 활동하였는데, 이 중 일부는 1948년 여수·순천 사건 이후 군 정규 부대에서 전환한 조선인민유격대에 흡수되어 본격적인 좌익 빨치산 활동을 전개하였다. 지리산은 조선인민유격대 제3병단의 활동 지구였으며, 한국전쟁 이후에는 남반부인민유격대 총사령부의 주요 투쟁 거점이 되었다. 휴전 협정 체결 이후 국군의 토벌 작전으로 빨치산은 1954년에 궤멸하게 되었다. 거의 10여년에 걸쳐 전개된 빨치산 활동과 토벌은 남북한의 분단이 20세기 중반 이후에 구축된 세계사적 이념대립과 냉전 질서에 파생된 제3세계 국가의 비극이라고 규정할 수 있다. 이처럼 지리산은 한국의 근대사와 세계사적인 측면에서 20세기의 역사적 상흔을 고스란히 함축하고 있는 곳이며, 크게는 자유와 평등 어느 한 가지를 포기할 수 없었던 신성한 이념의 대립이기도 하였다. 지리산은 이처럼 다양한 소중한 가치를 갖고 활동하는 많은 사람들의 세력들의 신성한 모태(母胎)로서 기능했으며, 그런 까닭에 지리산에는 전쟁과 관련한 다양한 역사적 경험과 유산이 현존하고 있는 것이다.

1. 산성 경관

지리산은 천왕봉에서 노고단까지 동서로 뻗어 있는 거의 40km에 이르는 거대한 장성에 다름이 없다. 따라서 장성을 둘러싼 영·호남의 문화 소통은 그 장성의 산자락을 중심으로 이루어져 주요한 옛길을 만들었으며, 그 옛길에는 어김없이 관방으로서 산성이 자리하고 있다. 비록 지리산에는 읍성이 없으나 하동군 악양면의 고소성, 구례군 토지면의 석주관성, 하동군 옥종면의 고성산성, 함양의 팔령산성, 남원시 아영면의 아막성 등과 같은 산성이 있어 지리산의 신성과 일상을 지키는 역할을 하였던 것이다. 그러므로 지리산의 산성은 동서로 뻗은 거대한 장성같은 지리산을 인간이 만든 방패로서 지키는 형국으로 표현하여도 결코 지나치지 않을 것이다.

실제 지리산의 산성은 한국 고대 사회가 성립한 이후 한반도 남부지방의 패권을 장악하는 데에 요충지로서 전쟁의 승패를 좌우하였다. 특히 대가야는 운봉고원의 가야세력을 장악하면서 섬진강 물길을 통해서 중국의 남제·왜와 교류하였다. 또한 신라와 백제가 운봉고원의 아막성을 두고 격전을 벌였으며, 신라에 의한 삼국통일전쟁이나 후삼국통일과정에서도 지리산의 옛길은 중요한 전쟁 루트였다. 고려 말 왜구가 함양의 팔령산성(팔랑현)을 거쳐 침략하여 들어왔으나 운봉고원에서 이성계(1335-1408)에게 섬멸되었으며, 임진왜란 과정에서 지리산 자락의 석주관성·팔량산성 등은 호남의 곡창을 지키는 최고의 방어진지였다.

2. 가야유적 경관

가야(加耶)는 기원 전후부터 562년까지 낙동강 동쪽 일부 지역과 낙동강 서쪽 경상도·전라도 동부지역에 존재했던 소국들의 총칭이다. 좁은 의미로는 김해의 구사국(狗倻國)이나 고령의 대가야국(大伽倻國)을 지칭하기도 한다.

기원전 1세기 무렵 고조선 유이민과 그들의 선진 문화가 영남 지역에 유입되면서 경상도 서부 지역은 2~3세기에 이르러 이른바 변한과 진한에 24개의 소국이 탄생했던 것이다. 지리산 지역은 청동기 문화와 농경문화를 바탕으로 한 작은 정치체가 운봉, 하동, 악양지역을 중심으로 성장하였을 것으로 보인다.

4세기까지 지리산권 토착세력은 여러 가야세력과 물자교류를 통한 대등한 관계를 형성하고 있었으나 5세기 이후 급격한 변화를 겪었다. 섬진강 수계와 남강 수계의 지리산권의 고분과 토기에 대가야의 영향이 강하게 나타난다고 한다.

고분의 입지와 외형은 고분의 내부구조 및 부장유물과 함께 고대사회의 총체적 반영이라 할 수 있을 것이다. 특히 운봉고원의 가야계 중대형 고총 고분 80여 기는 운봉고원에 기반을 둔 가야계 수장층과 관련된 분묘유적으로서 세력집단의 발전과정을 알려주는 고고학적 지표이다. 아막성은 가야계통의 국가단계의 정치체의 존재를 암시해 주는 고고학적 증거이기도 하다. 무엇보다 운봉고원에 80여 기에 달하는 고총의 분포수와 30m 이상

되는 초대형급을 포함하여 봉토의 직경이 대부분 20m 이상에 달하는 외형적인 속성은 고령 지산동 고분군 서쪽에서 최대 규모를 이룬다. 이렇게 본다면 지리산 가야유적의 역사경관은 사실상 고분의 입지와 외형의 봉토로 대변된다. 또한 고분은 내부구조와 부장유물과 함께 가야사회의 총체적 반영이라고 보고 있다.

지금껏 정리된 운봉고원의 고분군에 관한 내용을 보더라도 그것은 보전의 가치를 지닌 가시적 형태의 경관으로서 실제 문화재보호법하의 역사경관으로 주목할 필요가 있다. 이처럼 남원 유곡리 및 두락리 고분군(전라북도 기념물 제10호)은 남원 월산리 고분군, 운봉읍 임리·권포리·장교리·건지리 고분군, 아영면 성산리 고분군과 아울러 운봉고원의 가야 고분군으로 엮어서 지리산 복합문화유산으로 등재할 수 있지 않을까 한다. 이를 위한 전제가 전라도 동부지역, 좁게는 운봉고원의 가야 역사를 이해하는 데에 보전의 가치를 지닌 가시적 형태의 경관으로 복원하는 것이다. 특히 운봉고원의 가야 고분군은 출토유물인 대가야양식의 토기를 통해서 대가야의 정치, 사회 성장을 이해할 수 있는 단서이다. 이는 지리산만이 아니라 한국 고대 사회의 문화권과 정치적 변화를 이해하는 데에 매우 중요한 역사경관이다.

3. 빨치산유적 경관

근대에 들어 지리산은 빨치산의 주요 활동무대였다. 초기에는 산사람 혹은 야산대라고 지칭되던 이들의 유격투쟁은 일제 말기로 거슬러 올라간다. 일제에 의해 태평양 전쟁이 발발하고 조선의 병참기지화가 본격적으로 시행되자 강제 징용과 징집을 피해 지리산에 숨어 든 사람들을 중심으로 빨치산이 형성되었으며, 이들은 민족의 독립을 염원하며 유격투쟁을 전개하였다. 해방 이후에는 미군정의 탄압에 맞서 입산하여 무장 유격대를 조직 활동하였다. 이 중 일부는 1948년 여수·순천 사건 이후 군 정규 부대에서 전환한 조선인민유격대에 흡수되어 본격적인 좌익 빨치산 활동을 전개하였다. 지리산은 조선인민유격대 제3병단의 활동 지구였으며, 한국전쟁 이후에는 남반부인민유격대 총사령부의 주요 투쟁 거점이 되었다. 휴전 협정 체결 이후 국군의 토벌 작전으로 빨치산은 1954년에 궤멸하게 된다.

빨치산은 한국전쟁 이후 북한의 남로당계 숙청과 남한의 반공주의의 강화로 인해 '민족의 적'으로 평가받아 왔었다. 곧 남북한의 정치적 권모술수와 이데올로기적 강박 때문에 그들은 민족과 역사의 타자로서 배제되어 왔던 것이다. 그렇지만 남북한의 분단이 20세기 중반 이후에 구축된 세계사적 이념대립과 냉전 질서에 파생된 제3세계 국가의 비극으로 규정할 경우, 빨치산 활동은 분단 극복을 위한 민중들의 저항의 몸부림이었다는 점을 간과하지 않을 수 없다. 초기 빨치산의 활동이 일본 제국주의 지배에 맞서는 민족적 저항이었다면, 한국 전쟁을 전후로 한 빨치산은 냉전적 세계질서와 분단 체제의 고착화에 대한 민중적 저항이었던 것이다. 이처럼 지리산은 한국의 근대사와 세계사적인 측면에서 20세기의 역사적 상흔을 고스란히 함축하고 있는 곳이다.

현재 지리산에는 10여 곳의 빨치산 은신처가 보전되고 있으며, 이들 대다수는 주로 비트(비밀 은신처)들이다. 인민군(빨치산) 야전병원으로 사용된 벽송사, 함양군 휴천면 송대마을 부근의 선녀굴, 경남도당과 인민군 패잔병이 결합하여 만든 불꽃사단의 지휘본부였던 법계사 아지트, 빨치산들이 보급투쟁의 중심지였던 산청군 중산리 중산리 계곡의 칼바위 아지트, 경남 산청군 삼장면 유평리 유평계곡의 중땀암반굴 아지트, 1963년 11월까지 정순덕이 은신하였던 경남 산청군 삼장면 안내원마을의 구들장 아지트, 전북 남원시 산내면 부운리 뱀사골계곡의 석실, 하동군 화개면 대성리 빗점골의 남부군 총사령관인 이현상이 은신하였던 아지트와 격전지, 박영

발의 보위대가 은신하였던 남원시 산내면 반야봉 사면의 반야봉 비트, 남부군이 주둔하여 토벌대와 전투를 벌인 남원시 산내면 덕동리의 달궁 비트 등이 남아 있다. 이들 은신처는 주로 바위나 동굴 등 자연 지형지물을 활용한 것이다. 일부 유적의 경우 등사기와 전기줄 등이 발견되어 빨치산의 생활상을 잘 보여주고 있다.

제2절 종교·문화경관

지리산에는 성소(신사, 산신당 등), 산악신앙, 종교(유,불,선, 무교 등)가 총집결되어 있으며, 국가, 지방, 사찰, 민간 등 다양한 계층과 위계의 산신신앙이 집중적으로 존재한다. 특히 지리산은 산신신앙의 고대적 원형으로서 여산신(성모, 노고)이 나타나는 현장이다. 민간에는 오래전부터 천왕성모의 산신이 머무는 곳으로 인식되어 왔다.

지리산은 일찍이 신라시대에 남악에 지정되어 국가적인 의례가 있었고, 그 의례는 현재까지 지속된다. 현존하는 남악제는 통일신라에서 시작되어 고려, 조선을 거쳐 대한제국까지 천 년을 넘게 이어진, 국행제로서 국가적인 산악신앙 제의이며, 역사적인 근거가 될 문헌 자료가 있다. 또한 지리산은 한국의 대표적인 삼신산(방장산)의 하나로서, 방장산이라는 명칭은 조선 초부터 등장하는 600여 년의 전통을 가진다. 지리산의 남악 혹은 방장산이라는 별칭은 중국 의 오악사상과 삼신산 사상의 한국에로의 전파를 반영한다.

이러한 오악이나 산악신앙과 함께 지리산에는 불교가 성행하였다. 이 땅이 불교와 무관한 나라가 아니라 본래부터 불국토이었다는 불국토신앙으로 발전하게 되면서 화엄사, 연곡사, 천은사, 실상사, 쌍계사, 대원사, 벽송사 등 수 많은 명찰이 건립되고 곳곳에 불교와 관련된 지명이 나타났다. 토착신을 포함한 호법신중(護法神衆) 중 최고의 신인 제석천을 상징하는 제석봉, 불교의 절대적인 진리를 상징하는 반야봉, 부처의 왼 편에서 지혜를 관장하는 문수보살을 상징하는 길상봉(현재 노고단)과 문수골 등 수 많은 불교식 이름이 지어졌다. 이러한 불교신앙은 산신신앙을 비롯한 토착신앙과도 융합되었다. 사찰 곳곳에 산신각을 지어 사찰 뿐만 아니라 지리산에 살고 있는 사람을 수호하는 산신을 신앙하고 있다. 지금도 산신각에는 자식과 재물을 기원하는 신신기도가 많이 행해지고 있다. 또한 지리산에서는 선도성모의 또 다른 이름으로서 문수보살이 숭배되며, 문수보살은 무한한 생명을 주는 존재로 오늘날에도 많은 사찰에서 받들어지고 있다. 그리고 지리산 곳곳에는 불교의 수도처가 존재한다. 대표적인 경우만 해도 반야봉 쪽의 문수대, 묘향대, 종석대, 만복대, 금강대, 무착대, 서산대 등 반야봉 7대(臺)와 천왕봉 쪽의 향적대, 문창대, 영신대, 소년대, 향운대 등 천왕봉 5대(臺)가 있다. 이들 수도처는 늘 신령스러운 기운이 감도는 곳으로 큰 바위 밑에 사시사철 마르지 않는 샘이 있어서 삼국시대 불교를 신앙하면서부터 많은 스님들이 수도하고 민중들이 기도하였던 곳이다. 이처럼 지리산은 불교가 토착신앙과도 결합되어 영산으로서 스님들의 수도처이자 민중들의 신앙처였던 것이다.

　지리산지에 나타나는 종교문화경관의 문화요소들은 상호교섭된 복합된 형태가 나타난다. 산악신앙과 종교(유, 불, 도, 무속), 마을민속과 결합되고 있다. 불교와 산신 신앙의 융합 뿐만 아니라 남악제 등의 산신제에서 나타나는 유교적 제의 방식이라든지, 민간 산신제의 무속과 마을신앙과의 결합 등은 중국이나 일본의 산악신앙과 비교될 수 있는 차이점이기도 하다. 진정성의 측면에서도, 지리산지에는 주민들이 주체가 되어 토착화된 민간산신당과 남악제 등에서 볼 수 있는 바와 같이 산신신앙과 산신제의가 현존한다.

1. 산신신앙 경관

지리산은 남부지역에서 가장 크고 높은 명산이다. 지리산은 예로부터 국가와 민간의 숭배 대상이었다. 지리산은 나라의 진산으로 사전(祀典)에 올랐다. 신라 때부터 고려와 조선에 이르기까지 나라 제사의 대상이었다. 신라에서는 지리산이 남악으로 중사에 실리었다. 고려에서도 지리산에 국가 제사를 봉행하였다. 조선에서는 지리산을 악의 하나로 삼아서 다시 중사에 올리었다. 평상시 제사하여 산신의 위령을 섬겼으며 비상시 산신의 도움을 구하였다. 민간의 지리산 숭배와 산신신앙도 오랜 역사적 전통을 가졌다. 지리산의 산신은 성모 또는 성모천왕으로 알려졌다. 지리산 천왕봉에는 성모사가 있었고 그 안에 성모상을 모시었다. 성모는 영력이 크다고 알려져서 그 영험을 바라는 민간의 발길이 끊이지 않았다. 이러한 지리산에 대한 숭배의 역사가 이어지면서 지리산은 성스러운 영산(靈山)으로 여겨졌다.

2. 불교유산 경관

지리산에는 산신신앙이나 토속신앙에 이어 8세기경부터 불교가 성행하게 되었다. 화엄도량인 화엄사가 8세기 중엽 경덕왕 때 중창되고, 산청에 단속사가 창건되면서 불교가 크게 일어나게 되었다. 9세기경에는 선종불교가 일어나 남원의 실상사, 하동의 쌍계사 등 곳곳에 많은 선종 사찰이 세워졌으며, 하동과 구례의 사찰 부근에 차가 많이 재배되어 지리산 일대가 우리나라 차 문화의 중심이 되었다. 고려시대에도 이 지역은 불교가 성행하여 천태종이나 조계종의 많은 승려들이 배출되었다. 조선시대에도 벽송, 서산, 부휴, 벽암, 설파 등 훌륭한 승려들이 다수 배출되었으며, 최근에는 돈오돈수를 주장한 성철 스님이 배출되기도 하였다.

불교 건축물은 토착세력이나 국가의 지배세력에 따라 흥하기도 하고, 쇠퇴하기도 하였다. 주산인 산세에 맞게 지어진 지붕 곡선이나 위계에 따라 다르게 표현된 기둥의 귀솟음, 흘림, 안쏠림을 통해서 보면 산과 조화를 이루고 나타난다는 것을 특징으로 들을 수 있다. 또한 부재의 사용에 있어서는 우리나라 기후를 반영하여 자생하는 주변의 목재를 그대로 사용하였다. 부재의 가공이 지역마다 틀리며, 표피만 그대로 벗겨내어 사용하거나 기둥의 부재의 길이를 맞추기 위해서 토막의 기둥을 사용한 사례를 보면 마을의 생활상을 고스란히 살펴볼 수 있는 요건을 만들어 준다고 할 수 있다.

초기 불교 사찰은 시가지 중심부에 건립된 것이 동북아시아권의 초기 불교형태의 상례였지만, 지리산권의 불교는 깊은 협곡과 험준한 산세, 그리고 하천이 흐르는 구릉지가 많이 형성된 지형 속에 자리잡은 산사(山寺)로서의 특징을 갖고 있다. 뿐만 아니라 이들 가람들은 지역적인 문화의 차이, 시주세력들의 특성, 건조물을 짓는데 필요한 장인집단들의 능력, 사원자체가 가지고 있는 정토관에 따라서 같은 지리산 내에서도 다양한 가람배치를 나타내고 전각들의 형태도 변화하게 되었다.

지역적인 문화의 차이로는 지리산의 사찰을 크게 남사면과 북사면으로 나뉘어 살펴볼 수 있다. 남사면 쪽은 구례와 하동을 거쳐 남해안으로 연결되는데, 이곳은 섬진강이 흘러 인접 지역에 조창이 발달하게 됨으로써 자연스럽게 유통의 경제가 발달하게 되었다. 이런 경제의 발달은 잉여자본을 생산하게 됨에 따라 주변 사찰인 화엄사나 쌍계사, 연곡사의 규모를 늘려주는 역할을 하였다. 북사면으로는 산지가 많은 지형으로 이루어져 남사면처럼 풍부한 자원의 생산은 힘들게 되기 때문에 자연스럽게 산에서 자원을 획득하면서 신앙의 대상으로 사찰을 찾게 되었다. 이런 생활상은 주변 사찰인 실상사 극락전의 주심포 양식이나 무앙식 공포처럼 간결하고 합리적으로 만들게 되었다. 이런 극락전의 경우는 중국의 북방계 문화의 영향을 받았으며, 고려 주심포계에서 조선시대 무앙계 공포형식으로 흘러가는 형식을 보여주는 중요한 전각이 된다.

사원자체가 가지고 있는 정토관이나 사상에 따라서 사찰의 배치 또한 변화하였다. 그 대표적인 예로 화엄사를 들 수 있다. 화엄사는 구릉지의 약간 낮은 비탈길에 위치해 경사를 따라서 길쭉하게 층단의 형태에 따라서 전각들이 배치되어 있고, 화엄사상에 따라 전각들이 놓여 있다. 원래 화엄사찰에서는 화엄사상에 따라 대적광전이나 대광명전, 비로전의 전각이 금당으로 된다. 그러나 조선시대에는 숭유억불 정책과 조선시대의 시주세력의 바램에 따라 대웅전이 금당의 역할을 하였다. 그러나 화엄사는 불전에 비로자나불을 중심에 놓음으로써 화엄사가 가지고 있는 본래의 전통을 되살렸다. 가람의 배치 또한 초기에는 장륙전(각황전)을 중심으로 1금당체계를 유지하였지만, 후에는 정세의 변화로 인해 각황전과 대웅전의 두 개의 축으로 이루어 졌다. 참배의 공간인 일주문-금강문-사천왕문쪽으로 점점 밀어서 시각적인 효과를 노렸으며, 보제루의 진입을 돌림으로써 참배객들에게 공간을 비례적인 안정감을 나타내 주었다. 수행자의 공간인 승방과 요사채들은 참배의 공간과 분리되어 출입을 제한하고 부처의 공간으로의 개인적인 출입 동선을 주어서 나타나게 된다. 부처의 공간은 대웅전 각황전으로 대석축위에 자리하고 사찰의 제일 높은 곳에 위치하여 신성성을 강조하고 입면을 다포계로 꾸미며서 그 위계를 더욱 강조하고 내부의 층고를 올려주는 역할을 하였다. 이러한 층고의 높이 변화는 예배의 형식이 대규모에서 소규모로 바뀌게 되면서 내부공간을 활용하기 위한 기지로써 나타나게 되었다.

이러한 여건 속에서 지리산은 중국에서 건너온 불교로 시작하여 선종을 주로 이루는 장소가 되었으며, 다양한 계층의 사람들과 그 사람들이 간직하고 있는 고유한 신앙과 결합하면서 고유한 문화를 형성하면서 일어났다고 할 수 있다.

3. 유교유산 경관

지리산권에는 불교뿐만 아니라 유학이 크게 성행하였다. 통일 신라 이후 고려 시대까지는 불교가 성행하였으나, 조선조에 들어와서는 숭유억불 정책을 표방하여 유교가 성행하고 불교가 쇠퇴하게 되었다. 건국 직후 지리산권의 곳곳에 수령 등 지방관들에 의해 향교가 세워져서 유교 경전을 비롯한 선현들의 글이 체계적으로 교수되기 시작하였다. 이러한 향교 외에도 조선 건국에 참여하지 않았던 많은 인물들이 지리산에 은거하여 서당이나 가학을 통해 성리학을 연마하였다. 이처럼 국가 기관인 향교나 사립교육기관인 서당이나 가학을 통한 학문 전수로 인해 15세기 말부터는 이 지역 일대에 유학이 크게 일어나게 되었다. 15세기 말에는 함양군수를 지낸 김종직(金宗直)과 그의 문인인 함양출신의 정여창(鄭汝昌)이 큰 활약을 하였으며, 16세기 중엽에는 남원의 안처순(安處順), 함양의 노진(盧禛), 산청의 조식(曺植) 등이 활동하였다.

특히 조식은 경의(敬義)의 실천을 중시하고 후학 양성에 힘을 쏟아서, 지리산 일대와 경상우도 지역, 그리고 호남의 순천, 남원 등지에 많은 문인들을 배출하였다. 기축옥사 때 최영경이 억울한 죽음을 당하기도 하였으나, 문인들이 신원운동을 전개하면서 남명학맥을 지켜나갔다. 왜란 때에는 의령의 곽재우, 고령의 김면, 합천의 정인홍, 청도의 박경신 등 많은 문인들이 의병장으로 활약하였고, 광해군의 즉위하자 대북정권의 핵심 축으로 활약하였다. 그러나 남명의 고제인 정인홍이 '회퇴변척(晦退辨斥)'을 제기하여 이언적과 이황을 배척하자 많은 이탈자가 생겼고, 인조반정으로 인해 대북정권이 몰락하면서 남명학파가 크게 위축되었다. 그리고 1728년(영조 4) 무신란으로 인해 남명학파는 결정적으로 쇠락하였다. 무신란에 안음의 정희량, 합천의 조성좌 등이 참여하였는데 이들은 정인홍의 문인인 정온과 조응인의 후손들이었던 것이다.

이후 남명학맥의 문인들은 노론이나 퇴계학맥으로 전환되어 갔다. 이러한 배경 하에 19세기 강우지역은 다양한 학맥이 얽혀져 기정진 등의 노론 계열의 학맥과 허전, 이진상 등의 남인계열이 나타나게 되었다. 이들 학맥은 주리론을 주장하는데 그 사상적 특징이 있다.

지리산 서부 지역에서는 남원 지역에 유학이 크게 성행하였다. 남원은 문과급제자가 130 여 명에 달할 정도로 유학이 크게 성행하였다. 중종 때 조광조와 같이 지치주의 이념을 실현하려고 하였던 안처순, 효종의 사부를 지낸 최온 등은 남원을 대표할 만한 학자들이었다. 남원 외에도 구례지역에서는 왜란 때 의병을 일으켜 석주관 전투에 참여하여 순절하였던 7의사를 비롯해서 한말의 뛰어난 애국시인으로 경술국치 때 자결하여 우국의 충정을 다한 황현 등이 배출되었다.

이처럼 지리산권에 수 많은 학자들이 배출되자, 16세기 중엽 이후 이들의 학문과 덕망을 기리기 위해 많은 서원이 건립되었다. 이들 서원은 당쟁과의 관련 하에 부침을 거듭하였으며, 문중 조직의 발달로 강학보다는 사당을 위주로 하는 서원이 많이 세워졌다. 조선후기 지리산권에는 자료에 나타난 것 만해도 지리산권의 5개 군현에 64개의 서원이 세워졌다. 특히 이들 서원 가운데 지리산자락에 위치한 덕천서원은 남명 조식을 기리기 위한 사액서원으로서 수 많은 인재가 배출되었으며, 국가에서도 관심을 갖고 1년에 춘추로 두 차례 제향을 지냈다. 이러한 덕천서원을 비롯한 서원과 지리산권의 5개 군현에 남아 있는 향교는 지금도 이 지역 일대의 유교적인 가르침과 의례를 행하는 주요 장소이다.

4. 기독교유적 경관

지리산 노고단 일대에는 개신교 선교사 휴양촌이라 부르는 서양식 건물이 있었다. 1920년대 남장로회를 중심으로 개신교 선교사와 그 가족들의 휴양을 위하여 세워졌다. 개신교 선교사 휴양촌은 1930년대에는 건물 32동 이용자 149명 규모의 시설을 갖추었다. 이후 건물은 56동으로 늘었다. 이후 1940년대 남장로회 선교사들이 일제와 갈등을 빚어서 한국을 떠났고, 휴양촌은 쇠락하였다. 광복 이후 건물 및 시설은 크게 훼손되었다. 여수 순천사건과 6·25전쟁을 거치며 남은 건물까지 대부분 파괴되었다. 현재는 그 일부만 폐허 상태로 남아있다. 이 유적은 개신교 관련 유적으로 지리산의 다양한 종교경관의 일부를 이루고 있다.

5. 민속신앙 경관

지리산권의 민속 중 가장 큰 특징 중의 하나는 장승 문화이다. 조사된 바에 따르면 전라남북도는 장승들의 최대 잔존지역으로, 잠정 확인된 통계로 보면 전국 167개소 가운데 73개소가 이 지역에 남아 있다. 이 가운데 전남은 54개소로 돌장승 37기, 목장승 17기이며, 전북은 돌장승 15기, 목장승 4기가 남아 있다. 부르는 명칭은 '국장생·장승·장성·벅수·당산(돌탑·상당·입석)할아버지·할머니' 등 다양하게 불려지고 있다. 그만큼 이 지역 사람들의 생활 속에 용해되고 융합되어 있음을 알려주는 것이다.

마을에서 장승은 천신(天神)·산신(山神)·수신(水神)·수문신(守門神)·농업신(農業神)·방위신(方位神) 및 노신(路神)으로서 주민들은 장승에 신의 초월적인 힘을 부여한다. 인간에게 신의 영력(靈力)을 베풀게 하고 인간을 보살피는 제신(諸神)의 체계로서 인간에게 길흉화복과 농사의 풍년과 풍어, 우마(牛馬)의 번성, 산천의 비보, 축사축귀(逐邪逐鬼), 해상안전, 자손창성, 재액(災厄) 및 질병 방지, 방위보호(方位保護), 여로무사(旅路無事) 등을 풀어주는 것으로 믿고 있었다. 그러므로 장승은 인간과 신과의 관계를 보여주는 증거물이다.

관련제의는 당산제·산신제·장승제·별신굿 순이며 제일(祭日)은 음력 정월이 가장 많았고, 10월이 그 다음이었다. 이는 일년의 시작이고 농사 준비기인 정월의 가장 밝은 상원일(上元日)에 신의 강림을 맞아 하늘의 신과 땅의 인간이 만나는 신인합일(神人合一)의 축제이었다. 이는 고대 은정월(殷正月)의 풍습이었고 세시의례와 농경의례가 조화된 삶의 시작이었다. 그러므로 이러한 제의들은 우리 민족의 가장 원시적인 신앙체계이자, 가장 오랜 기원을 가지고 있는 신관이다.

6. 유산로 경관

지리산에는 수천 년에 걸쳐 수많은 사람들이 걸었던 길이 있다. 지리산을 삶의 터전으로 삼아 올랐던 민중의 길, 승려나 무속인 등 종교인들이 기복을 위해 올랐던 구원의 길이 있고, 또한 조선시대 유교사회의 선비들이 유산을 통해 선비의식(士意識)을 고취하던 구도와 성찰의 길이 있으며, 근·현대 시기에는 빨치산의 은거지로서의 생존의 길도 있다.

이 가운데 오랜 역사성을 지니고, 게다가 문헌과 장소와 유적이 현재까지도 지속성을 지닌 것으로는 조선시대 선비들의 성찰과 구도의 길이 유일하다. 현전하는 지리산 유람로는 조선시대 500여 년간 선비들이 올랐던 그 길이며, 그들의 유산 기록이 바로 지리산 유람록과 유람시이다.

제3절 생활경관

1. 촌락경관

지리산지의 생활문화경관은 지리산과 주민의 상호작용을 대변하는 대표적 사례가 될 수 있다. 지리산지의 취락은 생활문화터전으로서 역사성과 위계성을 갖추고 있을 뿐 만 아니라 지리적으로도 넓은 분포지역을 가지고 있다. 지리산권역에 10여개에 달하는 읍취락이 분포하고 있으며, 산지의 곳곳에 벼농사를 위주로 하는 집촌(集村)이 형성, 발달하였다. 집촌적 촌락형태의 형성과 발달은 지리산지의 자연환경적 배경과 조선시대의 사회역사적조건이 반영된 특성이기도 하다. 이러한 측면은 중위도 대륙 동안(東岸)에 위치한 지리산지 마을주민의 산지적응과 산림경제의 우수성으로 나타났으며 계단식 논과 같은 농경지의 확보 및 관개·수리기술은 조선시대 농경의 중요한 단계를 표현하는 문화경관의 탁월한 사례가 될 수 있다. 또한 산나물과 약초 등과 같은 산지 섭생식물의 채집과 경작의 방식으로도 나타났다.

지리산권의 생활경관의 요소로는 전통촌락경관, 문화생태적 풍수경관, 청학동 유토피아, 농업경관 및 다랭이논을 들 수 있다. 특히 '인간과 환경과의 상호작용' 면에서 보자면, 지리산지의 역사적으로 형성된 삶의 터전과 생활사의 문화경관은 산지환경에의 문화생태적 적응을 반영하는 산지문화의 탁월한 보편적인 증거가 될 수 있다. 촌락경관은 대체로 18세기 이후 산지 취락의 형성·발달과정을 드러내며, 지리산지의 자연환경에 적응하면서 발달한 벼농사 위주의 농업경관은 지속가능한 토지이용의 전통적 기술이 집약되어 있다고 평가된다. 지리산의 문화유산과 건축경관은 자연과의 미학적 조화를 기조로 입지되고 배치되었으며, 그 속에는 지리산과의 정신적인 연대관계가 깊이 반영되어 있다.

지리산 산촌취락의 문화생태적 고유성이자 지리산지의 독특한 환경의 적응과 조화방식은 풍수문화의 발달과도 긴밀한 관계를 갖는다. 지리산은 한국풍수의 시원지로서, 한국풍수의 시조로 일컬어지는 도선(827-898)이 풍수를 전수받은 곳이다. 현재 지리산권역의 마을에는 500개가 넘는 다양한 풍수형국이 존재하고 있어, 산촌의 풍수경관은 문화생태적 경관의 한국적 특성을 이룬다. 이것은 산지환경에의 적응과 자연과 인문의 결합을 반영하고 있고, 한국적인 독특한 자연-인간관계 코드를 표현하였다. 지리산지 마을의 풍수문화는 처한 자연환경에 대한 주민들의 문화적 적응전략으로서, 마을의 지속가능한 환경시스템을 유지하기 위한 전통적인 문화생태학적 방식이자 지식체계라고 평가할 수 있다. 지리산지의 풍수문화경관은 풍수경관은 자연과 문화가 유기적으로 조화, 결합된 문화생태적 경관으로서 세계유산적 경관가치를 지닌다.

지리산의 자연환경을 기반으로 하여 자연마을이 형성되는 과정에서 받은 풍수적 영향으로 말미암아 지리산인접권역에 해당하는 남원시, 구례군, 하동군, 산청군, 함양군 관내의 자연마을에서는 500여개가 넘는 수많은 풍수 형국이 나타났다. 이러한 사실은 지리산권역의 마을에 풍수문화가 일반적으로 확산되어 주민들의 환경 적응과정에서 문화생태적인 영향을 주었다는 사실을 잘 말해준다. 풍수적 형국은 마을의 해당 형국에 상응한 주민들의 문화생태적 대응 및 상호관계의 코드를 형성시킨다.

풍수는 전통시대의 한국사회에서 마을의 지속가능한 환경조건의 보전과 유지를 위한 문화생태적 코드이자 관계 조절 방식으로 기능하였다. 풍수는 마을의 공간적 입지를 규정하고 인구를 유입시키는 요인이 되었고, 생산 및 건축 활동과 토지이용을 규제하는 환경보전적 역할도 하였으며, 마을의 지속가능한 발전과 유지를 위한 환경용량의 규준과 환경관리를 이끄는 원리가 되었고, 환경에 대한 주민공동체의 집단적 의식과 태도를 형성케 한 강력한 문화요소 중의 하나였던 것이다.

2. 청학동 이상향

지리산 청학동은 산에 입지한 동아시아의 이상향의 전형성을 제시한다. 한국의 이상향에서 나타나는 지형특징은 심산의 골(洞)이 지배적으로, 이러한 사실은 서양의 유토피아가 에덴동산의 평원이나 토마스 모어의 유토피아처럼 평지인 것과 분명한 지형적 차이를 나타낸다. 중국 이상향에서 보이는 지형패턴도 무릉도원을 대표로 하는 동천복지라는 점에서 한국과 같지만 들 혹은 언덕 관념도 드러나고 있어 일정하게 구별된다. 지리산 청학동은 한국 이상향을 전형적, 대표적으로 드러낸다.

지리산 청학동 이상향은 동아시아 산의 유토피아의 전형이자 한국 이상향의 전형성을 가진다. 지리산 청학동 유토피아는 최소 700년의 문화전통을 지닌 동아시아적 유토피아의 역사성과 진정성을 갖추고 있으며, 관련된 많은 고문헌과 고지도 자료가 현존한다. 역사적으로 청학동 이상향은 주민들의 생활사와 삶이 구현된 곳이라는 현장성과 진정성을 가졌으며, 그것은 묵계리 청학동으로 살아있는 전통과 직접적으로 관련되어 있다.

지리산 청학동은 유학자들과 지역주민들에 의해 유토피아로 선망되었던 설화공간이자 상징공간이었고, 민간계층이 마을을 이루고 거주하면서 풍수도참의 텍스트로 재현된 생활공간이었다. 오늘날에는 정부·지자체·주민·관광자본에 의해 재구성된 대중문화의 관광공간이 되었다.

늦어도 고려 후기 전후부터 경남 하동의 불일폭포와 불일암 부근을 중심으로 비정된 청학동은, 조선시대를 거치면서 유학자들에게 선경(仙境)이자 이상향의 상징적 장소였다. 조선 중·후기에는 원 청학동 인근의 의신, 덕평, 세석, 묵계 등지에 민간인들이 취락을 이루어 청학동의 이상을 기대하고 또 실현하고자 하였다. 현대에 와서 청학동은 관 주도로 하동군 청암면 묵계리에 재구성되었고, 청학동의 장소이미지를 활용한 장소마케팅의 관광지로 개발되었다.

3. 함양 상림

삼림으로 세계유산에 등재된 사례는 89곳(2005년 현재)으로 22곳인데, 모두 열대 생물군계에 있다. 그 중에서 2005년에 등재된 나이제리아의 오순-오소그보 신성숲(Osun-Osogbo Sacred Grove)과 2008년에 등재된 케냐의 미지켄다 부족의 카야 聖林(Sacred Mijikenda Kaya Forests)은 성스러운 숲으로 세계유산이 되었다. 함양의 상림은 기존의 삼림 세계유산과는 차별적인 보편적 탁월성의 가치를 가지고 있다.

상림은 1,100년이 넘는 역사성을 지닌 한국 및 동아시아 취락 숲경관의 전형적이고 대표적 경관사례이다. 옛 이름은 대관림(大館林)이다. 상림은 함양 고을의 수해를 막기 위해 9세기 후반에 최치원(857- ?)이 조성한 인위적인 방재림으로서, 역사성에서의 세계적인 탁월성과 진정성, 완전성을 보유하고 있다. 심미적으로도 주거지와 숲의 조화로운 앙상블을 이루는 읍수경관(邑藪景觀)의 아름다움을 보여준다. 상림 경관은 역사적 과정에서 다양한 문화요소와 기능의 교류와 결합을 반영하고 있으며, 풍수비보숲으로도 기능하였다. 상림은 지리산권의 여러 마을숲 분포에 직, 간접적인 영향을 준 원형적인 취락숲이다.

4. 구례 운조루 일원

조선 영조 52년(1776)에 삼수 부사를 지낸 유이주(柳爾胄)가 구례 오미동(五美洞)에 세운 55칸의 품자(品字)형의 대규모 목조 건축이다. 구례 운조루는 지리산의 노고단이 조산이 되고 노고단에서 남쪽으로 빠져 내려와 형성된 형제봉이 주산이 된다. 운조루 앞에는 넓은 들판이 펼쳐지고 있으며 섬진강 건너 오봉산이 안산이 된다. 동쪽으로는 왕시루봉이 좌청룡이 되며 서쪽으로는 천왕봉이 우백호가 되는 명당터이다.

운조루는 조상을 제향하는 사당과 남,여를 구분하는 주거공간, 화재를 막기 위해 설치한 연못 등으로 구성되어 있다. 이처럼 운조루는 풍수지리적인 길지에 유교적 관념에 의해 설치된 조선후기 대표적인 양반가옥이라고 할 수 있다.

5. 광한루 일원

광한루는 조선 초 황희 정승이 남원으로 낙향하여 광통루라는 누각을 지으면서 광원루원이 시작되었다. 정인지가 광통루의 풍광을 보고 달나라 선녀인 항아가 사는 월궁의 「광한청허부」와 같다고 하여 누의 이름을 광한루라 고쳐지었다. 16세기 후반 선조 때 남원부사 장의국과 전라도관찰사 정철이 광한루 앞에 호수를 조성하고 오작교를 놓으면서 조선조의 대표적인 원림이 되었다.

정유재란 때 불에 타기도 했으나, 선조 40년(1607)에 남원부사 원신이 복구하였다. 이후로도 여러 차례 중수를 거쳤으며, 월랑이나 방장정, 춘향사, 완월정, 청허부 등이 신축되었다. 광한루는 현재 사적 제303호로 지정되어 있다.

조선조 대부분의 객사가 본루만으로 구성되지만 광한루는 본루-익루-월랑의 3부분으로 이루어져 있으며, 겨울의 추운 날씨에 방한하기 위해 온돌을 설치하였던 점에 누정의 특색이 있다.

6. 근대 건축

문화재청은 근·현대시기에 형성된 건조물 또는 기념이 될 만한 시설물 형태의 문화재 중에서 보존가치가 큰 것을 등록문화재로 지정 관리하고 있다. 등록문화재는 '개화기'를 기점으로 하여 '해방 전후'까지의 기간에 축조된 건조물 및 시설물 형태의 문화재가 중심이 되며, 그 이후 형성된 것일지라도 멸실 훼손의 위험이 크고 보존할 가치가 있을 경우 포함될 수 있다. 지리산권에는 구례 2개, 산청 1개, 함양 1개로, 현재 4개의 등록문화재가 존재한다. 다만, 지리산권 등록문화재 4개는 지리산권의 역사적·지리적 특수성 등과는 다소 무관하게 지어진 것으로서, 유산의 가치를 규명하기 위해서는 보다 각 유산에 대한 전문적이고 세부적인 규명 작업이 필요하다고 할 수 있다.

제4절 자연생태 경관

지리산은 천왕봉과 노고단에 이르는 동서능선과 작은고리봉에서 덕두산에 이르는 북서능선을 중심으로 지세가 다양하고 능선 사이에 뻗어 내린 수많은 계곡이 있어 자연경관이 수려하며, 표면의 대부분이 흙으로 덮여져 있으며 다양한 기후 특성으로 생물다양성이 풍부한 백두대간 남단부의 큰 산이다.

지리산은 우리나라 최초의 국립공원으로 지정되었으며, 전북 남원시, 경남 함양군·산청군·하동군, 전남 구례군 일원 등 3개 도, 5개 시·군에 걸쳐 있다. 국립공원으로 지정된 면적은 483.022㎢(48.3ha)에 달한다.

지리산은 최고봉인 천왕봉(1,915m)에서 노고단에 이르는 종주능선이 병풍처럼 솟아 있고, 남북으로 칠선, 한신 등 수많은 계곡이 펼쳐져 있다. 계곡 부근에는 폭포, 소 등이 가을의 단풍, 겨울의 설경과 어우러져 장관을 이루고 있다. 천왕봉의 일출, 노고단의 운해, 반야봉의 낙조 등도 빼놓을 수 없는 뛰어난 경관자원이다.

지리산의 자연경관은 지리산 문화경관과의 어울림과 상호작용을 통해 탁월한 자연미학을 성취하였다. 지리산의 아름다움은 역사적 과정에서 수많은 사상가들과 문인들에게 영감과 찬탄의 대상이 되었다. 그것은 건축, 사상, 문학, 예술 등을 통해 지리산의 자연미학으로 정립되는 토대가 되었다. 지리산의 경관미학은 동아시아적 산수미학의 보편성과 한국적 대표성을 지니고 있다.

또한 지리산에는 약 5,000종의 동식물이 서식하는 생물다양성의 보고이며, 서식지 규모가 남한에서는 가장 큰 483㎢이다. 지리산은 토산으로 고산, 계곡, 습지 등이 분포하여 다종다양한 생물종이 서식할 수 있는 자연환경을 갖추었다. 지리산에는 지리산 국립공원특별보호구 17개 구역

166.30㎢ 및 생태·경관보전지역 20.20㎢ 등 합계 186.50 ㎢가 관계법령에 의하여 보호되고 있다.

제5절 경관유산 관련자료

지리산 지역은 불교나 유교 등 종교나 일상 생활과 관련된 많은 고문헌이 남아 있다. 통일신라 이래 화엄사, 천은사, 연곡사, 실상사, 쌍계사 등 많은 불교 사찰이 건립되었고, 조선시대에는 유학이 발달하면서 향교나 서원 등이 다수 건립되었다. 이들 사찰과 향교, 서원 등에는 창건 당시의 기록으로부터 종교의식이나 사상, 이곳을 방문했던 사람들의 기록 등이 많이 남아 있다.

원래 지리산 지역은 화엄사에 파편으로 남아 있는 통일신라 때의 화엄석경에서 알 수 있듯이 금석문 자료를 포함하여 많은 고문헌이 남아 있었을 것이다. 그러나 왜란이나 1950년대 한국전쟁과 같은 큰 전쟁에 의해 많은 건물이 불태워지고 다시 중수되었기 때문에 현존하는 고문헌이 모든 시대를 포괄하지 못한다. 그럼에도 불구하고 여전히 이 지역은 전통을 중시하는 경향이 강하고, 고문헌을 소중하게 여기는 주민들의 의식이 남다르기 때문에 다른 지역에 비해서는 고문헌이 상대적으로 많이 남아 있는 편이다.

이러한 고문헌은 지리산권의 사찰이나 향교, 서원, 누정 건축물의 진정성과 완전성의 측면에서 타 유산과의 비교우위를 크게 높이는 효과를 가져 올 수 있다. 따라서 본 용역에서는 주요 세계문화유산 대상인 사찰이나 서원, 향교, 누정 등에 관한 고문헌, 유람록 등을 조사하여 자료 목록을 수록하였다. 먼저 사찰의 경우는 구례의 화엄사·연곡사·천은사, 남원의 실상사·만복사지·선원사·용담사·대복사·선국사, 함양의 승안사지·벽송사·금대사·용추사·용안사지·안국사·영원사, 산청의 단속사지·율곡사·법계사·내원사·대원사·심적사·지속사지·영은사지·금대암, 하동의 쌍계사와 칠불사의 관련 고문헌이나 금석문을 조사하였다.

그리고 향교로는 구례향교와 산청향교, 서원으로는 함양의 남계서원, 산청의 덕천서원, 남원의 노봉서원과 영천서원, 누정으로는 운조루에 관한 고문헌 목록을 수록하였다. 이들 향교나 서원, 누정에 관한 자료는 이들 건축물을 경영하였던 남원, 구례 지역의 삭녕최씨, 남원의 순흥안씨, 구례의 개성왕씨 및 문화유씨 등의 고문서와 함께 한국학중앙연구원(구 한국정신문화연구원)이나 순천대 박물관, 지리산권문화연구원 등에서 집대성하여 책으로 편찬되었다.

또한 조선시대 선비들의 지리산 관련 자료인 유람기 100여 편의 목록을 수록하였다. 유람기는 1463년 8월에 있었던 이륙(李陸)의 유람에서부터 1964년 6월에 있었던 하종락(河鐘絡)의 유람까지 모두 100여 편의 유람록을 조사하였는데, 지리산과 관련한 기록유산으로는 최대 분량이다. 시대별로 살펴보면 15세기 6건, 16세기 5건, 17세기 전반 7건, 17세기 후반 8건, 18세기 18건, 19세기 32건, 20세기 27건으로서 19세와 20세기의 유람록이 많은 편이다.

제6절 해외 세계문화경관유산 비교

유네스코 세계유산은 세계의 자연과 인류의 유산에 대한 가치의 재평가·재창출 과정으로서 지구촌에 새로운 문화사적 조류와 인식의 지평을 열고 있다.

문화경관은 1992년에 세계유산위원회에서 새로 채택된 세계유산 범주의 목록으로서, 자연과 인간의 상호관계를 주목하고, 자연과 인간의 상호작용으로 형성된 유산의 가치를 중시하는 것이 주 내용이다. '세계유산 문화경관'(World Heritage Cultural Landscapes)은 문화경관 중에서 사람과 환경의 상호작용에 있어 탁월한 보편적 가치(OUV)를 가지는 것이다. 문화경관을 세계유산으로 등재하는 의의는, 인간과 환경 간의 상호작용에 있어 현저한 다양성을 드러내고 지속하기 위한 것이며, 살아있는 전통문화를 보호하고 사라져가는 자취를 보존하기 위한 것이다.

지리산의 문화경관은 해외 산 세계유산 혹은 산 문화경관의 세계유산과의 비교를 통하여 독특성과 우수성을 확인할 수 있다. 기존의 산 문화경관 세계유산은, 인간과 자연간의 정신적인 연계와 조화로운 상호작용으로 빚어진 미학, 산지환경에 적응하면서 형성된 지속가능한 생활방식과 토지이용, 산지에 형성된 문화경관의 역사적 발전과 교류의 증거 등이 주요한 키워드로 평가되었다.

지리산은 기존에 유네스코 세계유산에 등재된 산 혹은 산 문화경관 유산에 비해 영산(靈山)의 측면과 생활문화터전이 결합되어 있다는 점에서 차별성을 갖는다. 지리산의 문화경관은 지리산 주민들의 지리산에 대한 문화생태적 산지적응을 반영하는 것으로서의 보편성과 문화역사적 특색이라는 고유성을 드러낸다. 지리산과 유사한 가치를 지닌 해외 세계유산을 비교하면 다음과 같다.

일본의 세계문화유산인 기이산지의 영지와 참배길은 영산으로서의 측면과 문화루트라는 점에서 지리산과 비교될 수 있는 대상이 된다. 기이산지의 문화경관은 먼 옛날 일본의 자연숭배 전통에 뿌리를 둔 신도와 중국과 한반도에서 도입된 불교의 융합과 교류를 보여준다. 해당 장소와 주위의 숲 경관은 신성한 산의 전통을 1,200년 동안이나 지속적으로 잘 증명하고 있다.

중국의 복합유산인 태산과 무이산은 공간적으로 산의 복합유산이라는 점에서 비교대상이 된다. 태산이 지닌 인문적인 속성과 다양한 종교경관의 복합적 측면, 그리고 무이산이 지닌 주자학의 요람이라는 점이 지리산의 인문적인 요소 및 유교경관과 비교될 수 있는 측면을 지닌다. 아울러 무이산이 평가 받은 자연적 기준요소인 생물종 다양성의 측면도 지리산과 비교될 수 있는 측면이다.

뉴질랜드의 통가리로 국립공원 역시 복합유산으로서 공간적으로 산이면서 문화경관 유산이라는 점이 비교될 수 있다. 특히 통가리로 세계유산은 원주민과 산의 정신적인 연계를 잘 반영하고 있다는 점에서 지리산의 종교문화경관과 산신신앙에서 보이는 주민의 지리산에 대한 정신적인 연계와 산지환경에 대한 문화생태적인 적응은 비교할 수 있는 대상 요소가 된다.

필리핀의 계단식 벼 경작지 코르디레라스는 산의 문화경관이면서 지리산지의 벼농사와 생활양식, 수리시설과 관개기술 등의 전통지식 등과 같은 생활경관과 비교될 수 있는 세계문화유산이다. 1995년에 등재기준 (iii)(iv)(v)을 충족하여 문화유산이 되었으며, 2001년에는 위험에 처한 유산으로 분류되었다. 지속가능한 농경의 공동시스템을 드러내는 계단식 논의 문화경관으로 세계유산이 된 사례이다.

제5장 나가며

지리산은 오랫동안 수많은 사람들이 지리산을 생활문화의 터전으로 살아온 한국의 대표적이고 전형적인 명산으로서, 자연과 문화의 상호작용으로 빚어진 문화경관의 형성을 탁월하게 반영하고 있다. 따라서 지리산을 세계유산에 등재하기 위한 전략으로는 문화경관이라는 통합 범주의 틀이 적합하다.

지리산의 문화경관은 동아시아 산악문화의 문화생태적 적응과 조화라는 전형을 제시하는 것으로, 인간과 환경 간 상호작용의 다양성, 복합성, 결합성, 조화성을 탁월하게 드러내는 세계유산적 가치OUV의 사례로 평가될 수 있다. 이에 걸맞은 지리산 문화경관의 개념적이고 상징적 이미지는 '신성한 어머니 지리산'으로 표상할 수 있다.

지리산은 수많은 사람들의 오랜 생활문화의 터전으로서 많은 역사유적과 종교경관, 생활경관이 남아 있다. 지리산의 문화경관은 산의 신령한 장소성과 사람의 생활문화터전이 통합된 새로운 지평의 산악문화경관의 개념을 제시한다.

지리산은 예부터 '신성한 어머니산'으로 여겨져 많은 사람들이 거주했고 신성시되었다. 삼국시대의 산성과 가야 고분을 비롯한 각종 역사유적이 남아 있고, 국가적인 산신제의가 행해진 곳으로 현재까지 '남악제'로 이어지고 있다. 불교 사찰에는 수많은 문화재가 있고, 현재까지 불교신앙이 성행하여 지리산의 살아 있는 문화전통을 유지한다.

그리고 다양한 풍수경관이나 다랑이계단식 논 등의 생활경관이 역사, 종교문화 등과 어울려 지리산 문화경관의 모자이크를 이루고 있다. 지리산의 영산 관념과 문화적 관계의 태도로서 나타나는 산악신앙, 풍수사상과 자연미학, 농경기술 등의 생활사는 산지환경에 대한 문화생태적인 적응과 문화경관의 형성을 통한 인간화·문화화·미학화의 과정이며 중위도 온대지역 대륙 동안에 나타나는 산악문화 성취의 탁월한 증거다.

　동아시아에서 산은 자연과 생태의 보루이며, 산악문화는 지속가능한 삶의 양식이다. 온대 동아시아 지역 산지에 역사적인 생활문화터전의 총합체로서 탁월한 보편적 가치를 증거하는 지리산의 문화경관은 유네스코 세계유산의 새로운 모델을 제시하는 한 유형이 될 수 있을 것이다. '신성한 어머니 산, 지리산'이라는 표상은 한국의 산과 산지문화를 대표하고 집약하는 상징적인 전형이자 세계인의 유산 가치로서, 산은 영혼의 고향이자 생명의 근원이라는 이미지로 지구촌의 인류에게 소중히 간직될 수 있을 것이다.

한라산인문학

인쇄일	2024년 12월 30일
발행일	2024년 12월 30일
집필진	강만익, 고기원, 고은희, 김숙진, 백종진, 오상학, 이현정, 임재영, 진관훈, 진종헌, 최원석, 한금순
펴낸이	박애순
펴낸곳	디자인리더제주
인쇄	신진인쇄
등록	출판등록 제651-2015-000022호
주소	제주특별자치도 제주시 서사로 154
연락처	Tel. 064-746-0775 Fax. 064-746-0774
전자우편	open0775@naver.com

ISBN 979-11-94473-41-1

※ 저작권법에 따라 보호를 받는 저작물입니다.